**"十三五"江苏省高等学校重点教材**
编号：2016-2-088

体育社会学

主　编　戴　俊
副主编　任　波
参　编　江玉华　尹作亮
　　　　问绍飞　陈昌森

读者服务入口

南京大学出版社

图书在版编目(CIP)数据

体育社会学 / 戴俊主编. —南京：南京大学出版社，2017.11(2024.7重印)
ISBN 978-7-305-19601-0

Ⅰ. ①体… Ⅱ. ①戴… Ⅲ. ①体育运动社会学 Ⅳ. ①G80-051

中国版本图书馆 CIP 数据核字(2017)第 284261 号

出版发行	南京大学出版社
社　　址	南京市汉口路 22 号　　邮编 210093
书　　名	**体育社会学** TIYU SHEHUI XUE
主　　编	戴　俊
责任编辑	揭维光　尤　佳　　编辑热线 025-83686531
照　　排	南京南琳图文制作有限公司
印　　刷	南京新洲印刷有限公司
开　　本	787×1092　1/16　印张 16　字数 380 千
版　　次	2024 年 7 月第 1 版第 3 次印刷
ISBN	978-7-305-19601-0
定　　价	45.00 元

网址：http://www.njupco.com
官方微博：http://weibo.com/njupco
官方微信号：njupress
销售咨询热线：(025) 83594756

课件资源

* 版权所有，侵权必究
* 凡购买南大版图书，如有印装质量问题，请与所购
　图书销售部门联系调换

前　言

新编《体育社会学》是2016年江苏省教育厅"十三五"重点立项教材,其编写目的是使学生掌握体育社会学的基本知识,培养学生从社会学的视角观察、分析问题的能力,并通过学习体育社会学研究的基本方法、原理,提高解决实际问题的能力。

本教材主要遵循一般社会学的分析范式,对体育的社会结构与功能、体育的社会关系与社会互动、体育的社会制度、体育的社会运行与社会控制、体育的社会组织、体育的社会群体、体育的社会现象、体育的社会问题、体育社会变迁与体育现代化、体育社会学的研究方法等内容进行了重点阐述。本教材的特色与创新主要体现在以下三个方面:(1)在编写内容方面,努力体现中国体育与建设小康社会、构建和谐社会之间的基本关系;以五大发展理念看待中国体育的改革与发展;准确把握体育社会问题多发阶段中国体育的实际情况。(2)在学术思想方面,编者努力吸纳社会学的最新研究成果,将结构功能主义、符号理论、冲突理论等学说尽可能地吸收进来。不仅注重社会对体育的影响,也表达了体育对社会的反作用;不仅充分阐述了体育的正面价值,也指出了现代体育可能造成的负面影响,使读者对现代体育有一个全面的、辩证的认识。(3)在内容取材方面,编者选取大量的背景材料、母学科材料,使之更加突出体育社会科学的综合性,最大限度满足学生多元需求,对学生进行全方位的培养。为此,新编体育社会学教材设"案例导入"和"提升阅读推荐"内容。

本教材由盐城师范学院戴俊教授担任主编,编写团队主要由长期从事体育社会学教学、研究的青年学者组成。各章节具体分工如下:盐城师范学院戴俊教授撰写第一章、第十一章,盐城师范学院汪庆波博士撰写第二章、第四章,南通大学金春光博士撰写第三章,南京体育学院刘红建博士撰写第五章,盐城师范学院任波撰写第六章,盐城师范学院徐磊撰写第七章,盐城师范学院张兵博士撰写第八章、第九章,盐城师范学院夏成前教授撰写第十章。

本教材在编写过程中,参考了大量国内外研究者的成果,并尽可能加以注释和说明,在此一并感谢。对江苏省高等教育学会、南京大学出版社、盐城师范学院教务处的支持和帮助,再次深表谢意。限于编写人员的知识水平,本教材难免有错误和不足,恳请读者批评指正。

编　者
2017年6月

目 录

延伸阅读

第一章 体育社会学导论 ··· 1
第一节 体育社会学的研究对象 ·· 1
第二节 体育社会学的学科地位、意义与作用 ··· 8
第三节 体育社会学的产生和发展 ·· 10

第二章 体育的社会结构与功能 ··· 14
第一节 社会结构与社会功能 ·· 14
第二节 体育的社会结构 ·· 17
第三节 体育的社会功能 ·· 28

第三章 体育的社会关系与社会互动 ··· 32
第一节 社会关系与社会互动 ·· 32
第二节 体育的社会关系与社会角色 ·· 42
第三节 体育的社会互动 ·· 52

第四章 体育的社会制度 ··· 61
第一节 社会制度概述 ·· 62
第二节 体育的制度结构 ·· 72
第三节 中国体育制度概述 ··· 80

第五章 体育的社会运行与社会控制 ··· 92
第一节 社会运行与控制 ·· 93
第二节 体育的社会运行 ·· 97
第三节 体育社会控制 ·· 103

第六章 体育的社会组织 ····· 110

第一节 社会组织概述 ····· 111
第二节 体育社会组织 ····· 119
第三节 中国体育社会组织的演进与发展 ····· 122

第七章 体育的社会群体 ····· 129

第一节 社会群体 ····· 129
第二节 不同群体的体育社会学分析 ····· 135

第八章 体育社会现象 ····· 167

第一节 体育社会现象概述 ····· 167
第二节 体育体制改革 ····· 171
第三节 体育产业化 ····· 177
第四节 竞技体育异化 ····· 183

第九章 体育的社会问题 ····· 191

第一节 体育社会问题概述 ····· 191
第二节 结构性体育社会问题 ····· 197
第三节 行为失范性体育社会问题 ····· 204

第十章 体育社会变迁与体育现代化 ····· 209

第一节 社会变迁与社会现代化 ····· 209
第二节 体育现代化 ····· 215

第十一章 体育社会学的研究方法 ····· 240

第一节 体育社会学学科方法论 ····· 241
第二节 体育社会学的研究程序 ····· 245
第三节 体育社会学主要研究方法 ····· 246

第一章 体育社会学导论

> **本章内容提要**
>
> 体育社会学是一门把体育这种社会文化现象作为一个不断变化发展的整体,在外部研究体育与其他社会现象之间的相互关系,在内部研究体育与人的社会行为、社会观念的关系,以及体育运动的结构、功能、发展和制约因素,用以推动体育和社会合理发展的学科。本章主要介绍体育社会学的研究对象,体育社会学的学科地位、意义与作用,以及体育社会学的产生和发展。

【案例导入】

社会思想古已有之,但是作为学科的社会学却只有170多年的历史。"社会学"一词最早是由法国哲学家、社会学家孔德在1838年10月出版的《实证哲学教程》第4卷中正式提出的。孔德使用"社会学"这个术语,是为了表明这是一门用实证方法研究社会现象基本规律的独立学科,以区别于思辨的社会哲学或历史哲学。但社会学本身的发展,无论是从孔德开始的西方社会学,还是从马克思开始的马克思主义社会学,都经历了一个从一般社会哲学到专门的具体社会科学的演变过程。

体育社会学是社会学的一个分支,现已独立为一门学科,体育的社会现象都可以用体育社会学进行解释,通过本章的学习,能够对体育社会学有一个新的认识。

第一节 体育社会学的研究对象

作为专门的具体社会科学,社会学是关于社会良性运行和协调发展的条件和机制的综合性具体社会科学。我们把这个定义代表的观点称为"社会运行论"。

社会学的研究对象问题,是一个十分重要的问题。正确地解决这个问题,决定了社会学的理论框架,规定了这门学科的特有角度,规定了这门学科与其他社会科学的区别和联系,规定了这门学科为社会主义实践服务的方向和主要途径,从而也规定了这门学科存在的必要性。

一、社会学研究对象的历史时代根据

社会学在20世纪30—40年代产生,决定性的因素是时代实践的要求。正如恩格斯深刻指出的那样,"一切划时代体系的真正内容都是由于产生这些体系的那个时期的需要

而形成的"。因此,揭示社会学独特对象的根本途径,就是要说明这个决定社会学产生的时代需要。美国社会学家英克尔斯指出了给社会学下定义的三条途径——历史的途径(创始人说了什么)、经验的途径(当代社会学家做了什么)、分析的途径(理性指示什么)。只有与这些根本途径联系起来,才能是深刻的。要说明决定社会学产生的时代需要,离不开说明西欧资本主义代替封建主义所引起的社会变化,也离不开说明英国产业革命和法国政治大革命所带来的社会后果。正是这些社会变化和社会后果,使现代社会运行和发展的问题,即如何实现良性运行和协调发展、避免恶性运行和畸形发展的问题,突出出来了。

在近代西方社会的变革历史中,最核心的事件是18—19世纪的两次大革命。一次是以1789年法国大革命为标志的政治大革命,同时也是思想大革命,到20世纪30—40年代,资产阶级革命已在欧洲主要国家完成了。另一次是18世纪在英国开始,19世纪扩展到整个西欧和美国的产业革命。这两大革命引起的社会变化和后果,主要可以从两方面看。

一方面,社会从传统的封建社会转型为现代的资本主义社会。在这个过程中,两大革命的巨大作用在于,它们促进了生产力突飞猛进的发展:"资产阶级在它不到一百年的阶级统治中所创造的生产力,比过去一切时代创造的全部生产力还要多,还要大。"它们推动了自由竞争以及与此相应的经济、政治、社会制度的建立。资产阶级的剥削和统治代替了"由政治幻想掩盖着的剥削和统治"。它们引起了观念的变化:金钱关系、金钱至上的观念代替了宗法等级观念,人的尊严变成了交换价值。它们造成了一个急剧变化的快节奏的现代社会,这与过去沉睡的慢节奏的传统社会不同:"生产的不断变革,一切社会状况不停地动荡,永远的不安定和变动,这就是资产阶级时代不同于过去一切时代的地方。"作为上述变化突出表现的工业化和都市化,以及与此相联系的社会问题的产生,对社会学的产生有着直接的影响。在这个意义上说,社会学从一开始就是社会转型的产物。

另一方面,资本主义制度的确立,并没有建立起资产阶级启蒙思想家所预言的"理性的王国",并没有带来普遍的"自由、平等、博爱",相反却越来越暴露出这一社会的许多毛病、祸害和恶性循环:从劳资对立到工人怠工、罢工、破坏机器乃至起义;从大鱼吃小鱼到企业破产、倒闭;从童工的使用到工人丧失劳动能力后的悲惨处境;从失业大军的形成到犯罪率的上升。一边是"生产过剩",很大一部分粮食和其他制成品被销毁;另一边是挣扎在生死线上的穷人饥寒交迫。这种社会运行和发展中的障碍和不协调,以极其鲜明的形式,提出资本主义社会能否良性运行和协调发展的问题。如回答能,则有一个如何达到良性运行和协调发展的问题;如回答不能,则又有一个如何解决、出路何在的问题。马克思主义社会学的创始者马克思、恩格斯,站在推翻旧社会、创建新社会的立场上,着眼于社会革命,来谈论资本主义社会和社会主义社会的运行和发展的问题。尽管马克思、恩格斯没有采用"社会学"这个术语,而把自己的学说叫做唯物史观,但并不影响问题的实质。

作为时代的实践要求的社会运行和发展问题,特别是社会良性运行和协调发展的问题,就是这样提出来的。"创始人说了什么",由上可知,就是他们所提出的争取社会良性运行和协调发展、避免社会恶性循环和畸形发展的问题。"当代社会学家在做什么"呢?在我们看来,也没有脱离这个根本点。因为随着时间的推移,社会越来越复杂、越分越细微,系统里有小系统,部门里有小部门,因此社会良性运行和协调发展的问题也就越来越重要。至于"理性指示什么",当然也应当这样来理解。

同任何其他新学说、新思潮的产生一样,社会学的形成首先也是从已有的思想出发的,虽然它的根源深藏在社会经济的事实之中。这是恩格斯在分析社会主义从空想到科学时提供的方法论原则。社会学的思想源泉主要来自:

第一,历代思想家在其哲学、政治和伦理观点中所包含的社会思想。例如,孔德受到柏拉图、亚里士多德等人的影响。在中国,严复把社会学翻译成为"群学",就是受到荀子关于"人生不能无群"等思想的启示。

第二,从康德到黑格尔的德国古典哲学,以亚当·斯密和大卫·李嘉图为代表的英国古典经济学,以傅立叶和圣西门为代表的法国空想社会主义,是整个马克思主义的三个来源,当然也是其社会学的思想来源。西方社会学中的反实证主义思潮也受到德国古典哲学传统以及社会科学历史学派的影响。

第三,自然科学理论和方法的成就。细胞、能量守恒和转化规律、生物进化大发现,既是马克思主义产生的自然科学基础,也促进了孔德、斯宾塞等人为代表的用进化论解释社会变迁、用自然科学方法研究社会的实证主义思潮的发展和盛行。

第四,从17世纪在英国发源至19世纪的早期社会统计调查和定量分析,既为社会学积累了有关人口、商业、男女性别比、自杀率等经验观察材料,也为社会学的调查研究方法,特别是为社会学成为一门不同于过去思辨的社会哲学的实证社会科学起了推动作用。

二、社会学研究对象的现实社会根据

如果结合我国从新中国成立到党的十一届三中全会的社会运行和发展的实际,就能够把社会学的对象问题说得更清楚。不过在此之前,有必要先简要地解释一下社会运行和发展的类型。社会的运行和发展大体可以分为三种类型,良性运行、中性运行和恶性运行;协调发展、模糊发展和畸形发展。社会的良性运行和协调发展,不同于中性运行和模糊发展,更与恶性运行和畸形发展相对立。而社会的中性运行又跟恶性运行有本质的区别。

所谓社会的良性运行和协调发展,是指特定社会的经济、政治和思想文化间以及各系统内不同部分、不同层次之间的相互促进,而社会障碍、失调等因素被控制在最小的限度和最小的范围之内。社会良性运行和协调发展是生产力和生产关系、经济基础和上层建筑相互适应的体现,是社会运行和发展的理想模式。社会的良性运行和协调发展可以因程度不同而表现出多样性。

所谓社会的中性运行和模糊发展,是指社会运行有障碍,发展不甚平衡,包含较多较明显的不协调因素,但它们还未危害、破坏社会的常态运行。因此,社会的中性运行也可称为有障碍的常态运行。这是一种良性运行和恶性运行之间、协调发展和畸形发展之间的中间状态,是一种不稳定状况,它有可能向前者进化,也有可能向后者退化。所谓社会的恶性运行和畸形发展,是指社会运行发生严重障碍、离轨、失控。1959—1961年,这三年困难时期,我们初步感受到了这种恶性运行;"文化大革命"时期,我们更全面而广泛地感受到了它,如党组织瘫痪、公检法被砸、工厂停工、学校停课、交通运输混乱、武斗升级、无政府状态泛滥、人际关系紧张等。

社会主义社会从根本上、总体上是能够良性运行和协调发展的。不仅宏观上如此,而且微观上也能如此。因为社会主义经济是以生产资料的公有制为基础的,它与生产的社会化是一致的。这正是社会主义优越于资本主义的地方。资本主义由于生产的社会性与生产资料占有的私人性之间的基本矛盾,决定了它在根本上、总体上不能够良性运行和协调发展,至多只能在局部上、微观上做到这一点。对资本主义来说,有障碍的常态运行是它经常出现的面貌,经济危机时期则是它的恶性运行时期。

新中国成立以来的经验和教训从正反两个方面告诉我们:如果搞得不好,社会主义社会也会经常处于中性运行和模糊发展之中;如果再不注意,还会陷入恶性运行和畸形发展,甚至达到崩溃的边缘。"十年动乱"给我们上了极其深刻的一课。从这个角度看,十一届三中全会的伟大历史功绩在于它真正结束了我国不幸陷入的恶性运行和畸形发展,使社会进入了中性运行和模糊发展的状况,并向我们展示了社会向良性运行和协调发展转化的现实可能性。

推进和维持我国社会主义社会的良性运行和协调发展,关系到我们每个人的切身、长远、根本利益,关系到社会主义制度优越性的发挥。但是,中国社会的良性运行和协调发展不会自动地、自然而然地到来,这就要求我们要研究我国社会良性运行和协调发展的条件和机制,并努力创造这种条件,还要按照这种机制去尽力争取。社会学不是别的,正是一门研究社会良性运行和协调发展的条件和机制的综合性具体社会科学。所谓从社会学角度看问题,正是从社会良性运行和协调发展的角度看问题。

在"社会学是关于社会良性运行和协调发展的条件和机制的综合性具体社会科学"这个定义中,"社会",主要指现代社会,即资本主义社会和社会主义社会以及将来的共产主义社会。因为社会学是现代社会的产物,而且只有在现代社会中才会系统地提出社会的良性运行和协调发展的问题。所谓"具体科学",表明社会学不是哲学科学。所谓"综合性的",表明社会学不是那种以社会的某一个子系统为自己对象的单科性学科。所谓"条件",指社会良性运行和协调发展所需的主要的内外部条件。所谓"机制",指社会良性运行和协调发展的规律性模式。这里,条件和机制的区分是相对的,例如高质量的人口既是我国社会良性运行的必要条件,又是重要机制。同时,条件和机制又都与规律性有关。因此上述定义也可表述为"社会学是关于社会良性运行和协调发展的规律性的综合性具体社会科学"。

三、体育社会学的研究对象

界定一门学科的研究对象,要求用高度概括的语言准确地揭示这门学科与其他学科相区别的本质特征及其研究范围。应该指出,一门学科研究对象的界定并非一成不变,一方面人的认识能力是一个不断深化的发展过程,同时人的认识能力要受到各种因素(政治、经济、文化制度等)的影响;另一方面由于客观实践在不断发生变化,要求研究对象及范围也要及时作出相应的改变,以适应客观形势发展的需要。此外,讨论一门学科研究对象问题,必须吸收这门学科在世界范围内已取得的成果,并与本国社会发展的历史条件结合起来。

日本学者菅原礼认为:"体育社会学,是以社会学的观点来研究体育事实以及与体育有关的一些问题,力图使体育合理化的学科。"

我国学者卢元镇教授认为:"体育社会学是一门把体育这种社会文化现象作为一个不断变化发展的整体,在外部研究体育与其他社会现象之间的相互关系,在内部研究体育与人的社会行为、社会观念的关系,以及体育运动的结构、功能、发展动力和制约因素,用以推动体育和社会合理发展的综合性科学。"

上述两位学者中,卢元镇教授进一步提出了体育社会学研究的三个具体领域。据此,在学习、借鉴、参考的基础上可以认为:体育社会学是以社会学的理论为依据,来研究体育社会现象的一门学科。它的具体研究领域包括体育和其他社会现象的关系;体育自身的结构与功能;体育和从事体育的主体——人的关系。

这一概念将体育社会学研究对象划分为三个层面:宏观、中观和微观。宏观层面指将体育作为一个不断发展变化的整体,研究体育与其他社会领域的相互关系,如体育与政治、经济、文化、教育等的关系;中观层面是指研究体育领域的结构和过程的规律性,即体育组织、机构、制度及其相互关系,以及运行变化发展的规律性。微观层面是研究体育与人的社会属性的相互关系,包括体育对人的社会性(价值观念、道德、品质、心理、情感等)的影响,人的主观意识对体育的发展变化的影响。

四、体育社会学的基本原理

社会学从起源发展到现在,还没有完全统一的观点。不同的社会学观点,有其不同的理论,并从其不同的出发点观察社会现象,于是产生出了完全不同的结论。体育社会学是在社会学的理论基础上产生的,因此,在体育社会学中也必然分为多种多样的观点,这就是说体育社会学的基本原理,是来源于社会学,与社会学的基本原理紧密相连的。所以,首先要介绍社会学的主要理论。

社会学的主要理论区分为如下几个主要对立面,即:① 社会学主义(社会为中心)——心理学主义(个人为中心);② 理念主义(主体为中心)——客观主义(客体为中心);③ 均衡主义——对立主义;④ 重视构造——重视过程;⑤ 实证主义——历史主义。

上述横向均包括两个方面,历来的体育社会学研究,总是以某一方面的极端为出发点。

现代社会学的主要学派反映在体育社会学中同样可以归纳为四类:① 结构功能主义;② 冲突理论;③ 符号互动理论;④ 交换理论。前两种学派是建立在宏观研究基础之上的,后两种学派是建立在微观研究基础之上的。这四种学派在现代社会学中,均占有相当重要的位置,具有广泛的影响,这也是体育社会学研究的重要理论基础。由于符号互助理论和交换理论在很多方面已进入到了社会心理学的领域,因此,本书主要介绍前两种学派。

(一)结构功能主义

最先提出此理论的是帕森斯(TalcottParsons)的"结构-功能"分析学说。

帕森斯的理论可分为前期和后期两个部分。他前期的理论主要是:行动理论的理念主义传统和实证主义传统的结合,在行动理论中包括了条件的要素和规范的要素以及两要素的相互作用。这也简称为"行动理论"。

单位行动(被定义为行为)的要素,是由目标、状况、规范、动机构成的。行为可由手段——目的表示。要把握行动者的状况,就必须要考虑三个体系,即人格体系、社会体系、文化体系。也可以说人的行动是由上述三个体系交叉影响的结果。

帕森斯的后期理论在上述行为体系中,重点分析了社会体系的动态侧面,将社会体系中的诸要素进行整理,把不变要素归纳为结构分析,把可变要素归纳为功能分析,创造了结构-功能分析。

帕森斯提出,各种社会结构都具有四种功能,这也是他著名的 AGLI 公式。其中 A 是适应功能,G 是目标功能,L 是维护功能,I 是调整功能。

上述四种反映社会可变要素的功能和反映社会稳定要素的结构是密切联系的。首先,体育是一种社会现象,因此,在研究任何体育现象时都不能把它和广义社会的结构脱离开来,要求必须考虑整个社会的经济、政治、文化等诸方面和体育现象的关系,这种结构的功能一般表现为适应。其次,都要与从事体育的人的人格结构相联系,要求必须考虑个人的认知水平、性格特征、需要层次、态度取向与体育的关系,这种结构的功能核心表现是目标。第三,也要和文化结构相联系,要求必须考虑那些和体育有关的教育、艺术等方面的因素,这种结构的功能一般表现为维护。第四,更要考虑构成体育自身的结构,即狭义社会体系,这种结构的功能集中表现为调整。从以上分析不难看出,帕森斯的理论把结构和功能一一对应起来了,这不仅为研究任何社会问题提出了一个一般的模式,而且也避免了那种头痛医头、脚痛医脚的片面研究方法。

在具体实现这四种功能时,帕森斯强调指出:每一个功能又可分为四个亚系统。就是说,研究一个结构功能时也可以把它看作为一个系统,也必须要结合四种结构和功能来综合分析,而且可以此类推。AGLI 四个部分既相对独立又互相联系、既互相制约又互为补充,由此组成了特定的社会系统功能。正是在这描述子系统和系统的功能互换形式的关键的一点上,才使得帕森斯的社会框架建立在精密运行的基础之上,这也是帕森斯对结构功能学说的最重要的贡献。

帕森斯的结构功能学说的主要观点是:① 社会体系论,即每个体系都能用 AGLI 来进行分析;② 行动理论,即人的行动是在文化、社会、人格三大系统的影响下的有意识行为(行为包括有意识、无意识两类,此处只指有意识的行为);③ 均衡理论,是指每个系统均有一种机制。即系统在外部或内部力量破坏其均衡后,又恢复原来的均衡状态。

美国的社会学家罗伯特·默顿(Robert Merton)在帕森斯的理论基础上,提出了结构和功能的统一问题,同时提出了系统结构的功能有显功能和隐功能、正功能和负功能等几种区别,大大发展了帕森斯的理论。

体育社会学的研究中也借鉴了结构-功能理论,并且在许多实际研究中运用了这一理论的基本原理。例如美国体育的行为体系分析、制度体系分析、体育功能分析和组织分析,以及与体育相关的社会制度分析等,都是利用这一基本原理进行研究取得的丰硕成果。在体育社会学的研究实践中,虽然有很多研究人员对结构功能理论的发展历史不太了解,甚至不太熟悉,但是事实上却已经运用了结构功能分析和结构功能理论的思维方法。

(二)冲突理论

结构功能分析是以社会安定、均衡状态为前提的。而冲突理论则是以社会冲突为基础的。马克思主义和达尔文主义者运用冲突理论认识的社会是处于斗争、变动、不安定的状态中的社会。因此,冲突理论认为:变动是整个社会普遍存在的事实,变动也是创造历史的动力。按照西方社会学家普遍的观点,冲突理论的代表人物中著名的有:马克思(辩证法冲突理论)、西麦尔(过程分析的冲突)、科赛(现代社会学中冲突理论倡导者)和达伦多夫。下面就冲突理论和结构功能的区别列表作一详细说明,见表1-1。

表1-1 对立的两种模式

结构功能分析	冲突理论
规范的价值是社会生活的基本要素	利害是社会生活的基本要素
社会生活包含亲密关系	社会生活包含强制和引诱
社会凝聚是必然的	社会分裂是必然的
社会生活是联系的	社会生活会产生敌意、排斥、对立
社会生活有互相性和协作性	社会生活由于结构化产生出斗争
社会系统原来就是互相配合的	社会生活会产生局部的利害冲突
社会承认正当的权威	社会分化导致暴力
社会系统是统合的	社会系统是不能统合的,它受矛盾调节
社会系统持续存在	社会系统具有变化的倾向

在讲述"冲突理论"这一社会学学派时,首先要弄清马克思主义的社会学观点和西方社会学观点的区别。第一,马克思主义并不是具体的一门学科,而是有关人类发展的一种学说。列宁在《马克思主义三个来源与三个组成部分》一文中指出,马克思主义是由哲学、政治经济学、科学社会主义三大部分组成,这说明马克思主义和任何一个西方社会学学说相比,涉及领域更广,研究问题更深。第二,马克思主义中含有对社会学基本理论的研究。例如作为马克思主义三大组成部分的科学社会主义与作为教科书的《科学社会主义》是完全不同的,恩格斯在《反杜林论》中,对科学社会主义既有哲学和经济学方面的论述,又有社会学方面的论述,马克思主义客观上存在社会学的思想精华。第三,马克思主义的确研究了社会冲突,但是马克思主义是站在经济基础和上层建筑的基点上,以及在生产力和生产关系的基点上来分析社会冲突的,其中最为关键的是指出了生产资料的所有制不同是造成冲突的根本原因。但是西方社会学中的冲突学派大谈社会分层、社会流动以及权力分配等具体问题,就是不谈所有制问题。第四,马克思主义并不是只谈冲突不讲调和,也不是只讲矛盾而不讲统一,而强调的是"一分为二和合二为一"的统一,斗争和调和的统一。因此,从某种意义上讲,不能把马克思主义完全归纳在社会学的冲突理论学派之中。

20世纪60年代,西方社会矛盾与冲突迅速发展,出现了矛盾激化的现象。美国学生运动和黑人运动的结合,发展成了声势浩大的反战示威。一些社会学家认识到,社会学不能回避这些问题。结构功能学说认为这一些都是负功能,没有什么好作用,这种观点受到了很多社会学家的反对,他们为了批评结构功能学说、解释社会现象而努力创建新的理论。20 世纪 60 年代中期,一些持批判态度的社会学家逐步形成了新的冲突学派。

冲突理论的代表人物之一是德国社会学家达伦多夫(R. Dahrendorf),他认为社会结构是靠强权维持的,要维持社会结构的稳定,就要实现权力分配的均衡和权力使用的制约。他还肯定社会冲突的主要表现形式——竞争对社会发展的积极意义。在体育社会学中,有关竞技比赛的存在条件与功能研究、体育社会结构与社会分层研究等较多地运用了这种冲突理论,并取得了一定的成果。达伦多夫承认社会上存在着阶级,存在着利益分配不公,但这种阶级和利益是以权力来划分的,而从来不去讨论生产关系和所有制问题,这就是它和马克思主义的重要区别所在。

冲突理论的另一个代表人物是美国人科赛(L. Coser)。他的基本观点和达伦多夫相似,他认为冲突有破坏作用,但也有建设作用,他提出了两个很有意义的社会学观点:第一个观点是在开放的社会中,因现实而发生的冲突可以调节,可以有助于社会结构更大的适应性、灵活性和一体化,从而调节社会矛盾,促使社会发展;而一个僵化的社会不允许冲突,甚至不允许敌对情绪,这势必造成敌对情绪的积累,一旦爆发冲突就会对社会造成严重的破坏。因此,对一个社会来说,重要的是允许有限的冲突的存在。第二个观点是在开放的社会中,要实现冲突的体制化,这就应当给予社会和公众有发泄敌对情绪的渠道,这种渠道具有安全阀的功能,安全阀起着提供警报信息和缓解社会矛盾的作用。上述两种观点均在体育社会学中得到了应用,有关开放社会中体育体制和运行机制的研究,以及运动竞争具有释放社会矛盾和发泄公众对抗情绪的社会安定功能的研究,均受到了体育社会学家的关注,特别是对后面一个观点,有的社会学家明确提出"体育是社会稳定的安全阀"的观点。

第二节 体育社会学的学科地位、意义与作用

一、体育社会学的地位与意义

现代社会,体育已经不是一种孤立的、简单的人体活动,体育已与人类社会广阔的社会实践活动产生千丝万缕的联系。尤其应当提出,由于体育社会学与其他社会科学相比,具有更强的实践性和综合性,所以体育社会学研究在体育科学体系中占有越来越重要的地位。

体育社会学要面对大量的社会现象,既要研究体育社会演变的历史,又要研究体育的内部结构和它与各种社会现象之间的关系。体育社会学是体育人文社会学科群中的一门主干学科,它是体育全面走向社会后,回答体育社会问题的主要学科。体育社会学的确立,标志着一个国家的体育人文社会学科进入了成熟的阶段。

由于体育社会学与社会现实保持着密切的联系,而且有一套完整的研究方法,它为体育管理学、体育经济学、体育伦理学、体育法学、体育美学的发展提供了大量信息和理论环

境。它已成为体育人文社会学科中的一门基础性学科。

体育的社会发展要求人们对体育有一个整体性认识,社会学的研究方法可以实现这一目的。体育社会学研究可以深刻地揭示体育本质,有助于加深人们对体育的认识,充分发挥体育的社会功能,引起全社会对体育的重视,影响人们的体育观念、体育参与和体育消费。此外,以体育社会学的理论为工具,进一步对体育事业的发展趋势与发展规律进行分析,可以为政府决策提供依据,也可以为体育管理提供参考。

二、体育社会学的学科作用

体育社会学在体育发展中的地位和作用随着体育的发展变化、社会的变革以及人的认识能力的提高而变化着。在欧美,学科初创时期,体育社会学研究内容零散,主要是关于运动场与人的娱乐、消遣与闲暇体育等。在学科形成阶段,对体育与其他社会领域的关系,体育与人的社会化有了深入的研究。20世纪70年代以来,体育社会学具有明显的广泛性和综合性特征。20世纪末,体育社会学对体育这一社会现象的作用备受各方人士的关注,成为体育人文社会学科的基础学科之一。体育社会学对体育发展起到至关重要的作用,在我国,体育社会学也是随着体育与社会的发展以及人的认识的提高而发展起来的。体育社会学成为体育学科体系中的一门基础学科,这标志着该学科地位的提高。新中国成立初期,我们从苏联引进了《体育理论》这一门学科,这是当年我国高等体育院系中开设的唯一的人文社会类专业基础课。该课程在前言中宣称:马列主义是体育理论的哲学基础;凯洛夫教育学是体育理论的教育学基础。直至改革开放之初,不仅社会学作为伪科学被排除在我国高等学校的学科系列之外,而且体育社会学也被排除在体育学科的系统之外,当时人们认为体育中的社会现象完全可以用哲学和教育学来解释,因此,体育社会学完全没有存在的必要。改革开放后,我国首先建立的是社会学,然后又在社会学的基础上建立和发展了体育社会学。但是在体育的学科体系中,较长时期地存在着重自然、轻社会和重人体、轻人文的现象。一方面的原因是人体自然学科相对稳定、人文社会学科随着社会变革一时尚未能完善;另一方面的原因是体育学科以技能提高为中心,以身体发展为中心,因此重视了解剖、生理、生物力学等人体自然学科,而忽略了体育的人文社会学科。这种现象到了20世纪的最后10年有了改观,尽管这种改观还不尽如人意,但是由于体育社会学的建立和不断完善,毕竟为自己争得了一席之地。

体育不仅是一种人体自然现象,同时也是一种社会人文现象,体育事业对人的作用也不仅是技术和体能的提高,同时也是人的心理素质和社会适应能力的提高。因此,体育社会学的发展对体育事业的兴旺有着不可替代的重要作用。这些作用包括如下几个方面:

(1) 推进体育体制和运行机制的改革。用比较法研究中外体育与社会变迁、体育与社会制度,从中借鉴经验、吸取教训,为政府职能部门提出建议。

(2) 为政府规划体育发展战略目标提供参考依据。体育发展战略目标包括方向、方针、方法步骤、途径等。以体育社会学在体育的功能、体育与人的社会性的关系、体育经济与产业等方面的研究成果为政府提供参考依据。

(3) 为政府制定政策、法规,建立、健全各种规章制度提供参考意见。体育深入到人们日常生活当中,随之亦带来了种族歧视、性别歧视、体育暴力、兴奋剂等问题;竞技体育的组织、管理、经营问题;体育的社会结构问题、体育人口等,诸多体育问题都有待体育社会学者去研究和预测,进而为政府制定政策、法规提供参考意见。

(4) 促进体育事业健康发展。改善体育工作者的人文素质,明确体育事业的价值取向,促进体育行为的互动关系,增强体育群体的凝聚力,提高研究人员的社会调查能力,进一步促进体育事业的健康发展。

第三节 体育社会学的产生和发展

一、国外体育社会学的产生与发展

体育社会学是以社会学发展为基础,19世纪末才初见端倪的一门新兴学科。为清楚地把握体育社会学发展脉络,我们把体育社会学的发展分为如下三个阶段:

(一) 体育社会学的初创阶段(19世纪末—20世纪20年代初)

随着社会学的发展,体育作为社会领域之一得到各方人士的关注。1896年社会学创始者之一 H·斯宾塞(H. Spencer)对于人类社会进化的各种形式作了广泛的探讨,提出了著名的社会有机体说,对于游戏的研究是其研究的重要内容之一;美国学者 C·杰布林(C. Zueblin)和 S·阿米里肯(S. American)对运动场进行了社会学分析,分别在《美国社会学杂志》1898年第四卷上发表题为"芝加哥市立运动场"和"小型运动场的运动"的论文;1899年 D·B·韦伯廉(D. B. Veblen)发表了他的研究成果《闲暇阶级的理论》;1914年美国学者 J·L·盖林(J. L. Gillin)完成了《娱乐社会学》,主要讨论了体育运动的问题;1918年美国学者 E·A·罗斯又发表了《作为社会问题的成人娱乐》等论文。由此看出,这一时期体育社会学最关心的是与当时社会关系最为密切的运动场、游乐场和娱乐问题。

1921年德国 H·里赛(H. Risse)在柏林出版了专著《体育运动社会学》,该书具体论述了古代社会和现代工业社会中竞技体育的社会功能,初次将体育运动作为一种社会生活方式,并运用社会学的理论与方法对体育运动进行研究,这本书成为体育社会学学科诞生的标志。

(二) 体育社会学的形成阶段(20世纪20—60年代)

除美国外,英国、法国、德国、苏联和东欧各国学者也较早地介入了体育社会学研究领域,如奥地利的维也纳大学、德国的慕尼黑大学在20世纪20年代便将体育社会学引入课堂。30年代世界各国经济处于大萧条时期,在这一时期,经济发达国家的代表——美国在20世纪初居民区建设过程之中,无意中设置的以竞技、健康体育运动场和休闲娱乐运动场对缓和失业工人的对立情绪、消磨过多的空余时间、强健士兵的身体及满足工业化大生产对工人体力的要求起到了积极的作用。因此,政府、资本家和社会学者对体育运动的认识产生了质的变化,体育这一社会文化现象得到各方学者的关注。由此,体育社会学加强了对余暇、消遣和娱乐的研究。

第二次世界大战的爆发迫使各国体育社会学的研究处于停滞状态。二战后，随着社会秩序的稳定，政治的变革和重组，经济发展的日新月异，作为社会现象之一的体育得到了空前的发展，体育项目的增多，内容的充实，体育人口的增加，体育交流的日益频繁，体育对其他社会领域渗透及其作用的加强，使体育运动逐渐成为人们社会生活中一种突出的社会现象。人们对体育社会学的期望和关注亦自然增强。这一时期的研究者以体育界自身的学者为主。

1950年，日本东京教育大学开设体育社会学讲座，当时的体育社会学包含"Sociology of Sport"的概念。日本于1960年成立了体育社会学学会，是亚洲最早介入体育社会学研究的国家。

1964年在联合国教科文组织（UNESCO）下属的国际运动与体育理事会（ICSSEP）的倡导下，在日内瓦成立了国际体育社会学委员会（ICSS），它同时被国际社会学学会（ISA）接纳，成为国际社会学学会的团体成员。国际体育社会学委员会的主要活动是：组织世界性体育社会学学术讨论会；举办体育社会学研究班、讲习班；与国际社会学学会共同举办体育社会学方面的学术会议；组织国际间的科研课题合作；编辑发行《国际体育社会学评论》（季刊）和《国际体育社会学公报》（半年刊）。该委员会当时有个人会员11名，通信会员71名。国际体育社会学委员会的成立使研究者对体育社会学的概念、属性、对象、内容及方法等问题的探讨达到了一个新的阶段，成为这一学科发展的里程碑。

（三）体育社会学的发展阶段（20世纪60年代末期至现在）

自20世纪60年代以来，体育社会学出现了前所未有的繁荣景象。研究者的数量不断上升，研究者的素质不断提高，遍布于社会学、体育学、经济学、教育学等不同学科领域。国际体育社会学学会目前有团体会员和个人会员200多人，分布于30多个国家和地区。

体育社会学作为一门学科在一些大学举办讲座和设有专门的研究机构，例如美国有30所以上的大学开设了体育社会学课程，由此扩大了体育社会学的影响。

国际上除国际体育社会学委员会编辑的两种刊物外，还有《社会与闲暇》等专业性刊物。世界平均每年发表体育社会学方面论文500多篇，著作180余万字，在体育功能、体育群体、体育制度、体育社会问题（种族歧视、性别歧视、体育商业化、产业化、球场暴力、滥用禁药等）等领域均已取得了大量的研究成果。

二、国内体育社会学的产生与发展

体育社会学自19世纪问世以来已有100多年的历史，但在我国起步较晚，除中国台湾省20世纪70年代有体育社会学专著问世外，大多数学者从20世纪80年代才介入这一领域。

1982年在江苏省社会学会和江苏省体育科学学会的支持下，成立了中国第一个省级体育社会学学术团体，以小城镇体育为中心开展课题研究工作。

1986年，沈阳体育学院建立了我国第一个体育社会学教研室。

中国体育科学学会于1988年、1990年、1992年分别在大连市、北京市、宁夏回族自治区举行体育社会学学术研讨会。

1994年6月,中国社会学会体育社会学专业委员会在福州市成立,这标志着我国体育社会学的发展有了一个新的起点。

1995年,我国体育社会学家刘德佩教授首次被推选为国际体育社会学学会(1SSA)扩大执委会执委,同时刘德佩教授还担任《国际体育社会学评论》编委。

截止1997年底,我国已正式出版体育社会学教材和专著多部,有刘德佩的《体育社会学》(1990年6月),徐隆瑞、梁向阳的《体育社会学》(1990年7月),黄捷荣、李泽润的《体育社会学》(1990年7月),吕树庭、卢元镇的《体育社会学教程》(1995年4月),卢元镇的《中国体育社会学》(1996年4月),毛秀珠的《体育社会学》(1997年7月)等。

体育社会学研究在20世纪90年代的中国得到了迅速的发展。20世纪80年代末,我国就提出了"科学化、社会化是我国体育腾飞的两翼",这里指的"社会化"主要是指扩大体育的规模,其中包括了厂矿、学校、社会都来办群众体育和竞技体育,此时有不少体育学者采用社会学的研究方法,开展了体育发展战略的研究。1993年,国家体委下达了《关于深化体育改革的意见》,该文件明确地指出:"紧紧围绕体制和运行机制中的关键问题,加大体育改革力度,推动我国体育事业不断登上新台阶。"此时,又有不少体育学者采用社会学的方法开展了围绕体育体制改革相关课题的研究,例如:体育行政管理体制改革的研究、加快体育协会实体化的研究、体育产业与市场研究、运动训练体制的研究、运动竞赛体制的研究等。从1993年5月开始,国家体委开始组织力量酝酿、设计《全民健身计划》。两年后,即1995年9月,《中华人民共和国体育法》正式颁布,《体育法》第十一条正式以法律的形式提出了"国家推行全民健身计划"的要求。此时,我国的不少体育学者采用社会学的方法,开展了有关体育人口、社区体育以及有关老龄体育、妇女体育、残疾人体育等相关课题的研究。1999年7月,我国第三次教育工作会议胜利闭幕,中共中央、国务院颁布了《关于深化教育改革,全面推进素质教育的决定》,该决定提出了"学校教育要树立健康第一的指导思想"。此时,不少体育工作者又开始思考采用社会学的方法,开展围绕"素质教育"与"健康第一"为指导思想的与教育相关的体育研究,例如教育与体育的观念、体制、结构与功能、人才培养模式等。上述新的社会发展动态为体育社会学的研究开拓了新的领域。

在20世纪90年代,中国体育社会学的研究领域在不断地扩展,除上述领域外,还涉及到了体育文化、体育经济、体育政治等诸多领域。同时,体育社会学的研究人员也不断地增加,《体育社会学》也成为我国高等体育院校及师范大学体育院系学科建设的重要内容而受到广泛关注。90年代末,在我国博士点和硕士点的学科目录中,"体育人文社会学"成为"体育学"所属的四类学科之一。北京体育大学、上海体育学院、华南师范大学等院校已建立了"体育人文社会学"的学位点。"体育社会学"作为"体育人文社会学"的一门主干课程,在学科建设和人才培养方面,均已迈开了可喜的一步。

主要参考文献:

[1] 郑杭生.社会学概论新修精编本[M].北京:中国人民大学出版社,2014.
[2] 马克思恩格斯选集.2版(第1卷).北京:人民出版社,1995.

[3] 顾渊彦.体育社会学[M].南京:南京师范大学出版社,1999.
[4] 卢元镇.体育社会学(第三版)[M].北京:高等教育出版社,2011.

提升阅读推荐：

[1] 宋林飞.当代西方社会学理论.南京:南京大学出版社,1997.
[2] 郑杭生,李迎生.中国社会学史新编.北京:高等教育出版社,2000.
[3] 陈向明.质的研究方法与社会科学研究.北京:教育科学出版社,2016.

思考题

1. 体育社会学的基本原理是什么？
2. 阐述体育社会学的学科地位。
3. 体育社会学如何为社会实践服务？

第二章 体育的社会结构与功能

本章内容提要

体育社会学既要研究体育与宏观社会的关系,又要研究体育内部的各种关系。一方面,宏观社会对体育事业产生了多方面的影响;另一方面,以体育为媒体形成了体育自身的内部结构,这种反映体育特征的"亚社会"内部运动规律,也是体育社会学所研究的重要领域。国内的许多体育社会学家立足于把体育和宏观社会之间的联系作为主要研究对象,这是必要的,但关注后者同样是必要的。本章在介绍社会结构与社会功能的基础上介绍了宏观社会结构中的体育,重点阐述了体育社会结构的动、静态分析,并在此基础上对体育的社会结构提出了新的认识,最后对体育的社会功能、个体和群体功能进行了阐释。

【案例导入】

体育理应承担起向社会传递正能量的责任

在人类所有的社会文化与精神活动中,体育因为其与身体的高度关联性和感性特征被看作是人类精神现象学中比较浅薄的初始环节。快乐、游戏、宣泄、激情往往成为人们对体育最直观的认知。表面上看,多数情况下以身体文化形式出现的体育文化能够实现的超越性极为有限。但事实上,体育是可以作为一种外在丰盈而内在深厚的精神导向而在社会风气的引领上起到重要作用的。赛场上力挽狂澜的英雄无处不在,人们永不疲倦、豪情万丈地书写着人类生命中令人肃然起敬荡气回肠的崇高与壮美。刘翔以打破世界纪录的胜利实现了黄种人对速度极限的超越,奥蒂以执着的坚守践行着奔跑梦想的超越,李宁以卷土重来的勇气完成了整个人生的超越,中国女排冰火两重天的里约奥运会征程向人们展示了不言弃不放弃的拼搏精神。坚守、拼搏、勇气、信念、责任等这些社会正能量在体育里得到了很好的诠释,在这个物欲横流的社会,比以往任何时候都需要对精神世界的深度自省与广度拓展。因此,体育能够承担起更多的社会责任,向社会传递正能量。

第一节 社会结构与社会功能

社会结构是指社会系统的各个组成部分及要素之间持久的、稳定的相互联系模式,即社会系统的静态构成状况。从不同角度看,社会结构具有多样性,如阶级机构、职业结构、人口结构、利益机构、社会规范结构等。社会结构反映的是社会静态的状况,同时又预示着动态变迁的趋势和内容。

一、宏观社会结构

宏观社会结构指社会的整体结构,即整个社会关系的构成状况,包括社会的经济结构、政治结构和文化教育结构。具体来说,社会制度以及世界体系就是代表社会的宏观结构。

社会制度是指在一定历史条件下形成的社会关系及与之相联系的社会活动的规范体系。在社会关系中,社会制度占据最重要的地位,因为社会制度是社会关系的综合体系,也是社会关系的最高层次。社会制度是一种固定化的较为持久的社会关系。

社会制度为社会提供了一个宏观结构,通过各种关系规则给个人行动设置了选择集,人们的行动被限定在选择集的范围之内,人们的社会关系也由制度而设定,这样社会生产活动及社会生活就在制度框架下有序进行。例如,婚姻家庭制度规定和设置了社会生活的基本单位,并满足了基本社会需要和繁衍后代的需要,使得社会得以延续和发展。文化教育制度提供文化和知识传承的体系。

此外,社会制度还从宏观上确立了个人关系、群体关系以及个人与社会关系的基本形态。社会的任何结构现象都是人的行动的产物,都是人的实践的结果。在此意义上说,社会结构不过是人作为能动的主体时,其行动的相互关联、彼此影响的模式化体系。因此,人的行动实践与社会结构之间是同构互生的关系,这种关系中蕴含着社会结构转型、社会生活变迁的活力来源。

个人关系,指日常发生的人与人之间的直接联系或互动,它是一种较低层次的社会关系,这种关系常常是非正式的,没有什么固定的要求,更没有通过法律、法规、规则、规章等形式固定下来,因而它常常是不稳定的、变动不居的。

社会学历来重视对个人关系的研究。这是因为:第一,个人关系是全部社会关系的起点,其他社会联系都是由此展开的;第二,个人交往是社会中最频繁发生的社会关系和社会互动;第三,它是人们对于社会关系、社会互动的最直接的体验,因而能给人们留下最丰富的感性认识。人们常常是通过直接的人与人之间的互动来观察一个社会。正因为如此,在我们社会主义国家中,应认真对待和处理个人关系。在我国现实生活中,像同事关系、上下级关系、朋友关系、顾客与服务员关系、老乡关系、邻居关系、夫妻关系、父母与子女关系、婆媳关系等,都是值得重视的个人关系。

群体关系,指在社会的群体或组织的层次上所发生的社会关系。它是社会关系的中间层次。与个人关系相比,群体关系具有一定的稳定性、持久性,它受到社会群体的规则、规范的约束,而两个或几个社会团体之间的关系则更受到各种严格的社会规范约束。

群体关系在社会关系中占有重要地位,它比个人关系更明确、更集中地表现了社会关系的基本倾向,它是社会制度的基础。马克思主义经典作家历来重视群体关系,特别是阶级关系,他们认为,阶级斗争是阶级社会发展的直接动力。当然,在我国现阶段,由于作为一个完整的阶级的剥削阶级已经消灭,社会各阶级已不是原来意义上的阶级,因此,阶级关系在我国已不占主导地位。而阶层的关系、职业群体的关系以及其他一些非阶级的社会集团的关系成为我国社会生活中日益重要的群体关系。个人与社会的关系问题,实质就是个人行动或实践范围问题,这是由社会制度所确立的。例如,在西方社会,制度更倾向于个人行动自由。

从全球范围来看,社会宏观结构是一种世界体系,它与各个国家的社会系统构成既相互联系、相互影响,又相互有别的社会结构。在世界体系这一宏观社会结构中,一方面存在着人类社会发展的共同趋势和结构特征,如当今世界体系中全球经济一体化和各国相互依赖的程度越来越高;另一方面,世界体系又存在着各种利益格局,这些格局受制于历史文化、意识形态、政治制度和经济发展水平。

社会学对宏观社会结构的研究,主要包括阶级阶层结构研究、宏观经济制度研究、宏观社会制度研究、社会关系网络研究、群体关系研究以及全球化和现代化研究。这些研究可以让人们从宏观的高度去了解和认识社会的全貌和架构,把握社会运行的整体趋势。

马克思主义社会学在分析宏观社会结构方面,提出了几个重要观点和视角:一是生产力和生产关系的辩证关系,即生产力决定生产关系,生产关系又反作用于生产力;二是经济基础与上层建筑的辩证关系;三是阶级分析的视角,即在私有制社会,社会结构表现为阶级结构,阶级地位和阶级关系决定其他社会关系。

二、微观社会结构

与宏观社会结构不同,微观社会结构主要是由各种具体的、基本的社会单位构成现实社会的形态。微观社会结构是指社会个体相互联系、相互作用的模式,如在日常生活中人际互动的模式、个人在一定社会领域扮演社会角色的模式等。

在微观社会结构中,基本的结构单位主要包括:个人、角色、群体、组织、社团、社区等。这些基本的结构单位或要素的有机统一构成了一个社会的结构现象,形成了一个整体性社会的结构系统。在不同的社会中,结构单位或要素的统一方式和机制是不同的,因此,从微观社会的结构现象也能看到社会的基本状态和发展趋势。

个人是构成社会的最基本的单位,这里所说的个人不是抽象的概念,而是指社会生活中的具体行动者,社会学者科尔曼称之为"法人行动者"。[①] 现实社会中,每个人既与他人相互联系,又与他人存在差异和相对独立性。社会中的每个人都会按自己的意志行动,现实社会也正是由各种各样的个人的具体行动构成。个人行动是社会学考察的重要内容,因为通过对大量个人行动的考察,可以发现社会运行的规律。

在社会学看来,社会类似一个大舞台,舞台上的各种各样的角色就是其微观构成之一。角色与个人行动相关,因为角色扮演是通过个人行动实现的。不过,角色还有其他引申意义。个人是怎样扮演社会角色的?为什么那样表演?这些问题就在现实社会中,个人角色扮演与地位、社会期望以及角色规范是密切相关的。社会中有各种各样的位置或地位,对应这些位置,社会或大众已经赋予了相应的社会期望,于是人们的角色扮演行为就按照这些期望来进行。

群体和组织是构成社会的基本单位。群体和组织将个人联系起来,成为个人行动的重要依托。也就是说,个人的行动和角色扮演总是在一定群体和组织内进行的。例如,个

---

① 参见[美]科尔曼著,邓方译:《社会理论的基础》,北京:社会科学文献出版社,1991.

人亲属角色的扮演是在家庭这一初级社会群体内进行的,个人的职业角色是在学校、工厂或机关等组织内进行的。所以,对群体和组织等微观社会结构的考察,既是了解个人行动的重要视角,也是认识社会系统运行机制的有效途径。

在微观层次上,社团和社区也是社会的重要构成。有共同利益或共同志趣的个人的联系构成社会活动的共同体,这就是社团。社团成为个人社会活动的重要载体和场域,也是社会生活的重要侧面。同样,社区是个人在共同区域的生活基础上构成的社会单位,人们在具体生活中形成的社会认同及相互联系,成为构建这一社会单位的基础。

对微观社会结构的考察,是社会学认识和理解社会的必要途径。只有通过微观社会学的研究,才能获得认知的具体经验材料,才能从大量具体经验中总结出各种社会现象的原因,归纳出社会运行的规律。例如,在探讨青少年犯罪的原因时,微观社会研究通过对犯罪青少年的特殊情况、特殊经历、走上犯罪道路过程的具体考察,会从中总结出青少年犯罪的差异性与共性,并在比较分析的基础上发现青少年犯罪问题产生的原因及规律,从而可以有针对性地采取预防和治理措施。所以,对微观社会结构的研究有助于我们更深入细致地了解社会及社会问题的具体情况,了解社会构成和运转的现实基础。

第二节 体育的社会结构

一、宏观社会结构中的体育

社会学研究的是社会的各个部分之间的联系并涉及到整个社会。其联系,它指社会和经济、政治、文化及人的行为,无时无刻地发生着联系。实质上,经济、政治、文化及行为等,不可否认是宏观社会的组成部分,是社会学自身的研究领域之一。由于体育社会学不是研究某个具体的特定社会领域而是研究社会整体结构和运行,其社会结构是由自然环境因素、人口因素、政治因素、经济因素和思想文化因素五大基本要素构成。作为体育社会学,虽然是一个特定的社会学学科领域,但它无法离开宏观社会而独立存在下去。因此,必然和宏观社会发生千丝万缕的联系。对应社会学结构的划分理论,从指导体育社会学的认识基础上,我们认为,社会的环境、人口、政治、经济、宗教和文化等因素,均对体育事业的发展产生着直接或间接的影响。

由于有关政治、经济、文化对体育的影响本书有专门章节论述,本章着重讨论环境和人口对体育的影响。

(一)人口的年龄结构

所谓人口,就是指在特定时空内,由社会关系联系起来的、一定数量和质量的有生命的个人所组成的总体。人口是社会构成的中心要素。我国人口已从1949年的5.4亿人增长到2015年的13.75亿人,即总人口增长了2.5倍多。一般来讲,发展中国家人口的年龄构成比较年轻,而发达国家人口年龄构成相对老化。

世界上发达国家的人口中,以1985年为例,0—14岁的人口占总人口的22.2%,15—

64岁的人口占总人口的66.3%,65岁以上人口占总人口的11.5%。其他发展中国家,0—14岁的人口占总人口的37.2%,15—64岁的人口占总人口的58.6%,65岁以上的人口占总人口的4.2%。在我国以2015年为例,0—14岁的人口占总人口的16.5%,15—64岁的人口占总人口的73.0%,65岁以上人口占总人口的10.5%。从以上人口结构比例可以看出,我国人口已处在迅速老化期,正逐渐进入老年人社会,从人口发展预测来看,到2020年我国将彻底进入典型的老年型社会,而在2020—2050年期间,我国将处在高度老化期。

在21世纪,我国人口出现由达到最高峰到迅速减少的转折,老年人口的猛增,少年儿童人口的速减,将给体育结构产生振荡影响。以青少年儿童为主体的学校体育、竞技体育将得不到年轻型人口结构的优势,社会体育将不得不面对数以亿计的老龄人。老年人对体育的依赖完全依靠社会保障水平的提高。老年人的生活与健康、农村健康体系问题将成为21世纪体育社会学必须重视的课题。

（二）就业人口

第六次全国人口普查数据表明,居住在城镇的人口占49.68%,居住在乡村的人口占50.32%。农村人口大幅减少,城镇人口大幅增加。大量农村劳动力涌入城市就业,截至2012年,我国就业人数约为7.6亿。这一数字表明,我国将拥有世界上最大的一支职工队伍。这种现象给体育提出两个问题:一是如何更好地开展职工体育,特别是如何提高这数以亿计的新上岗年轻职工的身体素质的问题;二是体育娱乐市场将如何吸纳待业人口的问题。许多发达国家在一定历史时期内,由体育产业分流了一部分失业人口,成为缓解社会矛盾的举措。我国一些发达城市,如深圳市在1 122人的调查中有90%以上的家庭购置了篮球、排球、足球、乒乓球、羽毛球、网球等体育用品,部分家庭配置了多功能健身器材,1 118人中有27%的家庭成员持有体育俱乐部会员卡;1 110人中有55%的人在有偿体育消费,平均每人每次花费30元以上;深圳76家体育企业营业额可达2.3亿元左右,年利税1 100万元以上,就业人数可达3 500人以上,体育产业约占深圳市第三产业总值的2%左右。上述这两个问题,是体育直接与经济发生联系,并服务于经济的表现,应引起我们的高度重视。

（三）城乡结构

20世纪70年代末到80年代初,在中国经济体制改革中出现了多种经营方式与新的经济成分,所有制结构开始发生重大的变化。1988年底,城镇个体劳动者已达659万人。这意味着城镇集体经济和重新恢复的个体经济面临外延的扩大,而全民所有制经济不再吸收更多的人员并鼓励已有人员流向其他经济类型。这表明在由农业社会向工业社会转型,由乡村社会向城镇社会转化的过程中,城镇的迅速发展是当今社会的一个重要特征。到2010年,城镇人口已超过6.7亿,城镇率已达到50%。这一变化对城市的体育是十分有益的。城镇经济收入、金融资产、教育和文化程度较高,组织化程度较高,物质条件较好,做好城市居民的体育工作,对经济发展和社会稳定具有重要的价值。但未来乡镇体育、社区体育、小城镇体育、外来人口或"打工族"的体育,不仅要贯彻落实全民健身计划的任务,而且它们对社会经济的发展和社会稳定均具有重要的意义。目前一些"富裕"乡镇成年男子每日平均有闲时间为 2.86 小时,女子为 3.51 小时,以体育活动为闲暇娱乐的约占 10%。其体育人口为 34%,这一新的领域应引起我们的重视。

（四）区域结构

改革开放以来,国内生产总值逐年增长,人民生活水平日益提高,人民在满足物质生活需要略有节余的同时,用于文化、娱乐、体育支出的比例呈上升趋势。但是全国不同区域或城市的经济水平具有一定的差异。目前,我国全面建设小康社会的实现程度已超过 80%,已进入小康水平的主要在东部沿海地区。东部沿海发达地区人均 GDP 远远高于中西部相对落后的地区,其中珠三角地区的广州、深圳、佛山人均 GDP 均超过 1 万美元大关,超过了中等国家收入水平标准。这种区域结构所造成的经济不平衡状况,对体育如何整体发展,是体育社会学应该考虑的问题。

体育事业中包含着社会保障性的事业,应人人都有享受体育的权力,体育在我国如何均衡发展,一方面要依靠国家制定合理的体育发展政策和规划,并以公益性、福利性兴办体育来满足人民的体育需求和保证广大群众参与体育的权利。在商品经济条件下的体育管理机制中财政补贴只能减缓差距,并不能彻底解决东、中、西部的差距。另一方面要紧紧抓住我国新世纪开发中西部地区的大好机遇,引导中西部经济欠发达地区与发达地区合作,优势互补,通过市场交换原则兴办体育,以推动这些地区体育的发展。

（五）社会生活结构

科学技术使社会物质文明大大地进步,因而也改变了人们的社会生活方式和日常生活模式。各种交通工具使人感到快捷方便;各种通讯、信息传递方式使人随时随地通晓天下事;各种上门的服务使人不出门便可获得方便等,给社会进步提供了物质前提,改变了生产方式,提高了劳动生产率。但与此同时也给人带来一些负面效应,如家庭结构、余暇时间的结构、膳食结构以及现代文明病等。各种社会问题将给体育带来一些新的问题,大社会中各种问题会以不同的方式折射到体育这个小社会中来。在商业社会,体育被戴上"商业眼镜"在商业街市中炒作,一浪激起一浪。一些不健康的体育生活方式即体育消费的纵欲、侈奢将会滋长出来,一些不健康的文化在法律、道德体系不完善的情况下,可能在体育娱乐中寻找孳生的土壤。在这大千世界的经济环境中,体育不可能脱离现实社会而独立存在。在 21 世纪中国居民生活结构发生变化的时期,为使体育积极主动地去适应现代社会的发展,体育社会学学者理应承担起体育社会问题的解释、解决和理论探索的责任。

二、体育的社会结构

如果把体育的社会结构看作一个系统,它应当包括该系统的目标、构成性要素、过程性要素三个组成部分。这样理解体育自身的社会结构,就把体育看作若干相互依存、相互制约的要素。

要素是构成系统的相对独立又相互联系的基本成分,要素同样也是指体育社会结构的组成部分。对于相对静止的结构构成的要素,我们称之为构成性要素,要素是构成结构的材料;对于相对运动着的要素,同时也反映着体育结构的变化与发展,这种按时间序列发生着的结构变化的要素,我们称之为过程性要素。

从动态和静态两个角度来观察体育自身的社会结构,并把动态和静态密切地联系起来,这是剖析体育结构的科学方法与途径。

(一)体育社会结构的静态分析

作为体育的社会结构,是在目标定位的前提下,所形成的工作内容、规章制度、人员组织、物质条件等亚结构。这些亚结构是在发展中逐步完善的,而且有待于进一步的完善。但是在分析体育的社会结构时,我们可以在时间上定格,使它成为相对静止的,以有利于剖析与讨论。

1. 对体育概念结构的划分

我国的现代体育是从西方传入的,对体育的认识也是在历史的发展过程中逐步地演变和不断地完善的。直到1995年我国《体育法》颁布,把现代体育划分为"学校体育"、"竞技体育"、"社会体育"三大基本组成部分,人们对体育内部结构的划分形成了基本共识。

20世纪初,西方体育传入中国时,体育并不是一个专有名词,1903年清政府颁布的《奏定学校章程》中,体育课的名称叫做"体操科"。直到1923年北洋政府公布中小学《课程纲要草案》之时,才把"体操科"改为了"体育课"。20世纪30年代,我国学者吴蕴瑞、袁敦礼合著的《体育原理》一书中说:"体育二字本为身体教育之简称。……即系教育之一方面……乃以身体活动为方式的教育。"

新中国成立后的相当长的一段时间内,我们一直也是把体育看作为教育的组成部分,虽有普及与提高相结合之说,但体育的提高并不把它看作进入文化范畴的新的竞技领域,在我国很长的时期内,体育就是教育的组成部分,只有具体运动项目的结构划分,而没有在把体育作为种概念的前提下进一步划分属概念。

"十年动乱"之后,迎来了改革开放的新时期。在体育学术界接受外来思想的前提下,国内有的学者提出了划分现代体育组成部分的各种设想。1982年《中国大百科全书·体育卷》指出:"体育的广义含义与体育运动相同。它包括了身体教育(即狭义的体育)、竞技运动(sport)、身体锻炼三个方面。"在这时期,首先以种概念和属概念的区分完成了对体育结构的内部划分。但是有关的争议一直没有停止过。

1995年《中华人民共和国体育法》颁布,体育法分别对学校体育、竞技体育、社会体育作了相应的规定,也进一步完成了对体育内部结构进行划分的新的表述。

2. 对体育人员组织结构的划分

对体育的社会结构划分也可以从社会体育群体所形成的排列秩序来分析,也就是说,体育社会结构是由各种体育人群所组成的。按照体育社会学者刘德佩教授的界定,其人群由以下六种组成:① 以发展体育事业为职业的人群;② 体育明星、运动员;③ 从事体育商品生产和资助体育事业的企业家;④ 体育的狂热者,如球迷;⑤ 体育运动爱好者;⑥ 体育观众和体育倾心者。刘德佩教授将上述六种体育群体归纳成两大类,一类是以体育为职业的"正式群体";一类是非体育职业所形成的"非正式群体"。以从事体育为职业的正式群体一般是指从事体育专门工作的人群,如我国从国家体育总局至各省(市、区)体委、县体委和各部委、司、局的体育工作干部;各种体育协会、体育场馆、体育俱乐部的体育工作者,广播、电视、报刊的体育编辑、记者等传播媒介的从业人员;以及以体育教育、运动训练和体育科研为己任的体育教师、教练员、运动员和体育科研人员。体育的非正式群体,从体育的社会结构及其成员关系来看,成员资格和职责不受到严格的规定,他们是否参加体育活动也无明确的要求。如球迷、体育爱好者、体育观众等。

日本在1973年进行过一次体育人口的抽样调查,他们对调查者按从事体育的目的及参与程度分成七个阶层,其具体划分如下:① 运动不关心阶层(既不看比赛,也不参加体育活动);② 观赏者阶层(看比赛、看电视、听广播);③ 仪式运动阶层(被动地偶然参加);④ 保健运动阶层(以保健为目的);⑤ 娱乐运动阶层(在余暇时间进行娱乐活动);⑥ 俱乐部阶层(参加某一体育组织);⑦ 优胜者竞技阶层(选手)。

3. 对体育其他结构的划分

上述两个方面的体育结构不仅重要,而且体育学术界有较多的争议,故较为详细地介绍。作为体育的社会结构还有其他方面的内容,例如体育的工作内容结构一般包括了体育教学、运动训练、运动竞赛和身体锻炼等;体育的规章制度结构则包括了法律法规(宪法、基本法、行政法规、行政规章等)、专业及专项规范及团体准则等。此外,体育的场地、器材等物质条件也能表现出规范的结构特征,在此不一一列举。

(二) 体育社会结构的动态分析

对体育社会结构的动态分析涉及体育社会结构的产生发展以及未来变化的趋势,探究其发生这种变化的原因。因此,除宏观分析以外,必然会涉到人的社会心理现象。

当今社会的发展变化对体育社会结构的影响极为深远,其中影响最大的包括两个方面,其一是体育由游戏向正规竞技体育的演进;其二是体育向终身体育的演进。这种发展与变化要求我们对体育的概念进行重新认识。

1. 体育由游戏向正规竞技(sport)的演进

正规竞技比赛早在19世纪末就存在了,现代奥林匹克运动的产生促进了正规竞技的发展。正规竞技的发展造成了体育的分化,一方面,作为以健身与娱乐为目的的大众体育沿着原来的轨迹向前发展着;另一方面,作为发挥最大体能与技能,争取比赛获胜的正规竞技体育从大众体育中分化出来,也按其自身的轨迹向前发展着。

20世纪30年代和40年代,世界大战的胜负靠的是军事实力,这称为热战,竞技体育受到冷落;20世纪50年代和60年代,正规竞技体育从大众体育中分化出来的进程最为迅速,热战转化为冷战,这时胜负靠的是国家的综合实力,其中正规竞技体育是国家综合实力的一种表现方式。竞技比赛的胜负对振奋国民精神起着巨大的作用。因此,竞技体育受到了以美国和苏联为首的两大阵营的空前重视,各国对竞技体育注入了巨大的人力、物力与财力,使正规竞技体育在短时期内得到迅猛发展。

(1) 正规竞技的特征

正规竞技体育运动是现代人类生活的重要组成部分,它是从人类日常生活中的游戏逐渐发展起来的。在从游戏向竞技体育运动发展的过程中,游戏的内容、组织形式、具体方法等产生了很多质的变化,将部分游戏提高到了一个更高的身体活动层次。因此,竞技体育运动发展成为了一个独立的新领域。著名体育社会学家艾德华在他1973年出版的《体育社会学》(《Sociology of Sport》)一书中,对游戏向正规竞技体育运动发展中的特征归纳如下:① 正规竞技体育运动有严格的规则限制,个人的自由支配权力受到明显的约束。② 正规竞技体育运动过程中,资助者、经纪人、教练员、运动员的责任、地位关系是非常明确的。③ 正规竞技体育运动对个人行为的义务感和责任感的要求逐渐提高。④ 正规竞技体育运动的胜负结果往往给团体乃至国家带来巨大的影响。⑤ 正规竞技体育运动的目标变得多种多样而且非常复杂,与社会价值之间的关系日趋密切。⑥ 正规竞技比赛关系重大,赛前必须做好大量的准备工作。因此,无论是个人还是团体都要投入大量的金钱、时间和精力。⑦ 正规竞技体育运动,已经远远超出了调节精神、满足个人娱乐及兴趣爱好的界限,更强调顽强、刻苦的身体训练和敢于胜利的拼搏精神。

(2) 正规竞技的竞争条件

正规竞技运动区别于一般的游戏性竞争,其竞争的本质是高度的规范化和制度化。这种高度的规范化和制度化最终造就了合理的竞争条件,这种竞争条件包括了两项内容,其一是公平竞争;其二是胜负不确定。

① 公平竞争。正规竞赛中的所有规则根据内容要求分为两大类:第一类,规定了达到目标所必须具备的条件,这部分规则阐述了违例和犯规行为;第二类,规定了评价个人成绩的条件和标准,以及创纪录的有关规定。

正规竞技体育运动的上述特征,决定它不是一个开放的过程,它受某一标准化的规定和约束。正规竞技体育运动过程明确地告诉人们:要想参加竞技体育运动竞争,就必须遵守竞赛规则。在竞赛过程中不难发现,运动员为了适应规则的要求,不断调整着自己的行为,这也正体现了正规竞技体育运动的社会化功能,同时竞赛规则还特别强调了参加竞技的双方运动员必须在相同的条件下进行竞争,这更体现了保证运动员的能力得到充分发挥的社会背景。在相同的条件下竞争,不但使运动员在平时的日常训练中,能够根据规则规定来衡量自己的运动能力和竞技水平,而且同时保证了竞赛的公平性和合理性。

② 胜负不确定。正规竞技体育运动的竞赛结果,在结束的钟声响起以前是难以预料的。本书把这种难以预料的特性称为竞技体育运动的"不确定性"。这种"不确定性"无论是对竞赛的参与者还是对竞赛的参观者,均构成了迷人的魅力。竞赛的复杂性也正是因为竞赛的胜负是一个不能完全按个人意志支配的过程,胜负是一个不确定的变量。虽然在这个过程中,可能包含偶然的、不合理的因素,但这丝毫不影响它们成为竞赛魅力的根源。竞赛,不仅给参与者提供了证明自己价值的机会,同时也带来了期待与希望。从"胜负各占50%"、"一着不慎,满盘皆输"、"胜利女神总是向我微笑"、"必须全力以赴才能取胜"等这些运动员常用的语言中可见,竞赛胜负的"不确定性",对运动员的意识起到决定性的影响作用。竞赛的"不确定性"是竞技体育运动必要的"兴奋剂"和"刺激剂",作为竞赛规则,既保证了参赛者的公平竞争,同时又保证了竞赛结果的"不确定性",这是在竞赛过程中造就并保持兴奋和刺激的重要因素。

正规竞技体育运动中,这种必然性(规则、技术水平等)和偶然性(不确定性)的自然结合,使竞技比赛具备了双重特性。烦恼和欢乐、美丽和丑恶、天使和恶魔都能得到充分的表演。同时,激烈和温情、喜悦和绝望、完美和丑陋、秩序和混乱都能体现得淋漓尽致。在高度兴奋的忘我境界中,大家的情绪出现了跌宕起伏,或是拍手喝彩,或是指责非难,或是击鼓助威,或是冷嘲热讽,这就是胜利和美酒伴随着挫折和痛苦的竞技体育世界。

竞赛是在一定的规则中进行的,因此,运动员根据自身体验的满足感报之以实际行动。这就是竞赛中表现出来的技术因素,它是竞赛结构中不可缺少的组成部分。通过它表现出卓越的运动成绩,同时也体现了以客观标准进行评价的社会背景。因此,虽然竞赛本身具有"不确定性"的偶然因素,但是胜负的结局却是客观的,是有充分依据的,是社会公认的,也是人们所信服的。所有这一切,都构成了吸引运动员参加竞赛和大家观看竞赛的原因和理由。

竞技体育运动,从来就是伴随着强烈审美观念的"个人目的"行动的一种形态。在现代社会里,体育组织化的快速发展,逐渐减少了体育的自发性和随意性,参加者的动机受到外界的严重影响。这种无法否定的发展趋势,提醒体育社会学研究者注意:现代竞技体育运动的精神领域已经面临着严重的危机,必须引起高度重视。

(3)正规竞技与游戏的区别

正规竞技与游戏的区别可以从高水平竞技与以健身娱乐为目的大众体育的区别中找到答案。

正规竞技,特别是高水平竞技的特征就是在与他人的比赛中获胜。强者打败弱者,这就是 sport 现在的最终目标。和对手相比较,双方实力并不相等,自己处在或优或劣的位置上,为了战胜对手,这种竞争会无限制地进行下去,这种状态进一步发展的结果必然是过度竞争,甚至产生非人性的状况。为了追求更高的纪录,降低体重、割除多余的肌肉、大量使用肌肉增强剂以及服用各种兴奋剂,这些已被人们所知。为了能使比赛取胜,运动员进行了过于残酷的训练,而这种训练无疑会对人体造成损伤,使运动员的寿命缩短。这一种严重状态如此发展下去,我们必然会重新考虑恢复运动初衷的问题,竞技运动究竟是为了增强体质,还是损害健康?

正规竞技,特别是高水平竞技在运动训练过程中,强调的是掌握高难度的运动技术,承受极限的运动负荷,这一切均与人的娱乐与健身的目标产生了抵触。我们不得不承认,采用这样的手段和方法进行竞技运动,目的不是为了人自身的健康发展,而是为了实现扬我国威、振奋国民精神等其他社会和国家的目标,或是其他的经济目标,而绝非是身体健康的目标。

2. 体育向终身体育的演进

体育作为教育的组成部分,历来把重点定位于青少年学生。但是,随着社会生产力的进一步发展,人们越来越认识到体育对整个人类乃至对整个人生的重大意义,终身体育观的形成,大众体育的兴起成为体育内部结构发生重大变化的一个重要的根据。

(1)社会的发展对人类健康的影响

当代社会生产力的大幅度提高,科学技术的飞速发展无疑会对人类产生种种影响,一种是对人类健康的有利影响,另一种是对人类健康的不利影响。

生产方式的改变,特别是电子计算机技术的广泛应用大大减轻了劳动者的体力负担,在控制室工作的生产者处于长期站立或伏案而坐的姿势,这就造成了他们运动不足、新陈代谢低下、肌力衰退,导致了对健康的损害;现代生产在减轻生产者体力负担的同时,大大地增加了精神负担。在劳动技能方面,由过去那种大肌肉活动的高强度动作改变为灵巧、协调、准确的控制过程,精神上十分紧张,这种精神紧张使人的疲劳提前产生。生产方式的改变促进技术的更新,竞争的激烈,人的生活节奏加快,精神压力加大,导致神经衰弱、心血管系统疾病的发生。

社会生产力的发展使人的生活环境产生变化。在农村,大面积的机械耕作破坏了往日的田园风光,农药的过量使用、木材的过量砍伐、水产资源的过量捕捞,导致沙漠延伸、野生动植物走向灭绝,这种状况的发生将对造成这种恶果的人类加以报复,难怪有人惊呼要把大自然还给人类!

城市的生态环境也不容乐观。世界人口的爆炸使人的生存空间越来越小,加上工业的发展,城市人口也恶性膨胀。2016年,地球上的人口增至72.62亿,此时的城市人口还会再有增加。住在城市的人,远离大自然的怀抱,缺少阳光、空气、水等自然因素的锻炼,这对人的健康是大为不利的。不仅如此,由于城市工业带来的废气、废水毒化了大气和河流,城市噪音造成人情绪紧张,这一切均对人的健康产生危害。

社会生产力的发展又使人的生活方式发生了变化,家庭电气化一方面摆脱了繁重的家务劳动,但同时使人的活动量减少,交通发达使人减少了步行机会,此外,由于食物的改善,使人体重增加。现代生活方式的变化造成人的机体结构和机能与生活环境之间产生不平衡,出现了所谓"运动缺乏"、"营养过剩"等现象,像冠心病、高血压、神经官能症、肥胖等现代文明病有增加的趋势。

生产力的发展也为开展体育运动创造了极为有利的条件,这种有利条件主要表现在两个方面:其一,生产力的发展,社会物质财富的增加为发展体育事业提供了必要的物质保证;其二,劳动时间的缩短,生活方式的改变为人们参加体育活动提供了充足的余暇时间。

在一定的条件下,生产力发展对人健康的消极和积极影响均可成为社会变革的动因,对于消极的一面,引起人们的警觉,使人们产生了开展体育锻炼的紧迫感;至于积极的一面,为人们创造了开展体育锻炼的种种条件,这是当代大众体育兴起的根本原因。

(2)大众体育的兴起与终身体育观的形成

20世纪60年代,美国库柏倡导有氧跑步,在欧美产生了巨大的影响。库柏把有氧跑步看作血管体操,是增强心肺功能的有效手段,还有很多人把它作为减肥和改善体型体态的措施。库柏有关有氧跑步的专著在欧美成了最畅销的体育书籍。30多年来,跑步热席卷欧美,影响全世界,直到今天还兴旺不衰。因此,不少学者把库柏有氧跑步的传播看作当代大众体育掀起的标志。

不仅健身长跑,还有健身走步,青年中广泛开展的健美运动,还有各种各样的体育项目,均成了人们健身的手段。近年来,舞蹈也得到了广泛的推广。有氧舞蹈是有氧锻炼的内容之一,交际舞不仅深受青年人喜爱,而且受到中老年人的欢迎。每天清晨与傍晚,在城市的公园和广场,均可见男女老少进行太极拳、气功等各种各样的体育活动,其中,参加交际舞的不乏其人。

1978年,在联合国教科文组织通过的《体育运动国际宪章》中指出:"确信有效地行使人权的基本条件是每个人能自由地发展和保持自己的身体、心智与道德的力量。因此,任何人参加体育运动的机会均应得到保证和保障,必须有一项全球性的、民主化的终生教育制度来保证体育活动与运动实践得以贯彻于每个人的一生。"①

过去,不少人把体育运动理解为运动场上选手间的比赛,也有人把它理解为学校里的各种体育实践,总是把重点放在社会上的某一年龄阶段的一部分人身上。现在的观点就不同了,从事体育并从体育中收益的应是社会上所有的人,应是从人胚胎形成直至死亡的整个人生的全过程。这个观念也就是宪章中特别强调的观念。

(三)对体育社会结构的重新认识

社会的发展引起了体育结构的变化。20世纪80年代《中国大百科全书·体育卷》中,把广义体育的种概念划分为身体教育、竞技运动、身体锻炼三个属概念;20世纪90年代,《体育法》从学校体育、竞技体育、社会体育三个方面来提出体育的法律规范。但是这样的论述是否就能看作完成体育内部结构的正确划分了呢?是否能够反映当代体育的发展趋势从而实现对体育实践的指导呢?看来还不能,我们必须联系当代社会发展的实际,对体育社会结构中的关键问题进行重新认识。

1. 竞技运动的误区

"误区"一般是指在较长时间内形成的错误认识或错误做法。竞技运动的误区是指长期以来所形成的关于竞技运动的错误认识和错误做法。纵观今天的竞技运动的理论,特别是《中国大百科全书·体育卷》对竞技概念的论述,其中是有问题的。由于它有一定的权威性,因此造成在理论和实践上的不利影响不可忽视。

(1)理论上的误区

我国体育理论界的主导思想一直把竞技运动(sport)作为构成广义体育的一个组成部分,并将其解释为"专门的竞赛活动,在这一活动中,个人或集体为了充分发挥形态、机能和心理能力——具体表现为本人或对手的纪录被超过,而紧张地从事各种身体活动"。人们还具体地描述了竞技运动的突出特征:"① 必须充分调动和发挥人的体力和智力方面的能力,甚至是潜在能力;② 运动员只能在专门的国际机构公布的正式规则的范围内,充分发挥个人或集体的体力、技术和智力,有效地击败对手;③ 参加竞技活动的人,由于责任和义务的加强,而加重了精神上的压力和负担;④ 它的目的是追求功利,不再是个人娱乐和消除疲劳的活动,因此其活动本身以外的价值往往具有更大意义。"②

上述解释就使人产生了一个固定的认识,即无论何时何地只要一提起竞技运动就认为是高水平的运动,就是争夺冠军拿金牌的比赛。正是这种片面的解释,使体育工作者产生了一系列的误解,导致在体育实践中出现了一系列的误区。

(2)实践上的误区

认识上的误区必然导致实践上的误区,这种实践上的误区分别体现在学校体育、社会体育和竞技体育各个领域之中。

---

① 摘自《国际社会科学杂志》中文版第1卷,第2期,第136页。
② 《中国大百科全书·体育卷》,中国大百科全书出版社1982年版,第351页。

在学校体育和社会体育的领域中,其误区有两极性的特征,即表现为走向了两个极端。

一个极端表现为竞技运动的正规化和专业化。也就是说,在把竞技运动导入学校体育的过程中,忽视教学对象的年龄和身心特点,照搬国际比赛的规则和要求,不折不扣地最大限度地发挥学生的身心潜力,把体育课上成了专项训练课;在把竞技体育导入社会体育的过程中,一味地强调正规化和专业化的竞技运动项目,忽视了娱乐性、休闲性的各种生动活泼的活动方式。

另一个极端是把竞技运动视为和学校体育、社会体育格格不入的东西,对竞技体育采取否定的态度。由于认识上肯定了唯有高水平、高强度的比赛和训练才能称之为竞技运动,因此否认娱乐性、休闲性、康复性竞技运动的存在,而把一切竞技运动项目排除在学校体育和社会体育之外。有些学者甚至提出了在学校体育中取消竞技运动项目,或取消竞技运动项目竞争性的大胆尝试。

在竞技体育事业中,这种错误的认识也带来了误区。一味地抓高水平运动队,一味地强调高难度、高强度,忽略了娱乐性与竞技性的合理衔接,使我国的体育专项俱乐部成了少数高水平运动队的代名词。

很明显,上述误区的根源来自对竞技运动概念的误解,来自对体育社会结构的误解。正确定位竞技的概念是确定竞技在学校体育、社会体育乃至竞技体育中的地位和作用的前提条件。

2. 对竞技概念的再认识

竞技概念的错误表述导致了体育认识与实践过程中的误区,关键是内涵的增加导致外延的缩小,最后只有高水平的以夺取冠军为目标的才能称之为竞技,而把丰富多彩的竞技内容排除在竞技运动之外。

对竞技(sport)还有其他定义,1975年,由苏联库库什金等专家共同编著的《苏联体育理论》一书中,对 sport 作了如下概括:"竞技是在特殊文化形态中,社会文化活动的组成部分。它是增进健康、发展体能、促进青少年和成人发育,培养坚强意志进行道德、审美教育和提高国民文化水准的重要手段。并且,竞技运动是有组织的社会活动,它的目的是普及国民运动和提高运动技术水平。"此外,国际竞技与体育联合会(International of Sport and physical Education)的《竞技宣言》中,对 sport 是如下定义的:"具有游戏性质,凡是包括自己和他人的运动竞争,或克服自然障碍的运动比赛,都是竞技。"(《日本体育大词典》)根据上述定义,可以认为竞技(sport)的核心就是比赛,不论是高水平的运动比赛,还是低水平的运动比赛;不论是以创造优异运动成绩为目的,还是以娱乐健身为目的,均属于竞技的范畴。

我国学者周爱光认真研究了豪伊金格、凯洛易和威斯对竞技概念的表述,在汲取各学说之长的共同点的基础上,对竞技运动(sport)的概念作如下定义:"竞技运动是一种具有规则性、竞争性、挑战性、娱乐性和不确定性的身体(身体性)活动。"[①]

如果按照上述定义,竞技运动(sport)内涵作了精简,外延上就得到了扩展。按照这

---

① 周爱光著《现代体育与学校体育》,人民体育出版社,1999年版,第168页。

样的定义,我们就可以对竞技运动的结构作进一步的划分,进而明确高水平竞技运动只不过是竞技运动的一种。如果把高水平的竞技运动看作为竞技运动的整体,实质上是一种以偏概全。这种对竞技概念的再认识过程,实质上也是走出误区的过程。

3. 对体育社会结构的再认识

对于体育社会结构可以以内容、制度、组织、条件等多种标准进行划分,但前提是必须对体育的概念进行正确的划分,其中包括了种概念和属概念的划分。如果概念划分错误,其他任何体育结构的划分也会随之产生误区。

(1) 对体育属概念的划分

在逻辑学中,划分不是主观的、随意的,而是按照某种严格的标准进行的,其基本规则有以下四点:

第一,划分必须相应相称,即划分后所得子项外延之和要等于被划分的母项的外延。

第二,同一次划分的根据必须同一,即在同一次划分中必须以同一标准为根据,但多次划分可根据不同的标准。

第三,划分后的子项必须相互排斥,即划分后的子项不能互相包容。

第四,划分应按照属种层次进行,即子项的概念应当属于母项的种概念。

与其他任何事物一样,对体育属概念的划分也应当是符合上述规则的。

当前,《体育法》从学校体育、社会体育、竞技体育三个领域来提出体育的法律规范,这是意味着体育作为种概念,上述三个领域就可以作为属概念吗? 关于这个问题还要进一步从逻辑学的理论加以分析。

把上述三项作为体育种概念的属概念,违反了"子项必须相互排斥"的分类标准,因为竞技体育即可包容在社会体育中,又可包容在学校体育之中。

其实,我们可以接受体育包含学校体育、社会体育、竞技体育三大部分的结论,但它不是一次划分,而是两次划分。体育概念的第一次划分是把它分为学校体育和社会体育两大类,这是以体育的空间特征为依据的。当然这里的社会体育包括了职工体育、农民体育、家庭体育、街道体育等。其划分图可见图 2-1。这种划分显示了当今的体育向全民健身与终身体育发展的趋势。

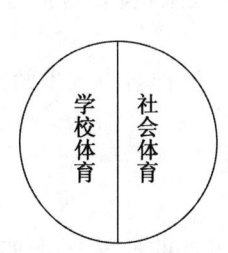

图 2-1 体育概念的第一次划分

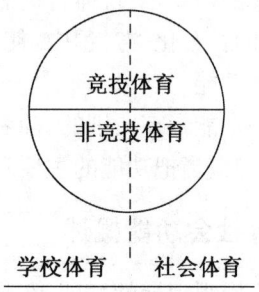

图 2-2 体育概念的第二次划分

体育概念的第二次划分是以其运动性质为依据的,即分为竞技性和非竞技性。其分类标准是是否有规则性和竞争性。其划分可见图 2-2。

这种划分也显示了当今体育由游戏向竞技演变的趋势。

两次划分后,我们可以理解为体育的社会结构包括学校体育、社会体育、竞技体育三大组成部分。

上述划分出现了竞技体育与学校体育的交叉,还出现了竞技体育与社会体育的交叉,这是第二次划分的结果。

上述划分的前提是必须对竞技的概念重新定义。

上述的概念划分使体育法规和学术观点达到了逻辑上的一致,既方便于理论研究,又方便于法规贯彻,同时在进行体育社会结构的其他划分时,也消除了误区。

(2) 对竞技的社会结构划分

按照新的竞技概念,我们就具备了进一步对其进行社会结构研究的基础。我们对竞技运动可以按不同的标准进行结构划分,具体内容如下:

第一,根据竞技性质的不同,可分为"业余竞技运动"、"职业竞技运动"。

第二,根据竞技目的的不同,可分为"娱乐性竞技运动"、"康复性竞技运动"、"健身性竞技运动"、"夺标性竞技运动"。

第三,根据竞技场所的不同,可分为"工厂竞技运动"、"农村竞技运动"、"机关竞技运动"、"学校竞技运动"、"家庭竞技运动"、"街道竞技运动"。

第四,根据年龄阶段的不同,可分为"中老年人竞技运动"、"青壮年竞技运动"、"少年儿童竞技运动"、"幼儿竞技运动"。

第五,根据身体(主要指躯体)状况的不同,可以分为"普通人竞技运动"、"残疾人竞技运动"。

第三节 体育的社会功能

体育有多种社会功能,它包括了健身功能、娱乐功能、休闲功能、教育功能、情感功能、经济功能、文化功能、政治功能等。但是以社会学的观点来讨论体育的社会功能,其功能有两大类,其一是通过体育与宏观社会的相互作用,在实现体育社会化的过程中,使体育适应社会发展的需要,实现体育的总体社会功能;其二是通过体育与从事体育的人相互作用,在实现人的社会化的过程中,使人的自身素质适应社会发展的需要,最终实现的是个体功能与群体功能。

上述两类功能是有区别的,前者是间接的,后者是直接的;前者是派生的,后者是本质的。因此,我们应当把功能的主要目标定位于后者。

一、体育社会功能概述

体育适应宏观社会的发展,在与政治、经济、文化同步发展的过程中,既实现了促进宏观社会的发展,同时又实现了自身的发展,这是体育社会功能的一个重要方面。

(一) 体育是推动社会进步的载体

体育运动不受国界和地理区域限制,且不受种族、语言等的阻碍,具有广泛的全民性、社会性、国民性。进入近代社会以来,体育运动在激发人们的爱国热情、振奋民族精神方面发挥着巨大的教育作用。现代体育已成为一个国家和民族的兴衰和精神风貌的象征,并渗透到国家的政治、经济、科学文化和人民群众的生活中。

就拿建国之初来看,当时新生的中华人民共和国受到帝国主义势力的包围,同时又受国内客观条件所限制。然而,率先冲破其包围和制约的是体育活动,中美关系的坚冰是通过"乒乓外交"打破的,"小球转动了大球",从而推动了我国步入国际社会。再如,女排夺得"五连冠"正值我国改革开放举步维艰的发展阶段,它的价值早已由世界体坛的辉煌放大到与改革开放相连的精神需要上,这一精神的功能行之有效地激发着每一个中国人奋进、开拓、自强,推动着改革开放的坚定步伐,从而促进了国家的繁荣与发展,促进了社会进步。

(二)体育是经济发展的新增长点

商品经济要求通过市场行为达到社会资源的合理配置,因而具有开放性。从经济学角度分析,体育走向市场,不仅能优化体育资源配置,增强体育发展的自身活力,而且能够促进经济发展,成为我国经济发展的一个新的增长点。

体育属于第三产业,它在我国有广泛的发展前景,随着人民经济水平的提高,文化、教育、体育也必将有新的需求,从而会促进体育的进一步发展。

在我国体育运动发展中逐渐增强商品化行为有着必然性和必要性。第一,在市场经济条件下,商品交换原则必然渗入社会生活中各个角落,体育也不可避免。商品交换原则要求承认运动员的运动和比赛是一种特殊劳动,运动员通过劳动,实现劳动的价值。第二,因为财政体制改革,地方各级政府实行财政收支包干,中央政府和经济不发达地区政府无法支撑大型化、高档化体育设施建设增加的需要,另外基地投资由拨改贷,体育设施投资必须有盈利,才能归还银行贷款。第三,国际体育交往日趋频繁,外国商业化运动队来华"演出",要求按商业化接待,我国运动队出国比赛也遇到商业化问题,这就要求我们建立与之适应的体育机制。第四,体育运动中增加了"商业化"竞争,必然能促进运动员技术水平的提高。第五,企业要利用体育运动的号召力,扩大企业自身的影响,增加商品的销售量。第六,体育服务将由福利型向有偿型转化,提供体育服务、培育体育消费增长点将推进社会体育事业的市场化。

(三)强化民族意识、振奋民族自尊

体育文化在现代人类生活中的作用和影响越来越大,它在国际化程度日益加强的同时,又表现为代表国家、代表民族甚至代表地区胜负荣辱感受的释放源。如苏联侵略捷克斯洛伐克后,当捷克斯洛伐克冰球队在冬奥会上战胜苏联队夺冠后,布拉格的市民涌上街头彻夜庆祝,以此来表达对侵略者的反抗和强烈的民族主义爱国热情。中国乒乓球队、中国女子排球队在国际比赛中取得的辉煌成就,极大地鼓舞了广大人民,它可以引起人们对体育比赛的关注和热情,通过比赛胜利显示本民族、本国家的强大,同时可激发民族自信心和爱国热情。

2001年7月13日,前国际奥委会主席萨马兰奇宣布第29夏季奥运会落户北京,这无疑向世界宣布,中国已进入世界经济大国行列。而 2008 年 8 月,北京奥运会的成功举办,向世界展示了中国繁荣富强、人民团结友爱的国家形象,极大地提高了中国在世界上的国际威望,更是极大地激发了我国各族人民和海内外中华儿女的自尊心、自信心,形成了巨大的民族凝聚力。它激励着全国人民的爱国热情。这种精神,就是祖国至上精神,就是爱国主义,就是一种思想觉悟和敬业精神,它是衡量一个国家和社会进步的一项重要标志。

二、个体功能和群体功能

个体功能和群体功能的核心是人的素质的全面提高,这是反映体育自身特征的本质功能。

(一)教导社会规范,促进个体社会化功能

体育运动是一种有章可循、有法可依、带有一定约束的社会性活动。掌握运动技术必须遵循人体运动规律,掌握运动技术要领可提高运动水平和避免运动伤害。集体运动项目要求相互配合,个人行为服从整体需要。在比赛中,必须严格遵守纪律,服从裁判,尊重对手,尊重观众。在体育运动中,使人增强了对个人价值和他人价值的理解和尊重,提高了控制自身行为的能力,又加深了对社会生活的理解和适应,促进了人的公民意识和作为社会成员的责任感和义务感。

在一个自然人成长为社会人的过程中,他在学习社会知识、理解社会规范时,有许多是在体育运动(体育游戏)中首先进行的。在体育游戏中,孩童们学会了维护集体,学会了尊重他人,约束自己去遵守大众约定的规则。在我国独生子女家庭占较大比例情况下,子女教育成为困扰家长们的难事,体育对他们以后从理性的高度去理解和遵守社会规范,无疑是有积极意义的。

(二)身体、认知、情意协同发展功能

体育过程中,遵循人体生理与生化规律,施加适当的负荷,可对机体产生积极的影响,从而有效地促进机体的生长发育,提高形态与机能水平,发展运动能力,进一步增强体质。体育过程中,采用有效的康复手段可以预防部分疾病,这是体育的健身与康复功能。

体育过程也是一个认知过程,不论是体育保健知识的掌握,还是运动技能的形成,均是人类知识领域的进一步开拓。体育的认知具有直接体验性的特性,有利于能力的发展。体育过程也是一个情意过程,不论是对调节情感、体验乐趣、发展个性、满足爱好,还是对培养勇敢、顽强、坚毅等意志品质,均有特殊的功能。在独生子女家庭和生活条件越来越好的情况下,参与体育是培养他们团结、协作、吃苦、耐劳、坚持、拼搏精神的有效手段。

特别应该指出的是体育过程的特征是身体练习,这种通过身体练习而实现的教育,往往能把身体、认知、情意三个方面的发展紧密地结合起来,实现协同发展。

(三)促进群众凝聚力,实现群体协调发展的功能

所谓个体间的心理防卫状态,可以认为是"人与人之间的心理上距离的远近,彼此同

异的程度,相互包容与排斥的趋向等"。信任、谅解、支持、互补共振、协作等,都是在社会生活中每一个人所希望和追求的。而体育文化正是以它特有的特征,为人们在这方面的追求提供了广阔的天地和简易而崇高的方式,即"用一个意味深长的方式将人们汇集起来,通过人们之间肩并肩的表演和比赛,使友谊得以建立相互的尊敬、信任和真诚相待"。如观看一场比赛,人们能十分自然地一起鼓掌呐喊,彼此拥抱,握手祝贺。工作中,当同事之间产生误解和矛盾的时候,往往通过偶然的体育活动,在互补共振、友好协作的气氛中得以相互谅解,前嫌尽释。再如,老年人在离退休后,离开原有工作岗位会出现无所事事的不适应状态,加入到体育活动行列后,使他们找到了棋友、牌友、舞友和其他锻炼伙伴。在那里,没有职务大小之分,没有学历高低之分,人们谈论国家大事,探讨锻炼的感受,体验锻炼给自己带来的乐趣。这在一定程度上减少了家庭矛盾,解除老年人因离退休带来的失落感,使他们老有所为、老有所乐。这种真、善、美的人际关系的形成,也主要是受益于体育活动的激发。甚至完全可以这样说,在没有社会公害、突发自然灾害以及普天同庆的社会环境中,很难找到比体育活动更有效的,人与人的交往中能迅速解除心理防卫状态、迅速进行情感沟通的其他事情了。这便是其他文化活动所不可替代的显著性特征。

体育的学习过程往往也是在群体环境下的学习过程,这种学习过程促进了人际交往能力、社会活动能力,有利于促进群体的凝聚力,使个体在群体之中得到协调发展。

主要参考文献:

[1] 郑杭生.社会学概论新修精编本[M].北京:中国人民大学出版社,2014.
[2] 顾渊彦.体育社会学[M].南京:南京师范大学出版社,1999.
[3] 卢元镇.体育社会学(第三版)[M].北京:高等教育出版社,2011.

提升阅读推荐:

[1] (美)伍兹著.田慧译.体育运动中的社会学问题[M].北京:人民体育出版社,2011.
[2] (美)戴维·波普诺著.李强等译.社会学[M].北京:中国人民大学出版社,2007.
[3] (美)科克利著.刘精明等译.中国体育社会学——议题与争议[M].北京:清华大学出版社,2003.

思考题

1. 人口年龄结构的变化对体育有哪些影响?
2. 城乡结构发生了变化对体育有哪些影响?
3. 正规竞技有哪些特征?
4. 正规竞技与游戏的区别有哪些?
5. 请论述体育的社会功能。

第三章 体育的社会关系与社会互动

> **本章内容提要**
>
> 一个人生活在社会中,必然拥有一定社会身份,扮演相应的社会角色,和其他社会中的个体发生各种各样的联系,产生相互影响和相互作用,并通过各种互动方式实现社会交往。体育运动中的人际关系和社会交往折射出社会中的人际交往,它是促进个体社会化的重要途径之一。在体育"小社会"中,人们的社会角色、人际关系和社会互动方式又具有特殊性,体育运动过程中的社会关系即有一般人际关系的特点。

【案例导入】

人可以通过互动相互适应,共同行动。比如,运动员与教练员或球迷之间以一定的互动作为中介来实现,交往的主体之间会产生相互影响。

美国职业运动中为什么黑人球员占多数,并且成绩优秀。根据互动理论,我们可以做如下解释:在同黑人运动员交往时,教练往往倾向于认为他们"有运动天赋",而这种成见则来自于美国社会对黑人的普遍看法。这种观点对教练同黑人运动员的交往有着重要影响。由于黑人运动员"有运动天赋",于是教练员往往就为黑人运动员制定高于白人运动员的标准。黑人运动员将被迫更加努力训练以达到这一较高的标准。这可以部分地解释,为什么在同一个球队里,黑人运动员往往比他们的白人同伴优秀。

从互动理论的观点来看,足球球迷暴力也反映了运动员、裁判员和球迷之间的互动。这种相互影响的原因可能来自裁判的误判或偏袒、运动员的不良言行、教练员的无理,或者球迷的粗野行为等。由于足球运动不像篮球、排球等运动那样容易得分,因而球迷对进球的期望值很高。一场比赛,对于先失球球队的球迷来说,会不断地受到渴望得分的折磨。如果始终都不能进球,他们的失望就会不断积累。在上述种种诱因的作用下,球迷会对一些诱因产生共鸣,进而形成一种激愤的群体情绪。这种情绪会进一步加剧他们的失望程度,最终就很有可能在球迷中引发暴力。

第一节 社会关系与社会互动

对于人类生活来说,社会互动具有非常重要的意义。人性、自我和社会都是在社会互动中形成的。互动是最基本、最普遍的日常生活现象,是我们每个人最直接体验到的社会现实。个体的社会化离不开与他人的互动,在互动中才能发展出个性与自我。互动还是社会形成的条件。马克思认为:"社会——不管其形式如何——是什么呢?是人们交互活动的产物。"①德国社会学家齐美尔(G. Simmel)也认为社会是通过人们的互动而产生的,各种人际互动形式是构成宏观社会结构的基本材料,是社会学研究的独特主题。②

一、社会关系

社会关系是人们相互交往中形成的一切关系,它把社会的各种群体与各种社会领域、各种社会构成成分联结在一起,形成一个复杂的多层次的网络整体。

社会学从多种角度区分社会关系的类型:

(1) 从结成社会关系的主体划分有:个人与个人的关系,它是全部社会关系的起点,是社会中最简单、最基本的关系;个人与群体的关系,如一个职员与公司的关系;群体与群体的关系,它更集中地体现了社会关系的基本倾向;社会现象之间的关系,这是高层次、大范围的社会关系,如失业现象与犯罪现象的关系。

(2) 从社会关系存在的形态上可分为静态关系与动态关系。前者指社会关系的构成模式,亦称社会结构,如家庭结构、阶级结构、职业结构。后者指社会关系的相互作用模式,亦称社会互动,主要形式有:暗示、模仿、顺应、同化、交换、合作、竞争、冲突、强制等。

(3) 从交往的密切程度上可分为初级关系与次级关系,亦称首属关系与次属关系。前者指建立在感情基础上的社会关系,它反映人们之间广泛、深入、直接的交往,如夫妻关系、朋友关系等。后者则与此相反,它是以事缘为基础的社会关系,如同行关系、上下级关系等。

(4) 按社会关系矛盾的性质可分为对抗性关系和非对抗性关系。前者指交往双方的根本利益不一致、发展方向完全相反,如剥削与被剥削关系。后者指交往双方的根本利益一致、发展方向大致相同,但局部和眼前利益有不一致之处,如同一阶级内部各成员间的关系。

(5) 从社会交往的方向与选择上可分为垂直关系与水平关系。中国古代社会的君、臣、父、子、夫妻之间的关系主要是垂直关系,现代社会的夫、妻与兄、弟之间主要是水平关系。中国传统社会价值观重垂直关系而轻水平关系。

(6) 从社会关系规范化程度上可分为正式关系与非正式关系。前者指已经制度化、比较稳定、有一定程序、受一定原则制约的关系,如法律关系等。后者指未制度化、没有固定模式、不受原则制约的关系,如恋爱关系、朋友关系等。

(7) 从社会关系建立的基础上可分为血缘关系、地缘关系和业缘关系。

二、社会角色

(一) 社会角色的概念

社会生活中的任何人,都会承担一定的社会角色。无论哪一种角色,都有其特定的内

---

① 《马克思恩格斯选集》,2版,第4卷,北京:人民出版社,1995:532.
② [美] D. 约翰逊著,南开大学社会学系译:《社会学理论》,北京:国际文化出版公司,1988.

涵，都以其角色特征制约着个体的行为。社会角色是指与人们的某种社会地位、身份相一致的一整套权利、义务的规范与行为模式。它是人们对具有特定身份的人的行为期望，是构成社会群体或组织的基础。社会角色都是与特定的社会地位相对应的，即社会角色并不是孤立的，都与特定的社会关系和社会组织相联系。同时，这种特定地位的角色还会与此社会关系和社会组织里的其他地位的角色相联系，并相互影响。在参与或观赏体育运动时，人们扮演着各种角色。如在一场足球比赛中，运动员、教练员、裁判员和观众各自履行自己的角色职责，并同参与体育活动的其他社会角色相互联系、相互影响。

（二）社会角色是构成社会关系的基础

社会学认为，社会群体或社会组织是人与人之间形成的特定的社会关系，这种社会关系的网络就是由社会角色编织而成的。在社会关系中的个体实际上是一定的角色载体，即每个人都是处在社会关系体系的一定位置上，个体是一定社会集体的代表。因此，社会关系对于个体来说，是客观决定的，是建立在每个人在社会系统中占据的一定地位的基础之上，而不是建立在个人的情感基础上。这就是说，社会关系带有非个人的性质，它的本质不是表现在具体个人的相互作用中，而是表现在角色的相互作用中。所以，社会关系实际上是一种角色关系。

（三）社会角色与社会互动密不可分

社会角色与社会互动是密不可分的。一方面，互动是角色之间的互动。日常生活中人际互动之所以能够有条不紊地进行，是因为互动的双方都遵循一定的角色规范进行交往，如果一方角色失调，就可能使互动中断，或者改变原来的互动方向。互动还有赖于人们扮演角色的能力，这一能力使人们能够辨别和理解他人使用的交往符号的意义，并从而预知他人的反应。另一方面，角色的形成和扮演也是在互动中完成的。没有另一方来参与互动，角色就失去了依存的条件，就无法成为实际的角色行为。

三、社会互动

社会互动（social interaction）是社会学基本的分析单位，是微观社会学的主要课题。它是个体层次与社会结构层次及文化层次的中介，是由个人走向群体乃至更大的社会组织制度的转折点。研究社会互动是从微观层次上理解社会结构、建立理论体系的基础。很多社会学家和社会心理学家都对互动进行了深入的研究，提出了一些很有见地的理论观点。

（一）社会互动的含义

日常生活中，经常与各种各样的人打交道，如对他人采取行动（给同学写信、向教师提问题），或者对他人的行为做出反应（回答他人的提问、对他人给予的帮助表示感谢）。这种社会交往过程就是社会互动，又称为社会相互作用或社会交互作用。一般来说，社会互动是指社会上个人与个人、个人与群体、群体与群体之间通过信息的传播而发生的具有相互依赖性的社会交往活动。我们可以从以下几个方面来理解社会互动的含义。

（1）社会互动必须发生在两个或两个以上的人之间，一个离群索居的人不能互动。

（2）个人之间、群体之间只有发生了具有相互依赖性的行为时才存在互动，并不是任何两个人的接近都能形成社会互动。

（3）社会互动以信息传播为基础。大多数互动过程中，人们不仅交流信息，而且还交流思想和情感。如果没有信息的交流或者互动双方互不理解，互动就无法进行，"对牛弹琴"就是如此。在跨文化人际交往中，双方只有对彼此的文化价值观念和行为方式有足够的了解，才能够顺利地进行互动。①

（4）社会互动可以是面对面的，也可以在非面对面的场合下发生。有时，人们虽然远隔万水千山，却可以通过信件、书籍、图形、电话和国际互联网等手段进行信息交流，形成社会互动。在信息技术高度发达的今天，人们可以通过可视电话、互联网等形式实现虚拟的"面对面"互动。

（5）社会互动总是在特定的情境下进行的，同一行为在不同的时间、不同的场合具有不同的意义。

（6）社会互动还会对互动双方及他们之间的关系产生一定的影响，并有可能对社会环境形成一定的作用。对整个社会来说，互动也具有重要的意义。人际层次上的种种互动会影响到宏观层次上的社会状况。例如，夫妻之间的互动好坏，会影响到离婚率的变化，甚至影响青少年犯罪率的改变。

（7）人们的互动往往遵循一定的行为模式，具有一定的互动结构。例如，肯顿（A. Kendon）等人考察了人们相互问候时的情况。这种互动模式大都是人们约定俗成的东西，对生活在相同文化和社会背景下的人来说，它们是不言而喻的。

（二）社会互动的理论

在社会学中，并没有一个统一的互动理论。长期以来，互动理论呈现出百家争鸣的局面，即使在同一学派中，也有概念上的分歧。②

德国社会学家齐美尔认为社会学的研究对象应是与互动内容相对应的互动形式，并对社交、统治与服从、冲突与凝聚等具体互动形式做了详细的分析。在美国，以乔治·米德、布鲁默、库恩等人为代表的符号互动论学派对社会互动过程和互动结构做了详细的说明。社会学和社会心理学其他方面和流派的理论也大都涉及社会互动。因此，目前社会学界存在着各式各样的互动理论。下面我们介绍几种有代表性的关于社会互动的理论观点。

1. 符号互动论

特别注意符号沟通问题。所谓符号，是指能够有意义地代表其他事物的事物。声音、语言、文字、图画、手势、姿态、表情等都是符号。

符号互动论关于社会互动的基本观点主要是：人与人的互动是运用符号进行的，是符号互动；人的行为是有意义的行为，要理解某个行动，就要对行动者赋予其活动的意义做

---

① 陈向明：《旅居者与"外国人"——留美中国学生跨文化人际交往研究》，长沙：湖南教育出版社，1998.
② [美]特纳著，吴曲辉等译：《社会学理论的结构》，杭州：浙江人民出版社，1987:401.

出解释;意义不是固定不变的,它的确定有赖于互动的背景和情境,是在互动过程中产生、修正、发展和变化的;在互动过程中,人们往往从他人的角度来解释其思想和意向,并以此来指导自己的行为;人们从自己所意识到的他人对自己的态度和看法中来认识自己,形成并修改自我概念。

当代符号互动论有两个主要派别。以布鲁默为首的芝加哥学派注重用人文科学方法来研究互动过程,以库恩为首的艾奥瓦学派主张用实证主义方法来研究互动结构。符号互动论有很多追随者,但是,这一理论也受到不少学者的批评:它将社会关系简单地归结为人际关系,忽视了宏观社会结构;忽视了互动的内容和社会经济条件对互动形式的重要影响;它所使用的一些概念没有明确的定义。

2. 角色理论

与符号互动论一样,角色理论也不是一个单独的理论。它是一个以角色概念为核心的解释人类行为的研究取向。角色与互动是密不可分的。一方面,互动是角色之间的互动。日常生活中,人际互动之所以能够有条不紊地进行,是因为互动的双方都遵循一定的角色规范而进行交往,如果一方角色失调,就可能使互动中断,或者改变原来的互动方向。互动还有赖于人们扮演他人角色的能力,这一能力使人们能够辨别和理解他人使用的交往符号的意义,从而预知他人的反应。另一方面,角色的形成和扮演也是在互动中完成的。没有另一方来参与互动,角色就失去了依存的条件,就无法成为实际的角色行为。事实上,角色理论与符号互动论的联系非常密切。

3. 参照群体理论

"参照群体"是指个体在心理上所从属的群体,是个人认同的为其树立和维持各种标准、提供比较框架的群体。个体将其参照群体的价值和规范作为评价自身和他人的基准,作为自己的社会观和价值观的依据。一个人的参照群体与他在行政上、组织上或地位上所从属的群体可以是相同的,也可能是不同的。例如,一个农村青年可能会仿效城市青年的思想与行为方式,将城市青年作为自己的参照群体。参照群体理论揭示了非面对面的人际接触对个人行为的制约作用,反映了个人与群体的互动的特殊方面。对个体来说,参照群体有两个基本的作用,一是规范作用,二是比较作用。前者指参照群体在个体内化价值规范,形成社会态度的过程中具有重要的影响。后者指参照群体往往是个体对自我、他人进行评价时所采用的比较性标准。

4. 戏剧理论

戈夫曼(E. Goffman)采用戏剧分析的方法,从印象管理的角度来揭示人们社会互动的特点。在《日常生活中的自我表演》一书中,他指出,世界是一个大舞台,生活就是演戏,表演者最关心的是留给观众什么样的印象。他的理论主要研究人们运用哪些技巧来创造在别人心目中的印象,所以又称为"印象管理理论"或"印象整饰理论"。这一理论认为,互动的一方总想控制对方的行为,使对方通过对自己行为的理解,做出符合自己计划中的行为反应。日常生活中有很多这样的事例。

5. 社会交换论

社会交换论着眼于人们在社会生活中相互交往的外显行为,用代价和报酬来分析社会关系,认为社会互动的实质是人们交换酬赏和惩罚的过程。这一理论认为,交换行为不仅存在于市场关系之中,而且存在于包括友谊、爱情在内的多种社会关系之中。在《社会生活中的交换与权力》一书中,布劳写道:"邻居们交换恩惠;儿童交换玩具;同事们交换帮助;熟人们交换礼貌;政治家们交换让步;讨论者交换观点;家庭主妇们交换烹饪诀窍。"①

社会交换论试图以交换的观点来解释人类互动的本质和规律,其理论基础是个人主义与功利主义。它强调个人的目标和报酬,认为每个人都在尽量避免痛苦和增进快乐。这一理论忽略了人类行为的社会前提,带有浓厚的心理还原主义色彩。

6. 本土方法论

这一理论是美国社会学家加芬克尔(H. Garfinkel)于20世纪60年代创立的,又译为"民俗方法论"。它研究人们在日常互动中如何建立和共同使用对现实的定义,详细考察社会成员在建构和解释他们的社会现实并对其赋予意义时所使用的方法和步骤。本土方法论者认为社会互动是由形成人们正常交往基础的规则所决定的,这些规则通常是理所当然、心照不宣的;但是,如果违背了这些规则,互动就不能顺利进行。事实上,在任何一个互动过程中,都存在着一些背景知识,互动双方都必须了解这种背景知识,遵守其隐含的规则。用通俗的话来说,就是互动双方要有"共同语言",并遵守"共同语法",否则就无法沟通。

(三) 社会互动的情境与过程

社会互动是在一定的情境下进行的。情境不同,人们的互动方式往往不同。不同的情境、不同类型的互动在过程上也有不同的表现形式。社会发展,尤其是社会转型必然引起社会互动模式的重要变革。

1. 社会互动的情境

日常生活中,人们经常强调要"审时度势"、"入乡随俗"、"到什么山上唱什么歌",其意思都是说要明白自己所处的情境,并选择与具体情境相协调的行为方式。了解情境及情境的要求,是社会互动的基础。

根据参与互动的人数,我们可以划分出二人关系、三人关系、多人关系等不同的互动情境。在二人组中,每一方仅仅需要同另一方有关系,会比较充分地考虑对方具体的需要、愿望和个人特点,因此,两人关系可以获得在其他任何社会形式中不可能存在的亲密感情和独特性,从而产生一种排他的特征。但是,这种亲密性也有可能使两人的冲突更加强烈。例如,恋人之间有时会出现激烈的冲突,在局外人看来,有些争吵似乎只是无关紧要的琐事,但对他们自己来说却充满了感情意义,显得十分严重。

在三人组中,每一方都面对着两个人,需要考虑两个人的个性特征。这时很难达到二人关系中可能具有的亲密性。齐美尔认为,当三人组中有两人发生冲突时,由于相互关系的不同,第三者可能扮演多种不同角色。主要有:① 中间人——中间人以局外者的身份、公平和客观的态度来调解双方的冲突,但他并不能解决冲突。② 仲裁人——仲裁人是冲

---

① [美]布劳著,孙非、张黎勒译:《社会生活中的交换与权力》,北京:华夏出版社,1988:104-105.

突双方都认可的、能以公平的态度做出解决冲突的最后决定的人。③ 从中渔利者——利用两人实际的或潜在的冲突来获取个人利益的人。第三者可以在冲突的双方中自由地选择支持哪一方，因此他可以向他们提出某种要求作为提供支持的交换条件。④ 分裂者和征服者——故意挑起和助长两人之间的冲突以便从中获利。

在多人关系中，会产生社会网络，互动形式更为复杂。这时在群体之中还可形成亚群体。在大型群体中，个人面对的不仅仅是其他个人，而是似乎超越了个别成员之上的客观结构。在正式组织中，往往会形成明确的分工和严密的组织规范来制约人们的互动。

根据互动的目的，我们可以划分出熟悉情境、工作情境和社交情境三种不同类型。购物、商业谈判、工作会议、上课等都是工作情境。在这种情境下，互动双方有特定的目标，有明确的分工，言谈举止限制在一定的范围之内，而且很少情感的交流。

宴会、舞会、郊游大都属于社交情境。社交情境下，人们往往是为了互动而互动，并无其他的目的。人们通常会进行轻松愉快的交谈，这些话题可能并没有什么实际意义，例如谈谈天气、说说见闻等。但是，这种交谈却具有重要的沟通功能，成为社交双方增进了解的工具。正因为没有什么明确的任务和特定的话题，人们才可以轻松地展示自己的个性，进行愉快的交往。在这种场合，如果有人坚持把话题引向与日常实际工作有关的内容，反而会破坏轻松的气氛，被人看作是不识时务。有时，在社交情境下，人们的互动能带来思想上的愉悦，可能有一些感情投入，从而促进关系的发展。

熟悉情境主要是指我们与熟人之间的日常交往的场合。家庭成员、亲戚朋友、邻居、下班后的同事之间的交往就属此类。这时互动双方并没有特定的目的，行为方式上可以较为随便，不必严守工作规则或社交礼貌，按社会习俗行事即可。

当然，上述划分并不是绝对的。人们在情境面前享有较大的主观能动性和灵活性。不少时候，情境及其对应的行为方式往往是由互动者协商决定的。例如，宴会本来是一项重要的社会礼仪，是一个社交情境，不是工作情境。但是，在不少人看来，请客吃饭也是"办事"的一个重要方式。很多公事、私事都是"在餐桌上解决"的。这样一来，就避免不了人情、面子的影响，主管官员很难铁面无私，公事公办。这种情境混淆是与现代科层制的要求相违背的。面对这种情况，除了法规的制约之外，也需要官员们将公与私区隔开来。在私人交往领域，当然可以讲人情，多关照自己的亲友，但在公共事务上，就不能徇私情。这种区隔，是社会文明与进步的需要，是中国人社会互动方式变革的一个方向。

根据互动参与者之间人际关系的性质来分，有情感关系、工具关系和混合关系三种情境。① 情感关系是家庭、亲密朋友等初级群体中的人际关系，它可以满足个人在关爱、温情、安全感、归属感等情感方面的需要。这种关系中的人际互动和社会交换遵循各尽所能、各取所需的需求法则，当一个家庭成员需要某种生活资源时，有能力供给的其他成员便会尽力予以满足。

工具关系是个体为了达成某种目的而与他人交往时发生的关系。这种关系只是他达成目的的工具。交往双方并不预期有亲密的情感关系和长期交往。这时的互动和交换遵循公平法则，如买卖双方的等价交换。

---

① 黄光国.《中国人的权力游戏》，台北：巨流图书公司，1988：7－56.

混合性关系界于情感性关系与工具性关系之间,是个人与亲戚、一般朋友、邻居、同学、同事、同乡等建立的各种人际关系。它既有情感性成分,又有工具性成分。彼此都预期将来还会继续交往,而且有一定的情感联系,这时人们多以人情法则行事,交情的深浅和面子的大小对互动方式和互动结果有重要的影响。

上述三种关系可以发生转化,在实际交往中有较大的灵活性。例如,通过人情与面子的运作,可以将工具性关系发展为混合性关系,从而改变交往法则。

2. 社会互动的过程

社会互动是一个内涵非常丰富的概念,不同情境、不同类型的互动在过程上往往差别很大。这里我们介绍两种观点。

(1) 贝尔斯的互动过程分析

美国社会学家贝尔斯(Bales)提出了一种小群体研究方法——互动过程分析。[①] 他主张把互动过程分为三个阶段。

第一阶段:定向阶段,主要解决情境辨识的问题。参加互动的成员在开始互动时往往首先要确认是何种情境。例如当大家被召集在一起时,人们首先关心的是要干什么,是社交性的联欢,还是严肃的工作会议。

第二阶段:评价阶段,主要解决态度确定问题。明确了互动情境后,成员们往往要考虑自己对此情境持何态度。例如,如果是一次社交性的联欢,那么是积极主动参与,还是逢场作戏凑凑热闹,或是消极地冷眼旁观。

第三阶段:控制阶段,主要解决行为选择问题,即对此情境做些什么。如果倾向于积极参与联欢,那么是去表演节目,还是找几个自己感兴趣的人聊天,或是多做些服务工作。

(2) 芝加哥学派的四阶段说

美国芝加哥学派的帕克和伯吉斯等人主张把互动过程分为四个阶段。

第一阶段:竞争。互动双方争夺同一个目标。这时双方只是一种排斥关系,而非对立关系。

第二阶段:冲突。由于激烈的竞争,双方可能产生对立情绪,出现以攻击对方为目的的行为。

第三阶段:顺应。冲突在少数情况下会以一方消灭另一方而结束互动,但大多数情况下,冲突的一方或双方会部分地改变其思想、态度和习惯来适应对方,以避免、减少或消除冲突。

第四阶段:同化。顺应的结果使双方在很多方面日益接近、融合,趋于一致,实现同化。

(四) 社会互动的维度与类型

要把握社会互动的特征,除了从情境与过程两方面入手外,还需对互动本身的构成进行分析,即从互动的维度和类型等方面进行考察。

---

① [美]R. 贝尔斯.《一套用于小群体互动分析的范畴》,美国社会学评论,1950,(15):257-263.

1. 社会互动的维度

对互动本身的构成进行分析,即要找到一些具体的指标来描述特定互动的状态,这就是互动的维度分析。一般来说,互动有下列四个维度。

(1) 向度

向度反映社会互动的方向,表明互动双方关系的性质,主要包括:情感关系(是亲和还是排斥？是融洽还是对立?)、地位关系(是平等的还是不平等的？权力分配的格局如何?)、利益关系(是一致还是冲突？冲突程度多大?)。

(2) 深度

深度反映社会互动的程度,表明互动双方相互依赖程度的大小。我们可以从互动双方利益关联的大小、情感投入的大小、互动延续的时间长短和互动规范的复杂程度等几方面来分析互动的深度。

(3) 广度

广度反映社会互动的范围,表明互动双方交往领域的大小。有些互动局限于特定的领域,有明确的行为规范,如上课只是为了传授、学习知识,学术会议只是为了讨论某个问题。

(4) 频度

频度反映一定时间内发生社会互动的多寡。同一个班级里,我们与有的同学经常来往,与另外一些同学则只是偶尔交往。互动频度的差别往往影响到人际关系的深浅和好坏。

2. 社会互动的类型

根据互动情境、互动维度、互动方式等标准,我们可以划分出多种互动类型。社会互动的基本类型主要有以下几种。

(1) 合作

合作是社会互动中人与人、群体与群体之间为达到对互动各方都有某种益处的共同目标而彼此相互配合的一种联合行动。人们之所以需要合作,是因为仅靠某一方的单独行动往往无法实现这种利益或目标。从广义上说,人们社会生活的很多方面都必须建立在合作的基础之上,没有合作就没有群体或社会可言。

在社会生活中,人们能否很好地合作还受到互动双方的个性特征和人际技能的影响。许多企业在招聘员工时,往往会考查应聘者是否具有良好的合作意识与团队精神;越来越多的单位认识到团队协作的重要性,团队技能训练的项目已经被引入到许多企业的员工培训中。学会合作,已经成为新世纪对于人才的一个基本要求。

(2) 竞争

在这里,竞争是指社会上人与人、群体与群体之间对于一个共同目标的争夺。例如,体育比赛中运动员之间或运动队之间对于冠军的争夺,生产厂家对于销售市场的争夺,以及人与人之间争取先进、争取好成绩、争夺发明创造权的活动等都属于竞争。

改革开放以来,个人之间、企业之间的竞争已经成为我国社会生活中的普遍现象。在竞争中,人们的工作积极性、企业的经营管理水平、产品的质量都有了显著的提高。但是,由于还缺乏完善的法规制度,我国目前还存在着不少恶性竞争的现象,如假冒伪劣产品的泛滥、销售中给回扣等不正之风就是较典型的例子。

(3) 冲突

冲突是人与人或群体与群体之间为了某种目标或价值观念而互相斗争的方式与过程。冲突的种类多种多样。从冲突的规模上划分,有个人之间的冲突和集团之间的冲突;从冲突的性质上划分,有经济冲突、政治冲突、思想冲突、文化冲突、宗教冲突、种族冲突、民族冲突以及阶级冲突;从冲突的方式或程度上划分,有诉讼、辩论、口角、决斗、械斗、战争等。

由于冲突往往导致一些不良的后果,人们一般对它持否定态度,希望消灭一切冲突。但是,一些社会学家注意到,冲突也可以具有一定的正面功能,完全消除冲突不仅不可能,而且没有必要。冲突可以反映出社会、组织或人际关系中的问题,促使社会变迁、组织变革和人际关系的调整;团体之间的冲突还可以增进团体内部的团结一致;有时,冲突还是人与人之间、团体之间、文化之间加深了解和理解的前提。要发挥冲突的正面功能,尽可能降低冲突的负面影响,就需要人们对冲突进行有效的调控,自 20 世纪 70 年代起,冲突管理已经成为一个比较热门的研究领域。[①]

(4) 强制

强制是社会互动的一种形式,在这种形式中互动的一方被迫按照另一方的某些要求行事。强制的核心是一种力量对另一种力量的统治或制约。因此,强制意味着互动双方力量的不平衡,一方的力量明显高于另一方的力量。在强制性互动中,所借助的力量可以是物质的力量,如武器、军队、警察、法庭、监狱,也可以是精神上的力量,如处分、批判及各种各样的社会压力。

强制作为一种社会现象广泛地存在于社会上的多种关系之中,从父母为教育子女而采取的强制手段,到各种规章制度对人们的强制限制,直到具有国家法律意义的强制,都属于此类互动。当然,各种强制在性质上是有很大区别的。我们应特别注意把具有阶级统治、国家法律意义的强制与一般的强制区别开来。

(5) 顺从与顺应

顺从与顺应虽然都是与强制相反的互动形式,但两者在意义上还是有所区别的。顺从指互动中的一方自愿地或主动地调整自己的行为,按另一方的要求行事,即一方服从另一方。虽然每个人的顺从性并不一致,但是大多数成员对于群体的要求是顺从的。顺从是任何群体乃至社会都不可缺少的互动行为,没有顺从,任何群体、社会都将无法运行。

顺应的含义比顺从更广泛些,除顺从的含义外,它还指互动的双方或各方都调整自己的行为,以实现相互适应。顺应的种类包括:和解,即互动双方改变敌对态度建立友好关系;妥协,即双方通过确定一些条件而暂时平息冲突;容忍,即暂时采取克制态度以避免发生冲突。

---

① 汪明生等.《冲突管理》,北京:九州出版社,2001.

第二节 体育的社会关系与社会角色

一、体育社会化与人的社会化

（一）社会化概述

1. 社会化的定义

社会学关于社会化的研究有三种角度，即文化学的角度、社会心理学的角度和社会结构的角度。

从文化学的角度看，人的生命过程无非是在不断接受时代积累的文化遗产，保持社会文化的传递和社会生活的延续。因此，社会化过程就是一个社会文化内化的过程。

从社会心理学的角度来看，一个人的一生就是个性形成、发展和成熟的过程。因此，社会化是确立个性的过程。

从社会结构的角度来看，人的社会存在都是以一定的社会角色出现的。因此，人的社会化的本质就是角色承担的过程。每个人在这一过程中应该逐渐了解自己在群体和社会结构中的地位和价值，学会顺利扮演这一角色的本领，熟知自己应该承担的义务。

归纳起来，社会化是指作为个体的生物人成长为社会人，并逐步适应社会生活的过程。正是经由这一过程，社会文化得以积累和延续，社会结构得以维持和发展，人的个性得以形成和完善。

社会化对每个人都是必须经历的。这是因为人的生物本能不足以将人训练为一个社会成员。人虽和动物一样都有一种能够激起活动的内驱力，但这种内驱力没有社会化过程的引导，是会失去控制的。同时，在人格发展的过程中，人是需要人际交往的，并从中获得经验，也将自己的经验传授给他人。人的个性是后天形成的，没有成年人的照顾、训练和爱抚，丧失团体生活的社会经验，青少年和儿童的人格是无法形成和发展的。离开了人的社会化过程，社会的文化也会中断，人类就无法存活下去。因此可以说，社会化是人的一种本质的需要。

2. 社会化的内容

社会化的内容是非常丰富广泛的，凡是社会生活所必需的基本知识、技能、行为方式、生活习惯以至于各种思想观念都包括在其中。社会化的基本内容主要有以下几个方面：

（1）教导生活技能

一个人要在社会中生存，必须懂得并掌握两方面的技能：一是衣食技能，即维持生存的能力。襁褓婴儿有衣食需要，但无衣食本领，必须靠成人抚养，接受第一步的社会化。二是职业技能，即谋求生存的本领。人不能总是依赖他人生活，他要通过劳动自谋生路，这就必须接受第二步教化，掌握职业技能。在传统社会里，一个人职业技能的习得一般是在家庭中即在家庭内的社会互动中完成的，而在科学技术日益发达的现代社会里，社会成员必须学会各种科学文化的基础知识。因此,单靠传统的家庭教育已经远远不够,这就需要普及和充实学校教育。一般来说,一个人职业技能的学习或掌握只在学校里的师生及同学之间的互动中初步实现,并在职业组织内师徒及同事之间的长期互动中最终完成。

(2) 传递社会文化

它的核心内容包括价值观念体系和社会规范体系。价值观念体系,指在社会、民族或群体中存在的比较一致的共同理想、共同信仰及较为持久的信念。这几个方面内容构成社会的文化价值体系,构成社会文化传统的核心。它在社会文化中的核心地位首先表现为社会行为定向作用,其次表现为对社会成员的一种整合作用。它的这两种特性注定个人要接受群体和社会的价值观念,并将其内化,成为个人确定行为目标和行为方式的导向。当然,在社会化的过程中,个人内化社会文化的价值观念必然与社会化的其他内容和过程相互作用、相互影响。因此,社会价值对于个人来说是各种可供选择的行为目标体系,个人内化社会价值往往总是依据自己的内在需要或意愿,将这些可供选择的目标建立起一种结构或秩序。对社会来说,则应当根据社会需要,对个人学习和掌握社会价值观念的过程给予积极的引导。社会规范,是指人们在社会生活中创造出来的,用以调整、控制人们行为的文化手段的总和。它通过习俗、时尚、民风、民俗、道德、法律,以及各种各样的规章、制度、纪律等形式表现出来。人刚出生时对社会规范一无所知,只有经过长期的社会化过程才能逐渐地学会,并使之内化为自己的行为准则。

(3) 完善自我观念

自我观念的完善包括两个方面,一是对自己生理、心理状况的认识;二是对自我与他人、社会的相互关系的认识。人刚出生,对自己的认识及其对他人的认识是模糊的,而模糊的自我是不能形成独特的个性或人格的。因此,培养和塑造什么样的自我观念,对个人和社会来说都是极为重要的基础。自我的发生、发展是贯穿社会化过程的基本内容,它的形成和确立对个人的学习和工作有着巨大的推动作用;对个人的态度形成和转变有着重要的调节作用;对个人在社会生活中的活动具有自我控制的功能。只有通过社会教化,才能使个人有一个完美的自我观念,并把对自我的认识与社会规范尽可能地协调起来。

(4) 培养社会角色

社会化的最后结果,是为社会培养出符合社会要求的社会成员,使其在社会生活中担当一定的社会角色,这个角色要按社会结构中为他规定的规范办事。在任何一个社会中,人们只有分别扮演不同的社会角色,这个社会才能正常地运行。而人们的角色学习和角色实践正是在个人的社会化过程中实现的。如在一个家庭中有夫妻关系,丈夫、妻子是夫妻关系中的两个角色;父母、子女是亲子关系中的四个角色,每个角色都有一套权利义务和行为规范体系。社会化就是使做父亲的要尽父亲的权利义务,按父亲的规范行事;做儿子的要尽儿子的权利义务,按儿子的规范行事。个人社会化是人们学习并扮演一定的社会角色的基础,而社会角色则是个人社会化的结果。

3. 社会化的过程

人的社会化是一个过程。从广义上,由于社会是不断发展的,个人为了适应社会生活,就必须不断学习,因此,人的一生都是一个不断社会化的过程。从狭义上说,人的一生最重要的学习阶段是青少年时期,人的社会化主要是指未成年人的教化过程,这一过程也可以称为基本社会化过程。之所以说这一过程是基本的,是因为社会化的基本任务是在这一阶段完成的,人的个性也是在这一阶段基本形成和定型的。

由于人的生理、心理发展的水平不同,由于社会环境和教育条件的不同,人的社会化可以分为如下几个不同的发展阶段。第一阶段为少年期的社会化,第二阶段是青年期的社会化,第三阶段为中年期的社会化,第四阶段为老年期的社会化。老年期一般是指一个人从跨出中年期到生命的终点。老年社会化的主要任务是,处理好与婚后的下一代之间的关系;适应退休以后的生活;适应丧偶以后的生活等。老年人社会生活经验极为丰富,但他们的身体机能却处于逐渐衰退状态,这两者之间的巨大反差往往使老年人在社会生活和工作的许多方面感到力不从心。因此,全社会要十分关注老年人问题。老年社会问题突出地表现在他们从工作岗位上退下来后的失落感、孤独感、寂寞感和能否发挥余热的问题。如何帮助老年人在其最后的生命旅程中通过继续社会化而不断调适个人与社会的关系,并力图使他们"老有所养,老有所乐,老有所学,老有所用",正成为我国社会发展中亟待解决的问题,同时也成为我国社会学研究的一项紧迫任务。

4. 影响社会化的因素

社会化的过程也是社会对其成员施加影响的教育过程。影响个体社会化的因素就是影响个体社会化的全部社会环境。例如,家庭的影响、学校的影响、居住条件的影响,以及社会经济、政治、文化的影响等。上述诸因素归纳起来,可以分为家庭、学校和社会三个主要方面的影响。

(1) 家庭的影响

家庭是人的社会化的最初场所。人们常说:"家庭是人生的第一所学校,父母是子女的第一任教师。"儿童在家庭中的生活时间约占其全部生活时间的三分之二,他们首先受到的是家庭环境的影响,然后才是幼儿园和学校的影响。可见,儿童的家庭生活对其社会化产生着深刻的影响。家庭父母的教育方式与教养态度对子女人格的影响尤为重大。鲍尔特温曾把父母对子女的教养态度分为专制型、溺爱型、放任型、民主型四种类型。研究表明,不同的家庭环境和教育方式对少儿社会化会产生不同的影响。

(2) 学校的影响

学校是有计划、有组织、有目的地向人们传授社会规范、价值标准、知识技能的专门机构。青少年时期社会化的成败在很大程度上取决于学校的影响。学校通过教材、教师人格、教育方式、考试与考核、学生的各种社会团体等对学生的社会化发生影响。在科技飞速发展的现代社会里,学校教育占据极为重要的位置,它在对青少年起着培养训练的同时,还起着一种筛选的作用,并在一定程度上决定着他们今后的职业生涯和发展方向。

(3) 社会的影响

社会因素的影响是指除家庭、学校以外的社会环境和社会条件对于个人社会化产生的影响。其施教者主要包括邻里社会、同辈群体、工作单位、大众传播媒介等。邻里社会是一个人未来生活的大社会的雏形,它对于人们个性的形成、人生观的塑造等起着重要的影响作用。邻里社会对个人社会化的这种影响在传统的农业社会更为突出。同辈群体对人的社会化也有很大的影响。所谓同辈群体,是指一个由年龄、地位大致相同的人组成的关系密切的群体。其成员一般在家庭背景、年龄、兴趣爱好等方面较为接近,他们常聚集在一起,彼此之间发生互动。所谓"近朱者赤,近墨者黑",恰当地描绘了同辈群体在人的社会化过程中的作用。正因为如此,在青少年社会化过程中,必须对此加以正确的引导。

工作单位是个人社会化的又一重要因素。一般来说,年轻人离开学校后就要寻找工作,开始自己的职业生涯,并长期在某一单位工作。人们在这里接受职业技能和专业知识的学习和培训,工作单位由此成了人们确定基本的社会身份和职业道德的地方。在当代社会,大众传播媒介是一个不容忽视的社会化重要手段,主要包括书籍、杂志、报纸、广播、电影、电视等。其中尤其是电视机在城乡的普及,对于儿童和青少年社会化的影响最为明显。在西方社会,由于电视机对家庭生活的冲击越来越大,许多国家已注意限制儿童看电视的时间和内容。随着电视机的普及,这一问题也应引起我们的重视。

(二) 体育社会化的功能

在人的一生中,许多人并不是自觉地以个体的社会化为目的而去从事体育运动的,却在体育运动中实现或加速了自己的社会化过程。在现代社会,体育的社会化功能越来越引起广泛重视。人们的需求是多种多样的,但不能无止境地得到满足,文化对社会的最重要的功能就是对人们的需求给予同样的模式,使之能够共同生活。因此,体育这种文化对社会所具有的第一个重要功能便是促进人的社会化。体育不仅可以为人们提供社会生活所需求的行为能力、行为方式与规范等,而且还可以使人们学到其他社会生活领域中的规则。特别对青少年来说,体育还可以使他们学习到互相尊重,养成良好的社会态度,发展自主性和对道德问题的判断力,促进他们个性的形成与发展。体育社会化,不仅能提高人们对身体、生命、环境和体育的认识,形成正确的体育价值观念,而且还可以在内化竞争的意义、规范、道德等过程中,认识到社会上的各种竞争活动的社会意义。体育社会化的功能具体表现在以下几个方面:

1. 身体教育、运动教育可传授生活技术和技能

体育运动的基本手段是身体练习,各种身体练习,都是人类生活技术、劳动技术、军事技术的提炼与综合,它们源于生活,高于生活,因此人们掌握体育的身体练习,对他们适应社会的需要是极其重要的,影响他们的一生。

在人生的不同生长时期,家庭、学校、社会用不同的方式对人们进行身体教育、运动教育,向人们传授基本生活技能,从最基本的走、跑、跳、投到通过游戏等活动扩展人们的基本生活能力,通过各种体育运动,发展人们的身体素质,培养运动技术技能,形成对于自身有机体健康的良好态度,保持人们身体的活动能力。

在婴幼儿期,家长用体育练习的方式传授坐、爬、站、走、跑等基本身体活动技能。

在儿童少年期,游戏扩展孩子们的跑、跳、投掷、负重、支撑、悬垂、攀登等技能。

在青少年期,他们参加各种运动,发展了身体素质。培养了运动技术和技能,形成了他们对于自身有机体健康的良好态度。

在青壮年期,身体锻炼保持他们身体的活动能力。一部分坚持参加竞技体育活动的人还可以不断地提高运动技术水平。

在老年期,健身活动可以推迟和延缓身体衰老的出现,保持较好的健康水平和肢体活动能力。

2. 体育运动是教导社会规范的基本途径

体育运动是一种特殊的社会文化活动。强烈的自身参与、激烈的对抗竞争、频繁的人际交往和形式多样的群体活动,是这一文化活动的鲜明特征。因此,在这一领域中,必须确立明确而细致的各种行为规范。

体育运动中的规范虽具有强制性,但毕竟是在游戏娱乐和运动中体现出来的,是人们乐于接受的,不会给人造成精神压力。但在体育运动场合,人们深知这些规范是体育活动得以延续下去的必要条件,因此对遵守这些规范有着共同的要求。

培养社会规范是少年儿童在进入社会以前必不可少的社会化过程。体育规范训练是一种可以经常重复和加以控制的,并不会给社会造成损失的过程。这一过程可在教师、家长或其他人员指导下进行,也可以由少年儿童自己内化完成。因此,可以认为这一过程是通过体育规范对青少年进行法规和伦理道德教育的一个模拟过程。

少年儿童对体育游戏规则的适应有一个过程。在第一阶段(即幼儿期)只有个人的规则,因为在那个时期,孩子们只是在集体游戏中散漫地做一些各自独立的玩耍而已。在第二阶段(4—6岁以后),他们视集体游戏中的规则为神圣不可侵犯,拒绝变更规则,因为他们认为教导他们游戏活动的年长者具有绝对权威。第三阶段(10岁以后),他们不再视规则为神圣不可侵犯,当他们了解到规则的真正意义,并开始重视相互尊重与合作的价值,便经常协商变更规则,使游戏和比赛更为平等。游戏一开始,他们即绝对遵守规则,因为这是他们自治的结果。这种相互尊重权利的"合作"将有利于他们理解遵守社会规范的意义和重要性,有利于形成"尊重权利"的观念。这种社会化效果,受到相当高的评价。这是因为它有利于理解遵守社会规范的意义和重要性,有利于形成尊重权利的观念。

3. 体育运动与社会价值观念体系

体育运动是许多儿童少年和青年追求的生活目标。不少人把能够进入运动员行列作为一个中短期的生活目标。对有运动天赋的孩子来说,这是他们应该珍惜的权利。社会要尊重他们的这一权利,也有义务在他们结束运动生涯时及时引导他们选择新的生活目标。少年儿童体育目标的确立有助于他们今后职业的选择、家庭的建立和积极人生态度的培养。这是因为体育过程能将孩子们训练得有更高的独立性和自立能力。

4. 体育运动有助于社会角色的习得

体育运动中的角色,也就是指个人在由体育而结成的社会关系中所处的地位。这种地位有其权利、义务和相应的行为要求。例如,足球比赛中的前锋、后位、边锋、守门员等各个角色,都是在自己所处的地位上,通过与该地位相适应的角色行为而产生相互的社会关系。权利与义务伴随着行为过程而发生。所以这个权利、义务与行为过程的总体构成了特定的角色。

在由体育结成的社会关系中,每个角色都有获胜的权利,获得嘉奖的权利和按照规则进行技术动作行为的权利。同时也有遵守体育法律规范、道德规范和技术规范的义务。

在体育场合,许多时候都是通过角色学习出现的。也就是说,体育教育是通过体育场合中人与人的相互交往行为进行的,而这种交往常常又是以群体的形式出现的。当群体活动的学习过程与群体成熟的过程相吻合时,可以得到较为理想的效果。所谓群体成熟

的过程,也就是群体的每个成员都能够适应群体的活动,并能够从中得到满足的过程。群体成熟时,所有成员需具备以下几个条件:

(1) 能做到与群体规范一致。
(2) 都满足于自己的地位与角色。
(3) 与领导人物、核心人物关系协调。
(4) 具有与其他成员的一体感。

一般来说,成员的群体归属(Group Belongingness)意识强,则有利于群体的活动;成员与群体规范(在群体活动中每个成员应共同遵守的规则)相一致,则对自己在群体中的地位和角色感到满足,并能够与核心人物以及其他成员保持协调的人际关系。在群体成熟的过程中,每个成员所处的地位和角色是与他自己的能力和特性相适应的,是以了解自己与他人,并承认差别为前提的。每个成员的地位、角色合适,就能够提高群体活动的效率,使每个成员都感到满足。这是因为群体内的每个角色都是互相关联的,这是为了达到某个目标而结成的相互促进的关系。这种关系可以强化成员间的相互支持和相互信赖,稳定每个角色的地位,发展协同与合作的精神。

获得角色的过程是学习的过程,因此体育教育的学习场所是必须以每个人机会均等为原则。在体育教育的学习中所获得的各种各样的角色经验,不仅能有效地增强体质,提高运动技能,而且还有利于促进个性的发展。有意识地让某个学生扮演超出其本人的能力与特性界限的角色(我们称之为角色加工,如让替补队员担当主力队员的工作),能够提高本人的自豪感和自觉性,能够刺激本人通过加倍努力去获得成功。而由成功所带来的满足感又会增强其自信心,从而促进其个性的发展,但有时也有相反的情况。如果这种角色加工意味着必须承接其他成员的期望,假如扮演失败,等于辜负了众人的期望,不仅不能满足其本人的成功愿望而丧失信心,同时还要接受来自众人的非议。前者会促使他在群体内的地位上升,后者则会导致其地位的下降。因此,教师、教练在体育活动中有意识地进行角色加工时,必须采取符合实际情况的帮助措施,以利保证其成功。

社会角色是完成社会活动的必要的社会形式和个人的行为方式。通过体育角色的学习,学生懂得了社会角色是与人们的某种社会地位、身份相一致的一整套权利、义务的规范与行为模式。它是人们对具有特定身份的人的行为期望,是构成社会群体和组织的基础。这有利于教育学生懂得"做什么像什么"的社会意义,为他们将来走向社会时"干一行爱一行",努力做好本职工作打下一定的思想基础。

通过体育角色的学习,还可以使学生体会到经过个人努力是可以成功扮演各种角色的,从而体验出人的主观努力是改变社会地位的重要途径。在现代社会里,这一点尤为重要。

5. 体育运动能培养人的现代意识

人的现代化主要是指人的文化素质的现代化,除了具有现代科学知识外,还包括人的思维方式、价值观念、行为特点和情感方式的现代化。

(1) 体育运动能培养人的竞争意识,这在现代生活中是一个很重要的价值观。体育运动中强烈的竞争性督促着每一个参与者不断创新和变革,要求每一个参与者尽最大努力去达到自己的目的,从而增强了参加者的竞争意识。

(2) 体育运动拓展了现代人的生活领域,使人们宏观的运动区域增大。由于体育运动项目的种类繁多,活动范围广大,在人类的日常生活中除体育以外不会再有其他的什么科目能像体育那样给人们更广阔更有效的活动空间来改善和提高人们的身心健康。

(3) 体育运动能陶冶现代人的情感,调节正常心理感受,使人们的思想情绪更符合社会要求和需要。体育运动给人们提供的情感体验是复杂多样的,顺应了现代人对情感的多方面要求。

二、体育的社会关系

从社会关系的主体角度的三个层次(个体与个体的关系、个体与群体的关系、群体与群体的关系)全面分析,就能够掌握体育运动中人们相互间的社会关系和整体社会网络构成。

(一)个体与个体的关系

个人间直接的互相作用与互相联系,形成了一定的人际关系。在人际关系的基础上,形成了人类群体间的群际关系。因此,人际关系是人类社会关系的基础。体育运动中,个人间的彼此关系作用、相互关联可以表现出体育行为的基本特征,由此形成的体育人际关系是体育社会关系中的核心环节。体育运动中的人际关系表现为以下三种基本类型。

1. 主从型人际关系

主从型的人际关系特点是,一方处于主导的支配地位,另一方则处于被支配或服从的地位。在体育运动中,主从型人际关系较为常见,如教练员和运动员之间的关系,社会体育指导员与参与健身运动的人之间的关系。教练员和体育指导员因为在专业知识方面的优势,处于人际关系中的支配地位,运动员和健身者一般都应服从他们的指导和支配。在运动员参与竞技比赛时,每个竞技项目都需要竞技规则来约束,那么就需要裁判员来充当竞赛的执法人。这样,裁判员与运动员的关系就演变成了支配和服从的关系,运动员必须服从这种特殊关系。

2. 竞争型人际关系

竞争型的人际关系是一种既令人兴奋,又使人精疲力竭的不安宁的关系。竞争的双方为了达到各自的目标,常常会竭尽全力去争取胜利。体育运动中最普遍的人际关系就是竞争关系,竞争是竞技运动的精髓,无论是奥运赛场上,优秀运动员的巅峰对决,校运动会上小选手们你追我赶,还是街头篮球场上三对三的半场比赛,参与运动的个体都希望赢得胜利,而个体间便自然形成了竞争的关系。

3. 合作性人际关系

在合作型的人际关系中,两个人有共同的目标,为了达到既定的目标,彼此能默契配合和互相忍让。在双方发生分歧时,往往能够互相谦让,合作也是体育运动中一种重要的人际关系。在集体项目中需要每个队员同他人建立良好的合作关系,在比赛中相互协作,促进整体技战术的发挥,在个人项目中,同样需要教练员和运动员的良好配合。

(二) 个人与群体的关系

1. 体育群体的构成

社会群体,又称社会团体,是社会赖于运行的基本结构要素,泛指一切通过持续的社会互动或社会关系结合起来进行共同活动,并有着共同利益的人类集合体。以此概念推演定义体育群体——人们通过一定的社会关系结合起来的、结构相对稳定的进行体育活动的集体。体育群体是体育事业发展的重要组成形式,是联系个体与体育社会的中介,也是体育社会学研究的重要内容。根据体育群体的组成形式,可分为初级体育群体和次级体育群体,或正式体育群体和非正式体育群体;根据组成群体的目标可分为职业竞技体育群体、社区体育群体、群众体育群体。但无论是哪种体育群体,都具有以下可与其他人群区分开的共同特征:① 有明确的成员关系;② 持续的交往;③ 有一致的群体意识和规范;④ 有依据的体育行动能力。

2. 个人对体育群体的作用

人体与群体的关系,首先表现为部分与整体的关系。个人是体育群体的组成单位,每个个人都为群体的存在奠定了基础。体育群体存在的形式就是在一致的群体意识和规范下,将个体组织起来,从事一致的体育行动。其次,群体中的每个个体发挥各自的特殊作用,促进着群体的发展。体育群体中每个个体承担的社会角色有所不同,在群体中的责任、权利和义务也有所不同,为了体育群体的良好发展,每个成员都必须充分发挥各自的作用。例如,在一支球队中,队长、队员和教练员都为球队取得好成绩贡献力量,只是每个人发挥作用的方式有所不同。而在一个组织完备、人员众多的俱乐部中,俱乐部会员需要管理人员的分工与合作,进而保证俱乐部的高效运行,而作为俱乐部会员来说,则需要遵守俱乐部章程,积极参加俱乐部组织的活动,并履行按时缴纳会费等义务。

3. 体育群体的功能

体育群体能丰富个人的社会资源,体育群体的一个重要作用是将有共同需要、共同目标的人们组织起来,共同参与体育相关活动。在体育群体中,人们通过相互交往,人际网络更加宽广,从而获得丰富的社会资源。如在一些高尔夫球俱乐部,俱乐部成员大都是企业家或成功人士,高尔夫俱乐部为这些人提供了相互交往的平台,他们在参加高尔夫球运动中获取了新的社会资源。

体育群体给予成员归属感。归属感源于个人对集体的依赖,在社会中人们需要找到自己所处的阶层,获得集体的认可,并从中获取精神动力和支持。多元化的体育群体满足人们的多元需求。体育理论学者可以加入体育科学学会,健美操爱好者可以加入健美操俱乐部,职业运动员可以加入职业运动俱乐部,每个人都从自己所处的体育群体中得到承认和认可。体育群体也会为其成员提供特殊化的服务和待遇,以示其成员身份的特殊性,这样就更增强了成员的归属感。

体育群体引导个人遵从规范。体育群体把个人的目标与群体的目标相结合,使其成员自觉接受群体规范的约束。体育群体中的个体,由于其社会阅历、生活经验、价值观的各不相同,他们在参与体育的互动中,彼此相互影响,最终形成一定的群体文化,譬如规则、价值观等,它又反过来影响每一个参与群体活动的人,使群体参与者自觉或不自觉地受到群体文化的影响和约束。

（三）群体与群体的关系

1. 体育运动团体间的从属关系

由于成立体育运动团体的目标和宗旨不同,体育运动团体的种类很多,不同的体育运动团体之间级别划分和权威性都有所不同。有些体育团体有着严格的规范和很强的权威性,如国际奥委会,它对各国奥委会和一些单项国际体育协会,都有较强的指导和规范作用,在国际奥委会委员的选拔、奥运会申办城市的确定程序、承办城市的标准等方面都有一整套规定和惯例,各国奥委会开展相关工作需符合国际奥委会的要求。此外,一些地区的体育团体和国家体育团体间也存在从属关系。如各省市体育科学学会,以及各学科分会,与中国体育科学学会的关系就是从属关系。

2. 体育运动团体间的竞争关系

竞争关系是体育运动团体间的一种重要的群际关系,竞技体育运动团体间的竞争往往直接表现为对运动成绩、运动员、教练员的竞争。而社会体育团体间的竞争则表现为争取更多的会员,如社会上一些健身或健美俱乐部通过年卡优惠、免费试练等方式吸引人们的关注,希望增加会员,带来良好的收益。高校中的一些体育单项俱乐部也反映出这种竞争关系,如羽毛球、网球等时尚运动与传统的三大球类项目形成严酷的竞争,有些学校不得不舍弃成员较少的俱乐部,而只开设人数多、效益好的项目。

3. 体育运动团体间的合作关系

人与人之间的关系往往是竞争与合作并存一样,体育运动团体的合作也非常重要。在竞技体育领域,相互竞争的球队也同时存在着紧密的合作关系,如果仅有两支球队中有一支球队罢赛,则比赛就无法举行。即使为数众多的联赛中,有一支球队因为某种原因罢赛,也会对整个联赛产生影响。所以,竞技体育团体,如各足球俱乐部必须在协会的统一领导下,相互合作、公平竞争,才能促进该运动的全面发展。国际体育组织更需要广泛的合作,才能开展国际体育活动。如北京奥运会的成功举办就是建立在国际奥委会、中国奥委会、中国奥组委通力合作的基础之上的。

三、体育社会角色扮演

（一）体育运动中的社会角色类型

1. 体育运动中的先赋角色与自致角色

所谓先赋角色,亦称归属角色,指建立在血缘、遗传等先天的或生理的因素基础上的社会角色。自致角色,亦称自获角色或成就角色,指主要是通过个人的活动与努力而获得的社会角色。自致角色的取得是个人活动的结果,也是个人选择的结果。在体育运动中绝大多数的社会角色表现为自致角色,如要成为一名运动员,个体需要付出巨大的努力,长期从事专业的训练,才能获得运动员的身份。而优秀的国际裁判员也同样需要钻研业务知识,并通过多次大赛临场执法积累实践经验,最后通过国际单项联合会组织的考试和选拔,才能成为运动场上执掌规则的"铁面法官"。当然,体育运动中也有一些先赋角色。如有些人因为先天身体残疾,无法参加正常的体育活动,在学校上体育课时只能参加保健班学习,如果从事竞技体育运动则只能加入到残疾人运动中。

2. 体育运动中的自觉的角色与不自觉的角色

所谓自觉的角色,指人们在承担某种角色时,明确意识到自己正担负着一定的权利、义务,意识到周围的人都是自己所扮演的角色的观众,因而努力用自己的行动去感染周围的观众。所谓不自觉的角色,指人们在承担某一角色时,并没有意识到自己正在充当这一角色,而只是按照习惯性行为去做。在体育运动中常常会交替表现这两种角色,当运动员从事每天的训练时,只是按照习惯去完成教练员布置的训练任务,但当他站在比赛场上,面对周围观众的呐喊助威,尤其是代表国家参加国际大赛时,运动员的自觉角色意识就大大增强,这种意识也为运动员发挥竞技水平获取优异成绩提供了巨大动力。

3. 体育运动中规定性角色与开放性角色

所谓规定性角色,指有比较严格和明确规定的角色,即对此种角色的权利与义务,应当做什么和不应当做什么都有明确规定,如运动员、教练员、裁判员等。所谓开放性角色,指那些没有严格明确规定的社会角色,这类角色的承担者可以根据自己对角色的理解和社会对角色的期望而从事活动,如体育经营者,从事健身的普通人等。

4. 体育运动中功利性角色与表现性角色

所谓功利性角色,指那些以追求效益和实际利益为目的的社会角色,这种角色行为的价值就在于实际利益的获得。如体育商品经销商、足球俱乐部经理、体育经纪人等各种从事生产性、经营性活动,以盈利为目的的体育社会角色。功利性角色在体育社会中所起的作用主要是实现效率目标。所谓表现性角色,指不是以获得经济上效益或报酬为目的,而是以表现社会制度与秩序,表现社会行为规范、价值观念、思想道德等为目的的社会角色。如体育教师、体育指导员、教练员等。体育运动表现性角色的承担者往往对自己的事业抱有理想,怀有浓厚的兴趣、爱好,有强烈的自我实现的愿望,他们之所以履行角色的要求,主要是出于一种责任感、义务感,而不是着眼于报酬。

(二)体育运动中社会角色的特点

1. 主体选择性

体育运动过程中的角色多样,参与体育运动的主体可以根据自己的需求选择自己希望得到的社会角色。如运动员可以根据自己的特点,选择自己适应的运动项目,也可以从一个运动项目转移到另一个运动项目。作为社会体育的参与者,既可成为球迷,又可同时成为俱乐部成员,还可成为某一体育团体的教练员,甚至可以成为某一体育实体的赞助者。这种体育角色的自主选择与多种角色的同时并存是体育角色的主要特征,也是体育人际关系的重要特征。它有利于人们通过体育,提高社会适应能力和社会交往能力。

2. 临时性

体育运动中角色的临时性表现为:除了专业队的运动员和教练员,以体育实业为生计的投资人、企业家和经营者,以体育工作为责任的政府行政管理人员以及体育从业人员外,一般的体育参与者担当的体育角色均是一种临时的角色。因此,对大多数人来说,从事体育并担当一定的体育角色均是业余的、临时性的。临时性的角色在体育人际关系中表现出的特色是:在从事体育的目标上,兴趣大于社会责任心;在体育的人际关系上,伙伴关系、朋友关系高于社会职责关系。

3. 相对独立性

体育的人际关系是人类整个社会生活的组成部分,因此,它和社会的经济、文化生活发生着密切的联系。但是,人们在体育活动中承担的角色,与社会生活中承担的其他角色相比较,具有相对独立性的特征,即在某种条件下,可以较少地受到政治地位与经济地位的制约。一个企业的老板和工人一同参加一场篮球赛,老板和工人的角色是平等的,他们都必须遵守篮球运动规则,尊重裁判的判罚。在历届奥运会上,不乏各国王公贵族参加,如2008年参加北京奥运会射击比赛的阿联酋阿尔马克图姆王子和参加跆拳道比赛的阿联酋梅萨公主,在他们参加奥运会时和其他参赛选手一样,要通过竞争获得参赛资格,履行奥运会参赛注册程序,在比赛中还要和其他选手一样遵守比赛规则,他们在竞技场上的角色和其王子、公主的身份是暂时分离的,表现出一定的独特性。

(三)体育运动中的角色冲突

所谓角色冲突,是指在社会角色的扮演中,在角色之间或角色内部发生了矛盾、对立和抵触,妨碍了角色扮演的顺利进行。其表现为一种是角色之间的冲突。即不同角色承担者之间的冲突。它常常是由于角色利益上的对立,角色期望的差别以及人们没有按照角色规范行事等原因引起的。如在足球比赛中,参赛双方的角色本来是各自发挥技战术,争取把球踢进对方球门取得胜利,但由于防守粗鲁、裁判误判、观众起哄等原因造成运动员忘记了自己的本来角色,双方队员有身体冲撞转而群体斗殴,这就是典型的角色之间的冲突。另一种是角色内部的冲突,及由于多种社会地位和多种社会角色集于一个人身上,而在他自身内部产生的冲突。这又有不同的情况:首先,一个人所承担的多种社会角色,同时对他提出的角色要求,使他难以胜任,这时便发生了角色内部的冲突。其次,一个人所承担的几种角色的行为规范互不相容,这时也会产生角色内部冲突。最后,就是在单一的角色内部,有时也会发生冲突。如作为一名裁判员要公正执法,但当裁判员执法本国运动员的比赛时,可能会违背公正的原则产生偏袒。或者如黑哨调查中揭示的:某些裁判因为得到某俱乐部提供的好处,在执法中人为误判,有失公正,也违背了作为一名裁判员应有的行为规范。

第三节 体育的社会互动

社会互动是指社会上个人与个人、个人与群体、群体与群体之间通过信息的传播而发生的相互依赖的社会交往活动。社会是社会关系的总和,社会关系是人在社会互动中形成的关系。无论是个人的社会化,还是社会角色的扮演,都是以社会互动为基础的。体育运动中的社会互动是实现体育运动中的社会角色,形成人际关系的基础,只有通过社会互动,才能使参与体育运动的个体联系在一起,从而促进人们在体育运动中的合作与竞争,实现体育运动促进社会化,构建社会网络的作用。

一、体育社会互动的概述

人类的行动绝大部分是社会性行动,只有很小的一部分是非社会性行动。社会性行动是直接或间接地与他人的行动发生联系,形成社会互动的行为活动。体育运动是典型的社会性行动。体育运动过程中,两个或两个以上、个体或群体间经常性的交互或共同进行感性运动,这种交互或共同的行动,产生了体育的社会互动,并成为体育社会交往的重要内容。

社会学中一般社会互动的含义包括以下方面:首先,社会互动必须发生在两个或两个以上的人之间,一个离群索居的人不能产生社会互动。其次,个人之间、群体之间只有发生了相互依赖的行为时才存在互动,并不是任何两个人的接近都能形成社会互动。第三,社会互动以信息传播为基础。第四,社会互动可以是面对面的,也可以在非面对面的场合发生。第五,社会互动总是在特定的情境下进行的,同一行为在不同的时间、不同的场合具有不同的意义。第六,社会互动还会对互动双方及他们之间的关系产生一定的影响,并有可能对社会环境形成一定的作用。第七,人们的互动往往是遵循一定的行为模式,具有一定的互动结构。

总之,体育运动中的社会互动广泛存在。无论是群众性体育活动,还是竞技体育比赛,还是学校的体育教学活动,参与者、指导者、运动员、教练员、裁判员、体育教师、学生等各种体育社会角色之间发生着各种形式的互动,社会互动使人们在体育运动中的角色成为现实,社会互动是人们参与体育活动、营造人际关系的基本途径。

二、体育社会互动的构成要素

(一)互动主体

社会互动是人们之间的相互交往活动,前提是要有行动者,即社会互动的主体、载体,他们或是个人,或是群体。社会互动是人们之间对象化的活动,没有行动者或只有单个、孤立的行动者,就无所谓互动。体育运动互动双方的最小单位是个人,但一般互动双方以群体居多。互动者存在的形式有四种,第一种是互相融合,如教练员选择运动员,体育组织吸收成员或团体成员,实现组织规模的扩大。第二种是结成同盟,如运动员之间或运动参与者之间的互助,以及运动团体间为达到共同目标而进行的合作。第三种是互为工具,既一方是另一方行动过程中加以利用的对象,如竞技运动队和产业赞助者之间、体育实体与体育经纪人之间均是互相利用的关系。第四种是竞争,竞争是体育运动中最为典型的社会互动现象。如代表各个国家的运动队之间、代表不同运动俱乐部的体育组织之间、运动员之间均存在着竞争,即便是在娱乐、休闲运动中,也经常出现竞争性的社会互动。

（二）互动需求与目标

个人需要是个人行为动机的基础，是个人感到缺少什么并希望得到满足的内心主观状态。虽然个人需要就其本质来说是在社会互动中产生的，但就个人而言，它是直接促使并维护个人行动的原因。只有参与体育运动的个体或组织有发生社会互动的需求，才可能采取行动实现社会互动。如篮球场上，6个互不相识的人本来在各自投篮，但大家都想打一场3对3的半场比赛，于是有人提出分队进行比赛，大家一拍即合，原本没有联系的个人就在比赛中开始合作与竞争的互动了。有了需求，还必须有共同的目标。参与体育社会互动的人都是有意识的，均力图以成熟的计划去调节双方的行动，每个人或团体在社会行动中有多种目标，有的为了比赛获胜，有的为了娱乐休闲，有的为了健身康复，有的则为了社会参与，还有一些是为了获取经济利益，在有需求的前提下，只有互动双方达成了目标一致的共识，才能更有效地进行互动。

（三）互动手段

行动者之间若没有任何联系，不相互作用，就不会有互动行为产生。只有行动者相互接近、接触，通过各种形式的媒介发生了彼此依赖的作用，才会产生社会互动现象。所谓彼此依赖的作用，一是指沟通要有对象，个体的内心活动不能称为互动，但如果是与他人互动前的心理准备活动，即对象化的心理活动，则为互动，米德称之为"自我互动"；二是互动的主体之间须通过一定媒介，如语言、眼神、身体动作、通讯、互联网络等直接或间接手段实现交流，如果仅有接近、接触，而无交流，则不能形成互动。就是说，心里交感与行为交往活动是社会互动的基本手段、形式。体育运动的互动手段，主要以身体活动为主，语言、手势也是重要的辅助手段。

（四）互动规则

社会互动与动物互动的根本区别，是行动者的目的性与对规范的遵从。社会互动是行动者为了满足自身的需要和实现自身的利益而做出的行为。要实现互动的目标，行动者必须遵守一定的规范，规范不但是社会互动中行动者行为的依据，也是保证社会互动沿着有利于社会发展的方向正常进行的条件。体育运动的社会互动除了要遵守一般的社会规范外，还要遵守体育特有的规范。在竞技比赛中，要遵守国际和国家的比赛规则，就是群众性的体育比赛，也有相应的规则，要求所有参加者遵守。除了规则之外，参与者还要遵循社会规范和民间习俗。

（五）互动环境

任何社会互动都是在一定的环境条件下进行的，环境对社会互动有重要的影响。体育互动的社会环境既指自然环境，也指社会人文环境，但主要是指社会人文环境。良好的生态环境、设备完善的体育场馆、质量优良的运动器材均是军事体育社会互动的物质载体，是体育社会互动必要的前提条件。但体育与社会互动主要是在社会人文环境中实现的。例如，完善的社会福利与保障体系、运转自如的竞技体育俱乐部组织、深入基层的全民健身网络等。

三、体育社会互动的类型

社会互动是人类结合的基础,是构成社会现象的基本单位,是一种最基本、最普遍的日常生活现象,其存在的形式多种多样、千姿百态。根据互动情境、互动维度、互动方式等标准,我们可以划分多种互动类型。

从互动的主体看,有个人与个人之间的互动、个人与群体之间的互动、群体与群体之间的互动。

从互动的媒介来看,有借助于语言的互动和借助于非语言的互动。

从互动的组织性来看,有正式的、有组织的互动与非正式的、无组织的互动。这是在不同类型的社会生活环境和不同类型的社会关系中发生的社会互动。

从互动的形式来看,有传统的、习惯方式的互动和现代的、创新方式的互动。传统的互动一般发生在规模狭小的,有着亲密关系的小群体中。而现代的社会互动往往是超越时空界限,借助于现代化传媒手段的大规模的间接互动。

从互动的发生过程来看,有作为互动开端,起点的个人与个人之间的互动,处于初级阶段的、形式简单的个人与群体之间的互动和规模较大、形式多样、复杂的群体与群体之间的互动三种形式或三个阶段。

从互动的规模来看,可以分为宏观的和微观的互动。前者如阶级之间、国家之间、民族之间的互动,后者如角色互动。

从互动的内容及性质来划分,有竞争行为、合作行为、冲突行为、调试行为、集合行为等。体育运动中的互动也可用此方法来进行分类,下面我们主要探讨这五种社会互动形式。

(一) 竞争行为

竞争与体育运动密不可分,自古以来,竞技体育的精髓就是竞争。奥林匹克脍炙人口的格言"更快、更高、更强"体现了体育运动中的竞争精神。体育运动中的竞争行为较之社会上其他竞争行为有以下特点:

(1) 竞争主体的广泛性。凡是参加体育运动,无论是竞技体育、群众体育还是学校体育活动,每个参加者都可以成为参与竞争的主体。

(2) 竞争形式多样。在体育运动中,有多种多样的竞争方式。例如,在田径比赛中,通过运动员跳高、跳远、投掷的远度决定竞争地位,或是通过运动员的跑速决定胜负;在足球比赛中,运动员在同一球场上运用技战术争抢足球,踢球入门,以进球数决定输赢。根据竞争的方式可分为体力型、技术型,或是同场对抗、隔网对抗等。

(3) 规则的公平性。竞争的前提就是要有双方都认可的规则。体育运动中各种竞争规则就决定了竞争行为的公平性,在各种级别的比赛举行之前,都必须制定竞赛规程,对参赛运动员的资格、比赛方法、场地要求、竞赛规则等都做出明确的规定,这是公平竞争的前提。

(4) 竞争结果明确,体育比赛中,大家遵守同一规则,各自发挥自己的水平,在与对手竞争时多采用扬长避短的方式。比赛开始,竞争就开始,比赛结束后竞争的结果一目了然,输者心服口服,赢者理所当然。

（二）合作行为

合作是与竞争关系密切的社会互动方式，指个人与个人、个人与群体、群体与群体之间，为实现共同目标，彼此相互配合的一种联合行动。合作是互动双方相互配合以达到共同目标的社会互动形式，这些目标通常是无法通过单方面的努力实现的。广义地说，所有的社会组织的存在都是以一定社会成员之间的相互合作为基础的，社会本身也一样，它依赖各社会组织的相互合作。具体来说，合作是指人们在某项具体事件中联合行动。

一般认为，成功的合作应具备以下条件：第一，目标一致。合作双方具备共同的目标是合作的前提，只有目标相同，双方才能在行动中相互配合。第二，行动配合。为了实现共同的目标，需要借助于具体的行动方案。第三，相互信任。成功的合作还依赖于相互信任，如果互相猜疑，不讲信用合作，双方就会发生冲突，中断合作。第四，共享成果。双方希望合作是因为仅靠一方的努力无法实现目标，如果合作的一方意识到即使目标实现也无法分享利益，就会退出合作。

体育运动中的合作也是非常重要的互动方式。通过集体体育活动培养青少年团队精神和合作意识的教育方式得到人们的普遍认同。体育运动中的集体项目非常强调合作，如在一个篮球队中，五名队员各自位置不同，分工不同，但要想打赢一场比赛，必须相互合作，在发挥自己水平的同时帮助其他队员完成分工任务，这样才能达到"1+1大于2"的效果。在一些个人项目中往往也需要其他队友的合作才能取得好的成绩。如在长跑比赛中，教练员为确保主力队员取得好的成绩，往往会安排其队友先领跑，这也是一种合作方式。

（三）冲突行为

冲突是人与人、群体与群体之间激烈对立的社会互动方式和过程，是人们之间的一种直接的反对关系。冲突与竞争相似，都是互相反对的互动方式，但两者又存在着明显的区别：冲突的直接目的是要击败对方，直接以对方为攻击目标，而竞争的目的并不是针对对方，而是为了获取共同追求的某个目标；冲突往往有直接的接触、直接的交锋，而竞争则可能在不同的地方展开；冲突双方力的作用方向是相互对抗和打击，而竞争双方力的作用方向是一致的，都是为了实现共同的目标；冲突的根源是个人或集团间的利益、意见和态度的根本对立，而竞争则是为了实现共同的目标而进行的实力的较量，冲突在形式上比竞争激烈得多，往往突破规则、规章甚至法律的限制，常有明显的破坏性。

体育运动中的冲突是指双方为了某种体育利益或体育价值观念而产生的相互排斥、伤害、剥夺甚至毁灭的互动方式。冲突的主要目的是打败对方，使对方的力量受到损害，从而剥夺对方的机会。冲突双方通常在价值观念和利益上相差甚远，有时可能表现为严重的对立，带有明显的敌对情绪。例如，在足球比赛时，双方球迷各自为自己的球队加油呐喊，但如果有些人情绪激动，谩骂对方球员就有可能产生严重冲突。冲突的方式可能通过语言表达，也可能通过肢体动作，或是一些更过激的行为，如向场内丢掷矿泉水瓶等异物、双方球迷厮打等。体育比赛中，运动员之间的冲突也非常普遍。发生冲突主要有三种情况：一是队友之间的冲突，如在比赛中因为合作不愉快或者指责队友而引发争吵；二是对手之间的冲突，如在篮球比赛中因为防守过于粗暴引起两队队员的争执；三是运动员和裁判之间的冲突,主要是运动员对裁判员判罚不满而对裁判进行指责、谩骂或其他人身攻击。这些行为都是有违体育道德,要大力禁止的。

(四)调适行为

调适又称协调,是与冲突相对应的一种社会互动方式。个人与个人、个人与集体、集团与集团之间根据一定的原则进行调节,以避免或解决相互之间的冲突,保持相互关系协调。社会生活中,冲突总要发生,但又不可能持续不断地进行下去,冲突之后,总是继之以调试。因此,调试是解决社会冲突的互动方式。

在前述几种体育运动冲突发生后,往往需要进行调解或调适,避免矛盾激化,发生更严重的冲突。调适的具体方式是和解、妥协、统治、服从。和解指冲突双方不分胜负,但由于有了新的认识,或者经过第三者的调解,改变了原来的敌对态度,从而停止了冲突,建立起正常的关系。妥协与和解类似,都是在双方不分胜负的情况下结束冲突,但又不同。妥协是在双方并没有改变敌对态度的情况下,因为势均力敌,谁都无法战胜对方,在经过互相交涉或者第三者调停,各自接受对方的一些条件后,实现"罢兵息争"。妥协只是暂时的,一旦力量的均衡被打破,冲突就会再起。统治和服从是在冲突的结果造成一方战胜另一方的情况下出现的互动方式。胜利者成为统治者、主宰者,失败者成为被统治者、被支配者,原有的社会关系被破坏。此时,社会调适的任务即是要适应新的统治与服从关系,建立新的社会秩序,使社会生活在新的秩序范围内正常化。体育运动中关于比赛或者规则的冲突可以通过体育仲裁进行调适。一般在比赛中都要设立技术官员和体育仲裁组。如对运动员参赛资格或裁判员判罚有异议,都可经过正常途径诉诸仲裁,经过协调后,发布仲裁结果,一般双方都必须服从,这就是典型的调适方式。

(五)集合行为

集合行为是社会学的术语,指人们在暂时的、无结构的、非制度化的社会聚集人群中相互影响而产生的共同行为。集合行为不同于群体行为,群体行为有明确的目标,成员之间的关系比较明确,成员知道群体所处的环境以及应该遵守的行为规范。而集合行为通常没有明确的组织形式和行为规范。如时尚、追星等,这些聚合到一起的人群通过直接或间接的接触,产生一种短期的反常行为。集合行为是有一定规模的。匿名的无组织人群,在一定的诱发因素影响下而突然爆发,且缺乏现有社会规范控制,没有明确目的和行为计划的自发性的社会互动,具有相互间的感染性、表现形式的狂热性以及存在周期的短暂性等特征的非常规的群体行为。可见,集合行为是一种特殊的社会互动方式。

集合行为种类多样,根据成员互动的方式,可以把集合行为划分为两种类型:

第一,人群行为。在人群行为中,成员直接接触,他们通常能感受情况紧急,行为目标不明确,周围状况难以确定,因而变得容易接受环境和他人的暗示,有时可能会出现一些反常行为。人群行为中有三种类型受到社会学家的特别重视。其一,表意人群,指希望通过某种特殊事件、活动唤起人们的共同情绪,并创造条件以表达和宣泄这种情绪的人群。其二,团结人群,指许多表意人群的行为不仅仅是为了表达和宣泄自己的情绪,而且还会相互支持,创造一种社会整合和团结的气氛。成员通过团结人群行为确认和巩固整体的感受,这种人群被称为团结人群。例如,京剧爱好者通过观看演出以及相关活动不仅满足自身的兴趣爱好,而且可以形成一种认同感,通过这种交流进一步肯定自己爱好的价值。其三,行动人群,指在惊恐的情绪中或暴乱等紧急情况下,采取过激的一致行动的人群。他们通常对某种目标抱有很深的敌意,在某种因素的激发下往往会无视日常规范的约束,出现一些暴力或过激行为。

在体育运动中,球迷骚乱是一种典型的集合行为,无论其来源何方,一个人一旦进入足球场,成为一名观看比赛的球迷,他所隶属的生活秩序就要发生一些微妙的变化。来自不同阶层的球迷原有的平衡社会关系中再一次添加了新的元素,原有的旧的平衡系统被打破。在球场这个特殊环境下,在关注足球比赛的驱动下,原有的社会关系系统会临时性的相对弱化。对足球问题的关注,会使进入球场的社会成员形成一个临时的集群,这种临时的集群显著地把每个社会成员从原有的平衡社会关系中隔离出来。在这个临时的集群中,人们的行为举止和日常生活中的表现大不一样,更多地受环境和集群内其他成员的影响。在看球时,大多数人并没有将发动一场骚乱作为目标,但当某些导火索事件出现和个别领导者的挑头带领下,人们的行为就不受控制了。人群行为的目标并不是为了每个人预先确定的,而是在情绪感染和刺激下的行为选择,这也是球迷骚乱的主要特征。

第二,大众行为。与人群行为不同,虽然成员通常意识到其他成员的存在,但不直接接触,而是通过大众传播媒介等手段相互影响,主要表现为惊恐、狂热和时髦等形式。惊恐是指人群面临威胁时,在恐惧状态下做出的非理性反应。狂热集中在人们所爱好或感兴趣的事物上。人群对某种事物拥有极大的热情,会相互影响,相互刺激,往往会达到疯狂的程度,但这种狂热通常是短暂的,没有长久的社会效果。时髦是一种流行的衣着或行为方式,与传统习惯相比,它表现出新的风格,追赶潮流的人希望通过这种方式把自己同其他人群区别开来。时髦也是一种短暂的大众行为,成员表现出高度的热情和相当的盲目性,这一点与狂热性十分相似,体育运动中的大众行为主要表现为时尚和流行。如在20世纪90年代初期,台球运动风靡一时,尤其是我国的农村,打台球成了游手好闲的年轻人的流行运动方式,但这种流行既没有提高台球运动的水平,也没有普及台球运动文化,随着时间的推移,很快失去了追捧的意义。其后的"保龄球热"、"健美操热",也都体现了大众行为的从众心理。

四、体育社会互动的作用

(一)个人功能

体育运动中的社会互动具有自我认识功能、自我完善功能和自我满足功能。运动中的社会互动使人们认识到自己的优缺点。在一场比赛中,人们需要互相合作才能赢得比赛,合作就是要发挥各自的优点,扬长避短,通过队员间的相互交流促进其自我认识。体育运动的社会互动还能促进人们的社会交往,满足生理需求,满足安全需求,满足社交、尊重、自我实现的需求。此外,社会互动还能促使人们完善自我。人的一生是不断追求自我完善的过程,而自我完善并不是凭自我独处所能达到的,必须和他人发生社会互动才能完成。人们通过共同参与体育运动,和家庭成员、朋友、同事互动,才能发展自己的个性,表现自己的创造力。

（二）人际功能

和其他形式的社会互动相比，体育运动中的社会互动，更能够促进人际交流与合作。因为在运动中和观看比赛时，处处都需要和其他人进行直接交流。例如，在观看比赛时，观众与运动员的社会互动非常明显，观众通过摇旗呐喊、吹喇叭甚至敲锣打鼓激励运动员，而场上运动员也用自己的肢体语言，如鞠躬、摆手等向观众示意，达到很好的人际交流效果。而在体育运动中，人与人之间时刻发生着各种联系，促使人们进行语言和行为的交流，这样就能够让一些性格内向的人得到与人交流的机会，所以体育运动中的社会互动就是促进个体社会化的重要方式。

个人的社会适应能力可以通过多种手段获得发展，但参与体育运动无疑是重要的途径之一。这是因为大多数体育项目只能在"社会"环境，即与他人发生联系的条件下进行。在体育活动环境中，人们可以以更直接、生动和集中的方式接触、体验其他社会场合所遭遇的各种情境。如竞争、冲突、分享、合作、共处、避让、包容、突变、角色和角色转换、赞扬、批评、成功、失败、规范、处罚等，从而不断增强自我调控的意识和能力，更好地促进社会化意识的形成。

（三）社会功能

体育运动中的社会互动的社会功能主要体现在传递体育价值观和促进社会和谐发展方面。体育运动是一种促进健康的积极、友谊、有趣的活动方式。在体育运动中，人们挑战极限、超越自我，敢于竞争、乐于合作，不怕输、不服输，强调公平竞争，服从裁判和规则。这些都是体育价值观的核心内容，只有通过体育运动中的互动，才能将这些价值观普及到每个参与者中。在促进社会和谐方面，体育为公众提供一个公平、平等的互动平台，使不同地位、职业、年龄和性别的人，打破狭隘的地缘关系、血缘关系、上下级关系、业缘关系。相聚在运动场。共同的兴趣、爱好使他们在认识、情感等诸多心理成分上产生共鸣，缩短彼此间的心理距离，促进相互之间的了解与沟通，容易建立起平等、亲密、和谐的人际关系，进而为构建和谐家庭、和谐社会奠定基础。

主要参考文献：

[1] 郑杭生.社会学概论新修精编本[M].北京:中国人民大学出版社,2014.
[2] 顾渊彦.体育社会学[M].南京:南京师范大学出版社,1999.
[3] 卢元镇.体育社会学(第三版)[M].北京:高等教育出版社,2011.

提升阅读推荐：

[1] (美)伍兹著,田慧译.体育运动中的社会学问题[M].北京:人民体育出版社,2011.
[2] (美)戴维·波普诺著,李强等译.社会学[M].北京:中国人民大学出版社,2007.

[3] (美)科克利著,刘精明等译.中国体育社会学——议题与争议[M].北京:清华大学出版社,2003.

思考题

1. 什么是社会互动?有关社会互动有哪些理论?
2. 体育运动中社会互动的要素有哪些?
3. 合作在体育运动中的作用有哪些?
4. 体育运动中社会角色的特点有哪些?
5. 什么是集合行为?如何运用这种理论解释体育中的社会关系?

第四章 体育的社会制度

> **本章内容提要**
>
> 体育制度是指国家体育机构和社会体育组织,以及由他们制定并实施的各种规章、条例、制度和办法的总称。它是在社会制度与体育实践的基础上发展起来的。社会制度不同,体育制度也就不同;不同的历史阶段,体育制度也不同。现阶段我国正在完成从计划经济向现代市场经济过渡的伟大历史任务,社会经济制度和政治制度也在发生根本性的改革。我国当代的体育运动与政治、经济、社会发展有着广泛的、密不可分的联系。因此,研究和制定与社会发展相适应、与体育发展相适应的体育制度对于满足社会发展需要和促进体育运动的稳定运行具有重要意义。本章在介绍社会制度基本理论的基础上主要介绍了体育社会制度的构成要素、分类和体育社会制度的功能,梳理了中国体育举国体制的历史演进,分析了中国体育社会制度的改革动因,在此基础上探讨了中国体育制度改革的趋势。

【案例导入】

理顺管理体制:校园足球将统归教育部门主管

2009年,校园足球第一个五年计划由体育部门主导实施,实际负责这项工作的是各级各地足协和体育局的青少部门,推广模式以组织竞赛为核心,比如国家级的冠军杯赛,以及各地的省长杯、市长杯、区长杯赛等。虽然看起来很红火,但实际情况则是由于体制原因,体育部门很难进行有效监管。全国校园足球领导小组办公室主任冯剑明举例说,过去5年,国家体育总局每年划拨5 600万元的校园足球专项经费,但很难及时、有效地下发到各地学校。即便钱到了学校,由于数额较小,一般也只够给学生购买足球、球衣等体育用品和装备,学生的训练、比赛费用依然存在很大缺口。受上述种种局限,足球很难真正深入校园,广大学生的积极性并未被调动起来。

"发展校园足球,必须首先做好顶层设计。"这次《中国青少年校园足球发展规划(2015—2025年)》的一个重要突破就是理顺了管理体制,明确今后校园足球划归教育部门负责。"具体来说由教育部门主管,体育部门负责提供技术支持。"如此一来,当前困扰校园足球发展的一些问题可以得到解决,有利于校园足球的推广和普及。

《中国青少年校园足球发展规划(2015—2025年)》实施以来,截至目前,全国已有青少年校园足球特色学校2.02万所,青少年校园足球改革试验区12个,校园足球试点县区102个。教育部共组织培训全国中小学校长、体育教师、教练员、裁判员等3万余人,聘请了115名高水平外籍足球教师到国内中小学任教。小学、初中、高中和大学四级联赛体系也已建立,目前已完成了20项校园足球高中和高校联赛,比赛场次952场……

校园足球只是学校体育改革先行先试的项目,2016年由教育部牵头的校园篮球已经在全国11个省份开始试点。未来,校园武术、校园排球、校园游泳等也将由教育部牵头逐步展开。

第一节 社会制度概述

一、社会制度概念

社会制度是指制约和影响人们社会行动选择的规范系统,是提供社会互动的相互影响框架和构成社会秩序的复杂规则体系。正如诺思(D. North)所说:"制度是一系列被制定出来的规则、守法程序和行为的道德伦理规范,它旨在约束追求主体福利或效用最大化利益的个人行为。"[1]

当我们用规范来界定社会制度时,可能还需要进一步说明究竟什么是"规范"以及规范是怎么形成的。科尔曼认为,规范这一概念是在社会科学中运用非常广泛的概念,他认为:"规范指明人们认为什么样的行动是合乎体统或正确的。社会规范是人们有意创造的,创造并维持规范的人认为,如果规范为社会成员所遵守,他们将获益;如果人们违背规范,他们将受到伤害。"[2]规范是用来影响和约束具体行为选择的,而制度则是由一套规范有机组合起来的,也就是规范系统。所谓系统,指各种行为规范是相互衔接、共同影响的。所以,社会制度是系统的、较为稳定的规范。

在社会学中,结构主义认为制度是一种相互影响的框架和过滤器,制度构成了一个社会的基本秩序,确立了社会的竞争与合作关系。功能主义把社会制度看作是用来安排人们的活动,满足诸如秩序、信仰、生产等社会需要而设立的一套习俗、民俗、行为模式,如法律制度、家庭制度等,也就是说,制度是满足社会有机体的功能需要的。

在经济学中,古典的制度经济学家、社会学家凡勃伦(T. Veblen)在《有闲阶级论》中对制度作了较为详细的讨论,认为制度是人们的思维结果和习惯,一种意识性的产物,即制度"实质上就是个人或社会对有关某些关系或某些作用的一般习惯;而生活方式所构成的是,在某一时期或社会发展的某一阶段通行的制度的综合。因此从心理学的方面来说,可以概括地把制度说成是一种流行的精神态度或一种流行的生活理论"[3]。也有人从制度对人类行为的约束方面来下定义,如康芒斯(J. Commons)认为制度是无组织的习俗和有组织的机构如家庭、公司、工会等的集体行动对个体行动的控制。舒尔茨将制度定义为"一种行为规则,这些规则涉及社会、政治及经济行为。例如,它们包括管束结婚与离婚的规则,支配政治权力的配置与使用的宪法中所内含的规则,以及确立市场资本主义或政府

---

[1] [美]诺思著,陈郁等译:《经济史中的结构与变迁》,上海:上海三联书店、上海人民出版社,1994:225-226.
[2] [美]科尔曼著,邓方译:《社会理论的基础》,北京:社会科学文献出版社,1999:284.
[3] [美]凡勃伦著,蔡受百译:《有闲阶级论》,北京:商务印书馆,1964:139.

来分配资源与收入的规则"①。斯考特(A. Schotter)认为社会制度是社会全体成员都赞同的社会行为中带有的某种规律性的东西,这种规律性具体表现在各种特定的往复的情景之中,并且能够自行实行或由某种外在权威施行。

二、社会制度构成要素

社会制度是一个复杂的系统,在有些情况下并非是具体的、可触及的,但是,社会制度之所以支撑着社会互动,形成相互的影响,那是因为社会制度中的基本要素在发挥着作用。社会制度得以构成,主要依靠四个基本要素,这四个要素是:价值观与价值判断;行为规则与奖惩体系;组织设置;权力体系。

(一)价值观与价值判断

任何制度都包含了某种价值观与价值判断,制度都是在价值判断基础上制定出来的。人们制定制度,总是基于某种价值需要并根据价值判断对相关行为选择产生影响。

价值观是指人们对事物的是与非、正确与错误、好与坏、善与恶、美与丑、幸福与痛苦、值得与不值得、应该与不应该、合理与不合理等的一种感受、认识和主观判断。任何具体的社会制度,都是对特定人群的行为及其相互关系的调整和规定。规则的创设和习惯的沿袭都表达了对特定的互动关系的维持,具体来讲,是对人们地位、角色及利益关系的一种较为清楚的界定,以此体现社会整体的普遍价值。

从习俗规范,到组织的规章制度,再到法律制度乃至社会根本制度,都是社会主流价值观和价值判断的体现。例如,早期的罗马法律,规定对那些重刑犯人,采用公开审判、处以极刑甚至暴尸街头等做法来加以惩罚。在这种法律规定中,实际隐含着这样一种价值观,那就是要一报还一报、杀一儆百。但是,如今欧洲绝大多数国家都已取消了死刑,这一法律制度的变迁是因为社会价值观的变化,因为在欧洲法律观念看来,用暴力对待暴力,不仅不能对犯罪有震慑作用,而且可能还会起到宣扬暴力的作用。再譬如,现在很多国家纷纷出台越来越严厉的禁止吸烟的法律制度,是因为现在的主流的价值观越来越认识到吸烟对个人健康和社会是有害的或弊大于利。

从价值观和价值判断到形成制度,通常会有一个过程。这个过程有长有短,一般情况下,当一种价值观被越来越广泛的人所接受且被认为非常重要、非常急需时,那么这一价值观也就会较快地转换为制度或法律。

(二)行为规则与奖惩体系

行为规则与奖惩体系是制度的核心要素,通过规则和对行为的奖惩,制度从而可以起到影响和规范行为的作用。

任何人类个体,其行为都具有一定的任意性。一方面,个体作为一种动物性存在,具有内在的、深层的动物性本能和冲动。另一方面,人类个体又作为一种社会性存在,在社

---

① [美]舒尔茨:《制度与人的经济价值的不断提高》,见《财产权利与制度变迁》,上海:上海三联书店、上海人民出版社,1994:235。

会生活中,他们都具有自身的特殊利益、特殊的价值观念和行为目标。因此,个体与群体及社会的利益和目标往往形成矛盾。在这种情况下,必须对个体加以调节或限制,以保证人类群体共同的社会生活顺利进行,也就是说,社会需要有一套行为准则来维持社会生活中的社会秩序。没有规则,无法对个体任意行为加以约束和控制,群体生活也就难以实现稳定的秩序。

规则是引导和指导社会成员进行行为选择的原则,在行为规则中,规定了哪些行为是可以选择的、应该做的,哪些行为是不能选择的、不应该做的,因为规则中包含了对不同行为所进行的奖励和惩罚。人们按照规则允许的方式行动,实际就会得到社会的认可或奖赏;如果不按照规则行动,就会受到相应的惩罚。由于人总是希望得到奖励而尽量规避惩罚,所以制度就会发挥影响和制约人们行为的作用,从而为秩序构建奠定框架。

规则是一类明确规定的行为准则。它首先是由人们在社会互动过程中明确设定、明文规定的,带有较为明确的目的性。它的设立或变更需要对遵从它的人群加以明确解释、劝导等。其次,对规则的解释,往往以参与此类行动的人们的利益为依据。规则的设立,常常是为了调整行动者之间的利益关系。相同规则也可能使一部分人受益,而使另一些人的利益受损,但是它却维持着某种秩序。最后,规则对于行动的参与者来说,具有一种外在的约束性。规则是由外部进行的对行动的一种约束。对规则的违背,一般都会受到明确的惩罚。

在人类社会制度中,较为常见的制度有习俗、道德、规章、纪律、法律以及社会经济制度等形式。在这些社会制度系统中,行为规则和奖惩体系是其中的核心构成。

同时,在道德规范体系中,实际也包含了行为准则和奖惩原则,道德规范的规则是人类社会根据伦理和道德原则确立的,也就是规定了哪些行为是道德的、合乎人伦的,哪些行为是不道德的、扰乱人伦的。社会舆论会对有道德的行为给予褒扬,而对不道德的行为给予谴责。道德规范与社会习俗相似之处在于,它们都受到社会的普遍反映的制约,由人们的普遍舆论、共同意识来维持。不同的是道德和宗教以人们所普遍信奉的价值原则、价值标准为前提和基础,调整行动者之间的利益冲突、约束人们的行动,规定人们的行为关系。

规章制度和纪律条例等社会制度形式是由更为具体的行为规则和奖惩办法构成的。一项规章或纪律制度,通常是社会中的群体、组织为了形成所需要的秩序目标而确立或制定出来的成员行为准则,并对与秩序目标相对立的行为方式予以惩罚和禁止。例如,无论是机关团体还是经济组织,都会有自己的机构组织章程和专门的纪律条例,这些规章、纪律就是由规定的行为规则和奖惩措施构成的,如学校纪律或学生守则,就是规定了学生必须按照什么规则行事,如果违反规则,将会受到什么样的惩罚。

最后,从一个社会的更加宏观的经济、政治和文化制度来看,社会制度虽显得庞大而复杂,这些制度可能不是某种具体的规范,而是一系列规范构成的体制。但是,这些更宏大的社会制度其实质内容仍是行为规则和奖惩体系。譬如,拿经济体制来说,市场经济体制和计划经济体制实际上是各由一套经济行为准则构成的,市场经济体制是由一系列允许市场交换的行为规则构成的,在这套规则中,已经为人们的行为选择提供了一套奖惩方案。也就是说,如果按照市场经济原则来行事,就可能获得什么样的奖励;如果不按这套规则来办,就会受到哪些损失。而计划经济体制实际上提供的是一套不一样的行为规则和奖惩体系。

从以上不同形式的社会制度可以看到,行为规则和奖惩体系是制度的核心构成,制度通过提供人们进行行为选择的原则指导,以及赏罚分明的措施,达到引导、影响、规范和约束人们的社会行为选择的作用。

(三) 组织设置

制度的奖惩体系所发挥功效的大小是一项制度效力的重要标志,就像一种法律一样,如果不能对违法者进行有效的惩处,法律的效力就会大打折扣,这项法律对社会互动和秩序构建的作用也会大大减弱。那么,制度如何才能发挥效力呢?也就是如何能对违反制度规则的行为加以惩罚呢?这一问题就涉及制度的第三个基本构成要素——组织设置。

无论是制度本身,还是制度内容,都不能离开一定的组织。一方面,社会制度的运转总是要依托于一定的条件和媒介,也就是必须有一定的实体,这就是组织或机构设置。另一方面,在诸多社会制度中,制度规定的内容有很多方面都是关于组织机构设置问题的,制度规定了为达到某种目标需要设立哪些组织或机构,以及这些组织机构有哪些权利和义务,即组织如何发挥自己的权利,完成自己的义务。

组织是把个体社会成员有机组合起来、形成有序社会关系的重要方式。制度中的组织设置一方面把人们按一定关系联系起来,使成员之间形成分工与合作、共存与竞争的关系,另一方面组织也是推行规范、影响人们行为的具体实施者和载体。

从制度结构角度来看,组织设置是操作层面的规范系统,或者说,制度在操作层面是以组织形式出现的,即制度要依靠组织机构来推行或实施。

(四) 权力体系

权力(power),按照韦伯的观点,是指一种让自己的意志得到其他人执行的能力,也就是能够让别人按照自己的意志或意图去行动的能力。[①] 权力是一种强势社会力量,所谓强势社会力量,是指在人与人的关系中一种力量会体现出优势。社会成员都有力量,但并非所有人的力量都能成为权力,而只有在社会互动、社会竞争中,才会形成一种支配他人的权力。

作为社会的规范系统,社会制度要对群体或集体成员的行为产生影响,必须依靠一种权力。通过权力,让人们按照制度的规则来行事,或者说让人们接受制度的约束。所以,任何社会制度的维持和运转,都要依靠一定的权力体系。

权力与权威有着密切联系,权力即强势的社会力量的形成,是与某种力量所具有的权威分不开的。但权力与权威又不同,权力是不顾他人反对而贯彻自己意志的能力或遏制他人行动的能力。而权威是一种社会影响力。权威的大小取决于人们的服从程度。权威通常是权力的重要来源,也可能是推动制度形成的重要因素,如族长权威的存在,是宗教制度形成和维系的重要力量。对家族权威的认同,使得家族观念、家族制度的规则具有了合法性。

---

① 参见[德]韦伯著,林荣远译:《经济与社会》(上),北京:商务印书馆,1997:81.

权威是社会制度存在的重要基石。权威的存在,表明该种社会制度所具有的合法性为此社会领域中的人群所普遍认可,也说明了人们为什么创设、接受某种制度的理由。权威的削弱或消失,意味着人们对某种社会制度的偏离或抛弃。但是权威与社会制度不是简单的一一对应关系,一种社会制度,有时可能由多种权威来维持,而有时候,一种权威可能维护着多种社会制度。

马克斯·韦伯曾经对权威做过类型学上的划分,把权威分成传统权威、感召权威、合法权威。传统权威依赖于"人们对古老传统的神圣性以及实施权威的合法地位的牢固信念"①。这种权威包括老年人权威、族长权威、世袭皇族权威等。权威的永久性是这一权威的重要特征,权威的实施者往往是一种永久性的先赋角色。感召权威以领袖人物的非凡才能和魅力为基础,宗教领袖常常具有这样的权威。合法权威来源于人们对正式规定的、非个人专断的规范的认可,行使合法权威的人的社会地位得到现行法规的明确承认。科层制权威是合法权威的一种典型。

权威一方面基于某种社会秩序的规范和准则,另一方面它的存在监督着人们对于该种社会制度的遵从,从而维护着社会的运转与持续。因此权威是实施社会制度时经常使用的一种工具性手段。

作为制度的构成要素,权力体系是保证制度制定和推行的重要力量。尤其是对于正式的成文制度来说,如法律制度,其出台和实施都与权力体系分不开。首先,法律制度的制定要依靠立法机关这一权力机构,其通过正式程序制定出法律的规范系统,法律规范之所以在社会中发挥作用,是因为其中包含了一种权力,这种权力不是个人的,而是国家的或政治共同体的。其次,法律制度出台后,如何让人们遵守,即按照法律意志去行动,那也需要权力。所以,法律得以实施和推行,依靠的是国家机器的权力,也就是执法和司法机关的权力。

即便在一些非正式制度中,同样也有权力在起作用,只不过权力的形式有所不同而已。就拿习俗和道德规范来说,习俗、道德的行为规则之所以被人们接受,那是因为社会权力在起作用。社会权力也就是大众权力或力量,大众力量要让个人必须按照大家公认的行为方式去行事。

社会制度的四个构成要素是相互联系、相互作用并有机统一起来的。制度要素反映的是制度的结构和制度的本质,各要素的组合和共同作用构成制度系统。

三、社会制度的基本特征

作为影响和制约人们行为选择的规范系统,社会制度虽有不同的类型和形式,但各种制度都具有四个基本特征或属性,这四个特征是:制度的普遍性;制度的特殊性;制度约束的集体性;制度影响的稳定性。

(一) 制度的普遍性

制度的普遍性是指制度对于人类社会来说是普遍的,即社会制度普遍存在于人类社

---

① [德]韦伯著,林荣远译:《经济与社会》(上),北京:商务印书馆,1997:241.

会之中,是人类社会普遍拥有的、用来构建有序生活的规范系统。制度的普遍性可以从两个方面来解释:

第一,制度的普遍性是指制度的普遍存在性,即所有人类社会,不论在哪个历史阶段,也不论在哪个地域,都会有制度的存在。制度既是人类社会行动的结果,也就是人们在生活过程中选择的价值和行为规则,也是构成人类社会的基础,为人们的社会交往互动提供影响框架或行动选择的参照系。

第二,制度的普遍性也指社会制度的某些属性或性质是普遍的、共同的。制度的普遍性质主要体现在:一是制度的价值属性是普遍的。不论是何种制度,在其被制定出来时,都会以追求合理、正确、道义、善良等价值为理由而得以实施和推行。只不过在不同的历史条件下,社会对正义价值的理解和认识有所不同而已。二是制度的结构属性是普遍的。

(二) 制度的特殊性

社会制度既是普遍的,也是特殊的。也就是说,社会制度普遍地存在于人类社会之中,但是,不同社会、不同历史时期,社会制度是不同的,各个社会都会有自己特有的制度体系。

制度的制定或形成,实际是人们对某种社会价值以及由社会价值衍生出的规则的选择,或者说,就是某种集体偏好,即较多人认同的某种价值和规则。无论从理论还是从现实来看,个体间的价值观和偏好总会有这样那样的差异,更不用说集体之间的价值差异了。所以,对任何一个社会来说,社会成员所选择的制度规则都是特殊的。

尽管不同社会或群体的制度会有诸多相同或相似的特征,如在宏观制度或体制上,其性质是相同的,但具体到各个社会的制度内容,仍然会有各自的制度特点。譬如,西方社会的社会制度,就宏观社会制度性质而言,都是资本主义的市场制度,但是,在西方社会内部,每个国家都会有各自的制度,如英国与美国之间,宏观的基本社会制度虽有着密切的历史关联,但两国之间的制度差异却是绝对的,两个国家都具有各自特点的经济、政治和社会制度。所以,制度系统相对于每个社会而言,都是独一无二的。

制度的特殊性不仅是必然的,而且也具有重要意义。正是因为社会制度的特殊性,才使得世界的多样性得以存在和维续。社会制度是人类文明和文化的重要成果,制度的特殊性也是文化多样性的重要基础。

(三) 制度约束的集体性

社会制度是在人类历史进程中形成的,是人类共同活动和相互作用的结果。人们在社会生活中创立制度,既不是个人行为,也不是专门针对某个人。作为引导和影响人们行为选择的制度,其目的主要是限制集体中的机会主义行为。[①] 所谓机会主义行为,就是被集体较多成员认为是对他人和集体利益不利的行为。制定制度,就是确立相应行为规则,约束集体中可能出现的机会主义行为。制度规则还确立对违反规则的行为加以惩罚,从而达到制度的约束作用。所以,制度约束是相对于集体的,是对集体中的行为加以规范和

---

① [德]柯武钢、史漫飞著,韩朝华译:《制度经济学》,北京:商务印书馆,2002:109.

约束。制度约束所针对的集体,不是一种具体的单位,而是相对的、动态的社会互动关系。

此外,制度约束的集体性还表现为:制度对个体行为选择的影响和制约,通常需要依靠集体的力量。例如,个人如果违反社会制度,就会受到群体或集体成员的反对、谴责、惩罚,或直接制止。所以,制度的约束机制是通过集体多数人共同遵循某种制度,并对违反制度的行为或越轨行为予以处置来实现的。

(四)制度影响的稳定性

任何制度,在其形成并发挥社会影响之后,就意味着制度的规范系统已经逐渐深入人心,让越来越多的人了解和接受,并成为人们行动选择的参照原则。这样,制度也就会在集体或群体中持续地产生影响,因为要让较多的人改变已接纳的行为,不是一蹴而就的事,而是需要一定时间过程的。所以,已确立的制度系统,它的影响和作用是相对稳定的。

制度一经形成,便具有历史惯性。尤其是当这种社会制度的各种规范被内化到群体成员思想意识中,成为他们的习惯性行为的时候,制度实际上本身就表现为对自身的维护。一项社会制度一经形成,便开始产生历史文化的积淀效应,它能使制度在失去生命力后的相当长时间内,仍然继续发挥对人们行为的约束作用。

对制度影响的稳定性和惯性的成因,可以从三个方面来理解:① 认识的定势作用;② 行为习惯的作用;③ 群体动力的作用。

首先,制度中包含了人们对一种价值的认识,一种制度形成并发挥功效之后,意味着群体成员已经接受和认同制度中的价值原则。

其次,制度的形成也在一定程度上反映人们形成了某些行为习惯,尤其像习俗这样的制度,更是群体行为习惯的集中体现。行为习惯的形成,本身经历了较为漫长的过程,因此要改变习惯,同样也需要一定的时间。

最后,社会制度的维继不仅仅有权力在维护和推进,而且也有群体或集体的力量在支持。在一种社会制度得以实施和推行之后,表明该制度已成为集体的选择,也就是认同的力量大于反对的力量。正是在这种集体动力的推动下,社会制度得以维持其相对稳定性。因为要改变一项制度,不是通过改变个人的意志就能实现的,而是要改变集体的意志,或集体中的力量均衡关系,才能够达到变革制度的目标。所以,一项制度形成之后,它的社会影响会保持一定的稳定性、延续性和惯性。

四、社会制度类型

社会制度是一种复杂的系统,其形式和内容复杂多样。从不同的维度,我们可以对社会制度加以分类分析。

(一)文化、政治、经济与法律制度

首先,从人类活动领域来分,或者是从制度的内容结构来分,社会制度可分为:① 文化制度;② 政治制度;③ 经济制度;④ 法律制度。当然,人类活动领域并不仅仅局限在四个方面,这四种类型的制度是根据制度内容对人类社会的作用所作的一种概括和分类。在这四类制度中,实际还会包含许多划分更细的社会制度,如经济制度中就包含产权制

度、企业制度等。

(二) 内在与外在制度

制度是制定出来的行为规则,那么规则又是怎样被制定出来的呢?根据制度规则的来源,制度可划分为两类:内在制度和外在制度。

内在制度包括非正式的规则和正式的规则,非正式的规则主要有:① 惯例(conventions),即人们在生活和交往中自愿遵循的某些习惯性的行为模式;② 内化规则(internalized rules),也就是人们根据经验把一些价值、道德内化成自己的行为准则;③ 习俗和礼貌(custom and good manner),是指在共同体或群体内形成的习惯性行为规则。正式的内在规则(formal internalized rules)也是由经验演化而来的,但它是在一些组织内部被正式确定下来并得以强制执行的,如一些协会或行会制度、仲裁制度等。①

外在制度的显著特点是由权力机构设计制定出来、自上而下、由外部执行。也就是说,外在制度不是在群体内部产生的,也不是从群体成员的生活经验中演化而来的,而是从上到下被制定出来的。因此,外在制度一般都是正式的规则,这些规则主要包括:① 行为规则,即由外部结构确立的行为规则。② 具体指令,也就是针对具体目标和行为结果而设计和下达的命令,如税收制度。③ 程序规则,即对各种行为主体的行动或办事程序所设计和制定的规则,如各种程序法、行政规章等。②

由于内在制度是从群体内部由经验演化而来的,而外在制度是自上而下被设计和制定出来的,所以内在与外在制度的作用方式也存在一定区别。内在制度更多地依靠群体压力和个体的内在自律而起作用,外在制度主要依靠自上而下的权力强制执行。内在制度和外在制度由于作用方式不同,所以在社会秩序构建中通常有互补的功效。在内在制度失灵的时候,也就是人们不自愿遵守内在规则时,制定相应的外在制度也许能起到弥补作用。而在有些情况下,外在制度难以进入或还没有进入的领域,建立和发挥内在制度的作用也许有着重要意义。

(三) 制度规范的类型

在关于制度规范类型的讨论中,社会学者科尔曼曾根据规范对焦点行动的作用方式以及规范的目标行动者和受益者之间的结构关系,对制度规范进行了分类。所谓焦点行动,是指规范可能涉及的行动,如禁止吸烟规范的焦点行动是吸烟行为,目标行动者就是那些吸烟者,受益者是指规范影响范围内的群体成员。按照目标行动结构关系的不同,可以把规范分为:① 禁止性规范与指导性规范;② 同一性规范与分离性规范。③

禁止性规范是通过设立权威性、强制性命令来阻止行动者做出某些行为。禁止性规范实际是一种禁令,如禁止个人或集团在未经允许的情况下而自行打井取水的行政性命令、禁止个人或集团从河道开渠引水的法令、禁止开荒的命令等。这些规范向行动者发出

---

① [德]柯武钢、史漫飞著,韩朝华译:《制度经济学》,北京:商务印书馆,2002:122-126.
② 参见①,130-132页.
③ 参见[美]科尔曼著,邓方译:《社会理论的基础》,381页.

的都是一种否定性的信号,通过这种否定性的刺激制约行动者的某些选择。同时,禁止性规范由于是对危害风险极大的行为所采取的预防和禁止,因此,禁止性规范还需要与有效的惩戒和制止机制相配套。例如,交通条例中也包含许多禁止性规范,如红灯禁止通行等,但如果没有对所禁止的行为采取有效的惩戒,那么禁令就难以起到预期的效果。

与禁令不同,指导性规范通过规则设计来激励行动者去选择某种行动,而不选择反方向的行动。如指导性节水规则,可以通过宣传教育安排、成本-收益安排等制度性规则安排,引导人们选择节约用水行为的概率提高,而选择不节约或浪费水的行为概率降低;又如指导性环保制度规范,通过选择集合的安排,给人们提供行为选择的导向。指导性规范并不需要强制力和权力,通常是运用价格机制和奖惩机制来达到调节和控制社会行动方向的作用。

在社会系统内,规范所涉及的受益者、利益相关者,以及作用的对象或目标行动者之间存在着不同的结构关系,概括起来看,这种结构关系有两个极端的形式:一是同一的关系;二是分离的关系。前者表明受益者和目标行动者是完全统一的,例如,在公共领域内的公约或共同规则,它约束着所有成员的行动,同时每个成员也是这一规范的受益者。如在节水型社会建构中,需要所有社会成员都参与到节约用水的行列中来,那么,在制度设计中就需要设置同一性的制度规范,引导社会成员遵循节约原则,防止浪费和污染水的行为。

由权威倡导和推行的规范是一种自上而下的行动禁令或指令,这种规范一般代表权威意志和声音,即有一定影响力的在某个方面占有重要位置的个人或团体所表达的意志和要求。通常情况下,权威倡导的规范是在对相关问题进行科学研究或论证后,通过立法或制定行政法规等形式形成的制度规范。这类规范的权威性,主要体现在其内容的设置建立在权威性的认识基础上,即具有科学合理性。

此外,权威倡导的规范也可能是某些集团首先提出并逐渐合法化的制度规范。如一些法案的形成,通常可能就是某个利益集团的利益的表达和实现,也就是说,利益集团可以通过合法的立法程序,把本集团的利益需求变成共同的规范。

五、社会制度功能

在社会系统中,"规范"、"规则"等概念是人们谈论最多的问题。社会学家所讨论的个人行为、社会行为,基本上是把社会规范作为一种先决的条件。也就是说,社会系统中的行为,都或多或少受到某种规范的制约和影响。即便看上去是所谓的纯粹个人行为,也会在某种意义上与社会的价值和规范系统相联系。正如帕森斯所认为的:"当制度化的价值系统内化到个人的个性中去时,就能足以'驱动'经济生产,完成无数的工业化劳动,并且使制度调整以及与这一过程有关的政治结构合法化。"[①]

科尔曼也认为,规范即是社会理论的重要概念,也是描述社会功能的重要概念。尽管科尔曼也关注理性选择在社会行动中的重要性,但他认为,理性选择理论只把追求个人最大限度的效益作为行动的原则,这是远远不够的,因为它忽视了规范在建构社会系统过程

---

① [美]帕森斯著,梁向阳译:《现代社会的结构与过程》,北京:光明日报出版社,1988:113.

中的重要意义。①

诚然,规范不是社会既定的东西,而是人们共同创造出来的,但是,正如涂尔干说的那样,在社会系统的运行过程中,人们总是会按照一定的规范来行动。

(一)制度规范的功能

至于制度规范的社会功能,总是与个人或集体行为相关联。制度规范在社会系统中,为人们提供了一种自我约束和管理的环境。尽管规范中隐含着某种强制性的惩罚,但是,规范的作用主要还是通过内在化的价值,在实践中指导个人的行动方向。

制度规范对社会行为的制约和影响作用主要表现为:

第一,规范会告诉人们应该做些什么,而不应该做什么。任何类型的规范都与价值评价有着一定的联系,在规范体系中,包含着人们对不同行动选择的价值评价,规范向人们传递什么样的行动是合理的、值得的,哪些行为是不合理的、不值得的。

第二,规范告诉人们哪些行为可以选择,哪些不可以选择。规范系统犹如一种行为的奖惩系统,规定了哪些行为将受到奖励,哪些行为将受到惩罚。奖惩的规则告诉人们何种选择是有益的,哪些选择可能会导致伤害。

第三,规范告诉人们大多数人会选择哪些行为,不选择哪些行为。作为一种规范,它还隐含着一种行动选择的趋势。因为规范的形成,总要和大多数人的共识相关。因此,规范的制约作用不仅在于它能提供一种奖惩机制,而且还能对人们的行为选择造成一种从众的心理压力,或者说是从众的环境。就如同入乡随俗一样,在人们进入一种新的社会环境之后,如何选择行为方式,更加方便的做法就是随大流,跟随其他多数人的选择。

第四,规范通过对行动者行动权利的控制,来制约和控制行动的选择范围和选择方式。前面所说规范的作用,是通过价值或规则的内化来实现的。当规范涉及行动权利时,它可能就成为一种外在的强制力,直接限制或约束个人的行动选择范围。规范对个人行动权利的控制,是行动者之外的人所掌握的,这些人权威的确立,既不一定是个人自愿交付的,也不一定是法定权威赋予的,有时候这种权威是社会认定的。

从图4-1可以看出,制度规范主要从价值、奖惩、参照系、控制权四个维度影响或制约人们的行动选择。在规范的作用下,行动者选择目标行动的可能性增大,这意味着选择规范的目标行动的人数将会多于不选择的人。用规范选择来解释社会行动的原则,可以弥补理性选择理论关于社会行动的选择取向的不足,规范概念的引入,可以解释社会行动多样性的原因,因为行动者对规范有主体性的理解,主体性假设不同于理性假设,它可以把人及其行动动机看作是多样的。

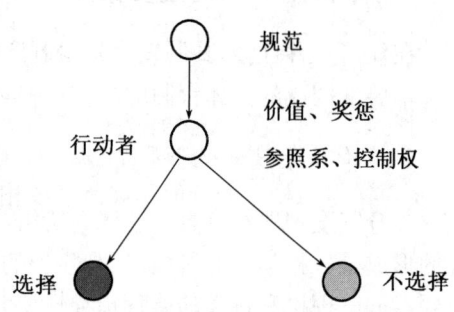

图4-1 制度规范影响行动选择的过程②

---

① 参见[美]科尔曼著,邓方译:《社会理论的基础》,341页。
② 资料来源:陆益龙:《流动产权的界定——水资源保护的社会理论》,北京:中国人民大学出版社,2004:159.

(二) 制度的功能机制

人们制定出来的制度要对人的行动发挥调节、制约和约束作用,一般取决于两种机制:一是规则内化机制;二是规则外部管制机制(见图4-2)。

制度中所包含的价值如果能被人们所接纳,并转化为自己的行为规范,那么,行动者就会自觉地按照制度来进行选择。这样,制度就达到了规范、调节人们行为的目的。

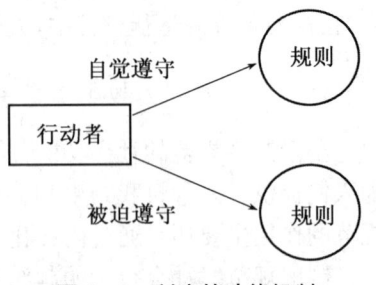

图4-2 制度的功能机制

如果社会中多数人都能按照某种制度的目标原则行事,则该项制度就能在社会中发挥很好的作用。或者说,制度的效率是相对高的。要达到某种效果,就必须使制度的核心价值成为行动者的内化价值。内化机制的形成可能与这样几个因素有关:① 文化传统;② 社会环境;③ 制度的价值合理性;④ 制度的传播。

外部管制机制是通过实施和执行制度的实践,来对行动者的行为选择进行外部干预,促使行动者按照制度行动。例如,奖惩等执法过程,就是制度发挥管制作用的过程。

第二节 体育的制度结构

体育制度是指国家体育机构和社会体育组织,以及由他们制定并实施的各种规章、条例、制度和办法的总称。它是在社会制度与体育实践的基础上发展起来的。社会制度不同,体育制度也就不同。体育制度对于体育运动的运行和发展起着极为重要的作用,也是为满足社会需要而制定的。当前,我国体育制度明确规定:"改善人民的健康状况、增强人民体质,是党的一项重要任务。"

一、体育制度的构成要素

在任何一种社会,其制度都是由制度的概念系统、规范系统、组织系统和设备系统四个基本要素构成的。体育制度的构成要素也来自于这四个基本要素。

(一) 体育制度的概念系统

体育制度一般都有着一套概念所组成的理论基础来说明体育的目的和价值。概念系统的形成是一种学习的过程,从观察到的体育运行过程中概况出体育运动的最主要的本质要素——理论和科学的体育指导性要素。体育已形成一门独立学科和一系列的指导思想,有其自身一套的理论和方法。体育的价值、功能已为社会成员所共识,它具有教育的功能与价值、健身的功能与价值、审美的功能与价值、娱乐的功能与价值和社会的功能与价值。然而,人们并不是从一开始就意识到体育与社会、国家的关系的。因此,一方面体育的发展自然使自身形成一种制度,另一方面人为创造相应的体育制度来满足人们的需要和社会的需要。

体育制度指导体育运动行为而达到有目的、有计划、有组织的社会化过程，并通过体育制度概念系统来说明体育运动的终极目标或存在的体育价值理论观念。它的作用是向社会成员阐明体育制度存在的意义，并使社会成员在充分理解制度目标的基础上全力对已有的体育制度或各种体育规范体系进行各种形式的依从或改造。

体育制度的概念系统是在人类长期的体育实践活动中形成的。在不同的社会或不同的历史条件下有着不同的体育制度理论。我国体育运动的方针、政策、目的与任务正形成维护社会秩序，促进体育良性发展的概念系统。特别是集中体现在社会主义主导意识形态上，它支持和维护体育制度的存在与发展。

（二）体育制度的规范系统

从理论上讲，体育制度规范了广大社会成员在体育运动中的相互之间的关系。因此，对体育运动的规范即意味着指出一条大道公正、平等、和谐以实现体育目标的路径。体育制度规范系统实质上是体育制度运行过程起实际作用的一个要素。

体育制度与规范是既相互区别又相互联系的。它们的相互联系主要是，体育制度是规范中的一种重要类型，是一种比较稳定的规范体系。它们的主要区别是，体育规范的范围要比体育制度广得多，体育制度包含在体育规范体系中，因此，不是所有体育规范都是体育制度。例如：体育风俗、礼仪、习惯、道德等在一般情况下称之为体育规范或"非正式制度"，只有那些脱离了感情、宗教的色彩，为一定的组织机构所指定，以特定的规则和法令的形式表现出来的比较稳定的规范才能被称为体育制度。例如："体育章程、体育条例、体育项目竞赛规则、运动员、教练员等级制度，关于优秀运动员上大学有关事宜的制度"等。因此，我们不能狭义地把这种规范理解成为了达到体育制度而人为制定的规则。

体育习惯、风俗、礼仪、道德是人们在一定的生活环境中，形成或规范的某种行为模式。这种行为模式社会学家把它称之为"民俗"，由"民俗"发展到"民德"，再由"民德"发展成制度。民俗被大家认同并形成习惯，民德已成为一定的道德倾向的规范，民德的结构化和系统化发展就形成了制度。但这种规范系统并不是一成不变的，它将随着体育的发展变化而不断变化。

（三）体育制度的组织系统

体育的组织系统是体育制度及其规范的载体，是体育制度构成要素的实体部分。如果缺少这一系统，任何体育条例、章程、制度将会落空。体育组织系统由组织领导、职能部门和组织成员构成，并承担着维持体育工作秩序，提供体育规范的功能和协调，执行体育制度及维护社会稳定的需要。

体育组织系统结构和效能如何，与体育制度的功能发挥有着极大的关系。体育制度能否顺利运行并发挥其应有的功能，除了必须有一套明确的概念系统和规则系统以外，还必须有一套与体育制度相适应的、高效率的组织系统。在建立组织机构时要尽量避免人为因素的干扰，争取做到：目标明确、职责明确、赏罚分明，以提高组织管理的效能。

(四)体育制度的设备系统

体育的设备系统是指体育制度运行的物质手段和物质基础。如果没有一定的体育物质条件,制度就很难发挥它的作用。设备系统包括体育实用的设备和象征的物质设备两种。体育实用设备系统是指体育器材、场馆、仪器、教具、模型、服装等;体育的象征设备系统是指体育情报、体育商品的商标、体育科研,各种体育竞赛的会旗、会徽、会标等。

实用的设备系统代表体育制度的运行是一个实实在在的过程,是人们追求需要之满足的社会行为的规范与保证。象征的设备系统,象征着体育组织的存在价值和终极目标,是体育制度概念系统的物质化表现。这两种系统构成体育制度的设备系统缺一不可,是保证体育制度正常运行的前提条件,它是体育运动开展的物质基础,也是常常被用来评价体育的现代化、科学化程度的重要标志。

二、体育制度的种类

一个国家的体育事业和体育活动涉及各个方面,因此,需要不同的体育制度针对各个领域进行规范。根据不同的分类标准,可以将体育制度分为不同的种类。如根据体育制度的规范领域,我们可以把体育制度分为体育经济制度、体育政治制度、体育文化制度和体育教育制度等;根据体育制度的效力和规范范围,可分为体育法律、体育行政法规、体育部门规章和体育规范性文件等;而根据我国长期以来形成的体育三分法,可将体育整体制度分解为社会体育制度、竞技体育制度和学校体育制度。

(一)社会体育制度

1.《体育法》

《体育法》是1995年8月29日第八届全国人民代表大会常务委员会第十五次会议通过,并在全国正式颁布的我国第一部关于体育的法律。它共分8章56条,对社会体育(第二章)、学校体育(第三章)、竞技体育(第四章)、体育社会团体(第五章)以及保障条件(第六章)、法律责任(第七章)都做了明确的规定和说明。它为国家提倡的全民体育运动、增强国民体质,为国家全民健身计划、社会体育指导员等级制度的推广、实施,为中华体育文化遗产的挖掘、整理、发扬光大提供了法律保障,更进一步推动了我国体育运动的发展,同时,也标志着我国体育制度的发展已经进入了一个新的历史时期。

2.《全民健身计划纲要》

《全民健身计划纲要》是1996年6月20日中华人民共和国国务院颁布的。它是一项国家宏观领导、社会各方支持、全民共同参与的体育健身大计划,是与实现社会主义现代化的宏伟目标相配套的社会系统工程。它由面临的形势、目标和任务、对象和重点、对策和措施、实施步骤五个部分组成。并且明确提出了2010年的奋斗目标:努力实现体育与国民经济和社会事业的协调发展,全面提高中华民族的体质和健康水平,基本建成具有中国特色的全民健身体系。同时还提出了到20世纪末全民健身发展的目标、任务,并且把推行"全民健身计划"纳入国民经济的社会发展之中,确定为国家的行为,制定了加强体育宣传和体育法制建设、建立体育组织网络和增加体育资金投入、加强体育科研工作和扩大体育设施建设、实施体质测定和社会体育指导员等级制度等一系列对策、措施。中华人民共和国体育运动委员会(现为国家体育总局)还配套制定了《关于贯彻"全民健身计划纲要"、实施"全民健身一二一工程"的意见》。

全民健身计划是通过政府行为而搞的国家工程,它系统整体地推进了体育建设,同时走社会化路子,采用整体规划,逐步推进的方式,发展全民健身事业,这在当代世界体育发展中是少见的,具有鲜明的时代特点。《纲要》规划了1995—2010年间的两期工程。其中,第一期工程为1995—2000年,相当于"九五"计划期间;第二期工程为2001—2010年,相当于"十五"计划和"十一五"计划期间。《纲要》实施的领导体制是"在国务院领导下,由国家体委会同有关部门、各群众组织和社会团体共同推行"。国家体委(国家体育总局)负责组织实施。

进入21世纪以来,中国冲进世界杯、成功举办2008年奥运会、成功申办2022年冬奥会等几件与体育有关的大事,深刻影响着人们对体育的认识和关注。中国政府也将全民健身上升到国家战略高度。2002年,中共中央8号文件提出"大力推进全民健身计划,构建多元化体育服务体系",目标是建设面向全体国民、重点突出、能够适应不同区域、不同人群的不同需求的多元化的体育服务体系。此后,党的十六大报告把全民健身体系纳入未来20年全面建设小康社会的目标,使之成为全面建设小康社会不可或缺的组成部分,成为能够量化评价的中国特色的社会发展指标。这是党中央又一次从实现新世纪我国经济、社会发展的战略目标和实现中华民族伟大复兴的高度肯定了体育在经济社会发展中的地位和作用。这也对社会体育的发展带来了前所未有的机遇和挑战。

3.《社会体育指导员等级制度》

《社会体育指导员等级制度》是国家体育运动委员会于1993年12月4日颁布,1994年6月开始实施的我国第一部评定社会体育指导员等级的制度。它的颁布实施是深化社会体育改革的结果,是适应了社会主义市场经济体制条件下发展社会体育的社会化要求,标志着我国社会体育工作规范化、制度化进程向前迈进了一大步。对于保护和调动社会体育骨干从事社会体育工作的积极性,推进社会体育活动的组织化,提高体育健身活动的科学化,保障群众参与体育健身活动的合法权益,占领社会主义文化体育阵地有着重要意义。

社会体育指导员技术等级只是一种资格证书认定,只要热爱社会体育事业,达到规定时间的社会体育指导工作,根据其具备的实际社会体育指导工作能力,通过评审,都可以获得三、二、一级和国家级的社会体育指导员技术等级称号。此外,我国还推行了《社会体育指导员职业资格证书制度》,这个制度将社会体育指导员分为4个级别,即初级、中级、高级和指导师级。取得社会体育指导员资格需要经过一定时数的培训,经考核合格后报经相关部门审批,然后发给相应的《社会体育指导员职业资格证书》。

4.《社会体育指导员国家职业标准》

2001年8月7日,我国劳动和社会保障部颁布并开始实施《社会体育指导员国家职业标准》(以下简称《标准》)。职业标准是衡量劳动者技术水平和工作能力的重要尺度,是劳动管理科学化的重要基础,是职业培训的基本依据。制定社会体育指导员职业标准,实行社会体育指导员职业资格证书制度,对于规范和发展体育劳动力市场,加强体育市场管理,提高社会体育劳动者的素质和能力,调动社会体育劳动者的积极性有着重要作用。

《中华人民共和国职业分类大典》将我国职业分为了8个大类、66个中类、413个小类、1 838个细则(职业)。社会体育指导员属于第4大类:商业、服务业人员,第4中类:饭店、旅游及健身娱乐场所服务人员,第3小类:健身和娱乐场所服务人员。职业编码为4040301。社会体育指导员与体育场地工、康乐服务员、保健按摩师等同属于健身和娱乐场所服务人员。

此外,《社会体育指导员国家职业标准》还对社会体育指导员的职业进行了明确定义:在群众性体育活动中从事运动技能传授、科学健身指导和组织管理工作的人员。该职业共设4个等级:初级社会指导员(国家职业资格五级),中级社会指导员(国家职业资格四级),高级社会指导员(国家职业资格三级),社会体育指导师(国家职业资格二级)。基本文化程度要求为初中毕业。职业能力特征为动作协调,具有较强的示范、讲解与语言表达能力。职业鉴定的适用对象为从事或准备从事本职业的人员。职业技能包括接待咨询、场地器材准备、技术指导、健身指导、组织管理等。

5.《国家体育锻炼标准实施办法》

《国家体育锻炼标准实施办法》是1990年经国务院批准,国家体育运动委员会再次修改后重新颁布的。它是在20世纪50年代劳动与卫生制度的基础上发展起来的,目前已经成为我国一项具有广泛群众基础的基本体育制度,特别是对青少年积极参加体育锻炼,培养科学的体育运动能力与良好的体育运动习惯,提高身体素质发展水平等方面起到了非常重要的作用。

《国家体育锻炼标准实施办法》是由国家和各级政府的体育行政部门主管,并由体育行政部门牵头,会同教育、卫生等相关部门有计划、有组织实施的。体育锻炼标准按照年龄分为五类测试项目,成绩评定设为及格、良好、优秀三个等级标准。

6.《国民体质测定标准施行办法》

2003年7月14日,国家体育总局与教育部、国家民委、民政部、劳动和社会保障部、农业部、卫生部、国家工商总局、全国总工会、共青团中央、全国妇联共同发布实施《国民体质测定标准施行办法》(以下简称《标准》)。它的实施表明我国国民体质的科学研究工作获得了重大进展,同时也为用科学手段提高劳动者身体素质创造了基本条件,奠定了开展国民体质监测的科学基础。通过科学标准评价国民体质状况,不仅可以使各级人民政府了解人民体质指标,也可以使个人了解自己的体质状况,有针对性地、主动地进行体育健身活动,推进人民体质的科学化进程。

《标准》的制定利用了2000年全国国民体质监测获得的资料,在1996年国家体委颁布的中国成年人体质测定标准基础上,对测定指标进行了修改,适用对象扩大为3—69周岁公民,形成了包括幼儿、青少年、成年人、老年人的系统完整的国民体质测定体系;并根据不同年龄、性别人群的实际情况,制订了相应的测定指标、评分标准和评级标准。

（二）学校体育制度

1.《学校体育工作条例》

《学校体育工作条例》是1990年经中华人民共和国国务院批准颁布的。条例中规定：各级政府的教育行政部门，应当健全学校的体育管理机构，加强对学校体育的领导、检查，应当把体育作为考核学校工作的一项基本内容；普通中、小学校的体育工作应当列入教育督导计划，学校必须配备一名副校（院）长主管体育工作，规模较大的学校，还应当设立相应的体育管理部门，配备专职的体育干部和体育管理人员；学校的总务部门、卫生部门应当与体育部门搞好配合，搞好体育工作的后勤保障和卫生监督。

2.《国家学生体质健康标准》

《国家学生体质健康标准》是国家学校教育工作的基础性指导文件和教育质量基本标准，是评价学生综合素质、评估学校工作和衡量各地教育发展的重要依据，是国家对学生体质健康方面的基本要求，适用于全日制小学、初中、普通高中、中等职业学校和普通高等学校的在校学生。为建立健全国家学生体质健康监测评价机制，激励学生积极参加身体锻炼，教育部印发《国家学生体质健康标准（2014年修订）》，要求各学校每学年开展覆盖本校各年级学生的《标准》测试工作，并根据学生学年总分评定等级。只有达到良好及以上的学生，方可参加评优与评奖。新修订的《国家学生体质健康标准》将学生按照年级划分为不同组别，身体形态类中的身高、体重，身体机能类中的肺活量，以及身体素质类中的50米跑、坐位体前屈为各年级学生共性指标。

3. 中、小学体育器材设施配备

《中、小学体育器材设施配备目录》和《中、小学校建筑设计规范》是1989年国家教育委员会（现为国家教育部）和1986年国家计划委员会分别颁布的。它对学校体育必须配备的体育场地、器材以及设计、设施标准都作了明文规定，保证了学校体育场、设置器材配置的科学化、规范化，同时也保证了学校体育工作的顺利开展。

4. 学生健康管理

《高等学校学生体质健康卡片》、《中、小学生体质健康卡片》和《学校卫生工作条例》是20世纪70年代初、80年代末和1990年，经中华人民共和国国务院批准，中华人民共和国体育运动委员会（现为国家体育总局）和中华人民共和国教育委员会（现为国家教育部）联合颁布的。它特别强调了学校健康管理体制的建立，要求必须根据条例，定期对学生的健康进行检查，并建立学生体质健康卡片，纳入学生档案。因此，保证了学生健康与体质监测工作的实施，成为学校体育工作的基本制度之一。另外，中华人民共和国体育运动委员会、中华人民共和国教育委员会、国家卫生部在1989年还联合颁发了《全国学生体质、健康状况监测实施方案》，促进了学生体质健康研究工作的规范发展。

5.《全国学生体育竞赛管理规定》

为加强对全国学生体育竞赛的领导和管理，提高学生体育竞赛的水平和效益，使竞赛工作逐步制度化、规范化，1997年11月28日国家教育委员会发布了《全国学生体育竞赛管理规定》。该制度规定了全国学生体育竞赛的性质,即由国家教委和有关部门、中国大学生体育协会或中国中学生体育协会以及由中国大学生体育协会授权的单项分会主办的全国范围的综合性或单项体育竞赛。举办全国学生体育竞赛的目的是通过开展体育运动实现育人的目的,突出教育特色,讲求综合效益,体现"团结、奋进、文明、育人"的精神。通过竞赛活跃学生的课余文化生活,提高青少年学生的健康水平,发现和培养优秀体育人才,检验和提高学校课余训练水平,推动学校体育工作的发展。

6.《体育学位制度》

《体育学位制度》是融于教育制度中的体育制度。目前我国体育学位设有:博士学位、硕士学位和学士学位三级学位制度。另外,根据各地具体情况,还有地方性质的体育学习资格认定制度,例如:专业证书制度、短期学习班制度等,在一定程度上补充了社会对体育专业人才的需求。

(三)竞技体育制度

1.《裁判员技术等级制度》

《裁判员技术等级制度》是根据裁判员不同的裁判技术水平而授予的裁判等级制度。根据1981年中华人民共和国体育运动委员会颁发的裁判员技术等级制度标准,设有三级裁判员、二级裁判员、一级裁判员和国家级裁判员四个技术等级和荣誉裁判员称号。国际级裁判员则由国家项目委员会推荐,国际性项目委员会总的竞赛委员会评审、批准。

2.《体育教练员职务等级标准》

《体育教练员职务等级标准》是根据教练员不同的教练技术水平而授予的教练职务等级制度。根据1994年国家人事部、中华人民共和国体育运动委员会联合颁布的教练员职务等级制度标准,设有三级教练员、二级教练员、一级教练员、高级教练员和国家级教练员五个职务等级。

3.《运动员技术等级制度》

《运动员技术等级制度》是根据运动员不同的运动技术水平而授予的运动技术等级制度。根据1984年中华人民共和国体育运动委员会颁发的运动员技术等级制度标准,设有少年运动员、三级运动员、二级运动员、一级运动员、运动健将和国际级运动健将六个技术等级。

4. 其他体育建设制度

《关于进一步发展业余训练的意见》(1983年中华人民共和国体育运动委员会)、《关于加速培养高水平运动后备人才的指示》(1986年中华人民共和国体育运动委员会)、《运动员技术等级管理办法》(2009年4月13日国家体育总局发布)、《优秀运动队工作条例》(1986年中华人民共和国体育运动委员会)、《体育教练员技术职称暂行规定》(1981年10月15日中华人民共和国体育运动委员会)、《体育教练员技术职称暂行规定》(1981年10月15日中华人民共和国体育运动委员会)、《教练员管理暂行办法》(1988年中华人民共和国体育运动委员会)等一系列关于运动员培养、运动队管理、教练员管理制度,规范了体育运动队伍建设,为我国竞技体育队伍的发展奠定了坚实的基础。

三、体育制度的功能

古今中外体育的发展是一个创造的过程;是与体育有关联的社会文化、环境、经济、科技、民俗等在自身发展的同时,创造性地发展了体育的过程;或者说同政治、经济、科技、文化、民俗、社会风气等交织在一起,创造性地推动了体育进步、发展的过程。体育随着人类社会变化而发展的过程中,体育制度发挥着重要的作用。它的基本功能表现在以下三个方面:

（一）行为导向功能

体育制度规范体系把人们的体育生活纳入一定的轨道,以维护人们在体育交往中所体现的正常行为,保证人们正常地进行体育活动,这是社会秩序的需要。但每个人都有自己的体育价值观和性格差异,这些差异可能使人与人之间在体育运动中其行为上发生矛盾和冲突。体育活动要求人们的行为协调一致,竞技运动的最基本特点是按照公平的原则和一定的规则范围内进行激烈的竞争,其目的是为了取得优异的运动成绩,从而得到整个社会的认可和推崇,并维护了体育运动秩序。体育制度通过规定体育中行为的模式,以确定或禁止某一体育中行为的方式。把社会所需要的体育生活行为模式树立起来,使社会中的个人或群体在体育活动中知道应该怎么做,或不应该怎么做,使人们在参加体育活动时有规可循、有章可依,从而推动体育的进步。体育制度的行为导向功能是促使个人或群体顺利完成体育规范化的必要条件。

体育作为完善自我、发展自身的一种教育,已成为当代人的文化观念、价值意识。体育事业已成为国家声誉的体现,体育舞台也是展示政治力量的窗口,体育与经济"联姻"是当代体育的一大特色,体育活动是培养未来生活强人的最佳途径等。一方面是体育自身功能所在,另一方面是体育制度的保证和社会制度的认可。

（二）社会整合功能

虽然体育规范了"具有共同的规则、竞赛程序、同一空间和时间公开的对抗和竞争、淘汰和选择",在体育伦理道德上,中国社会要求运动员与国家、团体、个人三者以特定的序列来对待名誉,在体育运动中遵循"尊重观众、尊重裁判、尊重对手"等一系列道德要求。但是,并不是所有的人都按照体育制度办事,在现实社会中总会出现对制度执行的偏差倾向。例如,"兴奋剂"泛滥成灾,严重损害了体育的利益;体育明星在金钱的腐蚀引诱下漫天要价;打假球、吹黑哨权益交易等。

为了保持体育事业的健康发展,体育制度就会干预越轨的行为,根据行为的偏离程度,对在体育运动过程中的越轨者给予批评教育、惩罚或制裁,从而起到整合的作用。体育制度不仅以强制手段来维护体育生活中的秩序,而且也从积极的建设性方面来维护体育生活中的秩序。为了避免矛盾和冲突,体育必须建立一套制度,使每个人在体育生活中明确自己的地位和角色、权权与义务,并按照角色规范行事,发挥自己的作用,也促进体育组织的效率。

(三) 文化传递与创造功能

人类是社会性存在物,在人类关系越来越密切、越来越广泛的今天,每一种细小的创造都会迅速传遍全球。就体育而言,不论是直接源于劳动、游戏、健康,还是源于社会需要,一旦它被公众接受就被社会传播。由此而凝集成社会的文化形态而被社会所效仿,从而成为人类体育生活的共同行为。

现代竞技体育从英国发源传播到世界各地,有美国马萨诸塞州发起推广的全球性篮球运动,起源于中国的武术、气功能发展并走向世界,奥林匹克运动创造性地为体育运动在全世界的普及做出无与伦比的贡献。体育其本身价值已不局限于简单的身体运动,而在于了解、学习和超越他人而必然扩大到与体育有关联的文化教育、科学技术、思想观念、生活方式等许多领域。由此可看出,体育是一种文化现象。

体育文化的传递主要依赖于一定的社会制度。而体育制度本身也是一种文化现象,并在传播体育文化过程中发挥着重要的功能。一方面它把过去人类创造的体育文化保存下来继承下去;另一方面体育制度不断地创造出新的体育文化,促进体育的发展。虽然,体育制度是一种文化现象,但它却成为传递体育文化的载体,体育发展的实践活动也遵循体育制度的规范体系。因此,体育制度不仅是传递文化的重要手段,而且也是促进体育文化发展的重要途径。

第三节 中国体育制度概述

一、中国体育举国体制形成的历史回顾

(一) 中国体育举国体制形成的背景

举国体制,是我国在竞技体育领域施行的一种管理体制。因为在我国竞技体育一直在体育运动中占据着核心的地位,影响甚至决定着其他方面体制的性质和功能。因此,在涉及中国的体育体制时,往往主要指的是举国体制,而言及中国体育的改革问题,也往往是针对举国体制的。

新中国成立以后,一种与我国计划经济体制高度相关的、由国家主导的体育体制逐步发展起来。20世纪50年代,我国基本完成了从中央到地方的体育行政体系建设。60年代初,因经济原因体育被紧缩在政府手中。"文化大革命"期间,因政治、教育等原因,它又被强化为政府的一个独立业务部门。从此以后,这种高度集中的行政型管理体制在中国体育发展中被肯定下来。

关于举国体制的内涵,已有众多研究者从不同角度提出了自己的看法。有人从社会需要出发讨论了举国体制存在的必要性,杨桦认为,从一般意义上讲,举国体制是在特定时期和资源约束双重背景下,出于政治、经济和文化的特殊需要,或为了应对某种突发事件,运用较大规模的调配资源的组织方式和运行体系,其本质特征是国家利益目标至上。

李云伟等人从举国体制的目标和构成上说明了它存在的意义。在社会主义市场经济条件下,竞技体育举国体制的涵义应该是:以奥运会等中国国际赛事取得优异成绩为目标,以政府为主导,以体育系统为主体,以整合、优化体育资源配置为手段,动员、组织社会力量广泛参与,在国家层面上形成目标一致、结构合理、管理有序、效率优先、利益兼顾的竞技体育组织管理体制。胡小明则从举国体制对政府的依赖关系说明它的性质:举国体制是国家行政机构高度集中权力,自上而下指挥全国力量推动竞技运动发展的管理体制的简称。

(二)中国体育举国体制的特征

我国现行竞技体育举国体制的特征归纳为以下几点:
(1)政府财政投入为主要经济来源;
(2)政府行政管理为基本管理手段;
(3)以在奥运会等重大国际赛事取得优异成绩为主要目标;
(4)以半专业训练为基础,以专业体工队为主题的运动训练体系;
(5)以全运会为主体,以各级行政机构为序列的运动竞赛体系;
(6)运作模式相对封闭和独立的政府行政垄断体系。

(三)中国体育举国体制历史功绩与现实困境

我国竞技体育的举国体制形成于特殊的历史时期,在我国体育发展进程中,举国体制在提高竞技体育成绩,振奋民族精神,拓展外交途径等方面起到了举足轻重的作用。中国成功举办2008年北京奥运会,成功申办2022年北京冬奥会,并只用了20多年的时间,从1984年洛杉矶奥运会"零的突破"到北京奥运会金牌总数超过美国,就是这一体制成功的写照。

但从20世纪80年代开始,随着我国经济、社会的变革,体育事业规模不断扩大,原有体制与形势发展不相适应逐步显露出来。政府机构政事不分、管办一体,陷入大量训练竞赛的具体事务中,宏观管理能力很弱。在项目管理上,条块分割,多头管理,力量分散,有的事情统得过多、管得过死,项目自我发展能力比较弱。这种高度集权化的行政体制,兼以金牌数作为衡量体育水平主要指标的粗放型体育发展模式,使全社会、全民族的体育在某种程度上逐渐蜕变为部门(即体育局)的体育、体育系统的体育、运动员的体育,在僵化、低效的管理体制下,体育行为和投资主体单一,严重束缚了社会各方办体育的积极性,最终造成体育行政部门的工作微观化、具体化、短期化,给我国体育事业的发展带来十分严重的危害。传统的行政管理体制已经与社会主义市场经济体制严重冲突。

二、中国体育制度改革的动因

体育体制是社会制度中的一种。社会制度随着社会发展处在不断变迁之中,体育体制也不能是一成不变的,必须随之变迁,当前的体育体制改革实质就是一种社会制度的变迁过程。

中国体育是在两股时代潮流的汇合点上求生存、求发展的。第一股潮流是中国市场经济的发展和相应的经济体制下不可遏制的变革。今后的各种社会现象,包括体育,最终都可以也必须从这场社会经济关系、经济结构和经济利益的伟大变革中寻找根源。第二股潮流是世界体育运动的发展和它自身躁动着的改革倾向。中国体育运动的国际开放,特别是与奥林匹克运动的汇合,注定了中国的体育改革也必须顺应这一世界潮流。这是中国体育面临的第一个问题。

中国体育面临的第二个问题是如何应对国际社会的挑战。在中国向国际社会开放的过程中,那种相对封闭和独立的政府行政垄断体系和运作模式必须突破。体育运动是一个对外开放的系统,其中有大量面向国际的活动。我国市场经济的确立和发展,使中国的体育与世界体育有了更多的共同语言,使我们在接受当代世界体育潮流时,思想可以更加解放。以奥林匹克运动为代表的当代世界体育文化是大工业生产和市场经济繁荣的必然产物,它的许多管理方法都是与市场经济直接联系着的,不少经验值得我们借鉴。我国体育体制中一些与国际社会不相容的规则必须改变。

社会改革是一个系统工程,包括经济、政治、文化、教育等各方面的改革。社会的改革总是从社会的经济开始,然后反映到政治上,引起制度的变革,最后落实到文化,造成心理结构和风俗习惯的一系列变化。从 1978 年改革开放起,到现在已 30 余年,中国相继进行了经济、政治、文化、教育等体制改革,并取得了显著成绩。中国社会经济、政治、文化、教育改革的发展与变化为中国体育改革奠定了基础。

(一)体育改革的经济动因

1. 经济体制改革的目标模式决定了体育体制改革的目标模式

我国实行改革开放以来,不断地探索经济体制的目标模式,其核心问题是如何正确认识和处理计划与市场的关系。30 多年来,传统的计划经济体制已在许多重要领域退出历史的舞台,新的社会主义市场经济体制已初步建立并开始在经济运行中起主导作用,经济体制改革已从着重经济运行机制改革扩展到重新塑造市场主体。

体育改革是整个社会改革的一个重要方面,但是起决定作用的是经济体制改革。经济体制改革不仅为体育改革指出了方向,也提出了要求。体育改革就是要使体育体制和运行机制与正在形成的社会主义市场经济新体制相适应,全面地吸收和运用市场经济的理论、思维方式、原则、方法和手段,发展我国体育事业。

2. 经济改革为体育事业的改革提供了坚实的物质保障

改革开放以来,我国的综合国力由 20 世纪 80 年代的世界第 30 位上升到第 4 位。国家综合国力增强,其对体育事业的投入也有所增加,体育事业财政投入的增加为体育事业的蓬勃发展奠定了雄厚的物质基础。我国体育事业的蓬勃发展,取得了显著成绩,同时,国家逐步具备了举行大型国际比赛包括奥运会的经济实力。

3. 人民生活水平明显提高,为体育消费奠定了物质和思想基础

改革开放 30 多年来,我国人民生活水平明显提高。人们生活水平的提高为其参加体育健身活动提供了物质支持。随着经济的发展,城乡居民消费结构和水平的变化对社会生产的推动作用显得越来越重要。我国开始对消费政策进行调整,把不断提高人们的物质和文化消费水平确立为社会主义再生产的最根本的目标,尤其是所有制结构的调整,多

种经济成分并存,居民的收入水平提高,收入来源多元化,为扩大消费创造了前提条件。

如果说消费水平是从数量上反映居民生活状况,消费结构则反映了居民消费质量的情况。30多年来,中国居民的消费结构发生了巨大变化,城乡居民恩格尔系数明显下降,居民的精神文化消费支出有所增加,人们在进入小康生活时,更注重精神消费,开展丰富多彩的文化、体育娱乐活动。

观念作为对外界客观存在的反映,会随着客观现实的变化处在不断变革之中。改革开放以来,人们开始重市场、重效率、重发展、重享受,追求方便和快节奏的生活,追求健与美,追求舒适和享受,追求发展,追求多样化和个性化,追求生活质量,一种科学、文明、健康的消费观念正在逐步形成。

随着人们消费水平的提高,消费机构的日益合理化,消费观念的更新,广大人民群众的体育消费需求日益增加。"花钱买健康"的消费观念深入人心,引导和激发着人民群众的健身娱乐消费。健身房、武术馆、保龄球馆、台球房、轮滑场等各种健身娱乐设施强劲发展,高尔夫、赛车等高投入高消费的体育项目与设施开始出现,并呈现良好的发展势头。

(二)体育改革的政治动因

政治体制改革同经济体制改革一样,是从党的十一届三中全会开始的。在经济体制改革不断深化的过程中,它与旧的政治体制不断产生摩擦、碰撞,政治体制相对滞后的矛盾就日渐暴露并突出起来。十三大规定了政治体制改革的长远目标和近期目标。1998年3月,九届人大一次会议审议通过的《关于国务院机构改革方案的决定》进一步推进了我国政治体制改革,向高度民主、法制完备、富有效率、充满活力的社会主义政治体制迈进。继而,在2008年2月27日举行的党的十七届二中全会通过了《关于深化行政管理体制改革的意见》,"深化行政管理体制改革的总体目标是,到2020年建立起比较完善的中国特色社会主义行政管理体制。通过改革,实现政府职能向创造良好发展环境、提供优质公共服务、维护社会公平正义的根本转变,实现政府组织机构及人员编制向科学化、规范化、法制化的根本转变,实现行政运行机制和政府管理方式向规范有序、公开透明、便民高效的根本转变,建设人民满意的政府。"

我国政治体制影响和决定着体育体制。政治体制改革的成果必将有利于我国体育改革的进一步深化。《体育法》的颁布标志着我国体育领域开始由"人治"向"法治"的转变,今后必将更好地促进体育事业的健康发展。

(三)体育改革的文化动因

文化改革同经济体制改革和政治体制改革一起,共同汇合成中国当代改革的大潮,改变了和正在改变着隐藏在每一个中国人躯体中那组古老而神秘的"文化基因"。人民从文化只是政治、经济的附属物和休闲娱乐的狭隘观念,转变到文化是推动经济和社会发展的大产业的现代意识,确立了文化产业的地位。人们开始对个人与社会、民主与自由、道德与法律以及物质享受与精神追求、理想与现实、利己与利他等一切方面进行了重新认识。

文化观念的变革是社会发展的前导。剧烈的思想变革扫清了人们认识和结束新事物的障碍,构建了现代的社会价值观念和行为方式。体育具有文化价值,对整个社会的精神文明建设,对整个社会的发展,都起着积极的作用。象征文明的体育步入家庭,走向社会已成为历史发展的必然趋势。现代社会价值观念和行为方式的变革促进了人们体育价值观念和行为方式的变革。人们对体育功能的认识已不仅仅局限于体育的生物功能,还拓展到体育的社会功能。体育价值观也开始由单一向多元、由生物向社会过渡。人们的体育意识正在不断增强,崇尚体育、关心体育、参与体育已成为当代人的新时尚。

文化体制改革是上层建筑领域改革较为成功的一条战线。这一改革抓住了最核心的内容,即产权制度的改革,涉及了所有制格局、文化市场开放、重塑文化市场主体、优化文化资源配置、行政职能分开等问题。这场改革的目标任务明确,即以发展为主题,以改革为动力,以体制机制创新为重点,形成科学有效的宏观文化管理体制、富有效率的文化生产和服务的微观运行机制、以公有制为主体、多种所有制共同发展的文化产业格局和统一、开放、竞争、有序的现代文化市场体系,要形成完善的文化创新体系,形成以民族文化为主体,吸收外来有益文化,推动中华文化走向世界的文化开放格局。文化体制改革不仅为体育体制改革提供了经验,树立了样板,也形成了体育改革的动力。

(四)体育改革的教育动因

教育不仅要培养专业人才,而且要促进社会的进步,要促进人的现代化。当前,提高人口素质,是经济和社会发展对教育的迫切要求。国民素质的提高,要求教育必须摆脱应试教育模式的束缚,梳理正确的教育思想,建立素质教育模式。素质教育是以全面提高公民思想道德水平、科学文化素质和身体、心理、劳动技能,培养能力,发展个性为目的的基础教育。体育和教育存在密不可分的内在联系。体育事业的发展,必然要对教育提出更高的要求。教育的变革与进步,也将促进体育的改革与发展。近些年来,青少年儿童体质持续下降,成为全社会关注的问题。这一问题中包含着体育体制的因素,这也是促进体育改革的重要动因。

(五)体育改革的内部动因

1. 体育社会需求的多样化推动了体育改革

我国的社会转型,使人民的经济生活、社会生活、精神生活等领域都发生了巨大的变化。一种新的、文明的、健康的、科学的生活方式正在不断地为广大群众所接受。这些变化使得社会上不同性别、年龄、民族、职业的人群从健身、健美、娱乐和人际交往等多方面不断增长着对体育的需求。由于不同体育利益群体之间存在经济、文化、教育和传统生活方式等方面的差别,因而不同体育利益群体之间存在体育价值观、体育需求、满足体育需要的方式和程度、体育行为和手段的选择等方面也都表现出一定的差异。这种差异造成了社会对体育价值取向的多元化和多层次性,造成体育方式的多样性,从而造成了社会体育生活的丰富多彩。为了满足社会对体育的多方面需求,体育事业的发展目标应该是多方面、多层次的。体育需求是体育改革的内在动力,也是制约社会体育发展方向、规模、深度和速度的直接因素。体育发展目标过分向金牌单向倾斜、体育体制僵化、资金来源单一、社会办体育积极性不高等弊端,不能满足社会对体育的多元需求,无法实现体育事业发展的多元目标,因此必须实行体育体制改革。

2. 体育事业规模的日益扩大要求进行体育改革

在计划经济体制下,我国的体育事业是一种纯福利型的消费事业,体育事业经费单纯依靠政府投资。虽然随着国家经济的发展,国家对体育的财政投入有所增加,但每年也仅占国家财政支出的0.4%。体育事业规模的扩大使体育经费紧张的状况日益严重,国家已无力承担沉重的体育财政负担。

社会主义市场经济是自主性经济,体育不仅需要政府力量的一定投入,更主要的是寻求社会力量的支持,走社会化和产业化发展的道路,以实现自身发展的需要。要充分发挥体育事业的多元功能,不断开拓新的生存、发展空间,逐步增强体育事业的自我积累、自我发展的内在动力和活力。

(六)体育改革的国际动因

当今世界,社会分工越来越发达,生产社会化程度越来越高,经济全球化已经形成。所有国家都不能闭关锁国,孤立于国际社会之外。中国的改革开放,其中有一个重要的因素即在多方面与国际接轨,这是中国走向现代化的重要一步。中国体育也必然要经历这一过程而走向体育现代化和体育国际化。特别是我国社会主义市场经济改革目标的确立,更加要求我国体育以自身的创新为基础,实现与国际体育的全面接轨,这就使中国的体育改革必须同时考虑来自国际环境的因素。

中国体育发展诉求的另一表现是融入世界体育发展潮流。以奥运会为代表的体育全球化发展趋势越来越明显。改革开放以来,中国体育迫不及待地进入了世界体育。一方面,在和平时期,竞技体育作为树立国家形象、提高民族自豪感的有力标志和文化符号,在世界范围广泛推崇,国际竞技体育成绩越来越受到重视;另一方面,职业体育的全球化发展,逐渐打破了国家界限,越来越多的运动员和教练员进行国际流动。中国体育要融入世界体育发展潮流,必然要在运动员的管理、体育体制、职业体育俱乐部的经营等方面进行相应的改革,才能与世界体育接轨,获得更好的发展。[1]

三、中国体育制度改革的特点

(一)体育改革的紧迫性

1. 国际环境要求加快体育改革

中国体育运动的国际开放,特别是对奥林匹克运动的热情参与,以及对国际大众体育热潮的主动投入,注定了中国体育的改革和发展也必须顺应这一世界潮流。我国体育必须顺应当代国际体育的潮流,从宏观的国家控制到微观的行业管理都必须尽快与国际接轨。

2. 社会改革与发展对体育改革不断提出新的要求

21世纪初叶是中国实现小康社会,走向现代化的关键时期。在新的世纪里,社会化

---

[1] 张新萍.中国体育改革动力与阻力分析[J].体育学刊,2006(4):1-5.

大生产不断向广度和深度高速发展,反映社会化大生产规律的新的经营方式和组织方式层出不穷,深刻地改变着国家的生产方式、劳动结构、阶级结构和社会结构,同时给人们提供越来越多的物质和精神财富,人民的生活质量得到很大提高。在未来时代,中国的经济将给体育提供越来越雄厚的物质基础,而我们也必须看到提供的方式正在发生着巨大的变化。体育的财源在市场,个人、家庭、社团、企事业单位是体育消费者,也是投资者。体育产业将成为我国经济发展的一个新的增长点。

中国的社会结构,尤其是人口年龄结构、就业结构、城乡结构发生的重大变化将深刻地影响着中国体育的发展。21世纪初,我国将彻底完成向老年社会过渡。以青少年儿童为主体的学校体育、竞技体育将不能得到年轻型人口结构优势的支持,而社会体育将不得不面对数以亿计的老年人。在我国社会保障水平不高的情况下,体育必须通过自身的改革解决老年人的健康、农村建设体系等问题。

(二)体育改革的渐进性

1. 体育改革的渐进性是由政治、经济改革的渐进性决定的

我国从传统的高度计划经济体制向社会主义市场经济体制转变,这是一个根本变革。实现这个根本变革,即经济体制转型,人们在探索中按照积极且稳步前进的原则,采取了渐进的改革策略。中国政治体制改革亦然。中国体育具有政治上层建筑和生产力的双重属性,中国体育改革的性质、道路与方式等的选择也必定采用渐进的方式进行。

2. 体育改革的渐进性也是由人们对体育改革性质认识的逐步加深决定的

中国体育改革的实践表明,人们对体育改革的认识,绝不可能一次完成,而是要经过实践、认识、再实践、再认识,循环往复,逐步深化。长期计划经济体制的影响渗透进我们每一个人的工作、生活和价值观念,人们被塑造成为计划经济体制下的专门化人力资产。要把中国高度专门化的人力资产转化成适用于市场经济,并提高他们的潜在价值,这需要实践和时间。同时,人们自身的特性也在改革中演变,进而对改革前景的认识、合理的预期以及理性基础也因此而发生变化。

3. 体育改革的渐进性还是由我国物质条件的逐步发展决定的

任何一种改革都是需要成本的、需要付出代价的,体育改革也是这样。国家综合实力的逐步提高,决定了体育改革只能是渐进实现的。

(三)体育改革的相对滞后性

1. 体育改革滞后于经济改革

整个社会改革是一个复杂的大系统,经济系统处于基础地位,体育系统则是一个相对次要的"随动系统"。体育的从属地位决定了它只能随着经济系统的变化而变化,不可能也不应该超越经济系统的发展。只有经济系统发生了变化之后,体育系统才能发生与之相适应的变化。因此,体育改革相对于经济改革来说,具有一定的滞后性特征。

2. 体育改革的艰巨性也是体育改革滞后的一个重要原因

我国的体育体制和运行机制是在过去几十年计划经济体制下形成的。无论思想、观

念,还是措施、方法,都要进行根本的转变,以便适应社会主义市场经济体制的要求。这导致我国体育改革的难度极大。另外,改革意味着对原有权力和利益的重新分配和调整,改革对某些部门和个人来说必然涉及其切身利益,相应地会产生一定的阻力。

(四)体育改革的长期性

体育改革与社会改革相比较而言,它的历程要更长一些。体育改革的渐进性以及历史遗留下来的许多棘手问题,如体育大产业观念的树立、体育市场体系的塑造和完善、体育行政部门职能的转变,都决定了体育改革要比社会改革走更长的路。

我国体育改革已经走过了30多年探索的历程,并取得了重大进展。今后体育改革的目标和方向基本明确:实现体育体制的转轨与体育社会结构的分化、重新整合,建立与社会主义市场经济体制相适应的新体制。中国的体育改革已经以法律的形式在《体育法》中固定下来。今后,中国的体育改革绝不会停滞更不会倒退,而是在不断地积累改革的经验与成果,并在不断发展的基础上最终完成。

四、中国体育制度改革的趋势

(一)体制创新是深化体育改革的必由之路

体制创新是经济社会发展永恒的动力。按照新制度经济学原理,制度完善、创新对于发展中国家来说是经济健康、持续发展的基本保证。[①] 发展中,一些矛盾通过改革消除,另一些新的矛盾又会出现,必须通过新的改革措施来消除,每一次新的调整和改革都将清除一次旧的矛盾,并把经济推向新的高潮。改革—发展—再改革—再发展螺旋式上升,这既是人类社会普遍的发展规律,更是制度转型国家争取经济社会协调发展的必由之路。中国体育要发展,也必须通过制度改革、创新,达到更高层次的全面、协调和可持续发展。

进入新世纪,随着中国改革深入并与世界进一步接轨,中国体育必须不断将改革引入新的阶段,坚定不移地深化体育改革,将体育体制改革进行到底。新一轮体制改革要提高体育资源配置的效率和效益,进一步理顺关系、转变职能推动体育事业与社会、经济、文化的协调发展。

(二)体育体制创新的基本内容

中国体育改革的必由之路是体育体制创新,体制创新的目标是建立中国特色社会主义市场经济体制。体制创新科研沿三条主线推进:一是利益关系调整;二是产权制度创新;三是政府职能转变。[②]

1. 调整利益关系

利益的分化、多元和差异是社会前进的原动力。中国改革开放的过程就是利益分化

[①] 林跃勤.论体制创新与可持续发展[J].科学决策,2005,(6):22-24.
[②] 张新萍.制度变迁与制度创新——对中国竞技体育制度改革的新制度经济学分析[J].体育学刊,2007,(1):5-8.

与重组的过程。以市场为基本取向的改革打破了原有的利益格局,使社会利益关系呈现出新的形态。① 中国体育利益格局要重新调配,要遵循公平、公正的原则进行调整。体育利益分配问题集中表现在中央与地方、政府与社会、个人与国家、政府与企业的种种关系上。如中央与地方利益关系的冲突集中体现在全运会上。在相当长的一段时间,政府投入巨资举办全运会,目的之一是为了选拔人才参加奥运会,将全运会作为奥运会的练兵场。但各省市体育局为了自身政绩的考虑,以全运会金牌作为其政绩指标,不惜代价,利用一切手段达到目的。国家的"奥运战略"与省市自治区的"全运战略"发生激烈冲突,致使全运会弊端丛生。

2. 创新体育产权制度

体育产权制度创新是指管束体育财产(或资产)所有权的模式和关系的一套行为规则的更有效率的变动②,最终目的是建立归属清晰、权责明确、保护严格、流转顺畅的现代体育产业产权制度。从理论上讲,体育产权制度是体育体制和运行机制的基础,要建立与社会主义市场经济相适应的体育体制。首先,必须建立适应社会主义市场经济要求的新的体育产权制度。产权制度的创新是各种利益关系的一次大调整,是对现存利益分配格局的一次重新整合。

中国体育产权的特殊性在于体育产权的国有化,但在社会主义市场经济体制下,必须创新国有的体育产权制度,建立中国特色的社会主义市场经济产权制度。基本思路是参照现代企业制度的相关规则和国际惯例,创建适合社会主义市场经济要求的,以多元公有产权为主体,以私有产权为辅助的公私混合体育产权制度。

3. 转变政府职能

(1) 由集中管理型政府向依靠市场调控型政府转变

随着我国政治体制改革不断推进,政府管理模式也发生了深刻变化,正在由政府单一集权管理转向政府主导、依托社会、面向市场的综合型管理。2003 年,中共十六届三中全会通过了《中共中央关于完善社会主义市场经济体制若干问题的决定》,提出了完善社会主义市场经济的目标和任务,以民主化和法制化为主线推进的中国政治体制改革为体育社团发展奠定了基础。而社会的多元化,以及公民意识的觉醒和严重的腐败问题,都在呼唤新的社会组织形式和社会治理机制。③ 在 21 世纪中国从单一的计划经济体制向多元化的社会主义市场经济体制转化,从以政府选择为基础的传统社会向以社会选择为特征的现代社会转型过程中,中国体育必然由政府"集权制"管理向社团化发展转变,这一转变过程将随着北京奥运会的结束而加速进行。

中国的改革开放,尤其是社会主义市场经济体制的逐步建立,已使我国的社会结构发生了巨大的变化,一个全新的格局正在形成。未来国民经济的迅速发展,社会财富的高速增长,社会各界对于体育价值认识水平的提高,使得社会方面有可能把一部分权力和利益移交给社会。与此同时,随着社会化程度的不断提高,人们的体育价值观念在发生转变,

---

① 刘华安.利益博弈与体制创新"两个大局"思想的政治社会学分析[J].石家庄学院学报,2005,(1):6-12.
② 鲍明晓,于建涌.体育产权制度创新的思路和建议[J].体育文史,1995,(2).
③ 李睛慧.新时期中国体育管理社团化取向的研究[D].华南师范大学硕士论文,2003.

体育需求呈现多样化趋势,这使得原有的单纯依靠政府发展群众体育的方式开始发生变化,政府与民众双方都转向社会领域寻求新的管理组织——体育社团。社会利益与权力的再分配使得国家对于体育的支持程度与管理权限将不可避免地减弱,体育将不得不转向社会寻找支持。在此趋势下,"小政府、大社会"必将成为体育管理体制改革的重要目标。在国家体育总体结构发生变化的前提下,中国体育行政管理体制改革将走向寻求社会自治的综合型管理。

(2) 从无限权力政府向有限权力政府转变

政府体育管理职能从无限权力政府模式下的无所不能、无所不管的状态,向有限权力政府模式下的有所为、有所不为的现实目标转变。具体内容为:由政府统管体育资源转向只管公共体育资源;由政府提供所有体育物品转向只提供公共体育物品;从政府通过行政机制配置体育资源转向主要由市场机制配置资源。政府体育管理制度创新的关键是管、办分离,由直接管理转向间接管理,重新调整政府体育行政管理部门与体育事业单位的关系。根据前述的体育物品的性质,逐渐从一般性、盈利性、竞争性体育行业退出,由政府充当唯一运行主体转向由政府、企业和民间机构共同组成体育支持运行主体[1]。

(3) 由传统行政管制型政府向现代公共服务型政府转变

由传统行政管制型政府向现代公共服务型政府转变,是当今世界各国行政体制改革的一项基本内容。政府社会管理的核心和本质就是向公民提供优质的社会服务和公共产品[2]。传统的行政管制是政府对社会实行全方位、多层次、宽领域的全面的直接管理,而建立公共服务型政府,要求压缩政府经济职能与社会职能,实现经济管理与公共服务的市场化。政府应该提供基本公共产品,放手让市场与社会提供私人产品。我国政府公共服务职能主要应在以下几个方面行使:一是积极建立市场规则,完善市场秩序,规范市场行为,尽量为各类市场主体创造公平、竞争的市场环境;二是提供市场所不能提供的公共物品,解决市场不能或不愿解决的公共问题,如提供公共安全、环境保护,发展基础教育和终身教育;三是投资基本的社会服务和基础设施;四是解决市场不能解决的社会政治问题;五是有效实施宏观经济管理职能,运用经济手段、法律手段和行政手段调节经济运行,实现充分就业和经济可持续发展。

(三) 体育体制创新的推进路径

1. 建立健全顺畅的利益表达、整合机制

协调和处理不同社会利益群体之间的关系和矛盾,必须建立和健全能够充分反映不同利益群体意志的利益表达机制。完善政治参与机制是建立利益表达机制的基础。制定体育政策时要广泛吸收社会各个阶层的意见,使之具有广泛的代表性。保证政府决策的民主化、科学化、制度化和法制化,保证政府决策和运作的一定程度的透明性,使之能够接受社会公众的政治监督。要充分发挥党内民主、基层民主,保证执法的公正性和独立性,反对任何形式的特权和特殊利益,使各方的利益能通过民主和法制的渠道得到有效的协

---

[1] 马志和,等. 论政府体育管理职能的转变与制度创新[J]. 上海体育学院学报,2003,(3):14-17.
[2] 汪志强. 构建核心社会与管理体制创新[J]. 政策,2005,(6):10-11.

调和整合。在各种利益群体中建立各种形式的党团组织、工会等,为群体成员的意愿表达提供条件,使之通过制度化途径传送到政治体系中,以减少冲突、维持稳定。在政府和社会成员之间架起有效的沟通渠道,起到事先防范和事后处理的作用。

充分发挥社会舆论和大众传播媒介对民众利益表达的作用。在当代大众传媒迅速发展,传播手段更加多元的情况下,必须通过报纸、电视、网络等媒介传播与收集民众意见和建议,为社会各个阶层的利益提供表达途径。

2. 社会选择与政府选择结合制定改革措施

体育体制改革的突破必须是将自上而下的政府主导的体育改革和自下而上的社会选择的体育改革结合的改革,对于体育领域中"垄断部门"的改革则需要更高层次的部门组织进行。在一个多元的利益博弈格局下,既要发动体制内的利益团体,又要从体制外的利益团体,也就是运动协会、职业俱乐部和个人等寻求改革动力。将体制内与体制外改革结合、社会选择和政府选择结合,促进体育改革的突破性进展。

3. 整体渐进与局部激进结合推进改革措施

中国体育体制改革的推进策略应是整体渐进与局部激进的结合。在体育行政部门的"放权让利"上实行渐进改革,根据体育社团和协会的发展状况逐步将具体事务的操作权转移给社团。将体育行政部门的职能转变为向社会提供公共体育产品和服务的服务职能,运用经济、行政和法律等手段对社会体育团体和职业俱乐部实施宏观管理,保障体育社团发展的公平和自由竞争的环境,保障体育服务的消费者有在多元的供给者之间选择的权利和用以选择的资源。而在竞技体育社会化上要采取激进方式,将竞技体育后备人才培养纳入教育系统,在全社会建立多元的竞技体育体系,鼓励高水平竞技的职业化和商业化发展,以全运会改革为突破口进行高水平竞技运动赛制的改革。

主要参考文献:

[1] 郑杭生.社会学概论(新修精编本)[M].北京:中国人民大学出版社,2014.

[2] 顾渊彦.体育社会学[M].南京:南京师范大学出版社,1999.

[3] 卢元镇.体育社会学(第三版)[M].北京:高等教育出版社,2011.

[4] 叶楠.我国体育行政管理体制的变迁[D].苏州大学硕士论文,2004.

提升阅读推荐:

[1] (美)戴维·波普诺著,李强等译.社会学[M].北京:中国人民大学出版社,2007.

[2] 徐晓燕.社会体育学[M].杭州:浙江大学出版社,2013,6.

[3] (美)科克利著,刘精明等译.中国体育社会学——议题与争议[M].北京:清华大学出版社,2003.

思考题

1. 社会制度的概念是什么?

2. 体育制度的构成要素有哪些？
3. 请阐述体育制度的功能。
4. 请简要评价举国体制的历史成绩和现实困境。
5. 请论述中国体育制度改革的动因。
6. 中国体育制度改革的特点有哪些？
7. 中国体育制度改革创新从哪几个方面入手？

第五章 体育的社会运行与社会控制

> **本章内容提要**
>
> 体育是社会的重要组成部分,那么体育的社会运行到底呈现何种样式?体育是否需要社会给予一定的控制?同样的,体育又在哪些方面对社会控制起到了重要作用?通过本章的学习,能够正确认识与了解社会运行与社会控制的概念、特征,在此基础上理解与掌握体育运行、体育控制的概念,理解体育的社会控制类型并能掌握体育与社会控制的效应。

【案例导入】

荷兰进入"世界杯秩序" 诸多城市万人空巷

4年一次的世界杯足球赛令拥有无数球迷的荷兰几乎陷入了"暂停"的状态,在昨日荷兰队与丹麦队的比赛当天,荷兰诸多城市都呈现出万人空巷的场景,只为守在电视机旁观看球赛。

为了观看这场比赛,很多荷兰人提前数周开始准备,纷纷找出各种理由请假。一些善解人意的公司对此睁只眼闭只眼,而许多学校则干脆提前放学。因此,昨日很多人都没有出行工作或上学,这甚至导致周一惯常的堵车情况大为缓解。荷兰交通部门的数据显示,通常情况下,周一早高峰期间荷兰全境约有200公里的路段拥堵,但当天只有往常一半的拥堵路段。

在首都阿姆斯特丹,往常熙熙攘攘的街头突然显得冷清起来,只是主要景区依然游客如织,但是本地人基本全都聚集到了酒吧街附近,令通常在晚上才出现爆满景象的各家酒吧在午后就出现了难得的狂欢景象。在海牙,市区多条街道在午后已经基本空无一人,多家商店门可罗雀;但在有电视转播的酒吧门口,则提前两三个小时就聚集了大批身着橙色衣服的球迷。

荷兰媒体报道说,一家有38名男员工和2名女员工的工厂干脆停产一天,专门组织所有员工看球。一名非球迷的另类女员工反而被迫请假,因为她不愿意和同事们一起看球。

荷兰收视率调查协会此前公布的最新调查结果显示,英格兰队同美国队的比赛吸引了三百多万观众,成为荷兰收视率最高的节目。但这一数据只是针对在家看球的观众统计出的。而随着比赛的进行,世界杯在荷兰肯定会继续升温,只要荷兰队表现出色,预计每场比赛将能吸引总人口约1 600万的荷兰人中的近1 000万守候在电视机旁。1998年

世界杯荷兰队与巴西队的一场比赛,曾创下了观看人数达1170万的收视纪录。(资料来源:中国新闻网 2010-06-15)

第一节 社会运行与控制

一、社会运行

(一)什么叫社会运行

社会运行是指社会有机体自身的运动、变化和发展。其表现为社会多种要素和多层次系统之间的交互作用以及它们多方面功能的发挥。社会运行大体上包括纵向与横向两个方面。纵向运行也就是社会的变迁与发展;横向运行指社会发展某一阶段上,社会诸要素、社会诸系统的交互作用。无论纵向运行还是横向运行,社会诸要素与诸系统都表现出了相互联系、交互影响、交互作用的特点。

(二)社会运行的基本类型

1. 社会良性运行

它是生产力和生产关系、经济基础和上层建筑高度适应的体现,是社会运行和发展的理想模式。这里所指的运行是特定的社会经济、政治、社会生活思想文化之间、社会各个系统之间(包括社会系统与外部系统的交换)以及系统的不同部分、不同层次之间的相互协调与相互促进;社会障碍、失调等因素被控制在最小的限度和最小的范围内。社会良性运行因层次和程度不同而表现出多层次性和多样性。

2. 社会中性运行

指社会运行有障碍,发展不甚平衡,包括较多明显的不协调因素。但是,它们还未危害、破坏社会的常态运行。也可以称作有障碍的常态运行。这是一种介于良性运行和恶性运行之间的中间状况,是一种不稳定的状态。它有可能向前者发展,也有可能向后者退化。

3. 社会恶性运行

指社会运行发生严重障碍,这种障碍破坏了社会的常态运行,社会出现严重的离轨、失控现象。

(三)社会运行的基本方式

社会运行大体上包括纵向和横向两个方面的表现方式。

1. 纵向运行

即社会的变迁与发展。社会系统在其前后相继的纵向运行中表现出如下一些基本关系:第一,继承的关系。即后来的社会接受了过去社会所留下的遗产。人类社会今天所以形成了如此灿烂的文化,在很大程度是由于继承了数千年以至数万年的历史成果。当然,继承关系是没有价值趋向的,即所继承的不一定都是好的东西。历史上的一些糟粕现象,也常常被后来的社会系统或某些子系统所继承。第二,变异的关系。社会纵向运行虽然继承了过去的东西,但它不是一成不变的照搬,而是随时修改着、变化着。社会的变异有多种表现:有些仅在原来基础上发生微小的变化,如人的形体的变化;而另一些则是巨大的变化,甚至是根本的变革与创新,如社会由无阶级社会进入阶级社会、文字等精神文化的创造、蒸汽机等物质文化的发明。当然,无论怎样的创新都不可能是"无源之水",我们总可以从原来的社会系统中找到它的根源或根据。第三,中断的关系。在社会纵向运行中,有很多东西被历史发展所抛弃。有些是因条件变化了,后来已无存在的必要;但另一些是至今仍有存在价值的,却因种种变故,出现了发展的中断,如我国历史上一些古方、古法、古书、古典的失传等。

2. 横向运行

即社会诸要素、社会诸系统的交互作用,表现出如下一些基本关系:第一,交叉与渗透的关系。社会是一个整体,社会各要素、各系统的区分是相对的,而不是绝对的。在现实生活中,它们是交织在一起的,你中有我,我中有你。例如,政府本是政治系统的重要因素,但它却总是同时承担着经济功能、文化功能、思想功能。第二,制约的关系,即社会某些要素、子系统的功能的发挥会限制和约束另一些要素与子系统的发展。如经济的不发达常限制了文化、思想的发展。如法制系统的健全,约束了违法行为的发展,现代人口理论的发展限制了无计划人口再生产状况的发展。第三,促进的关系,与制约关系正相反,它指一个系统功能的发挥对另一系统起着推波助澜的作用。例如,物质文明与精神文明的发展就是相互促进的。第四,转化的关系,即一种要素转变为另一种要素、一个系统的问题转变为另一系统的问题。例如,一对本来是业缘关系的同事,通过接触,建立了感情,便可能发展为具有血缘关系的家庭。

总之,无论纵向运行还是横向运行,社会诸要素与诸系统都表现出了相互联系、交互影响、交互作用的特点。

二、社会控制

(一) 什么是社会控制

社会控制有广义和狭义之分。广义的社会控制是指社会组织体系运用社会规范以及与之相应的手段和方式,对社会成员(包括社会个体、社会群体及社会组织)的社会行为及价值观念进行指导和约束,对各类社会关系进行调节和制约的过程。狭义的社会控制是指对社会越轨者施以社会惩罚和重新教育的过程。社会学一般研究广义的社会控制概念。

(二) 社会控制的类型

社会学家按照不同的标准,把它区分为不同的类型:

1. 是否正式

这是根据社会控制有无明文规定来划分的。政权、法律、纪律、各种社会制度、社会中有组织的宗教,均有明文规定,它们属于正式控制的范畴;而风俗、习惯等则是非正式控制。

2. 积极消极

这是按使用奖励手段还是惩罚手段来划分的。前者如奖状、奖金、奖章、记功、晋升等;后者如记过、开除、降级、判刑等。无论正式控制或是非正式控制,既可以采取积极控制的手段,也可以采取消极控制的手段。

3. 硬软控制

这是按使用强制手段和非强制手段来划分的。政权、法律、纪律,都依赖控制力,属于硬控制范畴;软控制则依赖社会舆论、社会心理进行控制。社会风俗、道德、信仰和信念的控制属于软控制范畴。

4. 外内控制

这是按控制是否依靠外部力量来划分的。内在控制即自我控制,指社会成员自觉地把社会规范内化,用以约束和检点自己的行为。外在控制是社会依靠外在力量控制其成员就范。外在控制与内在控制的界限是相对的,两者相互渗透和转化。

(三)社会控制的特征

(1)从社会控制的本质来看,它具有明显的集中性和超个人性。社会控制的集中性,是指社会控制总是集中地反映了特定社会组织的利益和意志,不管它具有什么具体内容和采取什么具体手段,都服务于社会组织的总体利益和最高意志。超个人性,是指社会控制总是以某种社会名义,代表某个社会组织施行控制。正是这种凌驾于个人之上的超个人性,使它更有力地控制个人。

(2)从社会控制的作用来看,它具有明显的依赖性和互动性。依赖性指社会控制只有依赖于社会实体才能起作用。这些实体包括社会组织、社会个人和传递社会规范内容的信息媒介。互动性是指社会控制通过社会行为之间的相互影响而起作用。

(3)从社会控制发挥作用的过程来看,它具有多向性和交叉性。多向性指控制主体多方面地将各种信息发射出去,而作为中间环节的多种信息传递媒介,又把各种社会精神因素和众多的社会个体相互联系起来,从而使社会控制成为一个多向交叉和多层联结的复杂过程。

三、社会转型

(一)社会转型的内涵

社会转型的内涵是什么?社会转型就是社会经济结构、文化形态、价值观念等发生深刻变化。我们现在往往把转型当作加强社会管理、加强民生工作、民生改善等。事实上概念是不一样的。转型是一个战略问题,一般的民生工程是一个战术问题。从社会学的研究上来看,人类社会就是一部社会变迁的进步史,社会变迁是一个缓慢的过程。而转型就是社会变迁当中的"惊险一跳",就是从原有的发展轨道进入到新的发展轨道。我们这个社会是由13亿人口组成的,其中的城乡差距、贫富差距、文化和教育的差距,是不容否认的客观存在。平稳地实现转型,从这个轨道转到那个轨道,将会对人们的思想观念、生产方式和生活方式等带来全新的变化。

近100年来,我国真正意义上的社会转型有三次。第一次是辛亥革命,结束了长达两千年的封建帝制;第二次是1949年中华人民共和国成立,实行社会主义制度;第三次是正在进行的改革开放。30多年来,我们国家对外开放、对内改革,实质上就是一个社会转型的过程。社会转型要考虑三大因素,英国社会学家吉登斯提出文化因素、经济因素、政治因素,特别是政治因素,即政治组织、政治人物的核心作用。尽管这是一个英国的社会学家提出的,但也可以成为转型中的中国的一种参考。

(二)社会转型期的特征

1. 异质性

摩天高楼和木板小屋共存;大水牛和喷射机共存;大学教授在讲原子能,蠢妇愚夫在求仙拜佛,无论是心态意识还是物理环境都存在着异质性。在经济上,自足的经济制度与市场制度杂然并存;在政治上,"作之君,作之师"的观念与"平民主权"的观念杂然并存;在文化上,西化派与保守派杂然并存;在社会上,传统的家庭制度与现代的社会组织杂然并存。这种现象使转型期社会在现代化工作上无法作"面"的趋进,而只能做"点"的突进,而"点"的突进常融消在"面"的阻碍中。

2. 形式主义

所谓形式主义是指"什么应是什么"与"什么是什么"之间的脱节。譬如,交通规则应该是维持秩序的,但其结果并不发生维持秩序的功能,而只是一套白纸黑字。那么,我们称之为形式主义。由于转型期社会具有高度的异质性,人们并没有共同的信仰系统,也没有一套紧紧相扣的制度。因此,任何一项措施、一个观念、一种改革都无法彻底贯彻。譬如,就民主政治而言,有了选举制度,可是由于人民没有参与取向,把投票当作是一种义务,而不视之为表达自己政治意见的权利,因此在选举的时候或者不闻不问,或者基于别人的怂恿,而随意地投下了"神圣"的一票。这样子的话,人民并没有具备"公民的能力",他们对政治只有"产出取向"而没有投入取向,反应之于政客身上,则他们根本不会重视民意(越是底层的政客越是如此),因为人民自己并不重视他们的意思。因此,政客之所以常常只谋私利,而不惜意于公益是因为他们这样做并不会影响到他们下届的当选与否。反过来,这一现象又反射到人民身上,人民觉得政客之所作所为根本是为己而不为公,越发对选举没有兴趣,而这一现象再反射到政客身上,则政客因人民之冷漠,越发不重视民意。这样子便造成了一种不可救药的"恶性循环",几乎任何一个问题都免不了这种循环。因此,任何一种制度都脱离不了若干的形式主义。政治上如此,学校教育上也是如此。

3. 重叠性

当我们了解转型期社会的"异质性"、"形式主义"之后,将可以帮助我们了解转型期社会的第三个特征,即"重叠性"。要了解"重叠性"我们首先在脑子里应该有两个模板,即传统的与现代的。在传统模型中,社会结构与社会功能是混同的,譬如一个传统的帝王,他的权利是"不分化的",亦即他的功能是"普化的",我们不能把他所扮演的"角色"区分为"政治的"、"行政的"或"教育的"、"经济的"、"宗教的"。传统帝王统有一切,管理一切,他本身就是一切。反之,现代的模型中,社会结构与功能是"绕射的",亦即是高度"功能专化"的。如在一个西方的现代化国家中,经济、政治、行政、宗教等组织都是"分化的",在某一意义下,他们都是"自主的",他们在运作过程中都有自己的标准,经济受经济的标准支配,行政受行政的标准支配,政策受政策的标准支配……这样,企业只是"经济人",官僚只是"行政人"。每个人都只扮演一"功能专化"的角色。但是在中国的传统社会里,皇帝是一切权力的根源,他的功能是绝对"普化"的。他有行政权,有立法权,也有司法权。官僚亦然,只是他的权力较皇帝具体而微小而已。因为社会"结构"本身是"不分化的",所以,每个人所扮演的角色的"功能"也是"不分化的"。但是,在过去一百年中,社会结构已日趋于"分化",功能已日趋于"专化"。各种组织如政党、工会、公司、行政官署,都一起出现了。但深层一看,每一个组织却并不完全是"自主的",亦非完全"功能专化"的。政客、官僚、商人、律师、教授等虽然已经取得了新的身份,但是他们并不愿意也不能完全扮演他们特殊的角色。由于转型的社会具有上述的"异质性"及"形式主义"的现象,所以,任何一个组织都无法有效地完成其使命。因此,商人不能完全用市场的法则来做生意,官僚也不能全靠"行政的原理原则"来达成其行政之目的,譬如官僚为了达成其升迁的目的,他不能仅仅靠"成就",而常常需要靠"关系"。他为了有效执行或推动一个良好的计划,不仅要靠"职位",还需要靠"身份"等,比如一个有才干学识的年轻人,往往就因为缺少"资望"而无法胜任高位。整个社会所表现出来的现象是,每种人都多多少少有"不守其分"或"不安其位"的行为,每种组织都多多少少有越界逾限的作风。所以,行政中立也好,学术独立也好,都是不真实的,而只是一种装饰的门面。

第二节 体育的社会运行

一、体育的社会运行概念

体育的社会运行很显然是社会运行的下位概念。由于体育是社会重要的组成部分,所以体育的社会运行是指体育这一社会现象的运动、变化和发展。体育的社会运行表现为体育的多种要素和多层次系统之间的交互作用以及它们多方面功能的发挥。与社会运行一致的是,体育的社会运行也大体上包括纵向与横向两个方面的运行。纵向上的体育社会运行就是体育在社会中的变迁发展过程;而横向上的体育社会运行则是指体育在社会发展的某一阶段,体育的诸要素、诸系统的相互作用。

二、体育的社会运行模式

依据不同的分类方式,体育的社会运行模式可以分为多种。

表 5-1 体育的社会运行模式分类

划分依据	体育的社会运行模式
按时期分类	古代体育的社会运行、近代体育的社会运行、现代体育的社会运行
按区域分类	家庭体育的运行、学校体育的运行、社区体育运行、单位体育的运行
按形式分类	体育教学的运行、体育锻炼的运行、体育竞技的运行、体育产业的运行
按性质分类	体育行政组织的运行、体育事业单位的运行、体育非营利组织的运行、体育商业组织的运行
按对象分类	职工体育的运行、农民体育的运行、军队体育的运行

下面仅以时期为例，来阐释中国不同时期体育的社会运行。

（一）中国古代体育的社会运行

在中国古代的词汇中并没有"体育"这个词。这个词是十九世纪从日本传入的。但是，这并不代表中国古代没有体育，只是没有现代意义上的体育。中国古代虽无"体育"一词，实际上却拥有绚丽多姿、丰富多彩的体育活动，是中国古代文明的重要组成部分。现代体育是时代的产物。在中国古代，体育活动的内容，在文献和文物资料中都有体现，包括从远古人类劳动中产生和发展起来的有关体育活动。当这些体育活动从远古人类的生产劳动中独立出来，并作为一种文化形态存在的时候，即被赋予了游戏的、竞技的、健身的和教育的功效与功能。中国古代体育可归结为五个方面：第一，从生产实践活动和军事战斗技能中转化出来的一系列活动项目。包括射箭、"田径"运动形式，以及水上与冰雪运动项目。射箭是用助弓的弹力将箭射出，在一定的距离内比赛准确性的体育运动项目。远在1万年前的中石器时代，人类就发明了弓箭来狩猎捕鱼。以后很长时间，弓箭又是用于战争的武器之一，现在弓箭作为人们喜欢的体育运动项目存在下来。第二，具有技击和保健特色的角力、武艺、武术与养生活动。角力是中国古代摔跤运动，是人们用自身的力量而不借用任何工具去征服自然界的一项活动。从某种意义上说，这是人类最原始、最早的一项体育活动。第三，娱乐特色的球类运动——蹴鞠、马球和捶丸。捶丸，来源于唐代的"步打球"，与现代曲棍球十分相似。但到了宋朝，步打球由原来的对抗性竞赛逐渐演变为非对抗性比赛，取消了球门，改用球穴，球进穴得一分。竞赛形式变了，名称也随之改变了，叫"捶丸"。第四，在春秋时期已经相当普及的、具有益智特点的盘上棋类游戏。第五，具有地域和民俗时令特点的民俗、民间体育，包括龙舟竞渡，还有其他的具有民俗特色的一些体育活动。

（二）中国近代体育的社会运行

1840年鸦片战争以后，中国由一个闭关自守的封建社会逐步沦为半殖民地半封建的社会。随着帝国主义的入侵，西方文化的输入，中国在体育运动方面发生了前所未有的变化。一方面，欧美国家的体育制度、方法及运动项目随着西方的学校教育渐渐传入中国，且经数十年的发展而成为中国体育运动的主流；另一方面，以中国武术为中心的传统体育活动虽仍在广大地区的民间流行,甚至在农民革命和起义中曾发挥重要作用,但从总体来看,已退居次要地位。外国近代体育在中国的兴起与发展构成了中国近代体育的基本内容。1906年,清廷学部(教育部)通令全国各省,于各省城师范学堂"附设五个月毕业的体操专修科,授以体操、游戏、教育、生理、教法等。名额百名,以养成小学体操教习"。在此前后,赴日专攻教育和体育的留学生陆续归国,他们仿效日本某些体育学校的办法,在中国创办体育学校和体操专修科。1905年以后,除了一些短期体育训练班、传习所外,新创办了许多公立私立体育专门学校和体操专修科。清末相继创办的体育学校,为近代体育在中国的开展作出了一定贡献。但是,这些体育学校的办学时间一般不长,招生数量又太少,加之各校大多采取一年、半年的短期培训的办法,学员的专业质量不高。因此,体育师资的培训还远远不能适应教育发展的需要。

辛亥革命以后,特别是20年代和30年代前半期,体育的专业教育发展较为迅速。在为数众多的体育系、科和学校中,办学较为正规而且历史较长的是南京和北平的两所高等师范学堂体育科。南京高师体育科于1920年改为东南大学体育科;1928年改为中央大学体育系;抗战期间迁至四川重庆,1943年增设两年制体育科,自此以后科、系并存,直到中华人民共和国建立初期。其所开课程基本上是从美国移植过来的,运动场地、设备在各校中是较好的,但在教学中有重学科、轻术科的倾向。1916—1950年,该科、系的毕业生共有380多人。北京高师体育科(后改为北京师范大学体育系),1917—1948年毕业生共有500多人。民国时期,尽管培养体育师资的学校及系、科数量不少,但实际招生人数并不多,毕业人数更少。据统计,抗战前体育学校和体育系、科毕业生最多的一年,人数也只有154名。1927年以后,由于其他一些国家的影响和国内许多体育界人士的呼吁,国民党政府开始建立体育管理体制。1927年12月,大学院(后更名为教育部)召集部分体育专家在南京成立"全国体育指导委员会"。进入30年代后,国民党政府开始建立体育行政机构。1932年在教育部下设体育委员会(后改称"国民体育委员会"),专门负责设计指导、督促全国体育工作。1933年及1936年,教育部还先后设置"体育督学"和"体育组"两个系统,前者负责督促、检查各地对体育法规的执行,后者主管学校体育、军训和童子军训练。除上述行政系统外,在国民党党内、军内以及三青团内,均有相应的体育管理机构。抗战胜利后,八路军、新四军发展为中国人民解放军。在1946—1949年的解放战争时期,各解放区和人民解放军各野战部队、地方部队,在战争频繁的空隙,仍然结合练兵开展了各种体育运动。

(三)中国现代体育的社会运行

1949年10月1日,中华人民共和国正式成立。中国体育事业亦迎来了新的春天。几十年来新中国体育取得了一个个伟大的历史性成就。1957年,年仅20岁的中国姑娘郑凤荣,在全国田径运动会上一举跃过1.77米横杆,打破了美国运动员莫克-丹尼尔保持的世界纪录,成为第一个打破世界纪录的中国运动员。在1959年德国多德蒙德举行的第25届世界乒乓球锦标赛上,中国选手容国团力克匈牙利名将西多,夺得男子单打冠军,成为第一个夺得世界冠军的中国运动员。那之后的56年间,国乒共夺得213个世界冠军,长达半个世纪雄踞世界乒坛顶峰,长盛不衰。在1981年日本举行的第三届世界杯女子排球赛上,中国女排以七战七捷的成绩勇夺冠军,成为中国第一个夺取世界冠军的三大球球队。此后的五年间中国女排连续五次夺取世界冠军,创造了"五连冠"的辉煌成就,堪称中国体育史上最伟大的成就之一。在1984年第23届奥运会射击比赛中,中国选手许海峰夺得男子手枪60发慢射金牌,为中国夺得首枚奥运会金牌,实现了中国在奥运会金牌零的突破。那届奥运会中国代表团夺得15枚金牌,位居金牌榜的第四位,写下了中国奥运史首个辉煌的一页。2001年10月7日,在沈阳五里河体育场,中国男子足球队凭借于根伟的进球,以1∶0战胜阿曼队,提前两轮进军2002年韩日世界杯,圆了中国足球人44年的梦想,首次进入世界杯决赛阶段的比赛。2002年,姚明以状元的身份被NBA的休斯敦火箭队选中。2002年10月31日,姚明代表火箭队首次出场,客场迎战步行者队,这也是黄种人首次以NBA状元的身份出场。此后他连续六个赛季入选NBA西部全明星阵容,写下了中国人在NBA赛场上辉煌的一页。2004年,刘翔在雅典奥运会男子110米栏决赛中,以12秒91的成绩平了世界纪录并夺得金牌,成为第一位在田径直道项目上夺取奥运金牌的黄种人。此后他在2006年以12秒88的成绩打破世界纪录,在2007年世锦赛又夺得冠军,写下了中国田径辉煌的一页。在2008年北京奥运会上,中国体育代表团夺取51枚金牌,超过了美国,获得金牌总数第一,打破了自1948年以后美国和苏联对奥运会金牌榜第一的垄断,写下了中国体育史上最辉煌的一页。2011年,李娜在法国网球公开赛中,连克阿扎伦卡、莎拉波娃、科维托娃、斯齐亚沃尼等名将,夺得女子单打冠军,成为首位获得大满贯单打冠军的亚洲人,实现了历史性的突破。此后她又在2014年夺得澳网女单冠军,再夺大满贯单打冠军。2015年,宁泽涛在游泳世锦赛男子100米自由泳比赛中,以47秒84的成绩力压群雄夺得金牌,不仅成为首位进入这个项目决赛的亚洲人,还成为首夺男子短距离自由泳世锦赛冠军的亚洲人,实现了亚洲人在短距离自由泳项目中历史性的突破。①

  实际上,新中国成立之后的几十年,中国体育的社会运行从受传统计划经济体制的影响逐渐向政府、市场、社会三方共同支持的方向演进,以前体育事业发展所需要的一切经费,绝大部分依靠国家财政拨款,国家支付着体育事业日益增长的绝大部分费用,到目前许多项目已经走向市场化、职业化。在竞技体育方面,虽然国家负担着从中小学校运动队、各级体育学校直至国家优秀运动队的一切费用,但一些项目比如网球、足球、篮球等已经实现俱乐部制管理与运行。在群众体育方面,以前国家直接下拨经费,通过各全民所有制企事业单位间接地支持着所有职工的体育活动,目前许多社会体育组织担纲了群众体育发展的生力军。特别是在中国实行全民健身国家战略、健康中国战略的大时代背景下,许多非营利性的健身组织与群体如雨后春笋般出现,进一步推动着中国体育事业的健康发展。在学校体育方面,计划经济时代基本沿袭了苏联学校体育的模式,学校体育课程的"三段论"影响了中国体育课程几十年。目前来看,中国学校体育已经经历了多次变革,追求学生体质提升、增强学生体育素养的学校体育理念逐步确立。学校体育发展也将走向更美好的明天。

---

① 新浪体育:新中国十大体育成就[EB/OL]. 2015年08月08日. http://sports.sina.com.cn.

三、体育的社会运行效果

（一）社会经济与体育的发展方向和规模

一个国家或地区经济制度发生了变化，体育必将随之发生变化。旧中国半殖民地、半封建的经济性质决定了它的体育不可能真正是为人民大众服务的。社会主义制度的确立才真正保证了亿万人民有权利参加体育活动。我国由长期实行计划经济转变为社会主义市场经济，体育事业也必将从过去的全面的福利型转向未来的部分的经营型。长期被否定的体育商业化重新得到肯定，体育娱乐市场也将随之发展起来。

国家经济的发展萧条对体育的影响也是非常深刻的，经济的起伏可以使体育的发展水平随之波动。西方工业发达国家，体育事业迅速发展，是和第二次世界大战后经济发展进入黄金时期有着直接关系的。我国现代体育的迅速发展也是和国家的经济实力相适应的。而新中国50余年来，经济的每一次波动也都在同时或滞后的一段时间里对体育产生影响。比如三年自然灾害时期和十年动乱时期，体育事业都受到严重的损失。一般来讲，在经济较为落后的国家或地区，体育常常处于不受重视的地位。

因此，体育与经济是协调发展的。一方面体育应争取经济的最大限度的支持，并利用体育资源，增强体育的造血功能；另一方面体育事业要顺应经济的发展水平，任何试图超越经济发展的实际水平而盲目扩大体育的发展规模，加快其发展速度都是十分有害的，也是不可能实现的。

（二）社会制度与体育的性质和体育的价值观念

国家国体的变迁，如从奴隶社会进入封建社会，从封建社会进入资本主义社会，体育也发生了根本性的变化。最典型的事例就是欧洲中世纪经历文艺复兴和工业革命之后，近代体育也闯出宗教神学的牢笼，得到辉煌的发展，并成为世界体育文化的主体。由于不同的社会制度对体育所寄予的希望不同，赋予的社会功能就大不相同。比如苏联就十分注重体育的政治功能，特别强调在国际活动中，发挥体育的政治作用，因此它十分偏重竞技体育的发展而忽视群众体育的发展。北欧一些福利国家则对竞技体育采取较为冷静的态度，将主要精力用于发展大众体育。日本在东京奥运会上曾取得了金牌总数第三的较好成绩，人们都认为它会发展成为亚洲竞技体育大国，然而随着它的经济起飞，却把注意力迅速转移到大众体育上来，强调日本民族体质的改善。这是由于日本人的体育价值观念变化了的缘由。

（三）社会科技与体育的快速发展

科技的进步从根本上说，必然会推动体育发展。二十世纪七八十年代以来，体育，特别是竞技体育与科学技术的关系越来越紧密，科学技术的每一成果都会或多或少、或迟或早地反映到体育中来。在体育事业中追求对科技的应用，已成为体育获得持续发展动力的一个重要途径。体育对人文科学、社会科学、心理科学和管理科学的依赖也越来越明显。当然体育科学本身也在丰富着人类的科学知识体系，体育的进步也标志着科技的进步和文化的推演。21世纪,科学技术将向经济、社会的各个领域广泛渗透,对社会、经济、文化、教育与体育产生深远的影响。科技引起的产业结构的变化将给体育的发展留出较大的社会空间;信息社会的形成将加快体育的国际化、科学化进程;人们工作方式、生活方式的转换,将对体育提出更高的要求;体育将成为经济和社会可持续发展的一个组成部分,引起人们的广泛重视。同时,由于信息技术、生物技术、材料技术、食品技术、医学技术、建筑技术、制造技术的新的突破,以及绿色科技的推广都将对体育的变迁产生重要的影响。

> **案例:英国自行车队的"高科技"**
>
> 英国在里约的金牌"大丰收",让欧洲各国羡慕嫉妒恨,也让原来极力要求英国尽快办理脱欧手续的各国尴尬不已。德国人把矛头指向了英国在自行车项目上的惊人成绩,法兰克福一家报纸称这"让英国队的对手们怀疑英国人是不是玩了什么猫腻"。该报还批评英国把排球和乒乓球都排除出资助计划。西班牙也有类似反应,认为英国"每块奖牌都出于算计,而不是源自运动员的精神"。欧洲议会在 Twitter 上发的一条微博干脆略掉了英国队成绩,改为庆祝欧盟合计赢得了 325 块奖牌,让英国体育迷大为光火。有评论说得很直率:"如果你想知道英国人为什么决定离开欧盟,这条帖子差不多总结出了原因。"与此同时,也有想要取经的国家,比如波兰。波兰体育部呼吁仿效英国有的放矢的政策赢得更多奖牌。法国自行车选手也对英国自行车项目"耿耿于怀",认为英国队的成绩不可思议的好。
>
> 在里约奥运会上,英国自行车队赢得6金4银1铜的惊人成绩,而英国在自行车项目上的成功并非首次引来质疑。在2012年伦敦奥运会上,法国自行车队领队就曾暗示,英国队在自行车项目上赢得如此多的奖牌,是因其选手所用的车轮与其他选手都不一样。英国自行车队领队戴夫对此戏言,英国队确实有秘密——他们用了"特别圆的车轮"。其实,高科技训练方式和高精密电脑分析是英国运动员成功的重要因素。英国自行车队员在训练中采用了很多"尖端科技"。他们把电脑分析和空气动力技术运用到训练中,这些高科技项目本来是为一级方程式赛车选手设计的,通过监控运动衣手臂上塑料标志表面的空气流动,就可得出他们训练的质量和水平,从而推断他们最终的比赛成绩。英国在赛艇艇身和桨的设计上也采用了高科技,力争在设备上领先对手。
>
> (资料来源:英国奥运金牌"大丰收"的奥秘 上海证券报2016年09月12日)

(四)社会发展方向与体育的发展目标和功能

从总体上说,体育是遵循事物繁荣发展的规律的,它随着社会的进步而不断向高层次、高水平推进,但是这种发展必须以社会的良性运行为前提。和平安定的社会环境有利于体育的良好运作。在这种环境中体育的教育、健康、文化、娱乐功能可以得到较好的发挥。而在战争动乱的年代,除了军事体育可以得到特殊的发展外,体育运动在整体上会受到摧残。体育的发展需要社会的稳定,平稳的发展和有计划的变迁,而社会需要体育作为一种稳定的力量以求得平衡。这已经成为各国政治家和社会学家们共同关心的问题。

(五)社会文化与体育文化类型的形成

体育是社会文化的一部分,不同的文化类型就有不同的体育。农业文化、游牧文化与工业文化,形成截然不同质的体育;宗教文化与宗法文化,又使体育有不同的血统;中国的礼文化,日本的耻文化,欧洲的罪文化,则使体育走上不同的发展道路。因此文化一旦发生变迁,不同质的文化之间发生碰撞或冲突或融合,体育都必定要受到深刻的影响。中国自实行改革开放政策以来,大量吸收外来文化的精华,体育也与世界体育文化主流高度融合,形成了对外来文化有兼容并蓄能力的开放型的体育。

第三节　体育社会控制

一、社会控制理论

美国社会学家 E. A. 罗斯在 1901 年出版的《社会控制》一书中首次从社会学意义上使用社会控制一词。在他看来,社会控制是指社会对人的动物本性的控制,限制人们发生不利于社会的行为。他认为,在人的天性中存在一种"自然秩序",包括同情心、互助性和正义感三个组成部分。人性的这些"自然秩序"成分,使人类社会能处于自然秩序的状态,人人互相同情、互相帮助、互相约束,自行调节个人的行为,避免出现因人与人的争夺、战争引起的社会混乱。

在这之后,20 世纪 50—70 年代社会控制理论逐渐形成为一种犯罪学理论,主要解释青少年犯罪的形成。社会控制理论是多人相继完成的理论,依时间先后主要由亚伯. J. 莱斯的"遏止理论"、瓦特·C. 雷克利斯(Walter C. Reckless)的"控制理论"(containment theory),以及特拉维斯·赫胥(Travis Hirschi)的"社会键理论"(social bond theory)所完备。由于赫胥于学界持续活跃到 21 世纪初,所以提起社会控制理论时大多是指他的版本。社会控制理论的出发点是:犯罪人是社会中的少数。因此若要处理犯罪问题,与其解释"人为什么犯罪"的问题,不如去解释"(大多数)人为什么不犯罪"。社会控制理论认为:大部分人之所以不犯罪是因为其内心或外部有良好的控制因素。

（一）控制理论

雷克利斯(Walter Cade Reckless)于 1961 年提出"控制理论"(containment theory),他认为个人及社会上存在不同的吸引力,会将人推向及拉向罪案,因此需要人自我控制能力及社会控制来遏止个人的犯罪倾向。控制理论的相关内容有:

内在和外在吸引力:内在和外在吸引力包括一切愤怒、冲动及忧虑等负面情绪的内在推力,这推力会使人失去理智及判断是非的能力。如歧视、贫穷及失业等外在推力,负面朋辈影响、社会风气的外在拉力。

内在自我控制:内在自我控制包括自我形象、个人奋斗目标、不利环境的容忍程度及规范的内化,当以上项目的程度较高时,便可以有效阻止个人犯罪。

外在控制:外在控制所指的是一切社会的规范和法律,完善的外在控制能对个人设限一种限制。

（二）社会键理论

赫胥(Travis Hirschi)于 1969 年提出"社会键理论"(social bond theory,又译为:"社会联系理论"),他认为人与动物行为无异,天生具有犯罪的倾向。因此,人需要社会键,又

称社会联系(social bond)来减少人犯罪的倾向。在赫胥看来,社会键可分为四种:

依附(attachment):与父母、朋辈及学校的连结,当个人对这些事物的依附程度较高,会受彼此共有的规范所约束,他们犯罪的机会便较少。

奉献(committment):个人在日常生活中愿意对事情作出承担及努力,当个人的奉献程度较高,他们犯罪的机会便较少,因为其会考虑由此而付出的代价。

参与(involvement):个人对非违法行为的投入时间,当个人投入于非违法行为的时间较多,个人便没有时间和精力感知诱惑,考虑和从事犯罪活动。

信念(belief):相信社会公民共享的价值观及道德标准,健全信念能强化个人的自我控制力,减少犯罪的机会。

二、体育的社会控制

体育的社会控制可分为正式控制和非正式控制(有无明文规定),积极控制和消极控制(奖励和惩罚),外在控制和内在控制(外部力量和自我控制),硬控制和软控制四类八种。这里主要介绍与体育关系较鲜明的硬控制和软控制。

(一) 社会对体育的硬控制

依赖于社会强制力对体育进行的控制,是一种硬控制。

1. 行政力量对体育行为的控制

利用政权的行政力量对体育实施宏观控制。这种控制是通过制订体育的方针、政策、调拨体育经费、任免体育官员、审批体育社会团体、开展重大体育活动来实现的。

政府可以通过对各种体育理论的选择和评价,组织研究体育的发展战略,编制体育的规划和计划来实施对体育的整体的、长远的控制。

政府还可以利用调度体育娱乐市场政策的办法对体育进行控制。

2. 法律对体育行为的控制

政权的控制常常是通过立法来实现的。宪法是控制国家体育事业的根本大法。体育法是体育事业的基础性法律。有关体育的各种法令、规章、条例、办法的颁布都可以对体育的某个局部进行控制。

在体育领域,政府还要确立一些特殊的制度来保障对体育的控制,如《国家体育锻炼标准》、运动员、教练员、裁判员、社会体育指导员职业标准、体育节制度、体育竞赛制度、体育奖励制度、体质测定制度等。

在体育运动中还有一种特殊的"法",就是竞赛规则。这是对体育竞赛活动进行控制的专用法。此外,还有一种"仲裁法",是对体育中竞赛规则之外发生的特殊争端进行仲裁的法律。

由于历史原因,我国在体育立法方面,国家立法较少,有关社会体育的法规较少,顺应市场经济的法规更少。因此,依法控制体育的观念和政府行为还要加强。

3. 纪律对体育行为的控制

纪律是一定社会集团规定并要求其所属成员必须遵守的行为准则之总和。纪律不同于法律的是,其控制范围只限于本集团,执行纪律不动用国家机器的强制力量,只借用集团的行政手段。

在体育社会中也要借助纪律的力量来加以控制。运动员、教练员、裁判员守则;赛区赛场纪律,运动训练课、体育课的课堂常规和纪律,职业俱乐部的纪律均属于这一类。在中国武术的门派中,也有很多戒条戒律,也属于这一类。体育中的纪律必须与社会的法律精神相符,超越法律的纪律和惩罚有可能侵犯人权,是不允许的。

案例:媒体谈易建联脱鞋被罚:脱鞋穿鞋都是利益之争

对于上一轮比赛中易建联将联赛赞助鞋扔在赛场转身离开的行为,中国篮协3日公布了对易建联的处罚结果:易建联停赛一场,广东队被罚款5万元。篮协同时明确表示,易建联的禁赛期结束后,要上场参加比赛,仍必须穿着赞助商品牌球鞋。

"鞋"门幕后

脱鞋穿鞋都是利益之争

究竟穿着联赛赞助商的鞋子舒服不舒服,到底有多不舒服? 这个只有易建联本人知道。但是在对阵深圳队比赛之后,易建联曾经说过一句话:"我清楚这是商业斗争,脚部有伤没办法。"

按照易建联的说法,只要换上他本人赞助商的鞋子,他就可以带伤上阵。实际上,如今已经不是一个逞英雄的时代,易建联作为一名职业球员,特别是在 NBA 打过球的球员,治好脚伤再上场这个道理不需要任何人去告诉他。球鞋不是灵丹妙药,换上自己个人赞助商的鞋子能够治疗的绝不是他的脚,而是他的心理和钱包。

的确,易建联就是 CBA 联赛的第一大牌球员,是联赛的最大卖点,但是 CBA 联赛并不仅仅只有易建联,或者周琦、王哲林等球员,按照每支球队15人来算,这也是一个拥有着300人的职业联盟。除了少数顶尖的球员之外,大多数球员并没有易建联等球星那样几百万元的球鞋合同,而李宁赞助 CBA 每年4亿人民币,给联盟90%没有超级合同的球员带来了实惠。20支俱乐部每家每年都能获得1 200万左右的分红,这笔钱是各家俱乐部老板补贴球队,给球员们涨薪的一个基础。不考虑到整个联赛的健康发展,在球场上肆意妄为,这是对中国篮球的一次竭泽而渔。

"鞋"门台前

既然参赛就得遵守规定

职业体育中,对于球员们着装并不只有 CBA 这一个规定。四大公开赛之一的温布尔顿网球赛对于球员们的着装就有着严苛到近乎变态的规定。不但要求球员们必须穿着白色的服装,甚至还规定女球员们的内衣裤都必须是白色,球员们的鞋底也只能是白色,否则不仅会被警告,还会被禁止入场。而且温网对于白色的规定每年趋于严苛,甚至在去年还有了十条规定,无数大牌球员抱怨不止。

但是,抱怨归抱怨,一到温网的时候,费德勒、德约科维奇这些大腕们还是只有乖乖地换上白色的衣服鞋袜参赛,从来也没有人将衣裤和鞋袜扔在球场当中。倒是当年桀骜不驯的阿加西为了抵制温网的规定选择了退赛……如此的大牌退赛,温网组委会也从来没有退让过。如果易建联真的觉得自己无法遵守 CBA 要求统一着装和鞋类品牌的要求,那么他可以学学阿加西的骨气。

在公布了对于易建联的处罚之后,篮管中心副主任李金生也表示,易建联既然要参加 CBA 联赛就不能搞特殊:"我们对易建联的行为,提出严厉的批评。联赛中没有凌驾于规则之上的特殊球员,易建联这种将赞助商鞋子扔在赛场内转身离开的行为,是职业素质不足的表现,严重损害联赛的形象。"CBA 联赛办主任张雄也表示,"在停赛结束后,易建联只要上场比赛,就必须穿着联赛赞助商的球鞋,否则不能登场比赛。"

来源:闫雯雯.媒体谈易建联脱鞋被罚:脱鞋穿鞋都是利益之争.华西都市报(成都),2016-11-04.

（二）社会对体育的软控制

依赖于社会舆论和心理控制所进行的控制，是一种软控制。体育是一种社会文化，多数人是在业余时间参加的，与体育的关系相对较为松散，因此对体育的软控制，就成为一种最常用的、潜在的控制。

1. 风俗对体育的控制

风俗，指人们在长期社会生活中自发形成，历代相传，并为某一特定社会的成员所遵循的行为方式的总和。体育是每个民族风俗的组成部分，风俗又制约和控制着体育。风俗对体育的控制作用是通过人们的传统习惯实现的。它的社会控制功能存在于民心和情理之中。这些习惯包括饮食、起居、卫生、宗教仪式、服饰、禁忌等许多方面。各民族、地区风俗的不同就出现了不同文化形态的体育。

> **魔术贴固定　戴头巾征战伦敦赛场**
>
> 在崇尚轻装上阵的体育赛场上，阿拉伯女性繁复的头巾和长衣长裤依旧是一个问题。虽然决定派出女选手出征奥运，但阿拉伯国家和英国奥组委在选手的穿着问题上有过不小的争执。
>
> 据阿拉伯半岛电视台报道，英国及欧盟人权组织称很高兴沙特能做出重大让步，但对于沙特要求女性运动员戴头巾和面纱这一举措则持保留态度，并为此发生激烈争论。
>
> 在阿拉伯国家，女性出门在外必须要戴头巾，而沙特阿拉伯则更要求女性必须同时戴头巾与面纱。最终经过一系列协商，沙特同意女性运动员可以不戴面纱，但必须戴头巾参赛。这一举措在本月初的国际足联大会上也被提及，沙特方面称这是他们所能接受的底线。
>
> 阿塔尔在平时的穿着上并不拘泥于阿拉伯妇女的传统，当她在高中田径队拍照时，她穿着短裤和无袖上衣。不过《福克斯体育》称，在入选沙特国家队之后，阿塔尔出现在公共场合时穿上了长袖的衣服并且用头巾遮住了自己的头发。
>
> 《外交关系》称，伊朗女足就因为头巾的问题被剥夺了参加伦敦奥运会预选赛的资格，伊朗政府要求运动员必须戴头巾比赛，而国际足联则不允许运动员戴头巾。
>
> 不过现在国际足联已经做出让步，同意阿拉伯女性戴头巾参加比赛。荷兰公司设计的一款新式头巾将会大大帮助阿拉伯女选手，这种头巾使用魔术贴将头巾牢牢固定住。
>
> （来源：法制晚报 2012-07-27）

2. 道德对体育的控制

道德是以善恶评价为中心的行为规范的总和。在体育活动中存在着大量的人与人的关系，存在着荣与辱、胜与负、升与降、得与失，甚至生与死的选择和判断。于是道德就成为对体育实施控制的重要手段。

体育道德既是一种约束运动员、教练员、裁判员的职业道德，也能起到对全社会起教化作用的社会公德的作用。

3. 信仰和信念

宗教信仰、领袖信仰、圣人信仰和英雄信仰都可能对体育价值观的形成发生作用，并对体育行为实施控制。人们对体育的信念，特别是对唯物主义的信念，可以形成良好的体育行为。

社会对体育的控制是一个完整的体系。从硬度最大的政治控制开始,逐步向软控制延伸,落实到个人的内心世界,即信仰和信念。在这一过程中社会舆论起了重要的中介作用,当社会规范经过社会舆论的过渡,成为规范化的社会尺度印入人们的社会心理时,才能转化为高度规范的体育行为,以至最终形成被人们内化了的、自我的控制。这就进入了体育控制的最高形态。

三、体育与社会控制的效应

(一)社会控制对体育的效应

1. 规范体育事业的良好运行

体育事业作为经济社会发展的重要组成部分,离不开法律、法规以及各项规章制度的规范。如果竞技体育领域教练员、裁判员不守职业道德,实施违背体育精神的行为,运动员兴奋剂乱用,那么体育秩序必然混乱;群众体育领域各地体育器材无人管理,任人破坏,那么群众体育的发展就会受到影响;学校体育领域教师不按照规定上课,体育场馆设施无人看管,学生锻炼没有章法,则学校体育的价值就很难达成;职业体育领域利益相关人员弄虚作假,假球黑哨横行,观众球迷在赛场里肆意妄为,扰乱比赛秩序,则职业体育很难形成良好的氛围。所以,体育事业需要社会相应规章制度的约束,体育事业的运行才会步入正轨,体育各领域的发展才会出现秩序井然的态势。

2. 约束体育从业人员的行为

体育从业人员的类型很多,根据体育行业的分类不同亦有所区别。例如竞技体育领域从业人员包括教练员、运动员以及裁判员;体育产业领域的从业人员包括体育管理人员、体育经纪人、职业运动员等;学校体育领域包括体育教师、体育教研员等。体育从业人员的行为决定着我国体育事业发展的整体状况。而体育从业人员的行为离不开软硬结合的社会控制。社会信仰、道德与习俗有助于体育从业人员形成正确的世界观与价值观,形成正确的体育精神与追求;法律、纪律等硬控制能够让体育从业人员产生一定的敬畏感,从外部实现对体育从业人员的约束。随着我国法治道路建设的逐步深入,体育从业人员行为的约束越来越规范化,从而更有利于我国体育事业的科学、健康发展。

3. 打击体育违规、违法以及犯罪

随着我国市场化程度的不断加深,体育发展过程中愈来愈充满各种利益的博弈与冲突,当然这是正常的体育运行状态,但是一些个人却不按体育发展的规律行事,肆意破坏体育规则,甚至碰触社会法律的红线,最终导致犯罪行为的产生。例如在职业体育领域,一些裁判为了追求更多的个人利益而吹黑哨,丢弃了裁判应有的公平公正的体育精神,造成了严重的体育秩序混乱,他们的行为最终受到了法律的制裁。一些体育管理者利欲熏心,纯然忘记了手中权力的公众性,肆意妄为,获得更多的个人利益,做出了一些诸如干扰运动员的选拔、以权力左右赛事的结果、指使与贿赂裁判员等行为,严重干扰了体育事业发展的环境,他们的行为理应受到法律的严厉制裁。包括法律、纪律以及行政制度在内的社会控制,是体育事业发展的最后一道防线,也是最权威、最严厉的防线,任何人只要触碰这道防线,攫取私人利益,必然会遭到相应的惩罚。

(二)体育对社会控制的效应

1. 体育对国际争端起到缓解的作用

由于体育运动能够促进不同种族或团体间人与人的认识,加深不同国家或地区间的关系,同时能够促进人们为了共同的利益奋斗与团结。"奥林匹克运动是唯一的一个当某一国家国旗升起时不会引起其他国家仇视的场合。"众所周知,古代奥林匹克运动的源起,正是为了既满足人们通过强健体魄进行竞技、角力,追求荣誉和欢呼的愿望,又避免他们因这一愿望发动征服和战争。它的发展,反映了古希腊人对力量、健美的赞誉,对公平竞技的追求和对和平的渴望。自斯巴达和伊利斯签署"神圣休战月"条约以来,在奥林匹克期间休战,成为约定俗成、神圣不可侵犯的共识,任何违背者都将受到严惩和鄙夷。第一个奥林匹克休战条约的签约者斯巴达,因在公元前420年奥运期间攻打敌国城堡,被处以相当于20万头羊的罚款,当他们拒绝缴纳后,便被毫不客气地驱逐出奥林匹克。可以说,古代奥林匹克大会是反对战争、促进各城邦团结的大会,这也让奥林匹克具备了与生俱来的和平、反战传统色彩。[①] 事实上,国际间的各种体育运动竞赛,不仅可以为种族和个体的战斗热情找到发泄的途径,而且还可以消弭战争的危险性。

2. 体育对社会犯罪的抵制作用

现代社会心理学有一种理论认为:人与一切动物一样,具有一种与生俱来的攻击性,是保护自我存在的必要条件。行为学家认为:光靠压抑和控制这种攻击性只能取得局部性、暂时的效果,长久压抑控制只会产生更加恶性的事件。但这种攻击性可以通过仪式化活动被释放出来。体育是这种仪式化活动得以实现的最为现实的有效方式之一。通过体育运动过程中的发泄,可以释放大量具攻击性的能量,也就可以减少社会中的各种攻击性事件的发生。因此,可以说体育运动对社会犯罪具有一定的抵制作用,是社会的安全阀。

案例:肯尼亚世界杯期间犯罪率下降:忙着看球没空犯案

中新网6月20日电据"中央社"报道,肯尼亚西部基苏姆警方19日表示,根据数据显示,自从世界杯开赛以来,该地区犯罪率明显下降,因为很多人都忙着看足球赛转播,无暇他顾。基苏姆警官恩吉克表示,许多年轻人忙着看世界杯足球赛转播,不愿意也没时间出门犯案。他说:"真希望即使没有世界杯足球赛,这份和平与安宁也能永远持续下去。"基苏姆向来以高犯罪率闻名肯尼亚。今年初,政府提拨大笔经费,在城内加装更多街灯,以及在各重要道路安装摄影机,用以吓阻犯罪分子。警方表示,世界杯球赛期间并不代表警察可以放假。虽然犯罪率下降,但警方仍然保持例行巡逻任务,不敢稍有大意。

(资料来源:中国新闻网2014年06月20日)

---

① 陶短房.拥抱奥运,远离战争[EB/OL].红网,2008-07-28.

主要参考文献:

[1] 金耀基.从传统到现代[M].北京:中国人民大学出版社,1999.
[2] 郑杭生.社会学概论(第三版)[M].北京:中国人民大学出版社,2002.
[3] 卢元镇.体育社会学(第二版)[M].北京:高等教育出版社,2006.

提升阅读推荐:

[1] 米歇尔·福柯.规训与惩罚[M].生活.读书.新知三联书店,2003.
[2] 托尼·柯林斯.体育简史[M].北京:清华大学出版社,2017.

思考题

1. 怎样理解体育的社会运行?
2. 结合当前中国体育事业发展的大环境,谈谈社会控制对体育有哪些贡献?
3. 为什么说体育一定程度上就是社会的安全阀?

第六章 体育的社会组织

> **本章内容提要**
>
> 体育社会组织是一种公益性组织,由公民自愿组成,为满足大众体育需要而提供服务,不属于政府部门,不把谋取利益作为目的。大力发展体育社会组织是我国深化改革的必然要求。本章主要介绍社会组织概述、体育社会组织、中国体育社会组织的演进与发展。

【案例导入】

第十三届全国运动会在天津举行,全民体育再次成为社会的热点话题。不少细心的人都有这样的感受:朋友圈里经常被各种各样的马拉松、自行车赛等群众性体育赛事刷屏。这是因为,党的十八大以来,国家加快发展体育产业促进体育消费的相关政策陆续出台,商业性和群众性体育赛事审批取消,以马拉松、自行车赛事为代表的大型群众性体育赛事如雨后春笋般涌现。

据不完全统计,全国路跑运动爱好者已超过3 000万人,骑行爱好者已达800万人。2016年全国有147座城市举办了马拉松赛事,全国参加全程及半程马拉松项目的总人次达120.1万。2016年,我国各类自行车赛事活动多达3 400场,国际性赛事、业余赛事和群众赛事都呈现井喷态势。

吸引社会力量参与做好体育消费大文章,还需要政府相关部门坚持"放管服"改革,做好赛事服务保障、完善支持政策和推动规范发展等工作。比如,研究建立多部门联合"一站式"服务机制,加强金融支持力度,建立按照市场原则确立的体育赛事转播收益分配机制,加大政府购买力度,等等,为社会力量营造良好的氛围,让社会力量乐于参与、有所收获。

伴随着"健康中国"和全民健身等国家战略的推进,我国体育事业将迎来"全民"时代,相关产业需求必将日益增长,社会力量在提供有效体育赛事供给、拉动体育消费方面仍大有可为。激发社会力量参与赛事的积极性,引导各类市场主体在服务全民健身中发展壮大,必将为体育产业和体育消费蓬勃发展注入更多强劲力量。体育社会组织如何更好地参与全民健身运动,通过本章的学习,可以找到答案。

第一节　社会组织概述

人类社会的产生和发展都与各种社会组织相联系。从以家庭、非正式群体和村社占支配地位的农业社会向以大规模正式组织出现为特征的工业社会的过渡，在许多方面都体现了组织的作用。现代社会是一个高度组织化的社会。人们在各类社会组织中从事社会生产和生活，社会组织通过向社会输出产品或服务满足着社会成员的需要。

对社会组织一般有两种理解：一种是广义的组织，即泛指一切人类共同活动的群体，包括家庭、家族、村社等初级群体；另一种是狭义的组织，即相对于初级群体的次级组织形式，也可称之为正式社会组织。它是指人们为了实现某种共同目标，将其行为彼此协调与联合起来所形成的社会团体。

一、社会组织的特征

（一）社会组织的构成要素

社会组织的构成要素一般包括四个方面，即规范、地位、角色和权威，它们的相互关系和联系构成了社会组织的基本结构。

规范是指稳定的规则与规章制度。规范是社会互动的基础，是社会关系及其功能价值的具体表现。它指个人或团体应如何思考、感觉与信仰在各种情况与关系当中应如何行动，如在社会上有政治与法律的规范，科学与技术的规范以及家庭、婚姻、健康的规范等。规范提供了互动当事人一种相互期望的模式，使社会生活中的互动行为标准化，使人际互动得以顺利而稳定地进行。

地位是指人们在社会关系空间中所处的位置。在现代社会，人际互动基本上是地位之间的互动。社会组织的互动是经由地位而建立的，社会中到处都充满着这种组织性的互动。社会地位的形式有两种：归属地位与成就地位。归属地位是与生俱来的，如性别、种族等；成就地位则是依靠个人后天的努力所取得的，如医生、教师等。社会组织中的地位主要是成就地位。个人在组织中的活动是一种地位的活动，这种地位一般都是先于个人而存在于组织中的。

角色是指按一定社会规范表现的特定社会地位的行为模式。人的社会角色与社会地位是不可分割的，不存在无角色的地位，也不存在无地位的角色。社会组织就是由一组相互依存、相互联系的角色构成的。

权威是指一种合法化的权力。它是维持组织运行的必要条件，它使成员在组织内感受到约束和限制。组织权威一般有两种特征：首先，权威是社会组织的特性。权威存在于社会组织，人群中如果缺乏组织，则意味着缺乏权威。权威的运用必须在组织团体中进行，组织使权威合法化。其次，权威依附于职位。权威指职位权威，一个人占据某一职位，他就拥有该职位的权威，而当他离开这一职位时，权威的运转作用也就停止了，但权威本身依然存在。因此，每一地位、角色、权威的存在是不依个人意志为转移的。

组织由其构成要素而形成一个社会活动系统,这一系统的运转依赖于一整套规则。个人只有遵守这些规则,才能进入组织并参与其活动。

(二) 社会组织的类型

1. 常见的组织分类

(1) 按照功能和目标进行分类

经济生产组织:指那些制造物品或进行生产的组织,这类组织的典型形式是实业公司。经济生产组织把经济功能放在首位,其运作方式是通过经济功能的实现对整体组织的发展做出贡献。

政治目标组织:指那些为保证社会整体目标实现而形成的各类组织形式。这类组织的活动取向是实现社会共同价值的目标以及形成和分配社会的权力,例如政府机构和权力组织等。

整合组织:指那些从社会层次上提供功能的组织形式。这类组织的活动主要涉及调解冲突和指导动机以实现社会制度的期望或促使社会各部分的良好配合,例如精神病医院等。

模式维持组织:指那些具有"文化"、"教育"和"价值承载"功能的组织,例如教会和学校等。

(2) 以受惠者为基础进行分类

互惠组织:这种组织的成员由共同的兴趣而结合在一起,参与程度较低。组织成员参与程度的多寡会直接影响到组织权力的大小。

服务组织:以服务为主,主要是为组织的受惠者提供良好的服务。

经营性组织:指那些可以用货币形式衡量活动价值的组织,例如银行、零售店等。

公共性组织:通常为公共部门成立的组织,社会公众都是这类组织的受惠者。

(3) 以组织所使用的技术为基础进行分类

长链组织:指那些需要在时间序列中执行功能的组织形式,如汽车工业中的流水线作业形式和建筑工业中的工序结构及其工作安排等。

媒介组织:指将希望保持相互依赖的人群结合在一起的组织形式,如银行系统。

集约组织:指将各种各样的工艺技术或方法结合在一起,以改变人或对象的组织。这种组织是将丰富多样的高技术结合在一起,以完成像航天飞机之类的空间技术方面的计划。

2. 我国社会组织的分类

我国社会组织体系的分类一般有两种角度。

一是以产业为标准,分为三类组织:

(1) 第一产业组织:指以自然为开采对象的产业组织形式,包括农业、林业、牧业、渔业,以及石油开采业和地质勘探业等。

(2) 第二产业组织:指在第一产业组织基础上形成的产业,包括工业(制造业、电力、煤气)和建筑业。

(3)第三产业组织：包括流通部门和服务部门两大类。流通部门的行业包括交通运输业、商业饮食、邮电通信、物资供销和保管仓储业等。服务部门的行业可分为：生产和生活服务部门，例如金融、保险、社区服务及各类技术服务等。

二是以机构编制为标准的分类：

(1)国家机关编制的组织，包括国家权力、行政、司法机关等组织，各级各类党派组织，全国政协及各地办事处，人民团体等。

(2)国家事业编制组织，指为国家创造和改善生产条件，促进社会福利，满足人们文化、卫生等需要，其经费实行预算拨款制的国家事业机构。其中，事业单位实行企业管理的组织机构也被列为国家事业编制。

二、社会组织结构

(一)组织结构

1. 组织结构的含义

所谓组织结构是指组织成员以及组织内部的各职位、部门在组织目标的实现中所处的地位以及彼此之间所形成的确定的、比较稳定的相互关系形式。

从根本上来说，组织的结构是由组织内部的分工合作关系所确定的。在组织中，那些承担相同或相近任务的成员聚集在一起就成为一个部门，不同部门之间虽有分工，也因相互依赖而合作，这就形成了组织结构。传统的组织理论比较注重包括组织的稳定、明确的相互关系形式、清楚的职权和严格的沟通渠道在内的正式结构。他们强调结构的客观性、非人格化和形式化等概念，组织结构被认为是最重要、最持久的特点。现代组织理论则开始注意结构与环境之间的关系。

2. 组织结构的内容

组织结构的总体设计是根据组织活动的内容与方式进行的，内容与方式的不同决定了组织结构的不同。为保证组织的生存与发展，在组织结构设计中应遵循如下原则：

(1)目标任务原则。企业内部的机构、职务、职位，应根据工作的需要来设计。

(2)有效管理跨度原则。管理者因受到个人精力、体力、能力、时间以及管理对象和环境条件等多方面因素的制约，决定了他所能直接有效管理的下级人数是有限度的。

(3)分工协作原则。分工与协作是组织活动效率的保障。分工可以提高效率、明确责任，协作则是实现组织总体目标的必要条件。

(4)统一指挥原则。指每个下级应该只对一个上级负责。如果一个下级同时接受两个或两个以上的领导者的指挥，他就会无所适从，无法确定自己的行动。

(5)责权对等的原则。组织设计应严格保证组织内的每一职位拥有的权力与其所承担的责任对等，即委以重任者给予重权，责任轻者则权力也相应减少。

(6)精简与效率原则。结构设计应尽可能简单，减少层次和职务，以保证组织结构最有效地使用资源。同时，机构的精简还有利于增强组织内部的协调，加快信息传递的速度，减少不必要的投入与浪费使组织具有效率和灵活性。

(二)组织的正式结构与非正式结构

1. 组织的正式结构

组织的结构可以分为正式结构和非正式结构。社会组织的正式结构是为了实现组织目标所设置的,并由组织规章正式规定的各层次、各职能部门之间的稳定的关系模式。正式结构是每一个组织的普遍特性,它是组织确定各种活动关系的蓝图,具有法规的性质。正式结构一般表现为结构图,并将组织的规章制度载入各种手册和正式文件之中。

现代社会中的组织结构呈多元性特点。有的组织实行直线职能式结构,有的实行矩阵式管理结构,还有的则实行事业部组织结构。可以说,任何正式结构都应适应实际需要,而没有统一的模式。

(1) 直线职能式结构

又称生产区域管理制。它以直线制为基础,在各级生产管理者之下设置相应的职能部门从事专业管理。

这种组织的特点是各级主管者没有专业分工,所有管理职能都集中于一人之手,一个下级只接受一个领导的指令,上下级关系简单、明确、清楚。这种形式保持了直线式集中统一指挥的优点,又具有职能分工专业化的长处,提高了管理工作效率。组织内各级直线主管人员都有相应的职能机构和人员作为参谋和助手,使管理者能够对本部门的生产、技术、经济活动进行有效的组织和指挥。所以,它比较适应现代工业企业管理的需要,被广泛采用。

这种组织形式的不足之处在于:下级缺乏必要的自主权,各专业职能部门之间的联系较弱,企业间信息传递速度较慢。

(2) 矩阵组织结构

又称规划矩阵结构或规划目标结构。它把按职能划分的部门和按产品(或工程项目、服务项目)划分的小组结合成一个矩阵,称之为矩阵式结构。它一般有三种形式:工程矩阵结构、产品矩阵结构和项目矩阵结构。这种结构都是把纵向单位的人力、物力资源分派到横向单位以满足各单位的需要。在工作完成之后,再回到原来的部门,等待重新分派工作。

矩阵组织结构的优点是:第一,矩阵组织中的项目负责人员同时是职能部门的人员,使得组织内各部门之间的联系得到加强,集权和分权也较好地结合起来,有利于多方面的合作和提高效率;第二,把不同部门的专业人员结合起来,有利于激发职员的积极性和创造性,培养和发挥业务人员的工作能力,提高他们的技术水平和管理水平;第三,矩阵组织结构有较强的灵活性、机动性和适应性。每个小组所负责的产品或项目任务,可根据环境的变化而采取相应的对策;第四,提高了中层和基层管理人员的积极性和责任感,充分利用他们的专业知识和技能处理日常工作,使高层管理者能集中精力考虑企业发展的重大问题。

矩阵组织结构也有诸多的不足之处:第一,由于实行双重领导,当两个部门的意见不一致的时候,就会使下级人员无所适从,产生矛盾;第二,从职能部门工作情况看,人员的频繁流动也会给管理带来困难,增加管理费用;第三,工作缺少长期性,在小组工作任务完成后,人员便要回到原单位,会削弱他们对工作的责任感。

(3) 事业部组织结构

事业部又称分权组织,或部门化结构。其特点是把组织的生产经营活动按照产品种类和地区分成若干个事业部。事业部是一个相对独立的生产经营单位,在自己的产品和市场,实行独立核算。事业部结构的管理实行集中管理、分散经营的原则,组织最高管理层负责重大方针政策的研究和制定,掌握组织的决策权。事业部的领导根据总公司的指示,统一领导其主管的事业部的发展。

事业部结构的优点主要是:可使组织最高领导层成为强有力的决策机构,具有较高的稳定性和适应性;有利于调动各事业部发挥生产经营的主动性和积极性;有利于提高管理者的专业知识和领导能力;有利于总公司考核评定各部门的生产经营成果,促进各事业部的利益与公司整体利益的协调一致。事业部的缺点是:职能机构重叠,造成了一定的人力、物力和财力的浪费;各事业部独立核算,容易产生本位主义,难以协调一致;职权下放过大,增加了协调难度;各事业部之间竞争激烈,造成人才和技术的相互封锁等。

2. 组织的非正式结构

组织的非正式结构是指未经明确规定而从组织成员的活动及相互作用中自发产生的具有灵活性的关系模式。它是在组织正式分工之外存在的、由组织中的非正式关系(比如老乡关系、同学关系等)所确立的结构。由非正式关系连接而成的群体称为非正式群体。

(1) 非正式群体的概念

非正式群体是指由一定数量的个人(通常规模比较小)经过长期的相互作用所形成的社会团体。非正式群体通常有自己的领导,有一系列群体目标,有一套用以指导群体成员行动的价值和规范。

(2) 非正式群体的产生

非正式关系通常在两个背景下发生:一是在正式关系中,人们不可能做到完全的非人格化。事实上,在每一个组织成员之间都存在着情感吸引、厌恶、敌视、偏见等。随着时间的延长,工作中的上下级关系也不再是正式的社会关系,而会出现许多新的变化。二是在组织中经常接触的个人有可能基于相互同情、兴趣和趣味相投等而在他们的正式关系中加入某些非正式的行为模式。

非正式群体的大小及影响程度受到正式结构的影响,两者成反比例关系。因此,最容易出现非正式群体的地方一定是组织规则最薄弱的环节,如果这种状况不能得到及时控制,就会形成一套新的社会关系取代原有的正式结构。因此,非正式群体的出现对管理者提出了更高的要求,管理者既要精通管理技术,又要懂得和理解组织成员的需求。

(3) 非正式群体的功能

非正式群体的功能主要表现在两个方面:正功能和负功能。

非正式群体的正功能,主要表现在以下几个方面:第一,有助于完成工作任务。相对于大型工业组织,非正式群体以它的灵活性发挥着作用。许多工作如果按照"正式结构"的渠道,将花费许多时间和精力,而非正式群体则可以通过初级关系直接找到当事人办理相关事宜。当然这样做的前提是两者目标一致且规则允许。第二,减轻管理者的工作负担。管理者可以依靠非正式渠道来完成工作任务,同时也可以通过非正式群体创造出宽松友好的工作氛围来提高工作效率。

非正式群体的负功能：第一，抵制变革。非正式群体的一个基本特点就是对人的要求比较宽松，群体成员基本喜欢维持现状，反对变革，对组织提出的任何变革措施都采取一种抵制或者是部分抵制的态度。因此，群体成员往往会抵制采用新技术和新工艺，因为新技术的应用就意味着生产效率的提高，新的工作标准和定额数量的提高，由此就会有某些成员被解雇，这是群体成员不愿意看到的结局。第二，目标冲突。这种冲突是指当组织成员面对正式目标与非正式群体目标发生矛盾时的一种情形。一个组织成员很难同时完成两个相互矛盾的目标。因此，组织内既然不可避免地出现非正式群体，那么正式组织结构与非正式群体的目标就不可能总是协调一致，它们之间或多或少存在差别，管理者的工作是尽量缩小这种差别，使之减少到双方都可以接受的程度。第三，谣言问题。这是组织学研究中常遇到的一个问题，谣言或小道消息之所以能在非正式群体内部传播，是因为组织的正式沟通渠道在信息传送过程中出现不畅。那么在非正式群体内部，人们就会在事件信息里人为地填补未知的部分，从而形成所谓的谣言或小道消息。

三、社会组织的管理

在团体中的每个人都有不同的技术和能力，为了充分利用各种不同的技术、技能而出现了分工。由此，在完成组织目标的基础上，为安排和协调各种不同的工作任务就必须达成某种协议。同时，组织也按照工作的不同性质区分出等级高低的权威与权力的分层结构。这时就需要有人来指挥该组织的运转，管理由此也就成为组织运行不可缺少的环节。

（一）组织管理

组织管理是指运用权威来协调组织内部的人力、物力以实现组织目标的活动，其主要目的是提高组织活动的效率。

组织与管理可以说是一个事物的两个方面，设计合理的组织结构是管理的基础，也是管理的必要条件。在这里，结构的内容通常被认为是物的、客观的因素，而管理则体现为人的因素。不同的管理者，即使工作在同一组织内，也会表现出不同的态度和行为方式，最终使管理工作成为一门复杂的人类系统工程。在这一工程中，管理者的角色有两种基本职能，向内观察着组织内部的秩序，向外观察着环境的变化。管理者的基本目的是寻求内部秩序与外部环境的均衡和发展。它的基本功能是消除紧张状态，完成组织目标。这种紧张状态在组织内部指人与组织之间的矛盾，在组织外部则指组织与环境之间的矛盾。这种内外冲突的调解与处理使管理成为一门非常艰难的艺术。

（二）组织管理理论

组织理论的发展过程一般分为三个阶段：传统组织理论、行为科学组织理论和现代组织理论。

1. 传统组织理论

传统组织理论产生并流行于19世纪末到20世纪初。当时的社会生产力在科学技术的推动下获得了高速发展，工业生产出现了前所未有的资金过剩现象，随着积累的增加和技术的发展,组织、控制和管理这些资金的方式亟待改变,而且对大型组织的管理艺术,也需要依靠明确而有效的技术手段。于是,传统组织理论便适时出现了。

传统组织理论试图创造一种理性技术,以构造那些能使组织各部分之间关系协调的结构和过程,它相信如果找到确定的理性技术和方法,组织就能够高效率地实现目标。对传统组织理论做出贡献的学者有弗雷德里克·泰罗、亨利·法约尔及马克斯·韦伯。

弗雷德里克·泰罗的科学管理思想的中心是提高劳动生产率,重点放在计划、标准化和在作业层改进人的努力方向上,以便用最小的投入取得最大的产出。通过最大限度地提高每个工人的生产效率,使劳资双方都能获得最大的效益。亨利·法约尔的行政管理理论的中心思想是强调计划与组织的重要性。他认为管理就是实行计划、组织、指挥、协调和控制。其中计划就是探索未来、制定行动方向,组织就是建立企业的物质和社会的双重结构,指挥就是使其人员发挥作用,协调就是连接、联合、调和所有的活动及力量,控制就是注意是否一切都按已制定的规章和下达的命令进行。马克斯·韦伯的科层制管理是指通过"公取"或职位而不是通过个人或"世袭"进行管理。对于韦伯来说,他所论述的科层制只是一种"理想型"的组织,并不是为了合乎某种特殊的需要。合法与合理的职权观点是韦伯科层制的基本观点。韦伯的科层制是适应环境的需要而出现的形式,被认为是对工业社会中大型而复杂的组织进行行政管理的最有效手段。科层组织包括五个特征:基本职能专业化和劳动分工;明确的职权等级;稳定不变的规章制度;职员的非人格化;量才用人。

传统组织理论是以等级规则和非人格因素为基础建立的,它是现代组织理论的基石。传统组织理论通常被称为科学管理理论,这是因为作为组织成员必须遵守理性化的组织规则,而不带任何个人情感因素,并能因此提高组织机构的运转效率。

2. 行为科学组织理论

20世纪20年代以后,社会文化环境发生了巨大变化。这一时期人们除了工作之外,还需要工作伙伴及对工作组织的依赖,以便寻求一种心理上的安定感。人们更多地把组织看成是人类活动的共同体,强调人与人、人与群体的关系,而不是人与规则的关系。这种关系是以个人间的相互留恋和共同利益为基础的,主要调节手段是集体所采纳的行为规范。这些观点来源于梅约及其合作者于1927—1932年在美国西方电器公司的霍桑工厂进行的一系列研究。

梅约主持了著名的"霍桑试验"。他原来的观点是理性主义学派的,他曾想在霍桑工厂的车间里演示劳动条件的改善对工人的生产效率将起直接和积极的影响。但实验结果却使他发现,主要影响生产率的并非劳动条件本身,而是对工人的关注,从而使管理理论开始转向对人际关系和非正式结构的研究。这种观点认为,在影响效率的诸多因素中人是最重要的因素,同时强调非正式组织结构及新型领导观念在组织管理中的重要意义。

这一时期的行为学派认识到了人格的复杂性和组织的动态性特点,提出了人类能力生长和发展的可能性,重点强调人在组织中的位置。因此,行为科学理论所注意的不仅是工厂里做工的那双手,还包括对人的其他种种实质能力的探讨。行为科学理论在组织形态上更重视民主的、非集权而少等级结构的组织形式,强调权力均等,反对那种非人格化的科层组织。但是,他们在集中注意人际关系,把人际关系的改善作为万能钥匙的同时,却忽视了工作本身和经济技术等其他同样重要的因素。

3. 现代组织理论

现代组织理论主要产生于第二次世界大战以后。运筹学、控制论、系统工学、决策论、计算机技术、财务控制等学科的发展，为系统理论和权变理论提供了坚实的科学基础。主要观点有以下两种。

（1）组织系统理论。系统学派是通过将系统理论和数学理论应用于组织研究而在传统理论和行为科学理论基础上建立起来的。

（2）组织权变理论。权变，通俗地讲就是随机应变，因地制宜，具体问题具体分析。它主要强调各分系统之间的相互关系模式及其特殊性。这种观点有助于进一步了解组织变量间的相互关系。

（三）组织管理方式

纵观整个管理的历史，可以划分出以下两种管理方式。

1. 家长制的管理方式

它产生于农业社会，是小农经济的产物，它与初级社会群体有着十分密切的关系。其特征是：第一，组织内部的权力集中于最高领导人手里。领导者的权力既没有划分，也不受限制。第二，分工不明，责任不清。组织成员没有明确的职权范围，即使有也是相互重叠和交叉的，常发生遇事推诿、不负责任、相互扯皮的现象，而且没有任何规章来确定分工和责任。第三，任人唯亲，因人设位。家长制是以初级关系（或非正式结构关系）为基础进行管理活动的，因此，在选择安排人员时也是以初级关系为标准的，即由私人关系远近和私人交情亲疏而定。以领导者为中心形成权力圈，那些接近权力中心者往往有较大权力，他们共同构成利益群体。管理是为了维系利益群体，根据与领导者本人亲疏关系和平衡原则为其成员分配和设置职位，这是造成组织机构臃肿、职位交叉的主要原因。第四，办事无章可循、无法可依。组织成员在处理日常事务时只能依据以往的习惯、直觉、个人经验及情感因素，具有很大的随意性。第五，终身制。领导者及其群体成员的职位都是建立在初级关系基础上的，成员利益处于相互制约之中。领导者与成员之间的关系是不可替代的个人化关系，这样，领导者在位与否不是按组织管理需要，而是根据利益群体成员的需要而定，这就是造成家长制管理人员终身制的原因。

家长制管理方式适合于小规模的组织结构、分工不发达的传统社会。管理的好坏取决于个人的经验和素质。因此，这种管理方式局限性很大。随着社会生产力的发展、分工的精细，逐渐出现了大规模的社会组织。这种组织是建立在分工细密、协作复杂、高效率的基础上的，因而单凭个人经验已无法对其加以管理。家长制不再适应现代社会的发展，它逐渐被一种新的管理方式科层制所取代。

2. 科层制的管理方式

关于科层制内部协调的困境，主要体现在现代民主主义与现代文明的矛盾。人们一方面强烈地要求个人的权利得到保护，尊重个人作为人的尊严；另一方面又要求组织活动的理性化和制度化，以体现效率至上的信念。但是，实践已经证明，这两个方面是相互矛盾的。技术的进步、理性的蔓延、对效率的要求，无疑压制着人的自由，人的工作变得越来越远离人的本来意图，非人性化已经充斥在工作的过程之中。这种矛盾最终又表现为人的需要、目标与组织的需要、目标对立。马克思对人的异化曾做过深刻的分析，而科层制的理性主义又是作为它的一大优势和特点而存在的，其矛盾性更是无法调和。内部的危机意味着科层制无法做到"内适应"。

科层制之所以能够存在，是因为这种体系对外界的适应方面还有一定的空间。应该说科层制结构面对那些稳定的、可预测的环境是较好的组织形式。即使存在激烈的竞争，只要环境相对稳定，就能将人类的活动纳入常规体系，而且处于科层制顶端的管理者也总是能借助集权机制使组织适应环境的变化，从而使组织能够有效地维持和发展。

第二节 体育社会组织

一、体育社会组织概述

体育社会组织是一种公益性组织，由公民自愿组成，为满足大众体育需要而提供服务，不属于政府部门，不把谋取利益作为目的。主要包括体育社团、体育类民办非企业单位、体育基金会三种类型，除此之外，还有大量非官方规定的、未经民政部门和体育管理机构注册备案的草根类群众体育组织，本质上来说也属于体育社会组织，包括企事业单位职工体育组织、校园体育社团组织、社区居民参与日常体育活动的群众体育组织等；就形式而言，包括自上而下的省、市、县三级体育总会和自下而上的各类体育项目协会、体育研究会等，体育民办非企业单位则主要由体育俱乐部、联合会等民办非企业服务实体组成。当前我国体育社会组织面临着法制不完善、身份模糊、自主性缺失等问题。

（一）体育社会组织的性质

体育社会组织既包含体育人才、体育活动、体育器材、体育培训与服务等体育相关要素，又具有社会组织的非盈利性、民间性、自愿公益性、自治性等共性。

1. 非营利性

社会组织的营利性与非营利性的区别主要在于营利所得如何分配，现有法规已对社会组织的非营利性做出明确的规定：非营利组织允许适度开展经营活动，但其成员不得对其资产及经营所得进行私自分配，不能有分红，也不能以任何形式返还给捐赠者；非营利组织只能开展与其业务和宗旨相关的经营活动，不得超出业务范围进行经营；非营利组织注销后的剩余财产应移交给同类组织，并继续用于社会公益事业的发展。由此可见，作为社会组织的一个分支，体育社会组织也应该不以营利为目的，具有非营利性特征。

2. 自愿公益性

利润和权力都不是体育社会组织的内在驱动力，体育社会组织追求的是相对自由和个人意愿，体现的是建立在自愿基础上的利他或互助主义，具体表现为体育社会组织的成员通过参与组织的活动彼此取长补短、互惠互利。

3. 民间性

体育社会组织是独立于政府和企业之外的组织，具有独立自主性。它是由民间力量发起并依靠群众构建起组织之间的横向联系，这一特征明显不同于政府部门自上而下的管理和运作体系，民间性是体育社会组织区别于政府、企业、事业单位的本质特征。

4. 自治性

体育社会组织的主管单位和登记机关主要负责其资质审查和登记备案，并不直接或间接地参与其日常管理和具体运作事宜，其民间性决定了体育社会组织不具备行政权力，体育社会组织只能依靠组织内部成员自身进行管理和运营，体育社会组织通常只能依靠竞争性手段获得必要的资源以维持其持续发展。

二、体育社会组织功能

体育社会组织作为一种非盈利体育社会组织，在社会进步和发展过程中起着重要作用，对民众身体素质的提高、对国家体育事业的发展、对和谐社会的建设等都发挥着非常重要的作用。

（一）增强国民体质，促进人的全面发展

体育社会组织作为体育类组织，其蓬勃发展有助于激发民众参与体育的兴趣、促进体育人口数量增长，并最终达到增强国民体质、促进人的全面发展的目的。体育社会组织能为大众提供一个宽广的交流平台，通过这个平台的交流可以缩短人们的心理距离，促进公众的身心健康；体育社会组织还是一个具有公益性的组织，旨在让更多的人有条件接触并融入到体育活动中去，其成员因此而有机会了解并参与各类体育项目，这在一定程度上为竞技体育人才的培养和民族传统体育项目的推广创造了条件。通过参与体育社会组织的活动，民众的业余生活得以丰富、工作压力得以舒缓、身心得以和谐发展、终身体育意识得以养成、创新精神得以提升，从而促进了个人的全面发展。

（二）满足民众多元化的体育需求

随着社会的进步和经济的发展，当前我国公共体育服务的供给模式已经远远不能满足人们的需求，人们对于体育的需求越来越呈现出多元化的特征。体育社会组织作为民间性组织，在满足民众多元化的体育需求方面具有得天独厚的优势。首先，体育社会组织面向大众，生存在群众之中，对群众较为了解，具有典型的亲民特征；其次，体育社会组织具有很强的组织性，能在短时间内高效率地组织起满足大众需要的体育活动项目；最后，体育社会组织还有着很强的复制能力，它能将某地成功组织过的活动快速地在更大范围内推广，不仅辐射范围广，而且推广效果显著。体育社会组织在平台性、时效性、推动力上都能最大限度地满足人们对于体育的需求，能最大限度地发挥其作为社会组织的规模效应。

体育社会组织有能力替代政府体育部门承担某些管理职能，使得体育管理部门能够

更多地把精力投入到宏观管理层面,可促使我国公共体育服务朝着社会化、市场化的方向迈进。针对当前我国群众体育存在的"社会成员参与体育的构成复杂、体育人口在社会总人口中占的比例过小以及地区间体育发展水平区域不平衡性和不同阶层间体育参与度差异明显"等特点,体育社会组织可以尝试在保持现行的群众体育事业发展架构不变的情况下,探索完善一系列高度自我管理的治理体系,以尽可能减少政府对体育事业管理的投入,这对促进我国群众体育事业的发展具有重要意义。

(四)营造活跃的体育氛围

体育社会组织可以帮助体育管理部门培养公民的体育能力和体育意识。体育社会组织是公民与政府之间的桥梁和纽带,不同群体的体育需求都可以通过散布在社会各个地方的各种体育组织合法、有序地表达;体育社会组织的数量庞大、涉及的项目众多,能满足多样化的公共体育需求,并通过体育信息服务的供给让人们根据自身需要便捷地参与体育活动,从而最大限度地保护公众的体育权益、满足公众的体育需求。虽然体育社会组织大都围绕着特定的体育项目而建立,并因此表现出较强的专业性,但综合而言,正因为自身拥有较强的专业特点才便于其根据不同需要设计相应的活动内容或比赛,而非专业组织却无法做到;同时,工作经验的累积也让体育社会组织的活力得到激发,从而更加有利于推动群众体育工作的全面开展,有利于在全社会形成和加强体育共识,并因此而营造出活跃的体育氛围。

三、体育社会组织管理

(一)加强体育社会组织公共性建设

体育社会组织发展的意义不仅在于宣扬价值理念,更重要的是参与社会公共性建设,唯有承载这样的使命,其才具有旺盛而长久的活力。倘若说价值诉求是体育社会组织发展的目标所在,那么参与公共性建设则是实现其价值目标的根本途径。相反,如果丧失了公共品格,体育社会组织的价值诉求难免会演变成为一种虚无的符号。因此,针对我国体育社会组织所出现的公共性缺失现象,应从以下几方面进行解释。

其一,明确组织目标。组织目标是开展组织活动的依据和动力,是组织完成使命的重要载体,代表着组织的方向和未来。体育社会组织亦需在实现价值诉求的同时,将"公共性"建设作为组织发展的首要目标。其二,强化公共责任。维护公共利益是所有体育社会组织的共同责任,应注重强化组织和成员的道德约束,树立公共责任精神,共同承担起应有的社会公共责任。其三,加强组织互动。公共性建设的关键是实现体育社会组织与其他社会组织或运行主体的积极互动,要加强组织与国家、企业的交流与了解,明晰并尊重各方的价值定位,避免出现各方价值诉求的绝对化。此外,要建立组织与各方之间的交往机制,让程序化成为解决各方矛盾的有效方式和手段。

(二)明晰体育社会组织的价值界限

社会发展的不平衡性造成了文化环境、社会制度的差异,也形成了诸多发展矛盾。诚如有学者所言:"实践中的价值冲突往往比利益、权力之争更难以调和。"

因而,体育社会组织运行过程中的首要任务是明晰自身价值诉求的界限,厘清自身价值理想的局限。首先,处理好组织与政府的关系。进一步实施政社开、管办分离,且继续推进体育社会组织明确责权和依法自治建设。同时,要加快政府职能转变,明确政府角色定位,推进社会治理体系和社会治理能力现代化,确定"放手不放任、协办不包办、指导不指挥"的工作原则,进而激发组织创造力和生命力,让更多的体育社会组织站在公平的基点上组织活动,进而化解和预防矛盾滋生。其次,回归人本位的价值边界。还原人本位的价值界域是颠覆全能主义政府体制弊端的有效手段,是弃离组织行政色彩和官本位组织价值的根本途径。发展依靠人、发展为了人是体育社会组织的价值所在,一切超越人本位边界的发展都是伪发展。因而,要正本清源,回归人的发展这条主线上来。最后,适时调整组织价值诉求的内涵。社会在发展,环境在变化,与国家相比,体育社会组织解决社会问题的优势在于其灵活性。进而,其在发展运行过程中亦应避免组织价值诉求的过度陈旧、僵化,而应审时度势,以包容开放的态度去适时调整组织价值诉求的内涵,协调好不同群体价值诉求背后的利益冲突与矛盾。

(三)完善体育社会组织的监管评估

体育社会组织发展意识形态模糊所造成的受益主体非均衡发展及利用机制弊端套取利益的行为,实则是人们对体育社会组织行为的认知和判断失去效力的结果,人们往往只是从"道义"的角度对其行为进行主观评判。为此,要建立一套客观的监管评估机制,通过科学合理、公平公正的方式对体育社会组织的行为进行评估。

首先,降低准入门槛,加大备案管理。对于我国的体育社会组织发展来说,国家要加强各部门相互协调,降低准入标准、简化审批程序,大力推广登记或备案的双轨管理体制,形成由县(市)民政部门统一备案,由镇政府(乡、街道)作为主管部门并履行指导监督职责的备案管理制度。其次,建立等级评估机制。继续推进体育社会组织标准化和实体化建设,提升组织的服务力和公信力,围绕"以评促建,重在建设"的思路,探索建立"体育社会组织评估办法"、"评分标准"和"评估奖惩办法"等评估机制,引导组织依法依规开展活动,进而推动组织自律。最后,加强社会力量的监管力度。由于我国体育社会组织数量多,监管难度大,应动员社会力量、新闻媒体和组织成员对体育社会组织进行监督管理,建立全国或地区联网举报受理机制,并完善政府组织监管体系建设。此外,还应进一步优化体育社会组织发展环境和人才结构,确保政府购买体育社会组织服务的公开公正透明等一系列举措来促进体育社会组织规范、健康和可持续发展。

第三节 中国体育社会组织的演进与发展

一、体育社会组织的发展历程

新中国成立之后,特别是改革开放以来,我国的社会结构发生了翻天覆地的变化,在不同的历史时期体育社会组织的发展也经历了波澜起伏,但总体来说体育社会组织在不断进步,也取得了一些骄人的成绩。因此,在前人研究的基础上,结合当今社会的发展趋势将体育社会组织大致划分为五个发展阶段。

(一)体育社会组织启动建设阶段(1949—1966年)

新中国成立初期,为了增强人民群众的身体健康素质,同时减轻政府的负担,党和政府把目光投向社会组织的建设。1952年成立了第一个体育社会组织——中华全国体育总会,其主要任务就是:"制定全国体育运动计划,并监督各体育组织进行实施;制定并公布各种有关体育运动的规则及制度;选拔并训练各竞技运动项目的运动员参加奥林匹克运动会;负责举办全国各种体育竞赛和开展国际体育活动;负责全国人民群众的体育宣传工作;编制体育运动书刊;培养各种体育管理人才、审查全国重要运动场地设施及运动用品。"

当时,体育社会组织是独立于政府之外的第三部门,但是由于它们的力量薄弱,资金筹集渠道少,以及我国大部分体育资源都集中在政府手中,致使体育社会组织没有能力组织大型的体育赛事,提供的体育公共服务资源有限,发展速度非常缓慢。为了规范体育社会组织的市场经营管理体系,提高体育社会组织的服务效率,1950年政务院颁布了《社会团体登记暂行办法》。《办法》对社会团体的注册以及种类进行了规定,特别对新中国成立前各种社会团体进行了整顿。1953年,相关部门出台了《社会团体登记暂行办法实施细则》,这些条例把那些不符合时代发展需要的社会团体进行注销,净化了社会团体队伍。与此同时,国家还积极鼓励和扶持一些新兴的体育社团,放宽了对体育社团的管理力度,促使体育社团的数量快速上升,各种新生体育社团在社会上扮演着一定的社会角色。

1959—1961年,中国的经济发展遭到前所未有的瓶颈,经济基础决定上层建筑,中国的体育社团没有了经济作为支撑,必将影响其发展速度,因此这三年期间,几乎没有一家新成立的体育社团。20世纪60年代初期,随着我国经济的复苏,以及对体育社会组织的清理整顿,中国体育社团的发展如雨后春笋,直到1964年我国的体育社团迎来了第二个高峰期,这一年仅体育领域就成立了8个社团,相比其他领域的12个社团,体育社团数量的增加还是值得称赞的。在以公有制为基础的前提下,按理说公民应该有权利享受社会发展带来的福利,享受社会体育社团发展带来的优惠。但是,由于此时的体育社会组织发展正处于启动建设阶段,其本质是为国家的利益服务,组织的发展目标也是根据当时国家的需要而设立的。所以,体育社会组织的大众性、独立性也就失去了其意义,体育社会组织成了政府职能部门的一个延伸。

(二)体育社会组织建设停滞阶段(1966—1976年)

1966—1976年,这十年是我国"文化大革命"时期,这一时期社会主义法制和民主遭到破坏,职工体育活动的组织管理体系遭遇重创,职工体育场馆被迫关闭,业余体育运动队被迫解散,机关工厂不能正常上下班,体育活动失去了必备的物质条件,我国各类社会团体陷于瘫痪。此时,体育活动的开展不再由各行业协会自行组织,而是由国家体委统一领导。受当时政治环境因素的影响,体育活动内容的形式化、活动组织开展的政治化现象普遍存在,导致全民健身没有实质性的效果,一些现代体育项目和群众性的体育活动也因无人组织而处于停滞状态。体育社会组织在"文化大革命"的浪潮中受到的极大影响,致使其在建设发展过程中处于停滞阶段。

(三)体育社会组织恢复建设阶段(20世纪70年代末—80年代末)

从20世纪70年代末开始的改革开放对我国的政治、经济、文化等各个方面产生了巨大影响,也为我国第三部门的发展拓展了广阔的空间。中国的社会组织数量急剧增加、民办非企业单位发展迅速。据统计,截止到1989年,全国性社团增至1 600个,地方性社团达到20多万个。在这样的大好形势之下,为了促进我国体育事业更快更好的发展,1984年,中共中央下发了《关于进一步发展体育运动的通知》。《通知》一方面明确了要把竞技体育作为我国优先发展战略的决定,另一方面也为群众体育的发展指明了方向,为了避免"大政府,小社会"的不利局面,国家提出群众体育的发展要更多地依靠体育社会组织政策导向。1986年,国家体委制定的《关于体育体制改革的决定》(草案)中进一步指出,要改变国家包办体育的现状,实现国家和社会相结合共同促进群众体育事业发展的新局面,把发动全社会办体育作为体育体制改革的指导思想。但是受奥运争光计划的影响,在实际的操作过程中,国家把大部分的资金投向了竞技体育事业,而对于见效慢的群众体育事业的发展则较少关注,这就使得体育社会组织的现状没有得到实质性的改观,体育社会组织依然缺乏独立自主的发展空间。自1988年之后,随着政府对体育社会组织的进一步放权,一些体育社团在社会上逐渐拥有了一定的政治地位,自由活动的空间越来越广。但是,主要是营利性的体育社会组织得到了迅速发展的机会,如1992年进行职业化改革的足球协会、1995年职业化的篮球协会、1996年职业化的排球协会等;而非营利性的体育社会组织却几乎没有什么大的改观,如各项目协会、体育社团、体育基金会、体育俱乐部等。这些体育社会组织本质上依然无法摆脱对政府的依赖,加之政府下放的权力非常有限,致使非营利性体育社团处于十分被动的境地,参与群众体育事业的积极性不高。又由于当时社会的不稳定因素太多,以及受我国二元社会结构和传统意识形态的影响,体育社团活动的组织、管理、开展仍然受到政府的干预,所以这一时期我国的体育社会组织仍然具有"官办体育"的特点。

(四)体育社会组织的徘徊发展时期(20世纪90年代初—2012年)

随着社会主义市场机制的建立和完善趋势的加快,在计划经济时代人们的体育活动全部都由政府垄断的局面受到挑战,而单靠政府的力量已经不能够满足市场化、社会化条件下的人民群众多样化、层次化的体育锻炼需求。因此,政府必须转变思想,逐步放权,做一个有限政府,而把发展群众体育事业的任务逐渐转接给体育社团、体育俱乐部、体育类民办非营利性企业等。政府则转变角色从宏观上对其进行监督、调控,并且在适当的时候给予一定的政策支持,提升体育社会组织在社会上的地位,保证体育社会组织能够正常行使各项权利,这已经成为体育改革和发展的趋势,并且符合市场经济体制的发展规律。1993年国家体委在《国家体委关于深化体育改革的意见》中指出:"体育行政部门要转变职能,调整内设结构,实施政事分开,将大量事务性工作交由事业单位和社会团体管理,政府要把工作重点转移到宏观调控上来。同时,要理顺体育行政部门与各类体育社会社团的关系,探索发挥他们作用的途径和方法。"党的十六届六中全会也明确提出:要想构建社会主义和谐社会,完善公共服务体系,提高政府服务和管理水平,必须要创新社会管理体制,整合社会资源,提高社会管理水平,形成政府负责、社会协同、公众参与的新型化社会管理格局。

1995年,自《全民健身计划纲要》实施以来,公民体育锻炼的意识逐渐增强,参与体育锻炼的欲望越来越强烈,对于健身的形式、目标以及内容的多样化、精细化程度要求也越来越高,这无疑给政府增加了体育服务多元化需求的供给,激发了政府供给与民众需求之间的矛盾。而体育社会组织由于具有大众性、非营利性、亲民性等特征,且处于社会的最基层,对民众的需求变化比较了解,也能够最大限度地满足人民群众体育锻炼的需求,不但可以反映民声,而且还可以化解政府与民众之间的社会矛盾,有利于促进社会的和谐发展。因此,在新时期大力发展体育社会组织已是大势所趋,大众所望,政府应该做好充分的准备,将体育社会组织的发展纳入到国家发展的日程之中,为其提供更大、更多的发展空间,以期早日实现我国由体育大国向体育强国迈进的步伐。

但是,从目前我国的发展情况来看,体育社会组织并没有得到足够的重视,体育领域内的大部分资源仍然被政府或者是具有"官办色彩"的协会组织所垄断,体育社会组织不论是在数量上、组织规模上、政策优惠上以及政府对其投资力度上都存在严重不足。体育社会组织的力量仍然比较薄弱,在社会上缺乏独立发展的空间和明确的身份,而且自身和政府之间的权责关系比较模糊,和政府之间的平等地位关系未能确立,体育社会组织发展仍然处在徘徊阶段。这使得许多体育社会组织游离在体育公共服务领域之外,不仅降低了体育公共服务的质量和效率,还不利于体育社会组织健康、有序的发展。

(五)体育社会组织的全面发展时期(2013年之后)

2013年11月18日,党的十八届三中全会指出:"要正确处理政府与社会的关系,加快管办分离、政社分离、明确政府和社会组织的权责关系,对于社会组织有能力承担的公共服务项目和解决的事项全权交由社会组织负责。同时,引入市场竞争机制,推动公共文化服务社会化发展,鼓励社会力量、社会资本参与到公共文化服务体系建设当中,培养文化非营利组织,激发社会组织投身教育的积极性。"同年,在全国体育局长会议上指出:"要紧紧围绕构建基本体育公共服务体系,增强社会活力,加快推进群众体育事业发展。在强化政府基本体育公共服务职能的基础上,由直接管理向注重引导、注重激发等各方面转变,创新思维,推广购买体育公共服务,发挥社会单位、社会组织、体育社团的作用,充分调动社会力量参与到基本体育公共服务体系的构建中。"由此可见,加快体育社会组织的发展,已经是党和人民群众共同的期望,是建设小康社会的物质基础,更是加快我国实现中华民族伟大复兴"中国梦"的物质保障。

通过对体育社会组织发展历程的回顾与反思,我们认识到,在当今社会要想加快体育社会组织的发展,必须要拓展其发展空间,摆脱其对政府的依赖性,提高其社会地位,同时加大政府对体育社会组织的扶持力度。那么体育社会组织到底包括哪些组织机构?我们要如何发挥各个组织机构在社会上的作用呢?在过去的几十年期间,由于我国的体育社会组织法律制度不健全、规模小、规范化程度低、资源短缺、专业化服务质量差以及过度依赖政府等问题,导致其发展速度非常缓慢,影响了我国体育公共服务的供给数量,加重了政府的负担,激化了政府和人民群众之间的矛盾,不利于我国全面建设小康社会。

因此,在新时期政府简政放权,加快购买体育公共服务的步伐,加强政府和体育社会组织的合作,加强政府对体育社会组织的监管力度以及激发体育社会组织的活力,已是我国今后发展体育事业、实现体育强国梦以及中华民族伟大复兴梦将要努力的方向。此时,体育社会组织在党和国家的高度重视和全社会的共同呼吁下进入全面发展时期。

二、体育社会组织的改革思路

(一)加快制定法律法规,依法推进体育社会组织改革

法律作为一种至高无上的权力,能够将某些规章制度以文字的形式呈现出来,具有很强的约束力,特别是对于转型期的中国,法律约束对于规范体育社会组织行为、市场化竞争环境,提供多种发展平台以及提升其社会地位具有重要作用。目前,有关体育社会组织的法律少之又少,例如《社会团体登记管理条例》、《基金会管理条例》等。不过这些都是单项的行政法规,缺少一个全面的、统一的法律约束平台。况且体育社会组织在社会上还没有明确的身份地位,和政府之间的权责关系比较模糊,这些问题对于体育社会组织顺利开展比赛活动产生了不良影响,甚至可能会打消他们参赛、办赛的积极性,而且这一系列后果的最终受害者还是人民群众。因此,为了能够给体育社会组织创造良好的生存发展空间,为人民群众参与体育锻炼提供良好的社会场所,我们应该加强立法,明确体育社会组织的权利和义务,规范体育社会组织的市场行为,继续推进体育社会组织其他各方面的改革,完善体育社会组织自身的发展规划,用法律的威严来提升体育社会组织的社会地位,维护其在社会上的合法权益,为其健康有序的发展提供法律保障。

(二)加快推进"管办分离"改革的步伐,为体育社会组织提供更多自由发展的空间

众所周知,体育社会组织本应该是独立于政府和企业的非营利性组织机构,它是专门替政府向群众提供体育公共服务的一个独立群体。然而,由于我国的体育社会组织是随着国家政治发展的需要才建立的,没有独立自主运营的权力和能力,它的人事安排、经费筹集、组织章程以及发展经营等都依赖于政府,可以说是政府职能部门的一个延伸机构。因此,"管办不分"、"政社不分"、"政事不分"、"政企不分"、"政资不分"等现象在体育领域非常普遍。如今随着人民群众对体育锻炼多样化的需求日益高涨,以及党的十八届三中全会为体育社会组织的发展指明了方向,如果此时体育行政部门仍然将大部分权力集中在自己手中,势必将影响体育社会组织参与体育公共服务的积极性,降低体育公共服务的质量,使其和人民群众多样化的体育锻炼需求矛盾日益突出。因此,为了能够拓展体育社会组织的发展空间,扩大体育社会组织的发展规模,使其能够向社会持续提供优质的体育公共服务,就必须要改变原来权力集中化、组织行政化的封闭式组织管理结构,明确政府和体育社会组织之间的权责,加快推进管办分离改革的步伐,将体育行政部门的监管权和举办权分离开来,把举办体育赛事的权利和组队的权利更多的下放给体育社会组织,给予

其自我管理、自我约束、自我发展的自由空间，以便能够主动迎接社会的选择与挑战。政府则主要从外部监管的角度，对体育社会组织举办体育赛事的公平性、公正性、公开性等进行宏观把控，而对于其内部的运作模式、奖励机制以及比赛方式则不进行过多干预，给予体育社会组织在社会上更多的话语权、体育赛事的决策权和提供体育公共服务的自主权，以提升体育社会组织在社会上的地位。

（三）降低体育社会组织的注册门槛，严格把控体育社会组织市场行为，提高服务水平

在美国、德国等一些西方发达国家，公民成立社会组织、加入社会组织或者参与社会组织活动，是不需要政府审核、批准的，政府不干扰任何一个社会组织的自由活动，并且还要对成立的社会组织提供法律保障，这为社会组织发展提供了良好的平台。在我国，由于体育社会组织的行政审批制度比较严格，注册一个体育类社团需要层层把关，程序非常烦琐，导致大量的体育社会组织无法找到挂靠单位，但是这对于其存在发展又是必不可少的。因此，许多体育社会组织只能徘徊在政府管理之外。然而对于已经注册成功的体育社会组织，政府给予的优惠政策比较少，税收负担沉重，生存发展空间小，政府对其限制过多，影响其自身的独立经营，导致越来越多的人不愿意投资体育公共服务，长此以往，体育社会组织的发展规模小、数量少，提供的体育公共服务数量不足以满足人民大众的需求也就不足为奇。因此，政府要改革对体育社会组织的审批制度，对于想要成立体育社会组织的公民，政府一方面提供一些优惠政策，加强基础性工作的实施力度。如：提供资金支持，减免税收，提供免费场地等，以激发他们投身体育公共服务领域的积极性，为体育社会组织的发展提供广阔的空间，壮大其自身队伍。另一方面要降低对部分体育社会组织的审批标准，吸纳更多的体育社会组织参与到体育公共服务的供给之中，提升其在社会上的法律地位。然后，当体育社会组织在社会上拥有一定的社会地位，规模和数量扩大到一定的程度，人民群众多样化的体育锻炼需求基本得到满足时，政府再出台一些政策对体育社会组织征收税费，土地使用费等各种费用，同时通过加强市场监管能力以及严管注册门槛等来规范市场竞争环境，使体育社会组织在良好的社会环境下公平竞争，不断完善自身规章制度建设，提升自身服务管理水平，保证其向社会源源不断提供优质的体育公共服务。

主要参考文献：

[1] 郑杭生.社会学概论新修精编本[M].北京：中国人民大学出版社，2014.
[2] 向会英."十三五"深化改革背景下体育社会组织的发展[J].体育科研，2015，36(3)：36-44.
[3] 张龙.当前我国体育社会组织的发展困境及对策[J].哈尔滨体育学院学报，2016，34(1)：57-62.
[4] 于文谦，戴红磊.体育社会组织的价值困窘与解蔽[J].武汉体育学院学报，2014，48(8)：11-14.
[5] 王凯强，布特.体育社会组织发展变迁和改革研究[J].吉林体育学院学报，2014，30(5)：31-37.
[6] 傅振磊.我国体育社会组织改革与发展的思考[J].浙江体育科学，2016，38(1)：8-13.

提升阅读推荐：

[1] 朱国云.组织理论：历史与流派.南京：南京大学出版社，1997.

[2] 于显洋.组织社会学.北京:中国人民大学出版社,2001.
[3] 王思斌.社团的管理与能力建设.北京:中国社会出版社,2003.

思考题

1. 体育社会组织的性质与功能是什么?
2. 体育社会组织的发展历程是什么?
2. 体育社会组织在体育体制改革中扮演的作用是什么?
4. 足球改革、篮球改革面临的困境及出路何在?

第七章　体育的社会群体

> **本章内容提要**
>
> 社会群体,是指处在社会关系中的一群个人的集合体。社会群体可分为初级群体与次级群体、正式群体与非正式群体、内群体与外群体等。体育群体,指为了达到某种体育的目的,而自发地或人为地组织起来的具有结构性特征的小群体。体育群体可分为体育学习群体、竞技体育群体、健身娱乐群体等。进入老年社会后,老年人体育受到广泛重视,老年人对体育的参与表现出积极的态度。从法律上和事实上以全面的、持久不懈的行动谋求男女平等的实现,是当代世界不可抗拒的历史潮流。妇女解放运动促进了女子思想和身体的解脱,促进了妇女体育的大发展。妇女体育的发展得益于经济与社会发展所提供的诸多机会,妇女解放运动对妇女社会形象的改变,妇女体育的法律保障,妇女自身健身意识的增强,以及大众传播媒介对妇女体育的关注等因素。残疾人体育是当今世界大众体育潮流中不容忽视的一条支脉,残疾人体育事业发展规模与水平直接反映出一个国家的社会文明与进步程度。青少年体育是提高青少年体质健康和身心健康水平的最积极的干预方式,对国家的可持续发展具有重要的促进作用。

【案例导入】

2016年8月21日,在里约奥运会上,中国女排在金牌争夺战中以3∶1战胜塞尔维亚女排,时隔12年重夺奥运冠军。回顾女排里约奥运会的晋级之路,小组赛虽以5战3负排名第4出线,但随后在淘汰赛中两次"复仇"小组赛球队,最终霸气夺冠。值得一提的是,32年前郎平作为中国女排队员赢得奥运冠军;32年后,作为主教练再一次率队夺冠。女排时隔12年以后再次夺冠,这一场场艰苦卓绝、来之不易的胜利,是对女排精神与中国梦的最佳诠释,是女排精神的再次传承与发扬!女排的成功再次展示了聪慧时尚、自信坚韧、创新进取的女性时代精神,同时也展现了女性在战术、技术上与男性具有同样的竞争力,女性群体对社会的贡献将会在更多领域得以呈现。本章将会对妇女参与体育的种种现象进行阐述。

第一节　社 会 群 体

一、社会群体概述

社会群体不是任意的一个人群。形成社会群体的人群有区别于其他人群的特征,有存在的基础。

所谓社会群体,是指处在社会关系中的一群个人的集合体。这个集合体的存在,不仅个人自己能够意识到,而且也被群体以外的人们所意识到。也就是说,群体成员有共同的认同及某种团结一致的感觉,对群体中每个人的行为都有相同而确定的目标和期望。社会群体有广义和狭义之分。广义上的社会群体,泛指一切通过持续的社会互动或社会关系结合起来进行共同活动,并有着共同利益的人类集合体;狭义上的社会群体,指由持续的、直接的交往联系起来的具有共同利益的人群。在现实社会中,社会群体和一般的聚集体之间的界限是很模糊的。社会群体与社会类属的界限偶尔也有改变。但是,无论广义上还是狭义上的社会群体,都具有以下可与其他人群区分开来的共同特征:

(1) 有明确的成员关系。特定社会群体中的人称他们自己为该群体的成员,并且期望本群体成员做出某种行为,而这种行为又是他们不期望非本群体的外界人做出的。通过某些可与群体外的人区分开来的标志,这些人不仅被该群体的成员所认同,而且,非本群体的成员也一致认为他们是属于该群体的。军队的军服,学校的校徽,都是某种便于区分的标志。

(2) 有持续的相互交往。群体成员之间的关系不是临时性的,他们保持比较长久的交往。一个群体内部,人与人之间的交往可以是面对面的,非常亲密的,就像在一个家庭里一样;也可以是间接的,比较疏远的,大公司董事会成员与雇员之间的交往就是一个典型例子。

(3) 有一致的群体意识和规范。群体成员在交往过程中,通过心理与行为的相互影响或学习,会产生一些共同的观念、信仰、价值观和态度。群体成员有共同的兴趣和利害关系,并遵循一些模糊的或者明确规定的行为规范。在群体面临外部的压力或者内部少数成员的反叛时,群体意识和群体规范将更为清晰,其作用也更加明显。

(4) 有一定的分工协作。尽管在不同的群体中,内部分工协作的程度不一样,但是,群体内部的分工协作还是普遍存在的。在一些小型的初级群体中,内部成员的分工不很严格。在一些大规模的次级群体中,内部成员的分工协作是明确的、严格的、制度化的。无论在何种群体中,都有明显或不明显的领导与服从的关系,以及伴随此种关系的内部权威。

(5) 有一致行动的能力。在群体意识和群体规范的作用下,社会群体随时可以产生共同一致的行动。社会群体与乌合之众的根本区别就在于有没有一致行动的能力。同样是乘客,公共汽车中的乘客是"乌合之众",而单位包车旅游车上的乘客就是一个群体。前者各怀目的,后者一致行动。

社会成员为什么要聚集在一起,并形成社会群体?也就是说,社会群体存在的基础是什么?社会学一般从以下两个方面进行分析:

(1) 从社会成员个体方面来看,个体有群聚的本能,并希望在群体中满足其各方面的需要,如安全的需要、爱的需要、归属的需要和自尊的需要等。

(2) 从社会自身来看,群体是社会生产过程中的产物。群体生活是社会的本质。

社会存在的前提是物质资料的生产。这种生产正如马克思所说:"人们在生产中不仅仅影响自然界,而且也互相影响。他们只有以一定的方式共同活动和互相交换其活动,才能进行生产。为了进行生产,人们相互之间便产生一定的联系和关系;只有在这些社会联系和社会关系的范围内,才会有他们对自然界的影响,才会有生产。"实际上,正是物质资料生产以及人类自身生产的需要,促成了群体关系的发生和群体的形成。

群体一旦形成,便有其自我维持的倾向。但是,按照社会学家帕森斯的理论,群体得以持续存在,群体内部活动得以持续进行,必须具备以下几个必要条件:第一,群体必须能够适应自然环境和社会环境的状况;第二,成员的利益须受到保护,成员能为实现自己的目标从事活动,但不妨碍群体目标的实现;第三,群体赋予其成员一定的地位和作用,并以此谋求成员之间的统一;第四,群体能够满足其成员的各种徽求并提高其能动性。这些条件如果得不到满足,群体即使形成,也难以持续存在。

二、社会群体类型

在实际研究中,我们可以依据不同的标准将社会群体划分成不同的类型。一般而言,社会学界通常采用以下五组分类。

(一)初级群体与次级群体

主要依据群体成员间关系的亲密程度来划分。

所谓初级群体,又叫直接群体、基本群体或首属群体,指的是其成员相互熟悉、了解,因而以感情为基础结成亲密关系的社会群体。典型的初级群体有家庭、邻里、朋友和亲属等。复杂组织中的一些非正式群体,如军队中的战友群、工厂中的工友"小集团"以及学校里的"哥们儿"群体等,也属于初级群体。

所谓次级群体,又叫间接群体或次属群体,指的是其成员为了某种特定的目标集合在一起,通过明确的规章制度结成正规关系的社会群体。在这类群体中,成员间的感情联系很少,面对面的接触很有限,主要是依据既定的角色联系在一起。其典型是各类社会组织,如军营、学校、大工厂和政府部门等。

(二)正式群体与非正式群体

主要依据群体的正规化程度及其成员间的互动方式来划分。

正式群体的正规化程度高,其成员间的互动采取制度化、规范化的方式,成员的权利、义务及彼此间的关系都有明确的且常常是书面形式的规定。

非正式群体的正规化程度低,其成员间的互动采取随意的、常规的方式,成员的权利、义务及彼此间的关系并没有明确的,尤其是成文的规定。在非正式群体中,成员间通过经常性的自由交往,形成了一些不言而喻的规范和角色期望,大家自然地结合在一起。

(三)内群体与外群体

主要依据成员对群体的心理归属来划分。内群体与外群体的概念,是美国社会学家W.萨姆纳在1906年提出来的,他试图通过这两个概念来描述群体成员对自己人或别人群体的感情。

所谓内群体,指成员对其有团结、忠心、亲密及合作感觉的群体,也就是成员在心理上自觉认同并归属于其中的群体。在内群体中,成员具有相互爱护及相互同情的情操;与同属于一个群体的人在一起,彼此容易认识和了解,因而感觉自然自在。人们的日常生活大多以内群体为中心。

所谓外群体,泛指内群体成员之外的其他任何"别人"的结合。内群体的成员对外群体及其成员普遍抱有怀疑和偏见的态度,甚至采取蔑视、厌恶、仇视、挑衅等敌对态度,在心理上无任何归属感。内群体与外群体常常互相隔离,乃至处于对立的地位。当彼此有严重的利害冲突时,比较容易导致抵制、争斗、侵略等行为。

(四)所属群体与参照群体

主要依据成员的身份归属来划分。

所属群体指的是成员身份所属的群体。它规定着成员的身份及其日常活动。

参照群体并非某一(些)成员身份所属的群体,但它却被某一(些)成员用作其所属群体的参照对象。作为参照对象的群体简称参照群体。

参照群体一般是与所属群体同类的群体。例如,大学中某班级的成员选择另一班级作为其参照群体,并以该班级的状况来评判自己所属班级。但是,有时候参照群体并非与所属群体同类。根据成员的不同参照需要,会形成不同的参照群体;同一参照群体的意义在不同时期有可能发生变化。参照群体通常对其成员的认知、情感、态度和价值观念等产生重大影响,并因此而削弱或加强所属群体的团结。

(五)血缘群体、地缘群体、业缘群体与趣缘群体

主要依据群体内人际关系发生的缘由、基础及其性质来划分。

基于成员间血统或生理联系而形成的群体叫血缘群体,包括家庭、家族、氏族、部落、部族等具体形式。血缘群体历史最为悠久,是个体学习、参与生活的出发点。

基于成员间空间或地理位置关系而形成的群体叫地缘群体,包括邻里、老乡、民族社区等具体形式。这类群体的出现比血缘群体要晚。比较稳定的、牢固的地缘群体是人类采取定居形式后的产物。

基于成员间劳动与职业间的联系而形成的群体叫业缘群体,包括各种各样的社会经济组织、政治组织和文化艺术组织等具体形式。这类群体的出现是生产力日益发展、社会分工越来越细、阶级社会逐步产生的结果。

基于成员间相同或相近的兴趣、爱好、志向等而形成的群体叫趣缘群体,包括通常人们所说的各种业余爱好群体,如登山协会、桥牌协会以及一些志愿者团体等形式。目前,由于网络技术的发展,一些爱好上网的人还结成"网友"群体,这是趣缘群体的一种新形式。

三、社会群体结构和过程

社会群体作为个人与社会之间的桥梁,其内部已因成员间的相互作用而产生了一定的结构模式。规范、地位、角色、权威及成员间的关系,都是这种结构模式中的要素。

(一) 群体凝聚力

群体凝聚力也称群体内聚力,指群体吸引其成员,把成员聚集在群体中并整合为一体的力量。

群体凝聚力的发展一般表现为三个层次:第一是人际吸引,群体中尚未形成规范压力或者成员尚未了解、接受规范;第二是成员对规范的遵从,把个人的目标与群体的目标相结合,自觉接受群体规范的约束,并在此基础上与其他成员建立更深的关系;第三是成员把群体的目标自觉地看成自己的目标,并将群体规范内化为自身的行为准则,各成员因此对群体有强烈的认同感与归属感,产生高度整合的一致行动,这是群体凝聚力的最高层次。

影响群体凝聚力的因素包括成员个人、群体自身以及环境等方面。

(1) 从个人和群体的心理互动上看,群体自身是否对其成员具有吸引力和成员个人是否感受到这种吸引力,都对群体凝聚力产生重要影响。

(2) 从个人和群体间的利益关系看,这两种利益能否保持一致,也影响着群体凝聚力的状况。如果成员通过遵循群体规范,在群体中活动,并能够充分满足自己的各种需要,就会刺激其积极性,提高群体凝聚力。

(3) 从成员在群体中的关系结构看,这一结构是否遵循一致性原则和互补性原则,也直接影响着群体凝聚力的高低。

(4) 从群体成员与其领导的关系看,群体成员是否了解和信任其领导的才能,以及领导资格的取得是否具有合法性,甚至领导个人是否具有魅力,这些都对群体凝聚力有很大影响。具有权威的领导和成员对此权威的认同、拥护,是增强群体凝聚力的必要条件。

(5) 从群体与其环境的关系看,如果一个群体内部尚不存在分裂性因素,当其面临环境的巨大压力与威胁时,其凝聚力也会大大增强。

群体凝聚力对群体形成及维持的作用表现为:保持群体的整体性、协调性,调控群体成员,保证成员的自信心与安全感。群体凝聚力对社会的作用则视群体意识及其价值规范的内容而有正面、负面及中性之分。

与群体凝聚相反的过程就是群体的离散,表现为群体凝聚力的消解。而群体内部冲突往往是导致群体离散的重要原因。但是,并非所有的冲突都必然导致群体的分裂、瓦解。这里,应当联系到特定群体的规模、内部结构以及冲突是否涉及群体的核心价值观念等方面加以具体分析。

(二) 群体规范

群体规范指在某一特定群体活动中,被认为是合适的成员行为的一种期望,是群体所确立的一种标准化的观念。

群体规范的形成有其一定的心理机制。人们在共同的生活中,对于外界事物的经验具有一种将其格式化、规范化的自然倾向,这种规范化的经验被称为定型,它有助于人们在重新遇到此类事物时尽快做出反应。群体规范就其形成过程来说,也属于定型。另外,群体规范的形成还受模仿、暗示、从众、服从等因素的影响,是群体成员为着目标的实现而发生相互作用的结果。

群体规范在群体成员的共同活动中一经形成,便具有一种公认的社会力量,并不断内化为人们的心理尺度,成为对各种言行的判断标准。群体规范还指示了人们满足需要所采取的方式和相应的行为目标,从而规定了人们日常行为的范围和准则。最后,群体规范由于能够促成群体成员行为的一致、协调,从而发挥维持群体生存的功能。

群体与群体之间,尤其是正式群体与存在于其内部的非正式群体之间规范上的冲突与对立,往往会造成一些混乱状态,在实际工作中应注意并防止。

(三) 群体内部关系

群体内部关系指成员间彼此交流与作用的状态和过程,是群体结构的重要组成部分。我们可以从三个方面对其进行考察。

首先,从群体规模入手,我们发现群体规模的大小直接影响着群体成员间关系的数量和形式。一个由三四人组成的群体内部的相互关系,与一个由50人或者500人组成的群体内部的相互关系显然是不同的。随着群体规模的增大,群体内潜在关系也在增多。对于大群体中数量庞大的潜在关系,不能用通常的方法来处理。大群体不可能依赖于自发的或随意的协约,它需要有具体的、明确的任务分工和责任规定。群体规模巨大意味着具有正式的组织、权力层、管理人员以及广泛的次级群体关系。如果协调得好,大群体也可能比小群体更有效率。这在后文的"社会组织"中将继续探讨。

其次,我们可以利用"社网图"来分析群体成员间关系的状态及该群体结构的紧凑程度。所谓"社网图",是美国社会学家莫里诺(J. Moreno)使用过的一种表示群体内成员间个人偏好的示意图。该图由一个个的圆圈及彼此间的联通线组成。每一个圆圈代表一个群体成员,联通线表示他们之间的关系。联通线有两种:一种是单箭头的,表示单向选择关系,即一方喜欢与另一方接近,但另一方则比较冷淡;另一种是双箭头的,表示双向选择关系,即双方喜欢相互接近。

"社网图"有直观、准确的优点,是分析群体内部关系的重要方法,已被广泛应用于群体领导资格、信息传递途径、宗派集团分析等课题。但是,在研究大规模群体时,"社网图"就显得过于复杂,联通线错综交织,难于直观了解,只能借助于计算机等工具进行处理。

最后,我们可以通过群体内部信息沟通方式,来分析群体成员的地位结构类型和凝聚力状况。一般而言,群体内部的信息沟通有两种形式:一种是以"星型"结构为代表的分散方式;一种是以"轮型"结构为主的集中方式。

(四) 群体领导与决策

群体中存在着领导者和追随者,这是群体结构的一个重要特征。所谓群体领导,是指在群体内部关系网络中处于中心位置,并能对群体其他成员进行引导和施加影响的角色。承担这一角色的人,或是具有某些突出的品行,或对群体活动积极参与并做出了实际贡献。他们可从群体内自发产生,也可从群体外加以委任。

一般说来,群体中有两种主要领导形式:一种是工具性领导,指引该群体为达到最终目标而奋斗;另一种是表意性领导,力求造成群体的团结与和谐。在群体中,这两种角色由不同的人扮演。

不同的领导者还可能采取不同的领导作风。领导作风大致不外乎以下三种基本类型:权威型(也叫"独裁型"),这种类型的领导者独自决定群体政策和分配任务,几乎是单纯发号施令。民主型,这种类型的领导者倾向于与群体成员讨论、交流以确定政策和任务,从而保证群体行动的一致。放任型,这种类型的领导者散漫怠惰,几乎不对群体成员加以指导或组织,任其自由行动。

所谓群体决策,指在群体活动中,群体针对遇到的问题而做出判断和决定的过程,是群体发挥作用的重要步骤。

群体决策一般经历以下几个连续的阶段:第一阶段是搜集信息,群体成员通过分析这些信息来决定自己的态度。第二阶段是对搜集到的信息做出估价,此时,成员表明自己的看法,并对他人的意见做出反应。第三阶段是做出决定,在这一阶段,随着联盟的组成和一个正在形成的多数派将其观点强加于少数人而会出现紧张情绪。一旦决定做出,就出现第四阶段。这时成员们普遍努力恢复他们之间的融洽关系,以保证群体继续团结。

第二节 不同群体的体育社会学分析

一、体育群体概述

(一)体育群体的概念

体育群体,指为了达到某种体育目的,而自发地或人为地组织起来的具有结构性特征的小群体。在此,首先将体育群体定义在小群体的范围内,而不是指具有社会组织性质的大型群体;其次,这里讲的体育群体,是具有一定结构的,不是随意凑合或临时组成的。那些每天早上在公园或马路上一起共同锻炼身体的人未必就是群体,那些临时组队参加比赛的人,也未必就一定构成群体,体育馆中的观看体育比赛的观众更不能算是群体,就是参加运动会的成员,包括运动员、裁判员和教练员,也只是组成了一个临时的集合体而已。

(二)体育群体的特征

构成体育群体必须符合上述的"群体"的特征,此外,体育群体还有自身的一些特征。

1. 以体育为共同目标

体育群体的种类尽管很多,活动方式千差万别,但它之所以成为体育群体,就在于它以某种体育目标为共同追求的目标,或健身、或娱乐、或竞技、或学习,总有一个群体成员共同的目标。

2. 以体育实践为共同的基本活动方式

各种共同的或类似的肢体活动是构成体育群体的前提。经常在一起聊体育、看比赛的球迷们虽是一种群体,但不是严格意义的体育群体。体育群体成员间的互动是靠体育实践来实现的。

3. 成员对某种体育活动项目或某种体育手段具有强烈而稳定的兴趣

体育群体大多是由这种兴趣激发而自发组织起来的。绝大多数体育群体不谋求体育以外的其他利益,因此构成体育群体的联系纽带就在于人们对某种体育行为的共同兴趣。

4. 开展对外的竞赛活动

竞赛活动加大了群体的排他性,使体育群体内向的凝聚力加大,尽管体育群体具有自发的性质,但体育群体具有较高的稳定性,是社会进行"团队精神"教育的一种极好的形式,因此也受到社会学家们的广泛重视。

5. 内部具有分工或分层

体育群体除受一般群体行为规则的制约外,还受体育规则的制约,成员因规则而形成特定的分工与社会分层。

(三) 体育群体的类别

1. 正式群体和非正式群体

按构成体育群体的原则和方式,可分为正式群体和非正式群体。前者具有一定的章程和文字根据,有特定的组织程序,并得到社会的明确承认。如学校里的班级、学校和厂矿企业的业余运动队。后者是在体育实践中自然形成的群体,相对较为松散,它常以人们的爱好、兴趣、友谊和感情为出发点。各种健身娱乐群体大多属于这种类型。

2. 基础群体和功能群体

按体育群体的形成和社会关系,可划分为基础群体和功能群体。前者指以血缘或地缘为基础组织起来的群体,如家庭、邻里、街道、村镇的体育爱好者群体。后者指为了达到特定的体育目的而专门组织起来的群体,如学校的体育代表队、居民社区的太极拳辅导站等。

3. 体育学习群体、竞技体育群体和健身娱乐群体

按群体所从事的体育活动的性质,又可将体育群体分为下列几种:

(1) 体育学习群体

这是主要承担教育和社会化功能的体育群体,它由教师、教练和青少年共同组成。主要活动内容是体育教育和通过体育实现社会化,主要组织形式是学校的班级。体育群体成员在活动过程中,不仅学到了知识、技术、技能,增强了体质,而且还能通过群体生活内化该群体的行为规范、态度和习惯。学生在体育课上不是孤立地进行学习,这种学习是在群体的活动中实现的,学习的过程也是群体成长的过程。学生们在群体生活中学习和掌握对生活的看法,改善思维方式、行为方式,建立人生观。体育群体的这种功能是其他课程难以具备的。在这种群体中主要的社会关系有两种:一种是师生间的指导与被指导的关系,另一种是学生间的互动关系。在学生中往往因场地、设备、时间的限制以及学生的兴趣和友谊,会分化为若干个小群体。这些小群体对实现体育的教育目标至关重要。教育者要有意识地去分析和利用这些小群体,特别要充分发挥这些小群体中产生出来的"领

导者"的作用,并努力缩小群体与群体之间的差别。

(2) 竞技体育群体

这是以参加运动训练和比赛为主要活动内容,以提高运动技术水平和取胜为目的,以自愿为原则,人为地、有计划地组织起来的一种功能性的体育群体。构成这种群体必须包含四种要素:① 群体成员的需求;② 群体规范;③ 竞争对象;④ 竞技实力。在竞技体育群体中有较为严格的群体规范和角色分工,这是由竞技体育群体具有强烈的对外竞争性所决定的。群体的规范包括纪律、章程、职责、权利义务、体育道德等约束力。竞技体育群体也是所有体育群体中对外排斥力和对内凝聚力最强的一种群体。一般来讲,凝聚力越强,该群体的竞技运动水平越高,反之亦然,两者互为因果。据张立对中国优秀女子排球队的研究证明,影响竞技体育群体凝聚力的主要内环境因素是:目标认同、教练工作方式、成员在满足需求上对群体的依赖感等。群体凝聚力综合地表现在以下几个方面:队员参加集体活动的积极性、队员的人际互动类型、队员的内心状态、队内气氛、教练威信等。

对于学生的业余训练运动队、俱乐部的研究也是体育社会学的一个重要内容,其中关于群体内的角色分工,团队精神的培养和发展,以及一个这类群体的发起、组织、壮大、萎缩和崩溃过程,都引起了社会学界的重视,因为这一过程具有模拟小社会形成发育过程的意义。

运动员是社会的一个特殊的群体,也是体育界的一个标志性群体,对这个群体的研究是体育社会学的重要任务。本书阐述的运动员指带有职业训练性质的运动员,而不是泛指一般群众体育比赛中的运动员。

运动员是竞技体育的主体,是竞技文化的创造者,也是人类基本价值观念的负载者。他们与教练员构成了运动训练的一对矛盾,又与观众之间构成了运动竞赛的一对矛盾。运动员在当今世界是一种重要的社会角色。因此,运动员是体育社会学的重要研究对象。

运动员具有较同龄人更强的主体意识和竞争性,这是因为他们较早地离开了家庭,开始独立生活,运动员特定的行为方式培养了他们的竞争性。他们的社会需求具有多层次性和多样性,他们追求的功利有国家的、社会的,也有家庭的、个人的,有物质的,也有精神的;他们具有创造意识、挑战意识和攻击意识,心理指向比较积极;他们的文化程度偏低,但生活阅历和经验较同龄人丰富。

运动员是一种社会榜样,他们常常作为一种民族英雄、青年楷模来塑造和宣传。他们是社会忠诚的形象代表。他们要倾其全力忠诚于他们所从属的国家或团体。

运动员还是一种需要继续社会化的社会角色。运动员的年龄一般在15—25岁之间。在他们服役期间,要在学业、生活、婚恋等许多方面做出牺牲,社会应对他们今后的生活全面负责。他们自己应正确理解自己的处境,做好继续社会化的准备。

中国运动员的"早衰"现象、淘汰率高的问题、后备力量不足的问题、运动生涯结束后的出路问题等,都是体育社会学关心的课题。

(3) 健身娱乐群体

这是以参加保健娱乐,提高健康水平,支配余暇时间为目的,相对较为松散的一种体育群体。这种群体一般依附于家庭、社区,也有由体育单位或行政单位专门组织的。参加的人员比较广泛,可以按对象特征来组成,如老年人、残疾人、妇女等,也可以按某一体育项目结合,如钓鱼、冬泳、打门球。前一类常常带有综合的性质,即不仅开展体育活动,也开展其他社交文化活动。后一类较为单纯,靠经常性的体育比赛和活动来维系。这类群体进出比较容易,规范也不甚严格,活动方式由人们协商解决,成员具有较大的自由度。对这种群体的研究表明,体育积极分子是这类群体生存发展的一个重要前提条件。凡是由事业心强、办事热心的积极分子操持的群体,就能坚持下去。活动经费和适当的场地设施也是重要的因素。对这类群体采取少量收费的办法是增强成员责任感和凝聚力的有力措施。以家庭为单位的体育群体大多用于娱乐和旅游。这是和睦家庭、改善家庭人际关系的一种很好的形式。

二、妇女体育

(一) 妇女解放运动

18世纪末的法国大革命,是妇女解放运动的真正起点,从此改变了"男人走向社会——属于群体,女人滞守家庭——属于男人"的这个男人和女人都默认的"契约",女人开始向"人"回归。在长达两百多年的时间里,围绕着政治、经济、文化、教育、家庭和社会生活的性别平等,开始了全球性的妇女解放运动,并取得了辉煌的成就。

近代机器大工业和社会化大生产的工业文明的出现,为人类重新恢复平衡提供了可能,这就使妇女从家徒四壁的圈固中解放出来,进入公共劳动和社会生产的广阔天地。女性参与物质生产,创造社会价值,获得自己的生活来源,因而成为社会中一分子,开始享有平等的社会权利。男性再不能以蔑视的态度看待妇女了,以男性为中心的社会也开始得以变革,向着男女平等的现代社会迈进。

从法律上和事实上以全面的、持久不懈的行动谋求男女平等的实现,是当代世界不可抗拒的历史潮流。1979年第34届联合国大会通过的《消除对妇女一切形式歧视公约》第3条指出:"缔约各国应承担在所有领域,特别是在政治、社会、经济、文化领域,采取一切适当措施,包括制定法律,保证妇女得到充分发展和进步,其目的是为确保她们在与男子平等的基础上,行使和享有人权和基本自由。"妇女占人类的半数,妇女的法律地位和在实际生活中的地位、权利的享有和行使的水平,是人权状况的明显标志,是社会进步的重要尺度。

马克思指出:"每个了解一点历史的人也都知道,没有妇女的因素就不可能有伟大的社会变革。社会的进步可以用女性的社会地位来精确地衡量。"两百多年来的妇女解放史证明了这一论断。

绵延两千年的中国封建社会,一直充斥着男尊女卑的思想,造成了妇女顺从、卑怯的社会心理,传统的伦理观念直到今天仍然影响着中国妇女的价值标准。这种价值标准也无疑地反映在中国妇女对现代体育的认识,乃至参与等诸多问题上。

中国妇女权利意识的觉醒发端于19世纪与20世纪之交,妇女运动的兴起与民族民主革命基本上是同步的,其动力固然来自中国社会内部,但同"欧风东渐"的影响也有一定的关系。在争取妇女权利的问题上,初始阶段的目标是极为有限的,甚至是由一些男性学者提出的,如康有为、林舒等人倡导的"不缠足"运动、"兴女学"运动等。康有为在《大同书》中历数"妇女之苦",认为只有男女平等才能实现大同盛世。辛亥革命前后,争取女权从过去少数人提倡发展成为具有相当群众规模的运动。当时一些妇女团体争取的目标主要有妇女的交友权、婚姻自主权、受教育权和参政权等。随着封建帝制的结束,自由、平等的观念开始得到比较广泛的传播,束缚妇女的封建礼教受到一定程度的冲击。1915年,全国各类学校已有女生18万人。在女性参政问题上,也有微弱的进展,但成果并不显著。

1919年的五四运动揭开了中国新民主主义革命的序幕。在民主和科学的旗帜下,妇女解放和婚姻家庭制度改革是当时的思想启蒙运动的重要内容。大革命时期,妇女运动蓬勃兴起,争取女权的呼声日益高涨。中国共产党提出:"废除一切束缚女子的法律,女子在政治上、经济上、社会上、教育上一律享受平等权利。"1927年至1949年,在中国共产党领导的革命根据地中,在实行各项社会民主改革的基础上,妇女的社会地位和家庭地位发生显著的变化。这一切便是20世纪后半期中国妇女地位全面提高的历史前奏。

新中国成立后,中国妇女解放更受到法律的保护。1949年的《中国人民政治协商会议共同纲领》宣布:"中华人民共和国废除束缚妇女的封建制度。妇女在政治的、经济的、文化教育的、社会的生活各方面,均有与男子平等的权利。实行男女婚姻自由。"1954年颁行的第一部《中华人民共和国宪法》,重申并且进一步完善了上述规定。1950年的《中华人民共和国婚姻法》,是新中国成立后颁行的第一部具有基本法性质的法律。婚姻自由、一夫一妻、男女权利平等和保护妇女和子女的合法利益,是该法的重要原则。这一阶段颁行的各种法律、法规,特别是有关选举、劳动、教育等法律、法规,都是以男女平等为其立法原则,禁止性别歧视的。不仅如此,许多法律、法规还根据具体情况,制定了对妇女的权益加以特殊保护的条款。

改革开放以来,经济建设和民主与法制建设的进展,大大地巩固和发展了妇女立法的成果。现行宪法第48条规定:"中华人民共和国妇女在政治的、经济的、文化的、社会的和家庭的生活等各方面享有同男子平等的权利。""国家保护妇女的权利和利益,实行男女同工同酬,培养和选拔妇女干部。"第49条规定:"婚姻、家庭、母亲和儿童受国家的保护。"改革开放初期颁行的一些重要法律,如《中华人民共和国全国人民代表大会和地方各级人民代表大会选举法》、《中华人民共和国刑法》、《中华人民共和国刑事诉讼法》《中华人民共和国民事诉讼法》、第二部《中华人民共和国婚姻法》等,在有关领域赋予妇女与男子完全平等的权利。中国政府在《中华人民共和国执行"提高妇女地位内罗毕前瞻性战略"国家报告》中,列举了1985年以来使女性的法律地位得到进一步巩固和提高的法律、法规。

1992年颁行的《中华人民共和国妇女权益保障法》(2005年该法进行了修正),是中国妇女立法史上一个新的里程碑。制定妇女权益保障法是在改革开放的新时期保护妇女权益的客观需要,也是中国应当履行的条约义务。作为《消除对妇女一切形式歧视公约》的缔约国,理应按照该公约的要求,"……制定法律,力谋妇女的充分发展与进步……"该法的宗旨是全面确立保障妇女权益的法律机制,在社会主义现代化建设的过程中进一步实现男女平等。这部法律通过各种保障性的、协调性的、制裁性的和补充性的条款,将现行宪法、法律中有关男女平等,保护妇女权益的规定加以系统化、制度化和具体化,在各项妇女立法中处于基本法的地位。

第四次世界妇女大会召开后,中国的妇女权益保障事业又获得了不少新的进展。例如,在政治权利方面,妇女参政的规模较前有所扩大。在 1998 年的第九届全国人民代表大会中,妇女代表的人数已占代表总数的 21.8%。第九届全国政协的女委员,已占委员总数的 16%。在地方各级政府中担任领导职务的女性,也较前有所增加。在文化教育权益方面,1999 年全国各类普通学校女性在校生已达 11 352.25 万人,比 1995 年增加了 917.5 万人。男童和女童在入学率上的差异已经基本消除。

(二) 体育与妇女解放

1. 体育中的妇女歧视

在母系社会里,妇女是很能干的。相传 3 400 年前,在地中海的克里特文化繁荣的时代,妇女不仅从事纺纱、织布、磨面、制造陶器等劳动,也参加驾车、狩猎等活动,甚至还参加斗牛。在古希腊美丽的传说中,妇女能骑马、狩猎、游泳和赛跑,男人能做的事,她们也能做。

在古埃及由原始部落向文明古国转变的时候,法律规定,体育运动正式列入教育课程,那时的体育运动包括体操、摔跤、举重、游泳和球类运动,还有各种舞蹈,女子经常参加这些运动。

古代黄河流域,妇女也曾有过和男子同等参加体育运动的权利。据史料推断,女子原始舞蹈和石球游戏,曾流行过一段时间。

然而,当人类由母权社会进入父权社会,妇女的政治和经济地位下降了,妇女的文化地位衰落了,妇女参加体育运动的权利被剥夺了,她们在运动场上受到歧视,这种文化倒退影响至今,直到近一二十年,随着妇女解放运动兴起、世界大众体育和竞技体育的迅速发展,才有了较大的突破。"母权制度被推翻,乃是女性的具有世界意义的失败。"(恩格斯语)这种"失败"在人类文化史上持续了几千年,不仅在人们的头脑中形成了女子不应该和男子一样参加体育运动的成见,而且造成了对女子生理特点的种种错误的观点,造成了长期的低估妇女运动能力的偏见。

体育这一古老而又年轻的文明,在父权社会中,男人更看重体育,体育更青睐男人。这种以男性为中心的历史观、价值观、伦理观的偏移,遗留至今,更为重要的是它造成了体育这一人类文明在整体框架上的残缺不全。

在中国两千年的封建社会中,妇女的地位尤为低下。三纲五常、三从四德束缚了妇女的个性解放。特别是"妇德、妇言、妇容、妇功"的规定,要求妇女行动规矩、严守礼教、唯唯诺诺、勿论是非、打扮整齐、勤于家务,把妇女作为男人的私有财产而束缚起来。特别是到了南唐以后,强令妇女缠足,严重摧残了妇女的身心健康,终于把妇女推出了体育的大门。

同样,欧洲中世纪的妇女也是男人手中的玩物,女人只能追求所谓的温柔典雅的外形,这种社会风尚视参加体育运动的妇女为"疯癫",加上当时提倡的帝国式长裙(胸衣小而紧,裙身庞大深重,下摆垂地),使妇女更加与体育疏远。直到 20 世纪初,人们仍对妇女参加体育运动持怀疑态度。在现代奥林匹克恢复之初,女子项目寥寥无几,每增加一个项目都要经历一番激烈的辩论和争吵。1967 年波士顿马拉松比赛时,跑道上出现了第一位女运动员,她的名字叫凯西·斯威泽(Kathy Switzer)。负责人发现了她,立即跑上去,企图撕掉她背上的号码布,但凯西避开了,成功地跑完了马拉松全程。凯西的胜利具有世界意义。她向全世界宣告,妇女被排除在体育大门之外的历史已经结束。

2. 与体育中的妇女歧视进行斗争

女性主义者介入体育领域始于北美19世纪70年代。体育女性主义致力于帮助女运动员识别和抵制歧视,争取与男子平等的机会。作为妇女运动的后来者,它关注的核心不是体育与娱乐范畴中的文化争议,而是法律、政治以及意识形态领域的重大问题。女性主义者对体育的关注迅速获得来自多方面支持,到19世纪80年代,更多有理性思考的妇女体育著作相继出版。体育女性主义不仅在北美,也在西欧和澳大利亚、新西兰等地迅速发展。90年代是女性主义体育社会学理论长足发展的时期。

体育女性主义运动的重要动力来源于对妇女权利和需要的关注。体育女性主义不是单一的运动或观点,也不能简单地用文化传统、自由主义、马克思主义、激进主义、社会主义中的任何一个来概括它多样的形式特征。体育女性主义的精髓是:体育运动是一种内容丰富而又过程艰苦的经历,具有使妇女获得身体的自信、娱乐和满足感的多方面作用。因而体育女性主义主张应该动员妇女参与体育运动。

当代妇女解放运动起始于20世纪60年代中期的美国,起初女权活动家并没有把注意力放在体育运动上。70年代后,妇女体育成为妇女运动的一个关注点。于是,女性参加体育活动的意识逐渐加强,参加人数急剧增加。西方的妇女体育激励了日本的妇女。女性体育人口从1957年的6%骤增到1979年的62%。1984年,女子马拉松比赛成为奥运会项目。接着女子足球、女子柔道、女子举重、女子撑竿跳高、女子三级跳远等项目都在世界范围内开展起来,有些已经成了奥运会的表演项目。女子与男子平分天下的格局已在国际体坛逐步形成。

1994年5月5—8日,在英国体育理事会主办的首届妇女与体育国际大会上,来自82个国家的280位代表就如何迅速改变妇女在体育运动中的地位展开了热烈的讨论后,签署了促进妇女更广泛地参与体育运动的行动纲领——《布莱顿妇女与体育宣言》。其主要目标是促使妇女在平等的环境中全方位参加体育运动。宣言指出,国家和政府机构应尽一切努力促使负责体育的组织遵循《联合国宪章》、《世界人权宣言》和《联合国关于消除一切形式的妇女歧视宣言》中关于男女平等的条款,在体育的资源、权利、责任等方面不带性别歧视地平等分配。宣言还指出,应制定相应的政策以全面增加女性决策者、领导者、管理者和教练的人数。宣言还就体育资源、体育比赛、学校体育、高水平竞技、体育研究等方面如何给妇女平等的权利提出了具体的目标和措施。

1996年,国际奥委会组织的第一届世界妇女与体育大会在洛桑举行,包括国际奥委会、国际单项体育联合会、国家奥委会和其他国际组织、政府组织、非政府组织、联合国及一些研究机构的代表出席了这次会议。大会对妇女在体育中的地位和权利有了更为明确的规定和要求。该会的举行,对推动体育领域中男女平等的理想变成现实,及全世界妇女体育的发展具有重要的历史意义。

(三) 妇女体育参与

广大妇女在积极投入社会生产、创造社会财富方面,做出了艰苦的努力;在促进社会文明、发展人类情感方面,做出了独特的贡献;在保卫世界和平、主持人类正义方面,起到了巨大的作用,而且在积极参与体育运动、推动国际体育事业发展方面取得了重大的成就。

1. 妇女的竞技体育参与

在全世界争取男女平等的潮流中,在国际体育组织的积极推动下,参与奥林匹克运动等国际赛事的女运动员人数、女子项目数不断增加,国际竞技体坛已出现了性别平等化趋势。

(1) 女子参赛人数急剧增加

第二次世界大战后,女运动员的参赛人数逐渐增加,夏季奥运会女运动员占运动员总数的百分比,由1948年第14届奥运会的9.5%上升到1996年第26届的35.1%,男女运动员的比例数已由10.6∶1变为2.8∶1。冬季奥运会女运动员占运动员总数的百分比也由1948年的11.5%上升到1998年的38.0%,男女运动员的比例数已由8.7∶1变为2.6∶1。2000年夏季奥运会上,女子首次在集体项目上与男子参赛队相等。

1996年第26届夏季奥运会被誉为妇女体育取得突出进展的奥运会,共有3 626名女运动员参加了这届奥运会,比参加第2届奥运会的女选手增加了数百倍。中国、加拿大、丹麦等国的女运动员人数超过了男性,列支敦士登、黎巴嫩代表团中全部是女选手。

(2) 女子比赛项目逐渐与男子相同

第二次世界大战后,社会的进步使妇女的地位发生了较大的变化,人们更全面地认识到从战争炮灰中走向社会各个领域的妇女的社会价值。国际体育组织对女子参赛的态度也逐渐发生了变化,他们积极致力于参赛项目上的男女平等,努力扩充女子参赛项目。1948年,奥运会共设大项17个,女子参赛大项为5个(游泳、击剑、田径、体操、皮划艇),占该届大项总数的29%。1964年东京奥运会上,排球成了奥运史上第一个女子集体项目,其决赛的精彩程度超过了男子。奥运会虽然向女子开放了一些项目,但相当长的时间内中长跑却是女子的禁区。经过人们的努力,女子800米赛跑项目终于在1960年出现在奥运赛场。1972年在第20届奥运会上,女子1 500米跑成为比赛项目,36名世界优秀选手参加了激烈角逐。1979年,美国运动医学专家在充分调查研究女子从事长跑的效果之后,建议"女子可以与男子一样,参加长跑比赛"。随后,英、日、德等国的运动医学专家也指出,女子的氧利用能力、热适应能力和持久性耐力均不亚于男子,甚至有可能超过男子。1984年后,女子3 000米和女子马拉松等项目终于成为奥运会正式比赛项目。20世纪60年代后期,女子开始向足球这一禁区挑战,一些国家相继成立了女子足球协会。90年代,女子足球运动已遍及世界各地。

在妇女的不懈努力和国际奥委会的支持下,奥运会设项不断向男女平等迈进,几乎每届奥运会都有新增的女子参赛小项。夏季奥运会女子参赛大项从第14届的5项增至第26届的21项,小项从19项增至108项;冬季奥运会女子参赛大项从1948年的2项增至1998年的6项,小项从5项增至31项。第26届夏季奥运会,女子参赛小项占小项总数的39.9%,第18届冬季奥运会占45.6%。第26届夏季奥运会实际增加运动小项14项,其中女子增项数目为11项,占实增项目总数的79%。2000年的悉尼奥运会,是妇女参加奥运会一百周年纪念,女子参赛大项又增加了现代五项、铁人三项、跆拳道、水球和举重,这样,奥运会大项除了拳击和摔跤外,其他所有项目都有女子参加。国际奥委会还决定,凡要进入奥运会的体育项目,首先必须包括有女子项目才能被考虑。国际奥委会还按照女性特有的生理、心理条件增设了艺术体操、花样游泳等女子独有的项目。这表明男女平等的原则在奥林匹克运动中有了更深刻的理解。

(3) 中国竞技体育"阴盛阳衰"现象解析

新中国成立以来,我国体育事业发展的一个显著特征是女子竞技水平长期超过男子,人们称为"阴盛阳衰"现象。

据统计,在近9届奥运会上,中国女子共获金牌124.5枚,是男子的1.21倍(见表7-1);在历年的全国十佳运动员评选中,女运动员数也超过男子。

表7-1 中国在近9届夏季奥运会上所获金牌一览表

	男	女
1984年	10枚	5枚
1988年	2枚	3枚
1992年	4枚	12枚
1996年	7枚	9枚
2000年	11.5枚	16.5枚
2004年	12.5枚	19.5枚
2008年	25枚	26枚
2012年	18.5枚	19.5枚
2016年	12枚	14枚
合计	102.5枚	124.5枚

资料来源:中国奥委会官方网站。

注:男女混合运动项目,男、女各按0.5枚计算。

产生这一现象的原因是多方面的,主要有:

① 中国传统文化中妇女性别的精神品格起到了积极的作用。中国妇女虽然长期对男人处于从属地位,但从未放弃过积极进取的人生态度。她们虽然社会地位卑微,却具有强烈的对独立人格的追求。虽然社会对她们有阴柔纤细的社会角色要求,但中国妇女始终具有潜在的刚毅不屈的性格精神。竞技体育为中国妇女的这种矛盾处境找到了一条很好的出路,中国传统文化中妇女的这种特殊地位又为近代中国妇女在竞技体育中的成功创造了良好的心理条件。同时,女运动员吃苦耐劳、服从指挥和遵守纪律等品质,使她们更容易与教练员沟通配合,取得较好的运动成绩。

② 新中国妇女解放运动推动了女性的体育参与。中国的妇女解放运动始终是和民族解放事业联系在一起的,竞技体育处于妇女解放和民族解放的交叉点。因此中国女子竞技体育得到了来自政治、经济、社会、教育各方面的支持。妇女解放运动促进了女子思想和身体的解脱,促进了妇女体育的大发展。而妇女体育的兴起,标志着妇女解放运动进入了一个新的阶段。中国妇女把进入体育,在竞技体育中获得成功,看成是妇女解放运动

的一部分。同时女运动员把竞技体育中的成功看成是妇女改变自身社会地位的一种重要形式。一些生存状态较差的农家女孩把参与竞技体育作为改变户籍,就学,就业,获得社会报酬的主要手段。因此,这一"阴盛阳衰"现象既可以看成是中国妇女解放的成果,又可以看成是中国妇女争取自身解放的过程。

③ 中国女运动员成功地利用了妇女解放运动的"时间差"。当代西方妇女解放运动发起时,没有把主要注意力放在体育运动上。20世纪70年代后,妇女体育才成为妇女运动的一个关注点。于是,女性参加体育活动的意识逐渐加强,参加人数才急剧增加。而在20世纪五六十年代后,中国女运动员已经获得了较为平等的参与竞技体育的机会,并在一些项目(如女子足球、女子柔道、女子举重、女子撑竿跳高、女子三级跳远等)上率先发展起来,取得了好成绩。

此外,中国训练体制的特殊性,可以实行男运动员陪练的制度,可以对幼儿、儿童进行早期专门化的运动训练,这在许多国家是做不到的。还有一些项目在西方国家妇女看来是有损"女性形象"的,如柔道、举重等,她们很少参与也为中国女运动员的成功留出了空间。

2. 妇女的健身活动参与

体育作为社会的一种文化形态和一项公共事业,它归全社会共有,需全体人民的支持和参与。在现代化建设的今天,妇女同样承担着建设社会主义物质文明和精神文明的重任。如何发掘、利用和提高妇女人力资源的数量和质量问题,也是我国体育事业整体框架结构协调发展的关键性问题之一。开创我国妇女体育的新局面,使中国妇女在社会体育领域里活跃起来,不仅是中国体育事业全面腾飞的重要条件,也是中华民族文明进步的显著标志。然而中国妇女在参加健身活动方面与男子相比还有一定的差别,表现为:

(1) 女性体育人口少于男性。我国居民的体育参与存在较大的性别差异,从总体上讲,是男性的参与比率高于女性;体育参与者的性别比为179.14:100,超出性别比的平衡区间。1996年我国16岁以上人口中女性的参与率比男性低13.6%。2007年的全国群众体育调查表明,2007年全国男性达到经常锻炼标准者占男性总数的9.0%,而女性仅为7.5%。

(2) 女职工体育是薄弱环节。在中国,职业妇女有社会性和家庭性的双重角色,妇女直接肩负着丈夫、孩子和职业的三大责任和义务,中国职业妇女基本上是"职工—主妇型"的形象。职业妇女要想在社会上同男性竞争,获得同等的地位,非得付出更大的代价,做出更大的努力。职业妇女患身心疾病的比例远远高于非职业妇女。体育是繁忙、枯燥、单调工作和生活的一种特殊的缓冲剂,是现代文明中的特殊享受,这种文化享受已被越来越多的现代人所看重、所珍惜,对职业妇女身心健康起着积极的保障作用。而且体育精神对中国职业妇女增强自我主体意识、自信心、竞争意识,完善独立的个性和人格都具有现实的意义。据一项调查表明,女职工经常参加体育活动者只占10%,在不参加体育活动的职业妇女中有50.5%的人是在离开学校后,有21.5%的人是在结婚后,有28.2%的人是在生育后退出体育活动的。缺乏余暇时间问题,在女职工中较为严重,女服务人员、护士、纺织工人等对余暇时间的需求比较强烈。在多数家庭,女性承担着教育孩子的重任,她们的余暇时间尤少。

(3) 老年妇女的体育健身活动活跃。在体育人口中,老年妇女居多,约占参加锻炼人口总数的 55% 左右,中年人较少,青年甚少。这或许与女性比男性退休提前 5 年有关,也与中国女性平均预期寿命较男性长,老年女性多于男性有关。此外,由于女性的性格特征,使她们在参加体育活动后能保持较为稳定的不间断性。

3. 妇女的体育参政

妇女要实现体育领域中真正的男女平等,起决定作用的是妇女要争得在国际体育组织和国家体育管理机构的领导权。经过多年的艰苦的努力,妇女们终于在这些机构中占据了一定的地位。

(1) 在国际奥委会和国际奥委会专门委员会中的女性参政

由于历史的原因,在相当长的时间内,国际奥委会均由男性成员组成。妇女进入国际奥委会的首次努力是在 1960 年,直到 1971 年才有第一位女性担任了国际奥委会行政主任。到 1981 年,产生了国际奥委会的首批女委员。到 2000 年 3 月,在国际奥委会中共有 14 名女委员。女委员在国际奥委会中的比例已达到 12.4%。虽然她们的人数仍然较少,但她们却以自己的才能赢得了同事们的尊重和赞扬。国际奥委会主席还邀请了 26 位妇女专家在国际奥委会的妇女和体育工作组、体育仲裁法庭、奥运会协调委员会、奥林匹克团结委员会、体育与环境委员会、顾拜旦委员会、大众体育委员会、新闻委员会、医务委员会、广播与电视委员会、运动员委员会、文化委员会、国际奥林匹克学院委员会等专门委员会中任职。

(2) 在国际单项体育联合会决策层中的女性参与

国际奥委会鼓励国际单项体育联合会在其决策层中为妇女提供更多的机会。至 2000 年 3 月,在奥林匹克项目单项体育联合会中,有 10 名妇女担任要职。1994 年,国际奥委会在其召开的百年奥运大会上向被国际奥委会承认的国际单项体育联合会建议,到 2000 年 12 月 31 日,妇女至少应占其领导层的 10%,到 2005 年 12 月 31 日,则上升至 20%。

(3) 在国家和地区奥委会决策层中的妇女

2000 年 3 月,在全世界国家或地区奥委会中,共有 35 位副主席、9 位秘书长、1 位副秘书长、1 位管理主任和 1 位总干事由妇女担任。值得关注的是,伊朗出现了一位女性奥委会副主席,她为伊斯兰国家妇女平等参与奥林匹克运动树立了良好的榜样。目前,在 200 个国家和地区奥委会中,仅有 47 名妇女任要职,这个比例明显偏低。因此,国际奥委会要求其所有国家和地区的奥委会在其领导层中尽快增加女性。在国际社会上存在许多歧视妇女现象的今天,奥林匹克运动管理层次的性别平等程度已在世界上领先。

(4) 我国女性的体育参政

新中国成立以来,我国女性已大量地参与了体育的行政和社团的管理,并进入管理的较高层次,打破了男性垄断的局面。然而一项调查研究表明,我国体育高层行政管理机构中女干部总体比例较低,职级越高,比例越低,且多担任副职。女性在秘书、财务、档案管理、党政管理等职位所占比例较大,我国体育高层行政管理机构中女干部任职的岗位具有性别特征并具有边缘化、非关键性的特点。总体上,女性在体育领域高层决策机构处于边际地位,在晋升机会上女性和男性存在差距。男女干部学历水平差距不大,但在学习进修机会女性机会比男性要少。男女干部任职途径相似,但男干部参政背景比女性多样化,晋升速度女性低于男性。

在工作效绩自我评价上,女性表现比较自信,但成就动机水平不高,主体意识较薄弱。从参政素质方面看,女性责任心强,富于同情心,而较缺乏自信心、竞争意识,社交能力、协作能力较强而决策能力和独立性较弱。总体上体育行政管理机构中妇女参政的外部条件是比较好的。家务劳动仍然是影响女干部工作的主要因素,女性身担双重责任,面临更多的冲突和矛盾。

(四)妇女体育发展的社会动因

1. 社会的发展为妇女体育提供了更多的机会

由于经济与社会的发展,今天有更多的妇女参加体育运动,最主要的原因是现在比以前有更多的机会,这些机会表现为:

(1)妇女有了较为独立的经济地位,妇女就业人数的普遍增加,男女同工同酬的政策保障,使妇女成为经济独立的个体,使她们有机会进行体育消费。

(2)妇女有了越来越多的余暇时间,由于工作时间与家务劳动时间的缩短,妇女的社会与家庭负担减轻,增加了妇女的参与机会。

(3)妇女体育组织和体育活动项目显著增加,在过去20年中,在许多组织和社区中,妇女们开始接受平等的体育资源份额。

2. 妇女解放运动改变了妇女的社会形象

在过去40年间的世界范围的妇女运动大多强调妇女们在有机会发展她们的聪明才智的时候,应把她们当作人来看待。这一思想激励着不同年龄、层次的妇女追求她们在体育运动中的利益,也给那些过去从未想过参加体育运动的妇女们创造了新的利益。妇女运动也帮助妇女们重新定位了她们在家庭和职业中的角色,这也给妇女提供了更多参加体育运动所需的时间和财力。随着妇女运动思想被广泛地接受,以及男子们对妇女生活影响的日趋削弱,越来越多的妇女选择了从事体育运动。尤其是那些生活在贫穷国家,低收入的妇女们,可供妇女们利用的选择比她们以前更少地受到限制。

许多有政治影响力的妇女体育组织伴随着妇女解放运动而出现,例如美国的妇女体育基金会就成为一个重要的游说组织。国际妇女体育组织是一个专门帮助全世界妇女促进体育运动和体育教育发生积极变化的组织。通过这些组织代表们的游说,在1996年北京举行的第四届世界妇女大会中包括了有关妇女参与体育运动和体育教育的陈述。这些陈述要求给妇女们提供体育运动和体育教育的机会,并以此促进世界各国妇女们的教育、卫生和人权。

3. 妇女体育得到了法律保障

联合国自1945年成立以来,已起草并通过了二十多个有关妇女地位的国际公约和宣言。其中的一部分国际法律文件,突破了20世纪早期有关妇女地位的保护性法律文件的范围,形成了旨在废弃歧视妇女的制度,建立提高和改善妇女地位的新制度的纠正性法律文件。

1972年美国国会通过联邦教育修正法案第9条,该修正法案"禁止接受联邦经费的教育机构歧视妇女"。此后,教育机构妇女体育经费预算大大增加,妇女体育的奖学金和学校中参加体育活动的妇女大增,美国女性同男子一样有了平等参与体育活动的权利,妇女们可以参加过去只有男子才能参加的体育运动,对女运动员也可以采用像男选手那样大运动量的训练,使美国教育机构为奥运会输送了大批成绩优异的女运动员。1975年以来,欧共体采取重要措施保障男女平等,几乎所有的欧洲国家都通过了男女平等的法案,其范围也包括体育。

中国在宪法与多项法律中都贯彻了男女平等的立法原则,妇女在政治、劳动、社会地位、教育、文化、体育中都享有与男子平等的权利。1995年颁布的《全民健身计划纲要》强调"重视妇女和老年人的体质与健康问题,积极支持他们参加体育健身活动。注意做好劳动强度较大、余暇时间较少的女职工的体育工作"。

4. 妇女自身健身意识的增强

自20世纪70年代中期以来,全社会健身意识在不断增强,使得妇女们参与了许多身体锻炼和身体娱乐活动,特别是心血管系统、脑血管系统疾病在妇女人群中的高发,使得妇女参加体育活动的积极性空前高涨。而且妇女参加体育活动的另一个重要原因是来自审美的需求。她们把健美的身材和娟秀的面容作为一种重要的生活追求,尽管这种追求隐含着某些人才市场、劳动力市场的价值观念,也得到了各种妇女用品市场推销商的推波助澜。

5. 大众传播媒介对妇女体育的关注

近20年来,各国的媒体对妇女参与体育运动报道有所增加,尽管有关妇女参与体育运动的报道的覆盖面不能与男子相提并论,但是比以前对妇女参与体育运动的报道要多很多。通过在电视中观看女运动员的比赛,以及阅读报纸、杂志和书籍,使妇女受到了很大的鼓舞。在中国,优秀女运动员在国际竞技体育中的巨大成功极大地鼓舞了女性参加体育活动的热情。

(五)妇女体育发展的制约因素

各国妇女们经过一个多世纪的艰辛努力,终于使她们在体育教育、体育健身和竞技体育中争得了一定的平等权利,各国政府和国际体育组织也正在努力为妇女解放运动做出更多的贡献。但由于妇女被压抑的现象持续了数千年,女子在体育运动中的正当权益还受到某些压制,在部分国家,女子参加体育比赛仍遇到各种障碍。第26届奥运会,仍有28个国家或地区奥委会派出的代表团是清一色的男性。这些障碍主要表现为以下几个方面:

1. 经济压力

由于历史的原因和当今世界政治、经济发展的不平衡性,相当一部分国家的社会发展水平仍处于较低的状态,这类国家目前有一百多个,其人口约占世界总人口的75%。在这些国家,许多妇女被日常生活的负担所累,甚至连温饱尚不能保障。世界粮农组织的统计数字显示,发展中国家粮食产量的80%是由妇女生产的,妇女的劳动时间大大超过了男子。在非洲和亚洲,妇女每星期要比男子多工作7小时。在拉丁美洲的贫困山区,妇女每天工作甚至超过16小时。在南非,部分妇女每天从早晨4时开始劳作,直到夜里11时。妇女虽然为养活人类做出了巨大的贡献,但她们却享受不到与男子平等的权利。因此,大多数的发展中国家,妇女体育仍处于非常初级的阶段,女子参加体育活动和比赛的可能性很小,少数的女运动员由于缺乏必要的经济支持而处境艰难,致使她们的进一步发展受到了严重的限制。

2. 政治歧视

虽然妇女在政治领域中取得了一定的权利和地位,但是应当看到,至今为止,在许多发达国家中进入政界的女性仍为数甚少。从性别拥有权力的指数来看,许多发展中国家妇女拥有的政治权力和经济权力更为低下。这种状况限制了妇女体育的进一步发展。亚洲一些国家中,妇女在体育方面仍受到歧视,女运动员的人数少于男性,在对获得同样运动成绩的男女运动员进行奖励时,奖金数额大不相同。达到世界水平的中国女子足球队与始终不能冲出亚洲的男队所得到的相差极为悬殊的待遇,也可以看出对妇女的歧视还相当严重。

3. 女性偏见

(1) 对妇女身心潜力的误区

长期以来,传统认为妇女们的身心是很脆弱的,只适于参加一些优雅的活动,因此她们只被允许参加花样滑冰、冰上舞蹈、体操、游泳、网球、高尔夫球和其他一些与力量、速度无关,较少对抗性和竞争性的运动项目。在某些国家,当妇女们参与传统上认为是男性化的运动项目时,常常认为她们是在表达一种对社会的强烈抗议。

其实,妇女的所谓脆弱不是与生俱来的。半个世纪以来,科学技术迅速发展,使体育建立在雄厚的科学基础上,使人们对体育的认识更加深刻,也有助于破除有关妇女身体的误解,同时还使体育的训练方法更加科学,女性的体育训练也更有针对性。女性不仅能适应大强度的训练,而且还大幅度地提高了运动成绩,从而使妇女的身体条件不适宜参加激烈体育竞技的理论逐渐失去市场,社会上更多的人开始赞同妇女参加竞技体育活动,妇女本身也挣脱了传统观念的束缚,越来越多的解放了思想的女性投身到竞技体育之中。

(2) 对妇女"社会形象"的偏见

在许多文化中,有关女性身体有着各种各样的奇谈怪论,认为妇女应有好的形体,而不是结实;应该性感,而不是健康;应该纤细,而不是强壮。在女运动员与时装模特之间,更偏爱后者。人们在评论某个女运动员和女性体育运动参与者时常常有这样的言论:她是一个好运动员,但她不是一个真正的女人。这一舆论导向无疑限制了女性的体育参与。妇女们的"社会形象"往往是一种被审视的、被评判的、被消遣的对象。

许多妇女也确实把进行体育运动与减轻体重、健美身材联系起来。在西方,女运动员和女子健美活动在训练过程中大量使用泻药、减肥药、利尿剂、催吐剂,或狂饮,或挨饿,这增加了威胁身体的可能性,这些做法都是与体育的本意背道而驰的。

(3) 对妇女"社会角色"的误解

在传统的观念中,妇女的社会角色是男人的附属品,受到男人的保护,因此女人不应具备阳刚之气,而应带有阴柔之美。在以男人的价值观念为基础的文化环境中,一个女孩要求参加体育运动时,就会有来自家庭的不同于男孩的要求或附带条件,这些要求或附带条件往往带有女性歧视的特征。而那些在童年时代避免参加体育运动,尤其是身体对抗激烈的体育运动的男孩们经常被称作"娘儿们",而那些参与了这些体育运动的女孩们被称作是"野丫头"、"疯丫头"。在参加游戏的种类上,男孩受到父母的限制要少得多,这也是多数男孩在运动技术上超过女孩的原因之一。

成年女子在体育上获得成功,则往往认为是女强人、没有女子气质的畸形人、另类女人、性别倒错的女人等。这些描述因历史和文化根源的差异有所不同,但本质都带有妇女歧视的色彩。

还有一种潜在的意识认为,妇女不适合担当教练和管理工作,即使她们从事了教练和管理工作,只有较少的空间和更少的支持,于是在体育组织中女性的工作负荷常常比男性要大,而成就感要小。

在一些国际性的体育竞赛中,女运动员们要通过基因检查证明她们是真正的女人,这里也隐含着女人在体力上不如男人的一种性别歧视。

体育社会学的研究表明:妇女们参与体育运动会使她们的个性增强,作为一名运动员,尤其是优秀运动员,可以改变妇女们对自己的看法,通过参加体育运动,她们会觉得她们身体很强壮,很有竞争力,可以作为一个独立的人更好地控制自己的生活,这一点很重要。妇女参与体育运动可以对自身能力的传统观念做出挑战,还可以为妇女们树立一种社会榜样。

4. 宗教和民间习俗的限制

在部分发展中国家,宗教和传统习俗禁止女子参加体育活动,阻碍了妇女体育的普及化。由于正统宗教信仰的原因,在国际活动中,争取男女平等也是困难的,例如,一些信仰伊斯兰教的国家禁止妇女在男人们面前公开暴露身体的任何部位;在信仰天主教的国家,妇女们未经男子同意,很少有机会从事其他活动。由于女运动员的衣着违反了伊斯兰教义,亚洲伊斯兰教国家中女运动员凤毛麟角,参与奥运会的女运动员极少,部分女运动员成为最终的受害者。

在一些国家和地区,一些风俗习惯也影响了妇女的体育参与。如妨碍身体活动的服装鞋帽、过分的修饰装扮,以及繁杂的礼仪活动都给妇女的体育参与造成了困难。

5. 妇女自身素质的限制

统计资料表明,在全世界10亿成年人文盲中,有2/3是妇女。在一些非洲和亚洲国家,25岁以上的妇女90%从未进过学校。由于受教育水平低下,其就业的机会受到了限制,妇女走向社会的可能性大大降低。在这些国家中,女子参与体育活动的机会必然受到限制,女子体育比赛的可能性极为有限,专职的女裁判、女教练、女体育教师则更少。因此,提高妇女的素质,开展妇女教育是发展妇女体育的前提条件,扫除妇女文盲,提高妇女受教育水平,才能使更多的妇女走出家门,走向社会,才能使更多的女孩子有机会接触体育,投身于体育活动之中。

妇女体育的道路还很漫长。在还没有完全实现男女平等的今天,妇女还需要靠自己的努力来证明自己在体育方面的创造才能。一个多世纪以来,妇女在体育运动中的异军突起,已经将体育的性别平等化趋势展示在世人面前,而妇女们在体育中的独特魅力将会使全球性的妇女解放运动更具光彩。

三、老年人体育

第二次世界大战以后,西方工业发达国家在人口问题上出现了老龄化倾向。到20世纪末,人口的老龄化问题已经成为一个全球性的、战略性的重大社会问题,关系到各国的经济和社会发展,以及未来世纪人类的命运。20世纪80年代以前,中国受到人口增长速度过快的困扰,对人口老龄化问题未予十分关注。80年代中期以后老龄人口突增,引起人们的警觉。到21世纪初,中国将从一个"年轻型社会"经过短暂的"成年型社会",而彻底进入"老年型社会"。因此,中国社会的老龄化发展已经引起了政府和社会的强烈关注。社会的老龄化所形成的老龄健康问题,并由此产生了巨大的体育需求,以及老年人对体育活动的热情参与改变了中国大众体育的格局,形成了一种以老年人为重要力量的特殊体育形态。

按照国际惯例,通常把老龄人口(65岁以上)占总人口的7%作为一个国家人口老龄化的标准。按此标准,中国在2002年已进入老龄化社会,21世纪40年代老龄人口将超过19%,中国将进入超老龄化社会,可以说中国人口的老龄化将是影响我国21世纪发展的一个十分重要的问题。由于20世纪中国社会发展过程中,特别是新中国成立后的50年,各种政治、经济和社会上的原因使我国的人口不仅在数量上激增,而且在结构上产生了极大的不平衡,这将使中国21世纪的人口老龄化形成了一定的特色,带来了一系列不可忽视的社会问题,我们理应根据这些特点来深刻思考体育发展的对策。

(一)中国人口的发展概况

新中国成立前,中国社会处在兵荒马乱之下,中国人民则处在水深火热之中,当时中国婴儿死亡率高达20%,人平均年龄只有35岁,很多老人不能坐享天年,在天灾人祸中过早地离开了人间。因此,尽管社会问题层出不穷,但人口老龄化并不是当时的社会问题。

新中国成立后,由于我们武断地批判了马寅初先生的"新人口论",盲目地学习苏联"英雄母亲"的经验,片面进行了"人多好办事"的宣传误导,加上人民群众迎来了经济恢复和社会安定的良好社会环境,使我国在整个20世纪50年代的人口得不到有效控制,1959年至1962年三年自然灾害期间,人口出生率虽有下降,但1963年以后的补偿性增长一直延续到20世纪70年代初,形成了新中国成立后的第二次生育高峰,20多年来,中国人口整整增加了1倍,达到了9亿人。

1974年开始,计划生育成为了中国的一项基本国策,实施了"宣传教育为主,避孕为主,经常工作为主"的方针,当时提出的口号是"一个不少,二个正好,三个多了",基本上实行的是一对夫妻生2个孩子的政策,人口出生率有了控制,但因为我国人口结构属于年轻型,育龄妇女比例高,因此人口还在高速增长。

20世纪80年代开始,我国实施严格的"一对夫妻只生一个孩子"的政策,理应总人口增长可以放慢了,但是,因为20世纪50年代、60年代的两次生育高峰期出生的婴儿已到达了婚育期,加上知识青年回城出现突击结婚现象,因此反而出现了我国新的一次生育高峰。

20世纪90年代我国的妇女生育水平(育龄妇女生育子女数)已由1974年前的5胎降到2胎,但是,中国社会的人口结构仍然属于年轻型,致使总人口数继续上升。1995年2月,我国迎来了12亿人口,占全世界总人口的22%,这是由于我国人口增长惯性造成的。所谓惯性,是指过去的人口增长,造成今天育龄妇女人口占总人口的比例增长,致使今天即使妇女生育水平下降,但总人口仍然保持增长的势头:1992年,中国、瑞典、美国的妇女生育水平分别是2.0、2.1、2.1;但人口的自然增长率却分别是1.2%、0.3%、0.7%,上述数据能够说明中国人口还会继续增长数十年的理由。由于上述原因,中国的总人口到2030年将达到14亿—17亿。这种人口规模将维持一段时期,如婚育政策不作重大调整,2040年以后有可能出现总人口下降的发展趋势。

(二) 21世纪中国人口老龄化发展趋势

21世纪的中国将是一个不可逆转的老龄社会。从2001年到2100年,中国的人口老龄化发展趋势可以划分为三个阶段。

第一阶段,从2001年到2020年是快速老龄化阶段。这一阶段,中国将平均每年增加596万老年人口,年均增长速度达到3.28%,大大超过总人口年均0.66%的增长速度,人口老龄化进程明显加快。到2020年,老年人口将达到2.48亿,老龄化水平将达到17.17%,其中,80岁及以上老年人口将达到3 067万人,占老年人口的12.37%。

第二阶段,从2021年到2050年是加速老龄化阶段。伴随着20世纪60年代到70年代中期的新中国成立后第二次生育高峰人群进入老年,中国老年人口数量开始加速增长,平均每年增加620万人。同时,由于总人口逐渐实现零增长并开始负增长,人口老龄化将进一步加速。到2023年,老年人口数量将增加到2.7亿,与0—14岁少儿人口数量相等。到2050年,老年人口总量将超过4亿,老龄化水平推进到30%以上,其中,80岁及以上老年人口将达到9 448万,占老年人口的21.78%。

第三阶段,从2051年到2100年是稳定的重度老龄化阶段。2051年,中国老年人口规模将达到峰值4.37亿,约为少儿人口数量的2倍。这一阶段,老年人口规模将稳定在3亿—4亿,老龄化水平基本稳定在31%左右,80岁及以上高龄老人占老年总人口的比重将保持在25%—30%,进入一个高度老龄化的平台期。

(三) 中国的人口老龄化主要特征

1. 老年人口规模巨大

2004年底,中国60岁及以上老年人口为1.43亿,2026年将达到3亿,2037年超过4亿,2051年达到最大值,之后一直维持在3亿—4亿的规模。根据联合国预测,21世纪上半叶,中国一直是世界上老年人口最多的国家,占世界老年人口总量的五分之一,21世纪下半叶,中国也还是仅次于印度的第二老年人口大国。

2. 老龄化发展迅速

65岁以上老年人占总人口的比例从7%提升到14%,发达国家大多用了45年以上的时间,其中,法国130年,瑞典85年,澳大利亚和美国79年左右。中国只用27年就可以完成这个历程,并且在今后一个很长的时期内都保持着很高的递增速度,属于老龄化速度最快国家之列。

3. 地区发展不平衡

中国人口老龄化发展具有明显的由东向西的区域梯次特征,东部沿海经济发达地区明显快于西部经济欠发达地区,以最早进入人口老年型行列的上海(1979年)和最迟进入人口老年型行列的宁夏(2012年)比较,时间跨度长达33年。

4. 城乡倒置显著

发达国家人口老龄化的历程表明,城市人口老龄化水平一般高于农村,中国的情况则不同。目前,农村的老龄化水平高于城镇1.24个百分点,这种城乡倒置的状况将一直持续到2040年。到21世纪后半叶,城镇的老龄化水平才将超过农村,并逐渐拉开差距。这是中国人口老龄化不同于发达国家的重要特征之一。

5. 女性老年人口数量多于男性

目前,老年人口中女性比男性多出464万人,2049年将达到峰值,多出2645万人。21世纪下半叶,多出的女性老年人口基本稳定在1700万—1900万人。需要指出的是,多出的女性老年人口中50%—70%都是80岁及以上年龄段的高龄女性人口。

6. 老龄化超前于现代化

发达国家是在基本实现现代化的条件下进入老龄社会的,属于先富后老或富老同步,而中国则是在尚未实现现代化,经济尚不发达的情况下提前进入老龄社会的,属于未富先老。发达国家进入老龄社会时人均国内生产总值一般都在五千到一万美元以上,而中国目前人均国内生产总值才刚刚超过一千美元,仍属于中等偏低收入国家行列,应对人口老龄化的经济实力还比较薄弱。

(四)中国老龄化呈加速发展的原因

近50年来,中国人口的生育率和死亡率有了明显的下降。总和生育率从1950年的5.81%下降到1990年的2.31%,1995年已降到1.99%,在1950年至1990年期间,生育率下降使中国少年儿童的比例下降了19.5%。同时中国老年人口的死亡率在明显的下降,在亚洲发展中国家中居较前的位置,由于出生率和死亡率下降的双重作用,使老年人人口的比例迅速增加。

在卫生、教育和家庭经济状况有较大改善的前提下,中国人平均预期寿命有了大幅度的增长,从20世纪50年代不到40岁增加到90年代的70岁以上。

1990年总人口的预期寿命比1982年延长1.5岁,男性延长1.5岁,女性1.7岁,接近了发达国家水平(表7-2),2010年总人口平均预期寿命达到74.83岁,这是中国老年人口迅速增加的另一个重要的原因。

表7-2 中国人口、男性、女性平均预期寿命变动表(单位:岁)

社会调查名称	年度	总人口平均预期寿命	男性平均预期寿命	女性平均预期寿命
第三次全国人口普查	1982年	67.7	66.2	69.2
第四次全国人口普查	1990年	69.2	67.7	70.9
第五次全国人口普查	2000年	71.4	69.63	73.33
第六次全国人口普查	2010年	74.83	72.38	77.37

(五)中国老年人的体育参与情况

1997年,中国对全国群众体育展开了一次大规模的社会调查,调查表明老年人口参加体育活动的积极性很高,其中66岁至75岁老年人体育参与者占该年龄段人口的38.46%,76岁以上为30.70%,达到了较高的参与水平,超过了26岁至55岁各年龄段。

中国老年人体育的组织化程度相对较高,他们主要参加居住社区组织的各种体育活动点、活动站的活动,这些活动站点平均是30人左右,最多的高达200人以上。这些活动站点有的在自家庭院,有的设在公园树林里,有的在街道广场空地上,大约距离家庭15分钟路程以内。这些站点有的是自发形成的,有的是组织化程度比较高的。大多数体育活动站点都有国家培训、授权的"社会体育指导员"传授技术方法和进行组织管理,平均每个站点有3.6名社会体育指导员。在一些城市社区、乡镇和街道还成立了老年人体育协会和俱乐部。老年人长跑、太极拳、武术、气功、冬泳、信鸽、体育舞蹈、登山等协会受到了普遍的欢迎,参加的人数比例较高。

我国老年人体育、健身、养生有着悠久的历史,积累了一整套科学的锻炼方法和理论。我国传统的导引、五禽戏、八段锦、易筋经、太极拳、气功、站桩,以及近年来发展起来的各种新气功、练功十八法、导引养生功等锻炼方法,利用呼吸导引活动周身筋骨血脉,对呼吸系统、神经系统都有很高的锻炼价值。中国人锻炼身体的方法强调神形兼备、内外俱练、动静结合、刚柔相济等原则,对身心的锻炼是系统的、全面的。根据毛志雄的研究,"中国的传统健身方法在延缓复杂信息加工能力(复杂反应时和数字广度)的衰减方面,太极拳、太极剑锻炼比慢跑锻炼更具效益,表现为所需运动负荷更低、见效更快。因为这些项目能更好地整合老年人的意识和注意力。太极拳、太极剑、导引养生功和慢跑对于改善老年人的心境,保持简单反应时,改善紧张—焦虑、愤怒—敌意、疲劳感和慌乱情绪具有相似的作用"。

(六)和体育相关的社会对策

人口老龄化将要求社会采取一系列的相应对策。全社会应当关心老年人,使老年人老有所养、老有所乐、老有所为是一项重要的工作,其中就包括了大力发展中老龄人体育这一重大决策。

这里重点讨论的并非是体育事业自身的对策,而是讨论和体育相关的社会对策。

1. 社会保障体系与老龄体育

投保资助型老年社会保险、国家统筹型老年社会保险、强制储蓄型老年社会保险并称为三大老年保险制度。长期以来,中国社会在农村实现的是养儿防老的自然经济形态的养老方式,谈不上是确有保障的社会保险制度;在城市则以国家统筹的方式,实施退休金制度。改革开放后,我国出现了上述社会保险方式的诸多不合理与难操作之处,1991年我国决定老年社会保险制度正式由国家统筹模式转变为投保资助模式。

投保资助老年社会保险制度,是通过立法程序强制达到退休年龄前的社会成员加入老年保险,强制企业(或雇主)为劳动者建立老年社会保险基金,国家作为后盾,在财政、税收、利息政策上给予资助,以保障劳动者的晚年生活。国际上很多保险公司在开展社会保险业务的同时,还为社会成员创办或资助很多社会保障的服务单位,其中包括了医疗卫生和文化体育的服务单位,使中老年体育事业得以健康的发展。这是增进投保人的健康与寿命,有利于延长投保人的投保期的措施,这对保险公司自身的经济运行也是有利的。

作为社会保障事业,它包含了保险事业以外的很多社会服务企业和事业单位,其中包括了以中老龄人口为主要服务对象的体育服务的企业和事业单位,这一类企业和事业单位将有巨大的发展前景,上述动态将进一步推动老龄体育的发展。

2. 区域发展与老龄体育

中国的老龄人口在退休以后,离开所属的企、事业单位,进入了社区,为社区发展提供了机遇,也对社区体育的发展提出了需求。作为家庭、学校、社会一体化的桥梁,社区具有贯彻终身教育和终身体育的特殊有利条件,以社区为载体发展体育既是新世纪体育事业发展的特色,更是中国老龄体育发展的一大特色。

中国人口老龄化首先出现在特大城市,进而出现在广大农村,这要求我们特别重视大城市和农村的老龄体育事业的发展。中国的中西部地区,将是中国21世纪经济发展的重点,也是人口老龄化和经济发展相对落后两者并存的典型地区,它在老龄体育的发展方面将有特殊的需求。

3. 经济发展与老龄体育

我国经济正由计划经济向社会主义市场经济转轨,第三产业占国民总产值的比重也正在逐年提高,产业结构的变化导致了国民经济不断地出现新的经济增长点,其中,教育和体育作为一个新的经济增长点,倍受人们的普遍关注。随着人口老龄化的发展趋势,中国正出现一个专为满足白发老人各种需求的新兴市场,这称为"银色市场",在这银色市场中,也包含了专为老人康复、娱乐、服务的"银色体育市场"。

"银色体育市场"有着巨大的发展潜力,这不仅包含了为满足老年体育而开发的服装、用品市场,还包含了为老年人专设的服务产业,例如老年体育服务场所、老年体育服务组织、社区老年体育学校等,老年体育在自身发展过程中的实体化体育协会也将在产业化的条件下运转,一切间接为老年体育服务的相关产业,如老年营养品、保健品,专为指导老人健身服务的书籍、报刊、电视等传媒手段也将会随之得到发展。

老龄人口的发展促进了"银色体育产业"的发展,"银色体育事业"的发展也将促进老龄体育的发展,这是我国新世纪体育事业发展的一个特色。

4. 社会关注与老龄体育

建立社会保障体系、完善以社区为载体的老龄体育运行机制,开发"银色体育市场",

这均要求在全社会普遍关注人口老龄化的前提下才能有效实施。所谓全社会关注,不仅是指政府机关,而且指各种社会组织和团体;不仅是指企事业单位,而且是指社区和家庭。社会全方位地关心老龄人,这就要形成一个关心和服务于老龄人的组织体制与相应的运行机制,在老龄体育发展上也是一个相同的道理。

当前,整个社会对老龄化社会的来临没有做好相应的思想准备,对老龄人在各方面的关注非常不够。1999年4月25日,李洪志操纵法轮功成员,纠集一万余人在中南海静坐,在国内外产生了很坏的影响,对我国来之不易的安定团结造成了危害。对于这样的一件事,有很多地方值得我们深思。法轮功的参与者中,大多数为中老年人,他们为什么会受到蒙骗?除了整个社会提倡科学、破除迷信的宣传力度不够外,对中老年人的关心不够也是一个重要的因素。大部分中老年人是为了健身和锻炼身体才误入了法轮功的歧途,但是,如果整个社会能关注老龄人口的各种要求,满足他们的各种要求,法轮功的操纵者就难以找到市场。法轮功事件的出现从一个侧面说明了当前进一步关注社会上老龄人的必要性,同时也说明了当前进一步开展老龄体育事业的必要性。

四、残疾人体育

(一)残疾人问题及其国际性

残疾人是指在心理、生理以及某种组织、功能丧失或部分丧失以正常方式从事某种活动的人。它包括视力残疾、听力残疾、言语残疾、肢体残病、智力残病、精神残疾、多重残疾和其他残疾病人等多种类型,是一特殊的社会群体。

由于遗传致害、灾祸致害、药物致害、污染致害、战争致害、劳动致害等多种原因的客观普遍存在,造成了众多自然人先天或后天的致残,残疾不仅造成残疾人的身体痛苦而且还使得他们处于社会竞争的弱势地位,其基本生活权利亦难以保障,甚至会严重拖累家庭,导致许多社会问题。据有关资料,全世界的残疾人约占总人口5%左右,总数在2亿—3亿人之间,我国约有残疾人6 000多万,如此庞大的残疾人队伍作为各国的脆弱群体,使残疾人问题成了世界各国政府和社会普遍关注的问题。

在国际上,保障残疾人的立法从20世纪初已开始,到第二次世界大战以后,许多国家政府更是将保障残疾人的工作纳入其社会政策和国家立法,迄今约有150多个国家和地区制定了有关残疾人的法律。其中英国、美国、日本、法国、德国、意大利、苏联以及东欧、北欧、北美诸国立法较早,可喜的是不少发展中国家和地区也相继立法。如中华人民共和国香港特别行政区颁布了《对残疾人的公共援助》、《特别需要津贴》等法规,不仅如此,联合国大会还通过了一系列保障残疾人权益的决议和文件,如《禁止一切无视残疾人的社会条件的决议》、《弱智人权利宣言》、《残疾人权利宣言》等,并卓有成效地开展了"国际残疾人年"等国际性活动。其通过的《关于残疾人的世界行动纲领》(1983)和国际劳工组织大会通过的《残疾人职业康复和就业公约》(1983)等成了保障残疾人权益的重要国际性法规。

新中国成立以来尤其是20世纪80年代中期以来,政府对残疾人问题是十分重视的,如安排残疾人就业,实行免税政策,对符合社会保险、社会救助、优抚保障条件的残疾人分别给予相应待遇,对于无依无靠、无生活来源的残疾人则由国家和社会实行收养等。

1984年成立了中国残疾人福利基金会,并成为国际康复会的正式会员。1987年成立了中国残疾人联合会,从此残疾人有了自己的组织。1990年12月七届全国人大十七次会议正式通过了《中华人民共和国残疾人保障法》,并于1991年5月1日正式实施,标志着中国残疾事业走上人大立法的法制化轨道,国家的立法规定了对残疾人的权利、康复、教育、劳动、就业、文化生活、福利等方面的保障措施。

由此可见,残疾人问题是一个国际性问题,保障残疾人的生活与工作条件、改善残疾人平等参与社会生活的物质条件和精神环境,缩小残疾人事业与国民经济和社会发展水平的差距,已成为各国政府与社会共同追求的目标。

(二)残疾人特殊教育与康复

1. 残疾人的特殊教育

残疾人教育是各国教育事业的一个特殊组成部分,也是面向残疾人的一项福利事业。我国《残疾人保障法》第三章规定:国家、社会、学校对残疾儿童、少年实施义务教育,并免收学费、减免费,设立助学金帮助贫困残疾儿童、少年就学。由于残疾人是一个特殊群体,除肢残者外,其余残疾人不可能接受正常教育,国家社会必须为此设立专门的残疾人教育机构,对残疾儿童和少年实行特殊教育。例如,对残疾幼儿通过残疾幼儿教育机构,在普通幼儿园可设残疾儿童班、特殊教育学校的学前班;对于适龄入学儿童、少年则通过设立聋哑学校、盲人学校,以及接收弱智儿童的专门学校等实施特殊教育。此外,我国还规定普通中、小学校必须招收能适应其学习生活的残疾儿童、少年入学,普通高级中学、中等专业学校、技工学校和高等院校,必须招收符合国家规定的录取标准的残疾学生入学,不得因其残疾而拒绝招收。中华人民共和国教育委员会(现为国家教育部)还为此制定了具体政策,如1989年国务院办公厅颁发了《关于发展特殊教育的若干意义》,1991年又与中国残疾人联合会共同颁发了《残疾儿童、少年义务教育"八五"实施方案》等。我国的特殊教育事业及普通大、中、小学校对适合其学习的残疾人教育事业得到了较大发展。

然而,我国还是一个发展中国家,残疾人的教育事业虽然有了一定的发展,但对有6 000多万残疾人口的国家来说,残疾人的教育事业显然是需要国家大力投入和全社会通力支持的。

2. 残疾人的康复事业

对残疾人来说,最迫切需要国家和社会帮助的莫过于使其残疾的组织与功能得到康复,以增强他们参与社会活动的能力。因此,面向残疾人的康复事业就成了残疾人福利或保障体系中的一个重要项目。

目前,我国对残疾人康复事业的方针是:现代康复技术与中国传统康复技术结合;以康复机构为骨干,社区康复为基础,残疾人家庭为依托;以实用、易行、受益广的康复内容为重点,为残疾人提供有效的康复服务。此外,政府民政部门还组织和扶持残疾人康复器械、生活自助具、特殊用品和其他辅助器具的研制、生产、供应、维修服务。到20世纪80年代中期,除西藏、甘肃外,全国各省、市、自治区建立了40多家假肢厂,有职工5 000多人;此外,天津医院等多家医院、医疗器械厂等还设有假肢装配车间;民政部还在北京建立了全国性的假肢科学研究所。因此,中国的残疾康复事业实际上包括了对残疾人的医疗康复服务与残疾人生活用品生产服务。

除了政府与中国残疾人联合会设立的康复设施外,社会康复事业也在近几年内得到了发展,并已成为社区服务工作的重要组成部分。尤其值得指出的是,中国残疾人福利基金会自成立以来,近10年间向社会和民间筹集的福利基金约10亿多元,有力地推动了全国残疾人康复事业的发展。特别是香港实业家李嘉诚先生,他先后向中国残疾人福利基金会捐赠了1.01亿港元。中国残联用这笔钱使47万白内障患者重见光明,19万小儿麻痹后遗症得到矫治,3万多聋哑儿童开口讲话,一批低听儿童配助听器后已能与健康儿童一起学习,还在八省二市兴建了残疾人综合服务中心等。

此外,自1982年开始,民政部还与联合国儿童基金会开展了"残疾儿童康复"合作项目。截止1990年,双方对北京、上海、南京、广州、福州等7市儿童福利事业单位投入了5 216.7万元人民币和179万美元的无偿援助,购置了一批康复器材设备,组织了康复培训,修建残疾儿童康复场所4万多平方米,极大地提高了伤残儿童的康复水平,接受康复服务的儿童达9 000人,参加康复训练的有600万,接受治疗者4 000多人次。从1990—1994年,双方合作进入第三个周期,联合国儿童基金会投入110万美元,我国政府投入3 100万元人民币,继续合作开展伤残儿童的康复工作,共同促进我国残疾人康复事业的进一步发展。

(三)残疾人体育概述

残疾人体育,也称特殊体育、伤残人体育、残障人体育,是当今世界大众体育潮流中不容忽视的一条支脉。它指在听力、视力、言语、智力、肢体等方面有缺损者、通过身体练习,以增强体质、促进健康,帮助康复,培养意志品质和生活自理能力为目的所进行的体育活动。残疾人奥林匹克运动会是当今世界体育文化的一部分,也是人道主义旗帜下感人肺腑的世界大联欢。

残疾问题,是世界性问题。据统计,全世界有超过6亿残疾人。有相当一部分人的残疾和低能,是先天造成的。也有一部分是因意外事故酿成的。由于交通事故,美国每年有数以百万计的人成为残疾人。由于工伤事故,全世界有数以千万计的人留下残疾。自然灾害和战争也使这个数量急剧增加。在不少发达国家,"意外事故"已成为第三位的死因,仅次于癌症。

这样大数量的残疾人的存在不仅引起了医学家的重视,也引起了经济学家和社会学家的关注。经济学家着眼于如何改善他们的福利待遇,提高他们的自主能力,减少社会压力。社会学家则着眼于改善他们的生活地位,提高他们的生活信心,使他们能和家庭、集体、社会融洽相处,感到社会温暖。医学家则着眼于他们的治疗和康复,让他们能和正常人一样过上健康的家庭生活和社会生活。于是都想到了采用体育的手段和方法,因为这是最为有效的一种手段。

(四)残疾人体育的发展历程

残疾人体育是随着残疾人教育事业的发展而发展的。欧洲文艺复兴时期,新兴的资产阶级提出"自由、平等、博爱"、"人皆有用"、"人皆平等"的口号,对提高残疾人的社会地位起到积极作用。

教育家夸美纽斯普通教育学理论的问世,为残疾人接受教育奠定了一定的理论基础。于是18世纪末叶,各类残疾人教育陆续出现。1760年,英国建立了第一所聋校,随后盲校、弱智学校相继问世。北欧瑞典的特殊教育已有一百多年的历史。

在残疾人获得受教育的机会后,便开始向体育领域扩展。据史料记载,1888年德国柏林建立起世界第一个残疾人群众组织——聋人体育俱乐部。第一次世界大战期间,欧洲出现伤残士兵康复活动小组,体育手段对伤残士兵的康复起到了积极作用。于是在欧洲引起了一次医学革命,即康复医学的诞生。康复医学的产生又进一步推动了残疾人体育的发展。1924年国际聋人体育联合会(CISS)宣告成立,同时举行了首届聋人运动会。

第二次世界大战,伤残士兵人数剧增,使医学界更加重视体育的医疗与康复作用。1948年第14届奥运会在伦敦开幕时,英国的一所医院也举行了一次别开生面的16名轮椅残疾人参加的体育比赛。随后成立国际轮椅联合会(1SMGF),其宗旨是:友谊、团结、体育精神。

随着社会的进步、人类文明程度的提高,残疾人教育开始受到法律的保护。1960年在日内瓦召开了第23届专门教育会议,其中讨论了弱智教育内容,强调通过教育培养残疾人独立性、自信心、积极性,采用多样化的教学方法,促进残疾人身心发展、培养良好的情感。1975年11月29日美国总统福特签署了议院法案,此法全称是《全体残疾儿童教育法令》。该法案的最显著的特征是:在特殊教育计划所规定的学科中,体育成了一种课程形式。这是说体育教育的所有形式——包括特殊体育学、适应体育学、运动发展、竞技和游戏、舞蹈、校际比赛以及终身体育活动等,都必须为残疾儿童所享用。在此背景下,各国特殊教育都有了长足发展。以日本为例,至1990年止,有盲校70所,学生6千人,聋校108所,学生8千人,养护学校769所,学生8万人。在特殊教育中,体育占重要地位,每周有近10个学时的体育教学,使残疾儿童得到适当的体育锻炼。

由于体育是具有特殊内涵和功能的一种文化现象,格外受到残疾人事业的关注,在近几十年中,残疾人体育运动有了飞速发展。其显著标志是:

(1) 国际伤残人体育组织(1SOD)于1967年成立,负责举办世界伤残人奥运会。

(2) 国际特殊奥林匹克组织(1NAS—FMH)于1968年成立,负责举办国际特殊奥运会。

(3) 国际残疾人体育协调委员会(1CC)于1982年成立,任务是协调世界各种残疾体育工作,并推动其发展。

(4) 国际盲人体育协会(1BSA)于1983年成立,负责组织和发展盲人体育运动。

(5) 国际残疾人奥委会(PARAOL—YNPLCS)于1989年成立,任务是促进世界残疾人奥林匹克运动的发展。

自1960年在意大利罗马举行的首次世界残疾人运动会以来,以后伴随4年一次的奥运会,同时在主办国也举行世界残疾人运动会。到目前为止已举办了10届世界残疾运动会。国际伤残人奥运会比赛项目有田径、游泳、举重、摔跤、射箭、轮椅足球、乒乓球、马术、击剑等23个项目。运动员主要分为盲人、截肢和脑麻痹者三大类进行比赛。

由于国际残疾体育竞赛活动日益频繁,从而有力地推动残疾人体育运动的发展,并在比赛实践中逐步形成了比赛规则和竞赛制度。

随着国际残疾体育运动的发展,世界地区性的残疾人运动也十分活跃,开展残疾体育运动,不是一定要创造什么纪录,拿金牌,而只是为了锻炼身体。人们最重视的是,通过让残疾人进行体育活动,给他们带来生活的乐趣,增强他们生活的信心和战胜困难的勇气。残疾人体育作为整个体育事业的有机组成部分和崇高的人道主义事业,已经引起并得到许多国家的重视、关怀和支持。目前,残疾人体育已经纳入到整个体育事业和残疾人事业之中,成为衡量一个国家社会文明程度的标志之一。

(五)残疾人与健全人体育比赛的区别

体育比赛是运动员在规则限定的条件下进行的竞技活动。从这一角度讲,无论是残疾人还是健全人都是一样的。残疾人体育竞赛之所以不同于健全人是由残疾人自身的特点决定的。所谓残疾,包括视力残疾、听力语言残疾、肢体残疾、智力残疾和精神残疾等,无论哪种残疾,身体功能都有一定的障碍。残疾人参加运动和比赛同健全人有一个非常重要的区别,那就是必须对残疾人的运动功能(能力)进行评估、分析,以确定其参加什么样的运动项目最合适,对身心的健康有利。众所周知,体育竞赛必须在同等条件下进行,不同类型的残疾其功能障碍是不一样的。同一类型的残疾,伤残程度不同,其功能丧失的程度也不同。为保证公平竞争,残疾人参加体育比赛必须在医学功能分级的监督定位下,把残疾程度相同或相近的运动员安排在一起比赛。也就是说,残疾类别和程度不同的运动员不能在一起比赛。由此可以看出,残疾人运动员比赛比健全人难度大、更复杂。概括起来,主要有以下四个不同:

1. 设立项目不同

残疾人运动员的比赛项目比健全人的同类项目增加了很多。比如田径项目男子100米,健全人比赛冠军只有一名,而残疾人运动员由于级别不同,产生的冠军就不只一名,而是多名甚至十几名。再如乒乓球比赛,健全人只有站姿,而残疾人运动员除了站姿外,还有坐姿,即坐在轮椅上比赛。仅坐姿比赛就要分成5个级别,然后分别再进行男女单打、双打、团体等项目的比赛。2004年雅典奥运会,设了28个大项,有301个小项,而同年残奥会大项虽然只有19个,小项却多达526个。

2. 比赛规则不同

根据残疾类别与功能障碍的不同,残疾人比赛在健全人规则的基础上制定有特殊的规则,只适用于残疾人比赛项目,而不适用于健全人比赛。目前,中国残疾人体育协会参照健全人各项目的比赛规则,按照国际残疾人体育规则审定了14个项目的竞赛规则。这些项目有:田径、游泳、举重、乒乓球、坐式排球、轮椅篮球、盲人柔道、射击、射箭、轮椅网球、轮椅击剑、自行车、羽毛球、盲人门球。

3. 借助器材和辅助人员不同

许多比赛需借助器材与辅助人员的帮助来完成。下肢残疾的运动员比赛时,需用辅助器械轮椅,B1、B2级盲人运动员参加田径比赛项目时,需要领跑员等。据此设计残疾人比赛项目、制定比赛规则、设计运动假肢和运动轮椅,这些方面都不同于健全人比赛。

4. 比赛场地、设施要求不同

如有的运动场地要有无障碍设施;射击、射箭运动员需占用两个靶位;盲人门球运动员由于要靠声音辨别球的位置,要求场地隔音设备效果好,使用的球和球门都很特殊。其他方面如颁奖、休息、着装、使用的卫生间等都有一些特殊要求。

(六)残疾人体育的社会意义

1. 残疾儿童的体育教育是残疾人体育的重要组成部分

一些体育发达国家十分重视对残疾儿童的体力智力开发,并设有专门的法律加以保护。比如美国联邦的一项公共法就规定:对残疾儿童的"特殊教育意味着为他们设计的课程……包括课堂教学、体育教学、家庭教学及研究所教学","以上适用于残疾儿童的教育,不需要父母花费"。这项法令还对"体育"这个术语做了专门的界定,包括了对残疾儿童的"体育教学、适应环境的教育、动作教育和运动能力的发展"。明确地将对残疾儿童的体育教育列为美国教育的一项任务,不得歧视和偏废。美国明尼苏达州的一项法令规定:"在本州的所有公立学校必须对男女学生设置和提供体育或保健教育的课程和训练……对体力和智力上不能或不适于采纳正常学生所规定课程的学生,要为其开设适当减缓的课程。"美国、法国、德国、加拿大等许多国家,都为残疾学生开设了特殊的体育课,这些课程有专门的教材、特别的设备以及比例较高的体育老师和保育员,以便对他们进行手把手的辅导。在绝大多数体育院系都开设了特殊体育专业,专门培养这方面的教师。在美国,接受残疾儿童特殊教育的学生高达 616 万—902 万,在日本也达 20 万以上。

2. 残疾人体育的社会心理价值

对于成年残疾人来说,体育活动也有着重要意义。身体或精神的残障,使他们在社会生活中处于"弱者"的地位。许多对正常人来说很简单的活动,对残疾人却变得十分困难。不少残疾者生活不能自理,较难找到适宜的工作,经济上也常表现出对他人的强烈的依赖性。这些严酷的现实往往使残疾者感到失望和自卑,甚至丧失生活的信心和勇气。体育活动是人类借助健身、娱乐交往和竞技以显示人的体能和技能潜力的社会行为。通过体育活动,残疾者可以充分认识自己身上所蕴藏着的巨大力量以及积极投入社会活动的可能性。许多残疾人克服重重困难,学会借助假肢跑步,用双手握拍打乒乓球,或坐在轮椅上射箭、打篮球,这时,他们不仅为自己能从事体育活动而感到惊异,而且会为取得优异成绩,争得荣誉的残疾运动员感到骄傲和振奋,有的人从此走上了一条完全不同于以前的生活道路。

残疾人由于在行动上、生活上与正常人之间存在着明显的差异,兼以社会上个别人对他们的偏见与歧视,加大了他们与正常人、正常社会生活之间的距离,甚至造成了某种隔离。这种距离和隔离对残疾者在身体上、精神上和社会上都产生了不良的影响,使他们自卑感加重、封闭感加深,而回避、远离正常社会生活。参加体育活动是促使他们增加社会接触的一个有效途径。残疾者之间可以通过体育活动加强互相交往,而且也加强了与非残疾人的关系。通过运动竞赛,残疾人可以向社会展示自己顽强的生命活力,显示自己克服身体和精神残障的决心和勇气,从而赢得社会的理解、尊敬和支持。他们同时也可以感受到集体的照顾、社会的关怀、祖国的温暖。

3. 残疾人体育的特殊的保健、医疗和康复作用

1948 年,英国人洛德维希·古特曼在伦敦附近的斯托克曼德维勒康复中心组织了第一次残疾人的体育比赛。从 1942 年起,英国每年组织一次国际性残疾人体育比赛,并逐步扩展到其他国家。1960 年举办第 17 届罗马奥运会的同时,也组织了第一届残疾人奥林匹克运动会,从而大大地推动了残疾人体育的发展,并逐渐形成了一定的比赛规则和制度。1980 年在荷兰举行的残疾人奥运会按 5 类不同的残障分组进行比赛。1984 年在纽约举行残疾人奥运会时,美国总统里根夫人亲自主持,国际影响很大。

我国有 4 000 多万残疾人,其中包括盲聋哑和肢体残缺者。1990 年我国通过了《中华人民共和国残疾人保障法》,标志着我国残疾人保障事业进入了新的阶段。我国的残疾人体育刚刚兴起,但发展很快。1983 年成立了中国残疾人体协,1985 年成立了智残人体协,1986 年成立了聋人体协,全国 28 个省市自治区相继成立了残疾人体育协会。残疾人的竞技体育正在迅速发展,各种竞赛活动,如聋哑人田径、聋哑人游泳、盲人田径、聋哑人篮球、轮椅乘坐者的各种比赛都先后举行过。我国残疾人运动员在近几届国际伤残人运动会上都取得较好的成绩,包括 1994 年在北京成功地举办的第六届远南伤残人运动会,2007 年在上海举办的第十二届世界夏季特殊奥运会,2008 年在北京举办的第十三届残奥会。残疾儿童的体育教育也在发展,有超过 34 700 名盲哑儿童在接受教育,不少智力落后儿童也在接受特殊教育。但总的来说,我们这方面的任务还是相当艰巨的。

五、青少年体育

(一)青少年体育概述

青少年体育是以身体运动为基本手段,促进青少年身心全面发展的文化活动。青少年体育是提高青少年体质健康和身心健康水平的最积极的干预方式,也是推动各年龄阶段人群体育发展并形成终身体育的基础,更是学校体育、大众体育和竞技体育协调发展的重要环节,直接关乎到我国未来的国家人力资本质量和中华民族的可持续发展。

按所处的地点和场所来划分,青少年不仅仅在学校,还处在校外的社会和家庭中,后者对于青少年发展的影响不可小视。竞技运动对青少年具有其他体育形态难以企及的多种教育功能作用,可以通过公平的竞争性体育活动促进其身体、心理和社会适应能力的良好发展。组织化程度相对较高、资源较为丰富的青少年体育活动主要集中在学校,但在时间的分配和影响方面,校外的社会和家庭也发挥着不可替代的重要作用。但长期以来,青少年等同于在校学生,青少年体育等同于学校体育,甚至被更直接地简化为体育课;青少年业余训练被视为精英运动员后备人才培养的"普及模式",而长期脱离教育系统独立运行,青少年的成长和发展被搁置,青少年专项运动技能的掌握被放在了首位,带来了一系列不良后果。针对青少年体育的重重问题,在国务院"大部制"改革的大背景下,2010 年专门成立了青少年体育司,作为青少年体育的专门政府管理机构,青少年体育未来将逐渐步入正确轨道。

(二) 我国青少年体育发展的制约因素

1. 学校体育中青少年体育发展的制约因素

在学校体育领域,体育课程、课外体育活动、学生体质监测、阳光体育运动、体育俱乐部、中小学运动队等是青少年学生体育参与的主要路径,这些路径公共供给不足、效率低下问题是阻碍青少年学生体育发展主要制约因素。

(1) 资金短缺。资金短缺具体表现为:体育基础设施建设、阳光体育运动、校运会、学生体质监测等活动的专项资金投入存在不同程度的缺口,尤其是很多高校体育基础设施建设都无法达到教育部颁布的《国家学校体育卫生条件试行基本标准》的要求,主要原因在于招生规模的不断扩大,学生体育参与需求的不断增加。学校体育最为核心的区域——体育课程同样面临资金短缺问题,集中表现在教学维持费上。以高校为例,多数高校体育教学维持经费占高等教育经费基本在0.3%—0.5%之间,与教育部提出的1%的标准严重不符。

(2) 师资不足。根据《国家学校体育卫生条件试行基本标准》提出的中小学校体育教师配备基本标准:小学1—2年级生均占有0.004 2名体育教师;小学3—6年级生均占有0.003 6名体育教师;初中阶段生均占有0.003 2名体育教师;高中及中职阶段生均占有0.002 5名体育教师。而根据包莺、刘海元的研究显示,目前我国小学生均占有0.001 8名体育教师;初中生均占有0.002 8名体育教师;高中生均占有0.002 8名体育教师;中等职业学校生均占有0.001名体育教师;普通高校生均占有0.002 2名体育教师。可见我国体育教师存在不同程度的缺口现象,在农村地区、西部偏远地区体育教师缺口问题更为严重。

(3) 安全责任与保障制度不健全。安全责任问题一直是大中小学学生体育参与的重要障碍,严重影响着学校体育工作的开展,甚至很多学校因体育安全问题而因噎废食,不惜消减学生正常的体育课时与课外体育活动时间。目前,我国至今也未出台青少年体育参与的安全预防与理赔政策,保险行业几乎没有针对青少年学生体育参与发生意外事故的保险业务,竞技体育领域内存在的数量有限的运动伤残保险理赔保障业务,也很难适用于学校体育领域,一定程度上阻碍了青少年学生的体育参与和发展。

2. 竞技体育青少年体育发展的制约因素

在竞技体育领域,青少年体育发展的制约因素主要表现在供给结构的失衡上。我国公共财政在竞技体育领域投入巨大,如为备战2004年雅典奥运会,财政拨给体育总局的事业性经费高达200亿元。但是在"唯冠军论"导向下,结构性失衡问题日益成为阻碍竞技体育后备人才队伍建设的重要因素。

(1) 基层青少年运动员未来职业得不到保障,正式编制少,收入微薄。未来职业发展是决定基层青少年参与运动训练的重要影响因素,基层青少年运动员规模更是直接决定着竞技体育精英层次的选材质量。目前,我国基层业余体校因为难以在未来职业方面给予青少年运动员保障,且正式运动员编制较少(国家、省级赛事比赛名次及成绩是决定运动员编制的关键。很多省级运动员编制要求运动员能够获得全国运动会前3名成绩,大批基层运动员仅通过协议参加训练),大量青少年运动员处于非保障状态,收入微薄且不稳定,导致业余体校招生难。

(2) 基层青少年运动员文化教育不足。在运动员退役就业难的背景下,提高基层青少年运动员文化水平,能够有效缓解运动员退役后的生存压力。但是目前我国实行的是三级训练体制,基层教练员绩效考核主要与运动成绩挂钩,因此不断提高训练的强度,目的是短期内提高青少年运动员的运动成绩,甚至以损害运动员发展潜力为代价,根本不顾及青少年运动员的文化学习。在最佳的受教育年龄,青少年运动员失去了文化学习的机会,为日后职业发展埋下隐患。

(3) 青少年运动员训练伤残事故理赔机制缺失。目前,我国运动员通过三种保险理赔途径获得意外伤亡保障,包括运动队购买的"意外保险"、中华全国体育基金会提供的"伤残保险"以及各级比赛主办方购买的"意外保险",缺少适应青少年运动员训练、比赛要求的险种,而基层青少年运动员受伤后,无法得到利益保障。因此,很多有天赋的青少年对竞技体育望而却步。

(4) 青少年竞技体育发展在项目和地区间存在财政支持力度差异。奥运项目以及成绩优秀的运动项目能够获得较大力度的财政支持,而非奥运项目或者运动成绩较差的运动项目经费无法得到保障,发展举步维艰。另外,发达地区往往具有稳定的财政支持,欠发达地区则落后许多。财政支持的择优配置导致项目和地区之间形成巨大的反差,虽然一方面能够服务于奥运争光计划,营造出竞技体育的局部高效,但同时又极大地损害了许多地区以及项目的青少年竞技体育的发展。

(三) 我国青少年体育发展的对策

1. 实现青少年体育行政、市场力量的高效宏观联动

20世纪中后期我国竞技体育发展罩上了计划经济的保护伞,严格的行政管理体系将体育事业条块划分成为相对独立的学校体育、群众体育、竞技体育等领域,保证有限公共资源高效用于竞技体育。但随着青少年体质逐年下降,竞技体育后备力量不断萎缩,国家切实认识到体育发展将必须从"集中突破"转向"全面发展",从"效率主导"转向"结构优化"。深化青少年学校体育与竞技体育两大落脚点的相互融合,有效引入市场机制,才能有希望同时实现"青少年体质健康促进"和"竞技体育后备人才培养"两大战略目标。

青少年学校体育落脚点包括体育课程、课外体育活动、体育俱乐部、中小学运动队、体育传统学校;青少年竞技体育落脚点包括业余体校、体工队、国家集训队;而市场力量影响下的青少年体育主要是指职业体育俱乐部二、三线运动队。从组成结构来看,联动包括纵、横双维度。纵向维度是以学生升学、运动员输送为表现。横向维度是指教育、体育以及市场间的合作,根据青少年运动员同级别单位之间经费、人力、经验、制度的对接、合作、挂靠等形式产生。例如,大量少年体校打破独立办学模式,挂靠于当地普通中小学,通过签订教学协议的方式,对青少年运动员进行文化课程教育。部分普通中小学由于运动队优势,建立以项目特色品牌的体育传统项目学校;部分高校高水平运动队与体工队、国家集训队联办,例如为备战2005年第10届全运会,2002年南京工业大学与江苏省体育局合作,组建南京工业大学江苏省女子垒球队,学校提供训练场地和生活设施,体育局负责

运动员日常训练与比赛,成绩显著。

目前,行政间壁垒、市场自由诉求与政府科层结构的矛盾依然严重存在,造成宏观性联动的不及时、不顺畅、不公平。未来青少年体育发展应集中体现出体、教两大系统的行政联动特点,市场力量将成为推动的重要动力。

2. 引入市场机制解决青少年体育发展的资金短缺

(1) 寻找高校青少年学生体育发展的融资多元渠道

《中华人民共和国高等教育法》第60条明确指出:"国家建立以财政拨款为主,其他多种渠道筹措高等教育经费为辅的体制,使高等教育事业的发展同经济、社会发展的水平相适应",青少年体育发展的社会融资行为有了法律依据。目前国内高校体育有两种较为常用的融资方式。

① 高校大型体育基础设施建设的BOT融资模式。BOT融资模式能够有效地填补高校大型体育基础设施专项资金缺口。模式具体措施为:高校以土地使用权、公共财政形式与私人投资者签订合约共同出资,委托专业建筑单位承担建造任务,学校和私人投资者协商拟定投资方案,提出场馆建设的规划要求。场馆建成之后,场馆所有权归学校所有,经营权按照事先约定,有条件地让度于私人投资者,由私人投资者在优先满足学生正常课堂教学使用的前提下,自主开展经营管理,以经营收益补偿其投资成本,同时学校主管部门负责对体育场馆的使用加以监督和协调。

② 组建高校资产体育经营公司,盘活高水平运动队及全国大学生联赛。2006年6月2日,教育部下发《教育部关于高校产业规范化建设中组建高校资产经营有限公司的若干意见》,指出:高校资产体育经营公司应当属于国有独资性质的资产经营有限公司,高校将所有学校体育范畴内具有经营性质的资产划入高校体育资产公司,由其代表学校持有对企业投资所形成的股权。公司组建应依法开展清产核资、财务审计、资产评估、非经营性资产转经营性资产、产权转让、产权登记和设立审批等工作,保障职工合法权益,防止国有资产流失。校方不得再以事业单位法人的身份对外进行投资和经营,学校向高校资产公司派出董事会和监事会成员,董事会和监事会依据《公司法》和《公司章程》规定行使相应职权。高校与高校资产公司应实行人员、资产、财务分开,机构、业务独立,各自独立核算、独立承担责任和风险。高校高水平运动队便可以通过"组建高校资产体育经营公司"方式寻求市场资源,教练员、领队等编制转为企业编制,高校高水平运动员一方面需要完成学校的学习任务,另一方面被视为校企重要的人力资源,在入校时按照"自愿原则"与校企签订协议或合同,承担相应责任与义务,并享受特定条件的经济、政策补偿。

(2) 鼓励市场化运作,解决青少年竞技体育发展资金失衡问题和保障退役运动员就业

① 市场化运作解决资金失衡问题。虽然竞技体育具有国家雄厚的公共财政支持,但毕竟受益面较窄。很多基层以及偏远地区弱势项目的青少年运动员,无法获得相应的运动员编制,收入微薄。国家应鼓励那些具有良好市场基础的运动项目通过市场化运作,原先占据国家编制的运动员转型成为职业运动员,将有限的运动员编制分配给更多弱势项目以及基层偏远地区的青少年运动员,提高他们的收入水平,提供就业保障。

② 市场化运作保障退役运动员就业。体育俱乐部投入市场运营势必产生许多就业

岗位。这些岗位大多与运动员的运动技术、比赛经验、战术素养相关。因此,在岗位招聘时应当优先照顾退役运动员。国家应集中对退役运动员进行培训,提高相应工作能力。退役运动员保障问题是竞技体育后备人才队伍建设的重要标杆,退役后能够有所依靠、有所保障,势必会激励更多有天赋的青少年运动员加入竞技体育行列。

(3) 多元方式促进体育教师队伍建设

体育教师编制缺口问题也许一时难以解决。因此,各地可根据当地实际寻求多元解决方式:

① 按"择优"原则,与编外符合教师资质要求人员签订短期、中长期合同。

② 西部、农村等地区学校,可采用"兼岗"、"转岗"的方式,对有体育特长的其他学科教师进行体育教师培训,甚至可以将这一类教师纳入到"国培计划"之中。

③ 引入竞争机制,激发在编体育教师提高自身的运动技能及教学技能水平。目前,全国各地都开始举行中小学、高校体育教师的基础技能大赛,部分地区、高校甚至将大赛成绩、名次、奖励与体育教师职称评定挂钩,从而达到激励体育教师不断学习体育技能目的。

④ 进一步提高体育教师岗位补贴以及待遇。

(4) 实行全面绩效考核机制,提高青少年运动员文化教育水平

通过深化体教结合模式,将青少年运动员文化教育水平的考察纳入到同层次中小学生文化课会考体系。将会考成绩纳入教练员工作绩效评价体系之中,将有助于全面开展对基层教练员的绩效评估,有利于提高青少年运动员文化教育水平。

(5) 加强青少年体育发展的安全保障与保险理赔措施

主管部门不仅应加强青少年体育医疗救护管理,提供基础性医疗救护,还应积极联系社会相关财险理赔公司,研制针对性更强、内容更为丰富的青少年意外伤害保险险种。在青少年体育的安全保障与保险理赔措施的实施过程中,国家财政应当起到主导作用,全额或部分为在校青少年学生、基层青少年运动员购买保险,鼓励和促进青少年体育的发展。

主要参考文献:

[1] [美]西奥多·M·米尔斯.小群体社会学[M].昆明:云南人民出版社,1988.

[2] 冯立天.中国人口生活质量再研究[M].北京:高等教育出版社,1996.

[3] 杨大文,等.当代中国妇女权益保障的理论与实践[M].北京:中国工人出版社,2001.

[4] 吕圣荣,等.奥林匹克与妇女[M].北京:大众文艺出版社,2000.

[5] 李强.农民工与中国社会分层[M].北京:社会科学文献出版社,2004.

[6] 邬沧萍,等.改革开放中出现的最新人口问题[M].北京:高等教育出版社,1996.

[7] 风笑天.社会学研究方法[M].北京:中国人民大学出版社,2005.

[8] 保罗·帕伊亚.老龄化与老年人[M].北京:商务印书馆,1999.

提升阅读推荐:

[1] 郑杭生.社会学概论新修[M].北京:中国人民大学出版社,2014.

[2] 吴莹、杨宜音.文化、群体与认同:社会心理学的视角[M].北京:社会科学文献出版社,2015.
[3] [美]拉塞尔·哈丁.世纪前沿:群体冲突的逻辑[M].刘春荣译,上海:上海人民出版社,2013.

思考题

1. 什么叫体育群体？体育群体有什么特征？
2. 一个世纪以来,妇女在体育参与方面有哪些重要的进展？
3. 妇女体育得到发展的基本原因有哪些？妇女体育的发展还面临哪些障碍与限制？
4. 中国社会老龄化的特点是什么？试述中国老年体育的现状。

第八章 体育社会现象

> **本章内容提要**
>
> 体育是一种特殊的社会现象,具有自身特殊性,并以此区别于其他相关社会现象。体育社会现象内嵌于经济社会文化体系之中,表征顺应社会发展的内在规定性,呈现组织结构、利益结构等方面的适应性。本章学习重点在于把握体育社会现象概念及其区别于其他社会现象的特征,了解体育体制改革、体育产业化、竞技体育异化等体育社会现象,以学会分析体育社会现象。

【案例导入】

近年来,随着我国经济社会发展,一种体育运动样态迅速走红,占据大街小巷,即广场舞。广场舞作为一种运动项目以自娱自乐为主要目的,以集体舞为主体,具有一定表演性,更为关键的是,它由群众自发组织,参与者多为中老年人,其中又以妇女居多。广场舞运动具有明显的体育锻炼价值,经常参加广场舞练习可以有效改善心肺功能,促进新陈代谢过程,缓解疲劳和精神紧张,延缓衰老;同时,对促进社会交往,丰富社会大众精神文化生活也具有积极意义。

当然,广场舞作为一种社会文化现象,为何会一夜之间迅速兴起,并走出国门。我们需要如何来把握和理解这一新生的广场文化现象?这恰恰是本章学习内容所力图解决的问题。

第一节 体育社会现象概述

一、社会现象

社会性是人类社会的基本属性,也是区别于自然态的根本所在。从饮食起居、到生产劳动、再到文化活动,各色人类社会活动都伴生具有状态特征的现象。是否具有社会性的一切人类社会中所发生的现象,都是社会现象呢?事实上,人类社会中众多与社会利益相关的都无法纳入到社会现象的范畴。按照库恩的说法,人类社会实践活动包括生物过程和社会过程两个层面,前者与维系人类社会的遗传有关,是为使有机体能够应付环境并存活下来的行为,这些行为与生命体相伴而生,很少有必要或根本就没有必要以某种社会过程对其进行修正而达到适应环境的目的。虽然它们或多或少与社会利益相关,但由于其遵循自然选择的要求，更多是一种本能的反应，隶属于生物学和心理学的范畴。与之相对应，超出遗传特质的充满精神互动与成长的新的世界中，渐进地形成了社会秩序，产生了社会规范和社会制度。其间所产生的社会行为，也就具有了社会学意义上的社会现象特质。

例如在教育领域中，作为社会现象存在，则意味着儿童的成长，总是一个不断强迫的过程。最初，强迫儿童饮食有节、起居适当，强迫他爱清洁、守安静、听教训，接着强迫他懂得待人的礼节、社会习俗、行为规范，以后又强迫他学会做事，等等。相反，放任自流的远离社会规范压迫的儿童成长就不具有社会现象的特征，其结果仅仅是伴随"狼孩"的出现。总体来说，社会现象是指社会实践过程中所有与人类共同体有关的活动现象。

社会现象可区分为社会存在和社会意识两个基本方面。社会存在是指社会生活的物质方面，包括自然地理环境、人口因素，但主要指物质资料生产方式。社会意识是指社会生活的精神方面，包括政治法律思想、艺术、道德、宗教、哲学、科学以及风俗习惯等。

二、体育社会现象

人类文明的进程，也是身体不断获得解放的过程。在这一过程中，体育发挥着独特的重要作用，也展现了丰富内容。从全球注目的奥运会、世界杯、世界锦标赛等世界顶级赛事到亚运会、全运会这样的大洲和全国最高水平运动会，再到学校运动会、工厂里班组的友谊比赛；从正规的学校体育课，到社区里退休老人随意参加的晨晚练、扭秧歌、散步。这些都具有身体运动特征，隶属体育的范畴。体育现象种类之多、范围之广，令人叹为观止。但是，考虑到人类的身体运动是无穷的，其间必然夹杂众多与体育无关的现象。从夜里打呼噜、早上起床伸懒腰，到上班爬楼梯、中途步行去餐厅，再到下班去健身房锻炼、洗澡睡觉，人的一天存在即是以身体活动进行表征的。如此，如何来区分和界定体育社会现象成为首先需要解决的问题。

（一）体育社会现象的内在特征

体育社会现象可泛化地理解为体育社会活动中的现象。这种现象区别于其他社会现象的本体所在是它是体育相关的社会活动，而非其他社会活动。如此，将体育之所以是体育的内在特征规定为体育社会现象的本体特征。

体育之所以被称之为体育，在外在形态上最容易辨认的一个特征就是身体在运动。不论是竞技运动中的田径、羽毛球、篮球、自行车，还是休闲健身中的跳舞练操、打拳散步，都离不开身体运动。体育的一切价值和功能都与身体运动密切相关，没有身体运动也就没有所谓的体育。当然，身体活动是人类社会普遍现象，不仅存在于体育中，也存在于其他诸多社会领域中，如生产劳动、军事训练、家务劳动、宗教祭祀、戏剧表演等。并非所有的身体活动都是体育活动，即使它们在动作形式上与体育活动极其相似。如战场上士兵的冲锋与田径场的冲刺相同，但不是体育；杂技演员在舞台上翻腾跳跃，动作与体操运动员做得十分相似，但也不是体育。这说明，只用有无身体活动作为判断体育的标准，还不足以将体育与上述非体育的身体活动区别开来。身体活动是体育的必要条件，但还不是充分必要条件。这就需要进一步地探讨，究竟是什么东西使得体育不同于劳动、军训、家务等领域中的身体活动?

只需稍加比较就会发现,体育以外的任何身体活动,不论是劳动、军训,还是家务劳动都是为了完成某种实用性的任务。在这些活动中,人是完成任务的工具。人之所以要进行这些身体活动,完全是为了完成外在的任务,如果有其他更好的方式来完成任务,这些身体活动就失去了存在的必要性。但是,在体育中,人进行身体活动是为了自我完善,人在其他身体活动中不过处于工具的位置,其存在的必要性完全取决于外在任务的需要,但在体育中人一跃由活动的工具变为活动的目的。目标的不同,使体育与劳动等其他身体活动区别开来。此外,在体育中,由于人既是身体活动的执行者,又是身体活动的作用对象,身体活动与作用对象不可分割,这使得体育中的身体活动是必需的、无法替代的。由是,以人自身为目标的身体活动成为体育区别于众多工具性身体活动的内在规定性。

现实中,诸如医疗、教育等活动,其目标都带有自身服务性(如教育中的教学相长等),但是这显然不能隶属于体育现象之范畴。事实上,人类的大多数历史都是以身体运动实践所创造的,体育活动仅仅是其中的一种。一般来讲,社会实践包括三个基本要素,即目的(实践主体的需求、意志)、客体(实践主体的改造对象)和手段(主体对客体施加改造作用的手段),它们之间的性质共同构成社会实践活动的内在特征。反映到体育实践中,在目的上,体育属于人为实现自身娱乐享受、促进自己身心健全发展或自由全面发展目的的活动;在客体上,体育属于人以自己的身心作为改造对象的活动(在这种活动中人具有主、客体的同一性或双重性);在手段上,体育属于人以自身的有意识的身体运动作为主要手段的活动。体育实践在这三个基本要素上的性质分别都是它之所以成为体育的必要条件,而非充分必要条件;而当它们同时存在或统一在人的过程中时,这种活动——也即外在可见的或可以直观到的人的身体运动,而且不论竞技的或非竞技的身体运动过程——就是体育。这就是说,这三种条件的同时存在或统一在身体运动过程中就构成了体育之成为体育的充分必要条件。进一步说,体育这种以主客体同一为存在方式的特质应然内在于体育社会现象之中,构筑其特征。

(二)体育社会现象的外在特征

在体育中,活动的主体和活动的对象都是人自身。身体活动由肌肉收缩引起,而肌肉的收缩活动贯穿人的一生,从心跳呼吸到起居坐卧。那么,什么样的活动才是属于社会学意义上的体育现象呢?事实上,社会现象的内涵已然提示,以遵循社会规定性的符合社会秩序规范与走向之行为,是具有社会学意义上的价值。如此,进入社会过程实践,就必须进入体育社会现象特征体系之中。

社会作为由一组特定的人以及这些人之间通过互动建立起来的关系体系,在不同的历史情境中,社会彰显差异化的特质。从原始社会,到封建社会,再到资本主义社会、社会主义社会,特定生产方式及其连带的生活方式,是构筑其特征之关键所在,并且,这种特征还往往外化为政治、文化、道德规范等方方面面。人类社会的历史,即是这一综合体系逐渐延展变迁的实践。体育是一种社会实践,它会随着人类的发展和时代的变迁而改变。如此,也意味着,体育是历史和社会建构,而并不是一种固定的活动和事实。在人类社会的历史发展过程中,体育的发展一方面表现为从其他社会活动中分离出来,逐渐形成自己的独立地位；另一方面则又表现出与其他社会活动的进一步互动与交融。换句话说，体育社会现象是无法跳出具体社会情境而孤立存在的，而往往存在于政治、经济、文化、宗教等其他文化活动的关系中。

正是在这一意义上，我们说今天体育价值已经不再仅仅局限于为了快乐、身体健康等基于身体内在需求之取向，为了个体或团体利益、为了融入社会等等也逐渐为社会所接受和践行。同时，体育通过自身符号化实践，在形塑和确立社会秩序、架构社会认同、促进社会和谐方面的功能也被一再强调。

（三）体育社会现象的延伸特征

体育是一种制度化的社会现象，个人必须透过与他人或群体、组织或机构的交互作用来从事不同形式的身体活动，并有其规范。我们常常可以看到在体育比赛中，有许多的社会角色和组织在其间不停地进行交互作用，他们在达成各自不同目标的基础上共同为比赛服务。例如在世界杯足球赛中，运动员和教练员参赛的目的在于获取胜利；主办方要准备场地、设施和器材，联系官方合作和媒体采访，安排赛程和参赛队伍的食宿，其目的在于顺利完成赛事；赞助商提供广告、提供印有球员商标的运动用品和现场促销等，目的在于营销公司的形象和产品、获得利润；观众邀集亲友，准备啦啦队的道具，或在身上彩绘支持球队的视觉标志，参与一场具备丰富视觉享受的比赛，以满足其娱乐休闲的目的；比赛前后总有保安和警察驻守在重要通道或巡视赛场外围环境，目的在于维护比赛及其人员的安全，保障参赛球员和观众的权益，并避免意外事故的发生。一场大型体育比赛从开始到结束所动员的各类人员和组织极为庞杂，且他们必须互相协调配合、相互依存、共同努力来促进比赛的顺利完成，他们之间的互动，就是社会的过程，是社会现实的缩影。

再如在体育活动中，父母做示范让子女来模仿为子女提供了社会学习的榜样，子女通过模仿父母的言行举止，加深了对他人行为以及心理状态的认识，促进了他们心理的发展。子女通过参与扮演活动中的他人角色，来体验他人的态度和动作。而父母鼓励或纠正子女的行为，为子女提供了一种及时的反馈，使他们知道自己对他人的认识是正确还是错误的，从而提高了子女对他人心理状态认识的正确性。这表达的正是两个个体之间的角色互换。

总体而言，体育活动是互动的，是与社会机制紧密联系、不可分割的。体育社会现象往往呈现了社会导向，将社会规范和文化内化到体育参与者之中，以使其对价值和规范等社会子系统产生合法性的认同感，从而共享同一种社会系统，实现社会的均衡。

三、与体育相关的现象

与体育相关的现象主要有两大类，一类是在身体活动的维度上与体育相类似，甚至产生交叉的一些活动（如图8-1）。主要有两种：一种是劳动等实用性活动；另一种是杂技、舞蹈、戏剧中身体表演性活动，如武打。

显然，这三类活动一方面在满足人的生存需要、自身发展的需要和精神享受的需要方面发挥着相互不可替代的功能；另一方面这三类活动间存在着关联与交叉，也就是存在着相互迁移和转化的可能，使它们在相互汲取的同时，也互相促进。特别值得注意的是体育

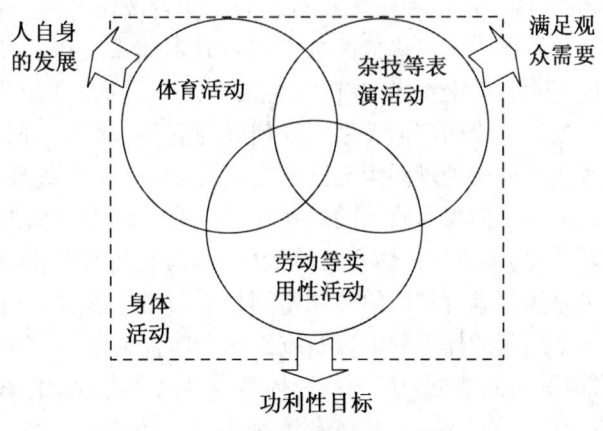

图 8-1 与身体活动相关的现象

活动与其他两类活动的交叉部分。由于交叉使这一地带的体育活动或兼有劳动实用性的特点,如身体训练;或兼有表演性的特点,如体育比赛、晨晚练时的秧歌队;甚至既兼有劳动实用性,又兼有表演性,如职业体育比赛。由于人是一个统一的整体,人的需要是关联的、交叉的,人的行为也是如此,因此对这一交叉部分不宜采取非此即彼的简单的划分。

另一类是非实用性维度上与体育相类似,但不具备身体运动性质的活动如棋、牌、电子游戏(图 8-2)。

因为体育活动中的相当部分可纳入游戏的范畴,如各种比赛类活动,而棋、牌、电子游戏也属于游戏,这就意味着它们与体育活动在功能上相似,如都具有娱乐、放松、社交等功效,以满足人的精神需要;而且它们在时空占有方面相同,都发生在工作以外的时间和场合。在实践中,许多国家为了管理的方便,将这些活动纳入体育管理部门管辖范围,更强化它们之间的联系。但是这类活动与体育活动最大的不同在于缺少身体活动这一体育的重要特征。

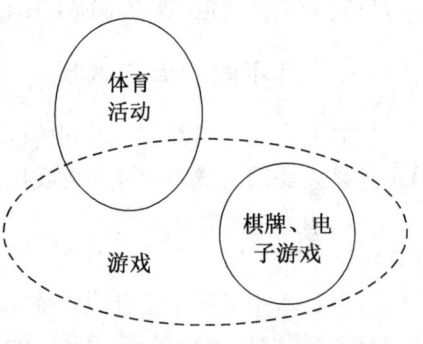

图 8-2 在非实用性维度关联的相关现象

第二节 体育体制改革

体育作为一种社会文化现象,自从产生以来就与作为一种社会现象的政治结下了不解之缘。前国际奥林匹克委员会主席布仑戴奇先生曾长期坚持"将政治关在体育大门之外"的观点,宣传"运动员是不关心政治的"、"当你跨进体育的门槛时就已经把政治抛在大门之外了"等体育与政治没有任何关系的思想,试图建立没有政治的体育。遗憾的是布仑戴奇先生本人也没能将此观点坚持长久,最后得出"体育不是政治,却是最大的政治"的惊人结论。

政治这种现象,它有国家政治和国际政治之分。体育政治,是政治与体育的结合体,是由国家体育政治和国际体育政治构成的独立体育政治体系。在阶级社会中,政治代表一定阶级的政党、社会集团、社会势力,在国家生活和国际关系的具体活动和方针政策实施中体现出来。如何处理阶级内部的关系?如何处理阶级与阶级之间的关系?如何处理民族与民族之间的关系?如何处理国家与国家之间的关系?如何处理人民内部之间的关系等都是政治的具体内容。体育和政治的关系主要表现出两个方面的内容:其一是政治和体育之间的相互影响,具体表现为体育为政治服务,为政治所利用;也表现为政治向体育领域的渗透。其二是体育具有和政治体制密切相关的体育体制。

体育体制是指一个国家的体育制度以及维护这个体育制度的运行机制。体育体制与体育制度不同,体育体制的范围更为广一些。体育制度是体育的组织领导体系,以及由他们制定的法规、制度与措施的总称,它是体育体制的核心部分。因此,研究体育体制也可以从研究体育制度着手。

体育制度和政治制度有着密切的相关,我国的社会学家宋林飞教授指出:"经济制度与政治制度是一级制度;文化制度是二级制度;公共制度和私人制度是三级制度。其实,现代社会中任何社会制度总体系都是以经济与政治两种利益为基础的,一定的经济与政治利益及其制度孕育着一定的文化制度。"因此说,体育作为一种社会文化现象,体育制度受制于政治经济制度,这也是研究体育体制改革的基础。

一、两种不同的体育体制

世界上存在着两种完全不同的体育体制,一种是以苏联为代表的国家行政协调体制;另一种是以美国为代表的社会自我协调体制。

(一)以苏联为代表的国家行政协调体制

许多资本主义国家没有建立统一的国家体育运动的政府部门,因此各种社会组织、企业、教会在体育运动中发挥了重要的作用。社会主义国家的情况就大不一样了。苏联1931年7月21日就做出了《关于在全苏人民委员会中设立全苏体育运动委员会》的决定,实行了国家政府机关和社会团体两条渠道管理体育的体制。根据当时社会主义国家体育的特征和经验,国家政府部门和社会团体对体育事业的发展虽然起着不同的作用,但是国家政府是体育运动发展的主渠道,离开了这条主渠道,体育事业的发展就难以运转。事实上,在提高运动技术水平、争取国际比赛多获金牌的这一方面,苏联发挥政府行政渠道的作用要比某些资本主义国家只发挥社会团体的作用有利得多。

实践已证明,这种国家行政协调体制有利有弊。在竞技体育方面,国家可以集中人力和财力,调集优秀运动员集中强化训练,从而取得运动训练的成效,苏联战后多次获得奥运会金牌总数第一就是明证。但是也有明显的弊端,这表现在运动训练由国家独营,限制了社会办运动训练的积极性,特别是社会体育团体在竞技体育方面不能充分地发挥作用,导致专业运动员的队伍随训练规模而扩大,国家对竞技体育的投资也逐年增加。由于体育市场发育不全,日益增加的投资无法得到补偿,国家投入高于产出,甚至只有投入而无产出,进一步发展竞技事业就发生了困难。

在大众体育方面,国家可以通过行政渠道,较为顺利地开展各单位的运动会,推广广播操、生产操等。但是,这种自上而下推广的体育难以激发人们的自觉性,也难以根据每个人的特点参加不同的体育项目。由于群众体育组织发育不全,社会体育指导干部严重缺乏,群众体育消费观念尚未形成,大众体育也就无法深入下去。

(二)以美国为代表的社会自我协调体制

美国没有国家体育运动委员会,也没有相应的国家政府行政部门专管体育,体育的运转主要依靠社会协调来完成。一方面,这种社会协调是通过各种体育协会或体育俱乐部等体育团体来实现,另一方面,厂矿企业、大专院校、民间社区组织也组织了各种体育团体,并使基层体育团体和社会体育团体接轨,形成了广泛的竞技体育训练网和大众体育健身网,这些纵向和横向的组织网和信息网通过体育的非赢利的服务和赢利性的体育市场,调节着体育事业的发展。

实践证明,社会自我调节体制同样也有利有弊。在竞技体育方面,俱乐部的竞技体育训练由于打破了地区的界限,有利于体育人才的流动。以专项对口的俱乐部建立了横向和纵向的网络,有利于发现与培养人才。每年一度的联赛或升级影响着俱乐部的兴衰,有利于激发竞争机制。俱乐部可以广集社会资金而不占用国家投资,有利于自我发展。体育和市场经济接轨,使体育的投入与产出相适应,使体育团体从福利型向企业型转化,从而培育了体育产业,促进了体育事业自身的再生产。但是其弊端也是显而易见的,首先,竞技体育专项的发展受体育投资者个人兴趣的影响,足球、棒球等热门项目的投资者大有人在,而体操、排球、乒乓球等项目的投资者就较少。由此来看,美国的体育专项水平的发展是极不平衡的。其次,只有高度发达的资本主义国家,才有更多的人为竞技体育投资,一般的发展中国家,缺少对竞技体育投资的热情者。因此,发展中国家如不靠国家的力量,单靠社会的力量,难以刺激竞技事业的发展。

在大众体育方面,在社会自我调节的体制下,各种纵向的、横向的、专项的、地区的体育社会组织发挥着巨大的作用,和行政渠道相比较,参加者更为自觉,参加的项目更适合个人特点,更符自身兴趣,社会体育指导员在大众体育中充分发挥作用,这对大众体育的发展起着重大的促进作用,但是也存在着一定缺陷,正因为在这种体制下,大众体育的资金来源来自社会赞助及个人消费,在社会经济发展迟缓时,或是公民个人消费观念淡薄时,大众体育的资金来源就无法保障。

二、典型国家的体育体制改革

世界各国正根据本国的国情提出不同的设想,实施着体育体制改革。我国的体育体制改革必须借鉴各国的经验和教训,提出一系列适合我国国情的方案。

(一)东欧的转轨——休克疗法

1989年以来,苏联、民主德国、波兰、捷克、保加利亚、匈牙利等国发生了重大的变化,照这些国家自己的提法,是消除斯大林主义模式的影响,而"回归欧洲"。这些国家在经济上采取了激烈的"休克疗法",从本质上说,这是要求全面、彻底地实现西化,这决定了新的变化必须是迅猛的、激烈的,从而预示着这种变化也一定会带来混乱和痛苦。

在体育体制方面,也同样实施着休克疗法。其主要特征是:① 改变国家行政协调体制,实现社会自我协调体制;② 体育活动的财源不再主要依靠政府预算拨款,而主要依靠社会筹集;③ 按市场经济要求,培育和开发体育市场;④ 将体育服务推向社会,并最大限度地争取西方国家的援助与合作。上述改革使体育朝着市场经济的方面迈进,成为了不可逆转的事实,但由于转向太快,使资本主义市场经济在发展初期的各种弊端暴露无遗。"非国家化"的实施在体育体制上是180°的大转弯,造成了转型过程中的混乱和痛苦,例如体育行政部门的解体,社会福利的降低,国家拨款的减少等,这一切均造成了民众对体育改革的不满及现实对体育事业的冲击。

（二）东亚模式——寻求东西方的结合点

日本、韩国在政治上保留了专制制度,战后的韩国出现过军事独裁,战后的日本仍保留着天皇,但是上述两国在经济上始终享有充分的自由,有人把这两个国家称为"二元结构的政治体制"。日本、韩国在特定的政治体制的条件下,其体育体制也表现出它的特点。具体表现在既保留了国家行政协调体制,又力求发挥社会自我协调体制的作用。

1964年,日本东京成功地举办了奥运会;1988年,韩国汉城也成功地举办了奥运会。这两次运动会的成功是与政府充分发挥统筹作用分不开的。日本至今存在着全国性的政府体育行政机构,这就是文省所属的体育局,当年的东京奥运会就是在体育局的运筹下组织起来的。不仅如此,上述两国都在很大程度上发挥了国家行政的作用。因为日本政府认识到东京奥运会是日本向世界展示摆脱战后经济危机,国家走向自立、自强的最佳时机;而韩国政府也认识到汉城奥运会是向世界展示韩国经济腾飞、国力强劲的最佳时机。保留国家政府协调体制使两国在竞技事业上取得了巨大的成功。

在保留国家政府协调体制的同时,两国也力求发挥社会自我协调的作用,这些国家都重视民间体育协会、体育俱乐部的作用;都力求发挥社区在开展体育活动中的作用;都着力培养社会体育指导力量;都力图使体育走市场经济的轨道。尽管如此,上述两国在体育体制方面还逐渐地发生着变化,这种变化表现在如下方面:① 竞技体育先盛后衰,在举办奥运会前,国家政府行政协调体制得以充分地发挥。随后,经济继续腾飞,但竞技体育取胜的观念反而淡化;反之,大众体育却进一步受到重视。② 进一步把体育推向市场,推向社会。社会协调体制进一步加强。

（三）西欧模式——力求完善

谈到西方发达国家的体育体制,人们自然会想到美国和德国的发展模式。因为这两个国家的体育人口既多,竞技水平又高,体育俱乐部体制既完善,体育产业化基础又扎实,体育竞赛市场既活跃,体育法规又健全。两国体育体制虽有区别,但基本上具有以下共同特征:① 体育管理体制方面,都采用民办官助,主张体育自治。② 在社会体育运转机制方面,都以体育协会、体育俱乐部、学校体育、社区体育为基本单位。③ 在体育运行控制方面,均以法律为准则。④ 在体育资源配备方面,以市场为根据,社会体育市场的供需关系决定体育事业的发展。⑤ 近年来,两国在体育的宏观控制方面,均有不同程度的加强。

综上所述,当前世界上两种互不相容的体制均在发生着变化,推行国家行政协调体制的国家,正在考虑进一步发挥社会自我协调机制的作用;推行社会自我协调体制的国家,正在考虑进一步发挥国家调控的作用:这是从一个侧面反映体育体制的世界性动态。

三、我国体育体制改革

（一）我国体育体制改革历程

新中国成立后,我国学习和借鉴苏联和东欧社会主义国家的体育发展模式,重新思考和提出了新的体育方针,确立了新的体育管理体制。以坚持"三个服务"、增强人民体质为目标和主要任务的我国体育,推行以体育运动委员会为架构的体育运行样式,实行条块结合组织形式,即国家体委统领各省(市、地区)体委、各省(市、地位)又统领所属市(县)体委、而地方体委又管辖本地区体委机构;在横向上,国家体委为国务院所属机构,各省(市、地区)体委则隶属相应政府机构,从而实现在全国范围内组织严谨的机构架设,有力保障新中国体育事业的发展,改善旧有面貌。在群众体育方面,我国以职工体育、农民体育和军队体育为主体,以单位制为抓手,积极开展体育运动,将体育活动推向社会生活的各个领域,提高人民体质、促进大众健康;在竞技体育方面,则以各级竞赛活动为基础,以全国运动会为龙头,推行青少年体校制度和运动员、教练员、裁判员等级制度,并逐步形成三级体校训练体系,同时,大力推进单位体协的发展,在军队以及各相关行业成立运动队,以此推进我国竞技体育的发展。从经费和组织实践看,此时我国的体育是以国家为主体的,将体育纳入国家事业支出范畴,实质上是一种典型的国家中心主义发展样式,也即举国体制模式。

"思想一盘棋、组织一条龙、训练一贯制"的举国体制形成伊始,有关举国体制和体育体制改革的尝试随即拉开。1981年开始,以全国体育总会、单项协会和行业体协的改革实践提出,并迅速形成以青少年为主体的全民健身战略和奥运竞技战略协调发展思路。1984年,中共中央发表《关于进一步发展体育运动的通知》,首次明确提出建设"体育强国"的目标,随后1986年《关于体育体制改革的决定(草案)》正式开启体育向社会化发展的序幕,理顺关系、放手发动社会办体育成为改革的中心议题。进入90年代后,在认清姓资姓社问题的基础上,顺应社会主义市场经济建设、推进新型体育体制建设成为社会共识。1993年全国体委主任会议上,公布了《关于深化体育改革的意见》,《意见》确立了我国体育体制改革的基本思路:建立与社会主义市场经济体制相适应的体育体制,建立符合现代体育运动发展规律,国家调控、依托社会、自我发展、充满生机与活力的体育体制和良性循环的运行机制,形成国家办和社会办相结合、集中与分散相结合的格局,从而首次在政府层面明确了国家与社会协同作用,是未来我国体育发展的方向。随后,1995年《中华人民共和国体育法》的颁布实施,更是在法律层面明确了公民的体育权利和国家的体育发展责任。而伴随我国在奥运会上成绩的不断突破,有关大众健身问题的议题逐渐复苏,国务院随后推出《全民健身计划纲要》,"全民健身计划"全面实施。

1996年国家体委制定并实施《国民体质测定标准》,标志我国群众体育科学化的新发展。2002年,《中共中央、国务院关于进一步加强和改进新时期体育工作的意见》明确提出:新时期体育工作的根本目标是增强人民体质、提高全民族整体素质。与群众体育发展一样,我国体育产业作为一种新的体育形态,在 20 世纪 80 年代中期出现,从早先的场馆外包和综合经营,到体育职业化、社会化改革,再到 2002 年体育产业作为国民经济统计的业态,进入国民经济统计行业体系之中,体育产业的主体地位不断得到确认。而近年来,国家层面先后又发布了《国务院办公厅关于加快发展体育产业的指导意见》(2010 年)和《关于加快发展体育产业促进体育消费的若干意见》(2014 年)。体育产业的地位得到进一步提升。

期间,我国体育体制改革中一个重要举措开始实践,即竞技体育职业化的开启。1992 年红山口会议的召开,拉开了我国竞技体育职业化的序幕。1994 年、1995 年、1996 年和 1998 年,我国的足球、篮球、排球、乒乓球等运动项目先后进行了职业化改革,实行了主客场制的职业俱乐部联赛。随后羽毛球、围棋、中国象棋等也相继建立职业俱乐部,并开展职业俱乐部联赛。我国竞技体育从体育部门的"襁褓"逐步走向社会、走向市场,成为国民经济新的增长点,成为自主生存的"潮儿",也拉开了我国群众体育、竞技体育、体育产业协调可持续发展建设大幕。顺应时代发展潮流,体育强国作为引领我国体育继续改革发展的目标理念,从战略上回答了有关我国体育如何进一步发展的议题,即在中国梦的指引下,从体育大国向体育强国,走中国特色体育发展之路。

总体来说,我国体育的实质性发展,源于改革实践,从普及与提高到举国体制的推行,从体育社会化、产业化到职业体育的兴起与发展,从全民健身计划的提出到全民健身上升为国家战略,我国体育发展在道路选择和战略优化中逐步推进。在国家宏观经济社会发展大环境中,体育自身内部的调整优化逐渐展开。更为关键的是这种内部调结构、外部树形象的实践,重新将体育发展的基本宗旨回归到人的本源意义上的发展方面,即竞技体育满足人们社会生活需求、满足民族精神培育;群众体育关注人们身心健康,满足人们身心健康的需求,服务人的终身发展;体育产业则满足人们体育消费诉求。

（二）我国体育体制改革走向判断

长期以来,我国体育的行政管理有两条渠道,即作为政府部门的国家体育总局以及作为社会组织的各种团体。如此形成了竞技体育坚持举国体制,大众体育则实行"结合型体制"。这种二元体制,在一定程度上是顺应现实需求,有积极意义的。一方面,有利于竞技体育保持荣光、再创辉煌,又有利于大众体育的发展;另一方面,既符合目前中国在推进现代化进程中需要政府发挥更大作用的国情,又符合社会主义市场经济条件下转变政府职能的要求。当然,二元体育体制必然存在内部调适问题,仅仅可以作为改革中的过渡举措。而一旦社会力量发展成熟后,则依托逐步强大起来的真正意义上的社会组织进行管理,政府退居公共服务角色,进而形成政府、市场、社会协同分工,高效融合的中国特色体育体制。

事实上,中国体育体制改革的关键在政府。转变观念先行,确立服务政府和有限政府的宗旨,明确改革方向,确定改革路径,实施措施得力。体育管理体制改革不能仅限于行政权力的内部分权和重新配置,这所能解决的只是提高行政效率的问题。因而必须确立如下的改革方向:① 逐渐打破政府包办体育的格局,实行管办分离,在层级制的体育管理体制下,体现政府的宏观管理。② 打破政府对重要体育资源的垄断,逐渐走上以市场为导向的体育资源配置之路。因为市场经济的活力及其必要条件就在于,生产诸要素(生产者是最活跃的要素)的自由流动而形成的优化配置。③ 依靠政策法规向社会让权、还权,真正壮大体育社团组织,让其承担必要的管理职能。④ 逐步建立吸纳民间力量发展大众体育的一整套机制。⑤ 强化体育公共服务的一系列措施。

吸取国外经验,联系中国国情,中国体育体制改革理应有自己的选择,走一条具有中国特色的体育改革之路。总体上,改革应围绕以下主要问题展开。

(1) 进一步改革体育的行政管理体制

作为政府部门的国家体育总局,应按照精简、统一、效能的原则,转变职能,把工作重点转移到宏观控制上来。换句话说,国家体育总局要简政放权,由办体育转化为管体育,各种体育的具体事务可以放到具体事业单位和体育团体去办,这样体委的职能仅仅是:加强调查研究,统筹规划、政策引导、组织协调、提供服务,充分运用行政、法律、经济和竞赛等手段,建立灵活多样的调控机制。国家体育总局摆脱了种种事务后,可以精力集中切实地发挥对体育事业的指导、协调和监督作用,在条件成熟的情况下,国家体育总局可以更名,并脱离政府行政机构,成为一个社会事业实体。

(2) 加快体育协会实体化的步伐

加快体协和运动项目协会实体化的步伐,也就是使体育工作由直接管理转向间接管理。这是一种充分发挥社会团体作用,面向广大群众,渠道畅通,既有利于宏观调控,又有利于专业化管理和开发经营的新型体制。

实现体育协会实体化的试点,使行业体协和运动项目协会做到责权利相统一,使这些实体和社会主义商品经济接轨,同时实行自主经营、自我发展,有条件的还可做到自负盈亏。作为实体的负责人,可以取得独立的法人代表地位,使实体化体育协会名副其实,并使厂矿企业、学校及家庭体育和社会体育相关联,这是一个长远性的改革任务。

(3) 加快体育产业化步伐

我国体育应和社会主义市场经济相适应,在体育改革事业中要加快体育产业化的进程。一方面要培育各类体育市场,同时还要根据市场需求,建立与之相适应的体育产业:为调动社会力量,应允许多种所有制并存的体育产业;为实现专业化管理,应实现所有权和经营权的分离;为培育体育市场,应积极引导国民的体育消费;为维护国民利益完善社会保障服务体系。应实现盈利性体育企业单位与福利性体育事业单位并存,有偿性服务与无偿性服务并存,并使这些单位融进体育市场。

第三节 体育产业化

一、体育产业化概述

现代社会,体育具有巨大的经济价值。体育作为与产业关联性很强的社会设置和社会存在,其资金投入具有较高的经济收益率。而体育是可以带来巨额经济利益来的潜在市场,因故作为一种新兴产业纳入了经济系列。体育产业,可以说是个既年轻又古老的课题。说它古老,是因为体育产业几乎与体育同时产生。说它年轻,是因为体育产业在人类社会进入20世纪30年代,随着高科技通信技术在体育领域的应用才得到真正的高速发展;20世纪80年代以后,因为体育自身的经济价值和潜在的广阔市场的充分体现,体育产业才真正被人们重视,并迅速在全世界发展起来。

据有关统计,2009年全球体育产业总值接近全球GDP的2%。在发达国家,体育产业已成为促进社会经济发展的重要力量。北京奥运会期间,场地设施建设、赛事运营、环保交通通信、旅游等项目总支出金额为4 308.4亿元,但是对北京在这些领域的GDP的影响值却达到6 570.79亿元,在更长的奥运周期和更大时空范围内对全国的经济影响更是无法估量。体育属于第三产业,是引导健康消费的重要领域,产业比值的增加对优化社会经济结构具有重要意义。另外,体育的经济效益还表现在对于人力资源结构的优化和增值。其优化和增值首先表现在,通过更多人的体育参与,提高社会整体的劳动者的身体素质和健康水平,减少伤病与医疗支出,增加劳动出勤率,间接促进经济增长。其次,体育的发展无论是竞技体育还是群众体育都能够创造诸多就业岗位和就业渠道。并且,体育除了自身提供的专业岗位外,还间接拉动了建筑、餐饮、交通运输、旅游等行业的就业增长。据有关研究,仅是2008年的北京奥运会就为北京创造了656.9万个就业机会,其中直接带动的就业机会为244.2万个,间接带动的就业机会为412.69万个。不管是提高劳动者身体素质和健康水平,还是直接或间接地创造就业机会,最后都表现为通过人力资源结构的优化为经济发展创造了良好的条件。从这个意义上说,体育的发展或体育产业的发展还间接优化了整体的经济结构。

古希腊的哲学家亚里士多德认为:经济是一种谋生术,是取得生活必需品的活动。在我国古代,经济就是"经国济民"、"经邦济世",指的是治理国家。在现代,经济则有着多种含义。第一、经济是指有关物质财富的生产、交换、分配、消费的各种活动。比如:农业经济、工业经济,指的就是农业产品、工业产品生产过程中的各种活动。第二、经济是指生产和生活上的节约。比如:搞建设需要符合经济原则,就是在建设中要节约人力、物力、财力;既经济又实惠,就是在生活上精打细算,少花钱多办事。第三、经济是指人们在物质生产过程中所结成的生产关系。比如:通常所说的"经济是基础,政治是上层建筑",这里的经济就是指社会生产关系。与社会生产关系相关的是资源的配置方式,不同的资源配置方式,会催生差异化的社会运行样态,衍生出具有特殊性的社会现象。

资源配置是体育管理的重要手段之一,通俗地讲,体育资源配置就是通过一定机制对发展群众体育、竞技体育等活动中的资本、物资、人力、信息等方面进行的投入和分配。宏观上说,体育的发展也有诸多资源配置的方式,如计划手段、市场手段以及计划和市场相结合的手段等。不同的资源配置方式所对应的体育管理模式不同,相应的,不同的资源配置方式导致的不同的体育管理模式也会对体育发展模式产生不同的影响。微观上说,政府体育行政部门处在管理系统的核心地位,既可以采用直接的计划手段,也可以通过法律政策间接运用市场手段,对体育工作和体育事务施加影响。而社会体育组织则处在管理系统的外围,一般只能通过市场发挥对体育的资源配置作用。作为一个资源负担系数超过世界平均水平3倍之多的人口大国,资源紧缺将作为一项基本国情长期存在,也是制约中国各领域发展的基本因素之一。

在社会主义市场经济建设大潮中,体育的角色和定位正在悄然发生变化。历来作为国家事业组成部分的体育,也开始进入到了市场经济的领域,成为整个社会主义市场经济体系的组成部分。从行政计划到社会市场进发的过程中,呈现出体育资源配置方式、体育运行体制机制等方面的变迁,这种从无到有并进而形成体育产业的现象,即为体育产业化。

二、体育产业化历程

(一)世界体育产业化历程

世界体育产业化轨迹,可以从现代奥运会发展历史中得以找寻。1896年首届雅典奥运会,主要是以发行纪念邮票的收入来支付比赛费用(其实早在公元前525年的古代奥运会,就出现了提供马匹、马车等必要的比赛器材赞助和发给纪念奖牌等活动);1920年在安特卫普举行的奥运会,主要是以日程表上的广告收入来支付比赛费用的;进入20世纪50年代后,由于广播、电台、电视台加盟体育领域,引起了企业界、商业界对奥运会经济利用价值的注意,开始出现对奥运会的商业性赞助(广告);1964年东京奥运会,不仅给日本的经济腾飞创造了机会,同时也给日本带来了巨大的经济收益,据当时的日本《朝日新闻》报道:日本为举办东京奥运会的总费用约是1兆日元,纯粹用于奥运会的约300亿日元,其他均用于奥运会的相关设备设施建设,如新干线建设等,最后实际赢利约7.5亿日元。但是,东京奥运会巨大的经济成功并未形成轰动效应,并未掀起世界的"奥运热潮",因为20世纪60年代的世界,是个以政治斗争和军事斗争为主的时代,直到1984年洛杉矶奥运会,不仅使奥运会充分展现出了经济利用价值,而且使奥运会从此成为世界各国的申办热点,紧接着1988年汉城奥运会、1992年巴塞罗那奥运会、1996年亚特兰大奥运会。奥运会的成功举办带来了巨大经济收益,推动着体育产业向着全球化方向飞速发展。

奥运会在20世纪80年代后取得的巨大成功,不只是因为奥运会自身带来的巨大经济效益,还得益于整个国际政治、经济形势的发展,这时的世界已经由过去的以政治、军事斗争为主,转向了以经济、科技为主的综合国力竞争。奥运会在整个体育产业的发展进程中,也只是"锦上添花",而不是"雪中送炭"。因此,"不是因为有了奥运会才有了体育产业的发展"。国际上体育产业较为发达的国家,早在奥运会带来巨大的经济效益之前,虽然没有形成今天奥运会这样巨大的国内经营规模和巨大的国际市场,但是已经形成了自己独立的体育产业领域和成熟的体育产业市场。例如:美国的职业篮球联赛、日本的职业棒球比赛、欧洲职业足球联赛等。

进入20世纪90年代后,世界上许多国家把体育产业作为21世纪新的经济增长点加以重视。在美国,体育产业的年产值已经超过了汽车、石油等国家经济支柱产业,名列国民生产总值第22位;在日本,体育产业高居10大产业第六位。在意大利,体育产业已经跻身国民经济10大部门行业。根据目前世界各国体育产业的发展情况,现代体育产业发展时期的划分应该以19世纪中期作为一个界限,19世纪中期以前应是体育产业发展的萌芽期。① 19世纪中期—1930年:体育产业形成期;② 1930年—1950年:体育产业经营规模扩大期;③ 1950年—1970年:体育产业高速发展期;④ 1970年—1980年:体育产业市场成熟期;⑤ 1980年—1990年:体育产业经营领域扩大期;⑥ 1990年—现在:体育产业第二次发展高峰期。

(二) 中国体育产业化历程

根据目前能查阅到的我国体育产业发展资料,与国外体育产业发达国家比较,我国体育产业发展相对较慢、起步较晚。我国的体育产业发展时期划分应以1910年作为一个界限,1910年之前应是体育产业萌芽期。① 1910年—1978年:体育产业形成期;② 1978年—1990年:体育产业经营规模扩大期;③ 1990年—现在:体育产业市场成熟期。

我国的民族体育虽然有着悠久的历史传统,可以说比美国、德国、法国、英国、日本等西方国家早很多年。但是,我国现代体育产业的形成和发展,要比美国等体育产业发达的西方国家晚了约60年。1949年中华人民共和国成立以后,我国的体育产业开始进入了有组织、有计划、有步骤的发展时期,但是,由于一系列的政治运动和当时特殊的历史背景,例如:20世纪50年代的抗美援朝、60年代的"文化大革命"、70年代的批林批孔等,使体育产业形成期又延长了近30年。直到1978年后才进入体育产业经营规模扩大和体育产业高速发展期。

1984年中共中央下发《关于进一步发展体育运动的通知》中指出,为了保证体育事业的大发展,必须逐步增加体育事业经费和基建投资,将体育事业经费和基建投资纳入各级政府的国民经济和社会发展计划;体育场馆要讲究经济效益,积极创造条件实行多种经营,逐步转变为企业、半企业性质的单位。在中央精神的指引下,体育系统内开展了"以体为主、多种经营"的尝试,从而开启了我国体育产业发展的道路。随后,1992年"中山会议"将体育产业发展作为深化体育改革的重要议题;1993年全国体委工作会议制定了《关于培育体育市场,加快体育产业进程的意见》,提出体育要面向市场、走向市场,以产业化为方向;1996年国家体委下发了《体育产业发展纲要》明确指出,我国体育产业包括三大类:即体育主体产业、体育活动提供服务的体育相关产业以及体育部门开展的旨在辅助体育事业发展的其他各类产业。同年全国人大八届四次会议则进一步明确了我国体育要走社会化、产业化的发展道路。2002年国家统计局修订的《国民经济行业分类》明确了体育产业和体育产业的指标体系,体育产业作为一个关系国民经济发展的新型行业为国家所认同。在我国经济和社会发展方式转型的背景下,2010年国务院下发了《关于进一步发展体育产业的指导意见》,明确了体育产业发展对拓展体育发展空间,丰富群众体育生活,培养体育人才,提高全民族身体素质、生活质量和竞技体育水平,促进我国由体育大国向体育强国的转变,促进经济社会协调发展所具有的重要作用和意义。2014年国务院办公厅又下发了《关于加快发展体育产业促进体育消费的若干意见》,提出推动体育产业成为经济转型升级的重要力量,体育产业的发展对促进群众体育与竞技体育全面发展,加快体育强国建设,不断满足人民群众日益增长的体育需求具有重要意义;动员和扩大体育产品和服务供给,给出了具有建设性意义的体育产业和体育消费提升策略。总体而言,我国体育产业伴随我国改革和体育体制改革的步伐,从无到有,市场规模不断扩大,发展潜力前景巨大,截至2015年,我国体育产业总规模为1.7万亿元,增加值为5 494亿元,占国内生产总值的比重为0.8%,逐渐成为国民经济新的增长点。

三、中国体育产业化发展趋向

我国体育产业迅速发展的历程恰恰是政府引导的结果,是国家战略显现的结果。在我国宏观政策上确立市场经济建设的方向前提下,基于我国体育事业单纯国家包办的弊端,体育产业在筹措体育发展资金方面着手改革;随着对体育产业发展的经验积累和国外发展经验的学习,我国进一步启动了体育产业发展的目标,并逐渐形成体育产业作为一种特定业态的判断,体育产业由此进入国民经济涉及行业的视野;随后在调整结构转换经济发展方式背景下,促进消费议题中体育产业的功效得到各级政府的重视。

在体育产业的形成时期,体育产业是以体育服务业、体育用品业、体育空间设施业这样三个独立的行业形式存在各自经营的。这时期体育产业的最大特点是:产供销独家经营,就是我们现在所说的产、供、销一条龙服务体系。所以,这时的体育产业基本是以一个"产业单位为主"的自主独立式经营,而不是与相关产业结合的相互联合式经营,是属"单一型"的产业类型。纵观体育产业发展历史,体育服务产业和体育空间设施产业相对体育用品产业要早得多。从古代的"演武校场"、"比武擂台"、"武馆"等开始,我国就有了体育产业的萌芽。例如:我国的武术可谓源远流长,传统武术传授(教—学)中的"师徒"关系,虽然不是建立在直接的"金钱"交易上,或者这种交易也不一定对等,但它的基础是"有偿"的,绝对不是一种"义务"活动。这在过去的家庭武术教师、保镖等行业中体现得更为清楚,其实质也属于是一种"体育服务"。发展到现代的各种运动项目教练员、体育健康指导员等都属于同一种类型。现代体育产业,不仅仅在经营规模上有了大发展,更主要的是在体育产业经营领域上有了大的发展,这是体育经济价值的根本基础。

这种体育经营领域的大发展,充分展示了体育运动可能带来的巨大经济价值,因此出现了新的体育产业类型。在体育服务、体育用品和体育空间设施三大"单一型"体育基本产业的基础上,派生出"复合型"体育产业类型。事实上,"世界经济的持续增长和人们生活水平的逐步提高形成了多样化的体育消费需求"是体育产业产生和发展的根本动力。在西方发达国家,不论是英国,还是美国,其体育产业发展都是基于社会需求的发展和基于体育市场需求的发展,遵循竞技运动从业余形式走向职业形式的商业化发展规律和实施路径以及体育生活化、普及化、消费性的演化逻辑。而且正是在此思路下,国外发达国家的体育产业形成了体育竞赛表演与体育健身双轮驱动模式,两者的产值可以占到体育产业产值的70%—80%,并带动包括体育中介、体育服装、体育媒体等其他产业的发展,具体如图8-3所示。

2014年国务院《关于加快发展体育产业促进体育消费的若干意见》,站在加快我国体育强国建设、满足社会大众不断增长的体育需求的高度,提出了新的历史时期我国体育产业的发展目标,即"到2025年,基本建立布局合理、功能完善、门类齐全的体育产业体系,体育产品和服务更加丰富,市场机制不断完善,消费需求愈加旺盛,对其他产业带动作用明显提升,体育产业总规模超过5万亿元,成为推动经济社会持续发展的重要力量"。基于这样一个目标,我国体育产业结构体系必须是"产业结构更加合理,体育服务业在体育产业中的比重显著提升;体育产品和服务层次更加多样,供给充足",而其发展的动力更

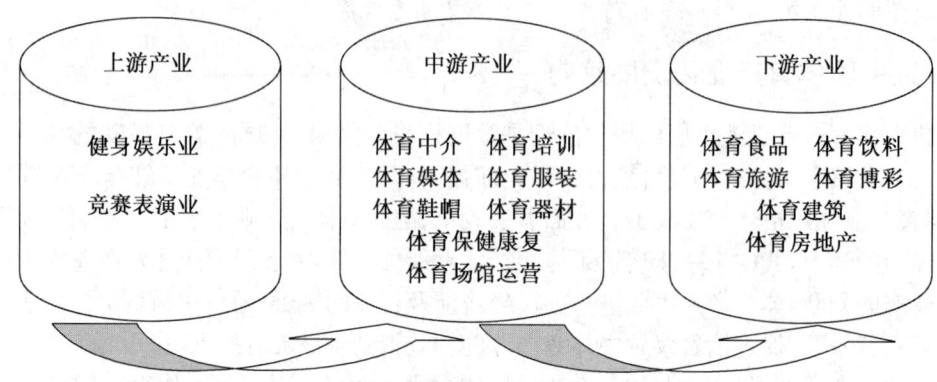

图 8-3 基于产业链的体育产业内部结构图①

多应指向参与性消费的。因为,其一,现实的我国体育产业结构所呈现出的样态就是参与性消费水平低,提升空间大;其二,我国发展体育产业的目标即是促进消费,这既是体育产业发展的起点又是落脚点。按此思路,我国体育产业化应该是以社会需求为基本导向,以促进体育社会化消费、产业化体系为核心议题,以体育竞赛和健身市场双轮驱动为基本建设内容。具体体育产业结构图如图 8-4 所示。

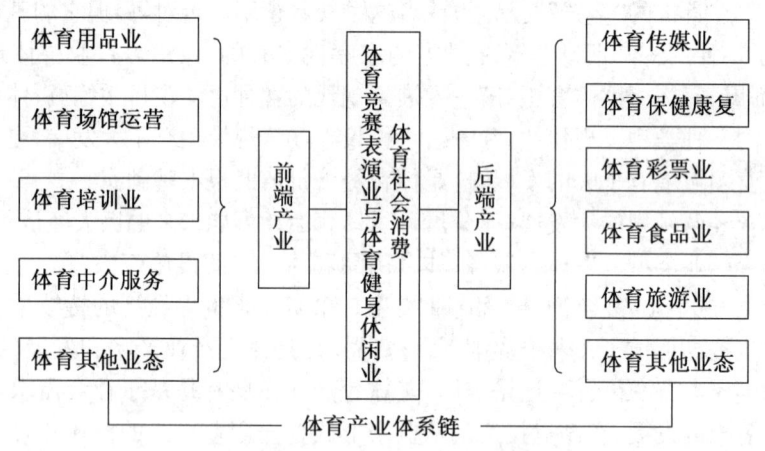

图 8-4 体育产业目标结构图

此外,需要指出的是,在体育强国议题中,体育产业的核心是产业,是围绕体育的产业样式。遵循市场运行规律,尊重社会、市场主体地位,发挥市场的决定性作用是其应然要求,而政府积极发挥引导和支持作用,形成以社会为主体、政府适度参与的关系格局,从而实现体育强国建设中体育产业发展的国家与社会的融合。当然,遵从市场机制构筑体育产业强国,市场秩序下的逐利性就会显现,因为市场主体逐利的动向来源于社会需求,是对社会需求的现实反应,作为市场主体对社会需要做出应对的同时,市场发展中的盲目性、自发性也随之发生;企业商家为谋取利润的诚信问题也会发生;此外,市场的有效作用

---

① 引于鲍明晓.中国体育产业发展报告[M].北京:人民体育出版社,2006:103。

是以竞争为前提的,但现实中自由竞争往往会导致垄断的产生,诸如生产、销售和价格的垄断妨碍竞争、不利于市场机制的正常作用。另外,和市场发展中的一切产业一样,市场所反映的往往是短期的供求关系,因此具体到体育产业由市场所形成的产业结构不可能是体育产业长期发展的最终结构,所有这些市场主体自身包含的外部性等缺陷,又往往需要有所规制,需要政府和国家利益的适当"显摆"。而把握社会体育需求和国家体育需求问题,又需要社会体育组织的自身成熟,以及国家权力机制的公平合理,即需要一个透明、高效、法治的政府治理和服务体系。从这个意义上讲,体育强国下的体育产业发展模式是国家与社会利益充分得到尊重和满足的样式,也是两者都得到充足发展的运行实践。

第四节 竞技体育异化

竞技体育是非生产性的,其本质是游戏。在漫长的初始阶段,它基本保持了游戏的品格,然而在20世纪的后半期,竞技体育以惊人的速度向国际化、科学化和高水平化推进,创造了20世纪独特灿烂的竞技体育文化,竞技体育也以丰富的文化内涵深刻影响着人们的意识形态和经济生活。

近代奥林匹克运动的倡导者顾拜旦最初曾想把竞技体育这场源于白人的游戏定位在文化教育领域,他主张"谋求把体育运动与文化教育融合起来,创造一种在努力中求欢乐,发挥良好榜样的教育价值并尊重基本公德的原则为基础的生活方式","使体育运动为人和谐发展服务,以促进建立一个维护人的尊严的和平社会","通过……体育活动来教育青年,从而为建立一个和平的更美好的世界做出贡献"。然而,随着竞技体育社会化进程的不断发展,作为体育的竞技运动,它的作用、功能和价值被提升得越来越高并逐渐被过分地夸大,甚至被作为评价一个地区乃至一个国家政治制度的优劣,或者民族素质以及人种好坏的尺度。在这种观念的驱动下,竞技体育陷入了金钱欲和极端化的怪圈,进而竞赛中各种各样的舞弊行为、服用违禁药物以及非人道的训练手段等现象层出不穷,竞技行为出现异端发展。这一现象即为竞技体育异化。

一、竞技体育异化分类

竞技体育是人的一种对象化活动。在竞技体育强化的过程中,由于过度竞争、商业操纵、政治追求的膨胀,最终形成了一种足以扭曲竞技体育本质的异己力量。这种力量使人们越来越远离参加竞技体育的自身目的,也使竞技体育出现了许多丑恶现象。竞技体育的异化可以从本质的异化、过程的异化以及结果的异化多方面加以讨论。

(一)竞技体育本质的异化

竞技体育本质的异化,主要是指竞技体育与人的关系失调,表现在三个方面:一是竞技体育的技战术、组织管理和行为方式不断被客观化,成为支配人的一种强制力,进而反过来支配人。二是竞技体育的参加者丧失自由意志和兴趣爱好,参加竞技体育活动是在高额悬赏的诱惑下,在求职、改变社会经济地位或其他各种社会目的的驱使下进行的,所以不能充分发挥创造性和主动性。三是竞技体育不能直接与参与者的终身幸福相关联，往往造成他们精神上、躯体上、社会性上的不幸。日本的特鲁斯学派学者影山健将以上三点分别归纳为竞技体育异化的外在化、疏远化和贫困化。

（二）竞技体育过程的异化

竞技体育过程的异化，主要是指在运动训练与运动竞赛过程中，一些非理性、非科学、非人性甚至非法手段的采用，导致竞技体育过程的变质。表现在：第一，运动训练的野蛮化。在运动训练中强调人的生物属性，忽视人的社会属性。即不尊重运动员的人格，采取侮辱、打骂、威胁等惩罚手段，轻视运动员必要的文化教育，不顾忌运动员的生理极限和心理极限，盲目加大运动负荷，在训练中使用违禁药物与方法等。第二，运动竞赛的局外操纵。出于商业利润的目的、体育赌博的目的和其他政治目的，用暗示、君子协定、假球、黑哨、场外交易、运动员资格作弊，甚至用黑社会介入以致伤致残致死运动员、裁判员等威胁手段操纵比赛结果。第三，竞技体育中失范现象日趋严重，如球迷骚乱、球场暴力、体育暴行频繁，成为危害社会的毒瘤。运动成绩的真实性遭到普遍的怀疑，导致了竞技体育在人们心目中的地位急剧下降。

（三）竞技体育结果的异化

竞技体育结果的异化，在于人的塑造和关照被忽视，在狭隘民族主义和商业主义垄断下，竞技体育基本丧失了文化教育本质，沦为政治工具和商业手段。竞技体育结果的异化表现为：一是运动员胜王败寇，不成功者成为社会弃儿，成功者被称为社会贵族。二是商业成为竞技体育的主宰，竞技体育的资源跟着购物者的货币选票走，最终流向那些出价最高的人。三是竞技体育附着了更多的政治符号，为民族沙文主义、民族歧视和民族分裂提供了机会，成为政治狂热的发泄地。

二、竞技体育异化的危害

（一）商业控制体育

体育商业化以来，竞技体育在过度商业化的影响下变得物化了，这种物化表现为人的物化。人对物的追求导致了人对物的依赖，人对物的依赖必然导致主客体关系的颠倒。竞技体育之所以作为一种职业而存在，必然是由于它是一种利益的载体。尽管竞技体育不是生产领域，但它是获取利益的一种手段，因为竞技体育的竞争性特征表现为一种可观赏性。这种可观赏性一方面可直接获取物质利益，另一方面可通过为其他生产部门提高知名度而获得物质利益。这种获利现象必然会反过来促进竞技体育可观赏性的加剧，主要手段便是给予竞赛优胜者以高昂的物质利益回报，正是这种巨大的利益诱惑导致了竞技体育的主体以及竞技体育中的执法者产生违背体育道德的异化现象。一些体育界的有识之士不无担忧地预言：有朝一日体育堕落为金钱的奴隶和附庸，那便是奥林匹克圣火永远熄灭之时。商业给奥林匹克带来的活力和它对奥林匹克精神的破坏正在呈此消彼长的趋势。据资料统计，由于受经济利益的驱动，奥林匹克的巨大宣传作用使得奥运明星们成了商家为扩大影响增加销售而拼命争夺的目标,他们在奥林匹克赛场以外得到的巨额金钱,越来越让他们感到一举成名天下知的实惠。于是在拜金主义的驱使下,很多运动员所考虑的不是奖牌本身,而是奖牌后面的金钱效益,运动员成了赚钱的工具,沦为金钱的奴隶,丧失了其作为竞技运动主体的人的本质。

（二）政治和社会舆论左右体育

英国体育社会学家麦金托什曾说:"顾拜旦男爵在创始近代奥林匹克时,他的确没有考虑竞技运动可以完全脱离政治。恰恰相反,他却是期待着通过竞技运动有可能改善诸国家之间的政治关系。"麦金托什认为,竞技运动不可能脱离政治,两者之间存在相互影响、相互制约的关系,尽管人们期待着竞技体育不受政治的干扰,以保持其"世界和平盛典"的纯洁性和政治上的中立性,然而在现实社会中,这种主张竞技运动完全脱离政治的观点只不过是一种美好的愿望而已。政治对竞技运动的干预有积极的一面,也有消极的即异化的一面。1993年我国以两票之差与2000年奥运会主办权失之交臂,正是某些政治原因造成的。

种族歧视也是由于政治原因产生的一种异化现象。20世纪60年代以后,反对种族歧视的斗争登上了奥林匹克的舞台。与其同时,社会舆论也掺和进了体育。奥林匹克强大的政治地位和社会影响力,使很多国家和民族把奥运会以及各种国际大赛看成是"升国旗、奏国歌、扬国威"的场所,金牌成了其追求的唯一目标,成了判定运动员、教练员是非功过的唯一标准,这种社会舆论导致了在竞技中"胜王败寇"的倾向。运动员作为社会的一员,必然会受到社会舆论的影响,适当的社会期待会使他们感受到社会的关心而受到鼓舞,但是过分的社会舆论便会转化成一种巨大的社会压力,使他们精神过度紧张,束手束脚,反应迟钝,严重影响比赛成绩。

（三）人文精神的缺失

在商品经济大潮的冲击下,运动员丧失了许多体育中原本大量存在的人文精神,仅以夺标为唯一目的,这致使部分管理者置公共道德于不顾,组织打假球;部分教练员置运动员的健康于不顾,指导他们服禁药;部分运动员置职业道德于不顾,去做"黑动作";部分裁判员置社会公德于不顾,去"吹黑哨";部分观众也在狭隘地方思想的左右下,谩骂裁判等。由于人文思想的缺乏,竞技体育界存在着严重的"重物轻人"的思想。这种思想,既与奥林匹克运动的宗旨相违背,又与前奥委会主席罗格提出的"更干净,更人性,更团结"的理念不相称。这既是造成竞技体育黑哨、假球、斗殴、兴奋剂屡禁不止的重要原因之一,又是造成某些运动员昙花一现的症结所在,所以离开了人文精神的竞技体育是可怕的。

三、竞技体育异化的根源

造成竞技体育异化的根本原因在于利益驱动。竞技体育的利益往往是高额的,而竞争后的利益重新分配,决定了竞技体育必然具备功利性质。按"现象—分析"的路径,可以从竞技体育异化的社会结构性根源、社会心理机制、哲学性根源三个角度分析竞技体育异化的原因。

(一)竞技体育异化的社会结构性根源——歧视性对比

从朱建华因没能获得金牌,家中窗玻璃被砸,到体操王子李宁收到的刀片与上吊绳,一直到近几年的假球、黑哨等问题的曝光。可以说,竞技体育异化的问题一直伴随着竞技体育发展的始终,对竞技体育的影响也愈来愈深。这种异化使得体育运动原有的愉悦感,已逐步被沉重的功利欲所取代。在"胜者为王,败者寇"的社会心态的重压下,以运动员、教练员以及体育官员为代表的体育人的命运几乎已经被竞技比赛成绩所主宰,一个关键性概念就是"歧视性对比"。歧视性对比是一种对人的价值的评价方式。美国经济学家凡勃伦认为,所谓的"歧视性"是用来形容人与人之间的对比。其目的在于,按照人们在审美上或道德观念上的相对价值来对人进行分等分级,从而确定人们在心理上的自得程度。

竞技体育在其发展历程中,经历了由非功利到功利的转变。早期形态的竞技运动没有明显的功利性目的,其非功利目的可以看成是对生命意义的了解。竞技运动仅作为诠释生命的符号而存在,仅具有抽象价值。而如今,奖牌与锦标被赋予了过多的社会价值符号功能。运动员在体育竞赛中夺取的奖牌,已经不仅仅是运动能力与竞技水平的证明,也不再只是一种荣誉的象征。人们追求更多的是奖牌的社会符号价值,奖牌之所以在今天被赋予过多的价值符号功能,是因为奖牌与锦标在具有歧视性对比特征的社会结构中,对应于一种社会价值的排序。体育人总是力图通过获得这一价值符号,来让自己在具有歧视性对比特征的社会结构中看起来处于较高的位置。对于为什么会把拥有奖牌与否与社会价值排序中位置的高低相对应,美国经济学家凡勃伦认为这是"未开化"时代的传统。这种"未开化"的观念认为,凡是直接的与生产劳动有沾染的东西总会引起人们的厌恶感。因为,这些活动不具审美上的雅观,同时也是"低贱"的标志;而非生产性的活动则因其对应于"荣誉性"业务,因而总是与"有价值"有关。可以说,正是这种以歧视性对比为特征的思维与逻辑,使得人们借助于奖牌、锦标等"社会价值符号"与价值资源的稀缺性,依靠价值资源的占有程度对运动员、教练员以及相关体育官员进行的社会价值的排序,造成了竞技体育在发展过程中的异化。

现实中,利用、重构并合法化这种歧视性对比,对于体育人来说很重要。既然人们追求的是以奖牌、锦标等价值资源为参照的社会排序。那么,依据奖牌的成色与数量对体育人进行的价值排序,必须被纳入到具有歧视性对比特征的社会情境中,体育人需要确证这种社会情境的价值等级。拥有这种歧视性对比逻辑与思维特征的人,会极力宣扬拥有奖牌的体育人有身份、有能力,奖牌是社会价值的象征。这样,这种歧视性对比就给现实中的体育人制造了一种身份的焦虑。对于体育人来说,争夺奖牌就是在争夺这种社会价值排序上的优势位置,或者是在争夺体育人自己所向往的优势身份。

可以说,正是因为体育人所处的社会结构具有了这种歧视性对比特征,使得奖牌这种可以提供某种确证体育人的存在属性和存在价值的东西,就具有了巨大诱惑力。而一旦这种异化能够利用歧视性对比机制引导体育人去追逐奖牌,体育人就难以从这种对奖牌与锦标的占有性冲动中摆脱出来而最终落入异化的陷阱,即竞技体育手段与目的的错位。

(二) 竞技体育异化的社会心理机制——心理竞争

心理学理论指出,在人们的行为模式、思想倾向背后总可以找到一个支撑它们的心理系统。而心理竞争就是指人在心理上的,或可转换成心理上的各种行为、语言、价值、观念上的相互较量。从古到今,人的"自我"越来越变成"社会自我",人类的历史构成了心理竞争不断加剧的过程。每个人的语言和行为,都可以给另一个人的心理以强烈的刺激,每个人必须在一种比较机制和比较领域中否认自己处于较低层次。激烈的心理竞争使得现代人疲于奔命,使现代人的心理结构变得畸形。心理学家弗洛姆认为:人不仅在生理上要生存,同时在心理上也要生存。所谓的自尊、面子、能力等,都不过是人为谋求心理生存的通俗表达而已。

如今,人们在竞技场上不时可以看到,有的运动员在众目睽睽下出言不逊、报复性犯规、用口水乃至拳脚攻击对方;赛场下,不时可以听到有的运动员、教练员无视体育公平竞争原则和自身健康的需要而滥用兴奋剂等消息。对于这些与体育精神相违背的现象,从心理竞争这个角度来解释、分析可以使我们看到在强大的政治、经济力量背后,有着更为强大的社会心理力量。这种心理力量在精神分析理论看来是人类的攻击性天性之一,同时也是心理竞争在竞技体育中的恶化形式。依据精神分析理论,人们从一种社会状态进入另一种社会状态,从一个社会结构进入另一个社会结构,得到改变的并不是人的这种攻击性本身,改变的只是人的这种攻击性实施的手段和条件。在现实中,除非体育人可以在心理上成功制造幻觉,否则这种心理竞争必须要通过外在的证明,即通过对稀缺价值资源(如奖牌)的占有而与他人进行比较。一旦体育人在比较机制的驱动下,在一个比较领域或结构中被证明自己没有能力、地位、金钱、品位等,他的存在价值就会遭到否定,他就会有强烈的挫败感。那么,他在心理上就很难生存。某种程度上可以说,心理竞争主宰了体育人的生活。赛场内外一些体育人的相互攻击、贬损以及假球、黑哨、兴奋剂等竞技体育异化现象的归因,都是为了获得奖牌,也就是为了在人与人之间的心理竞争上处于优势。

如果奖牌与锦标仅仅诉诸于体育人对其实用性的需要,那么这种对奖牌非理性的追逐从逻辑上便难以发生。因为人是理性动物,个体的人往往对于奖牌的实用性具有清醒的判断。所以,这种以对奖牌的非理性追逐为代表的竞技体育异化现象其心理机制,更多的只能是体育人心理上的需要,是基于社会价值排序下的身份焦虑。心理竞争表征了体育人之间的关系,其实质是价值比较。

拥有奖牌等社会稀缺价值资源的体育人,因其所拥有奖牌的稀缺性与支配性,给其带来了心理竞争上的优势地位。而社会对于这种优势地位的认可,等于给体育人的心理竞争确定了方向,即尽力争抢那些被社会奉为特殊价值的奖牌。如果不能做到这一点,体育人就会处于心理竞争上的劣势,威胁到其心理上的生存,尽管这种感觉只是一种假象。同时,为了给这种异化行为以理论支撑,体育人还必须对这种非理性追逐奖牌与锦标的行为,赋予道德上的论证,使其具备足够的合法性。而这种论证反过来又对没能拥有奖牌的体育人构成了价值上的蔑视和美学上的厌恶感,即凡是与生产劳动有所沾染的一切,在价值上总是要比不与生产劳动所沾染的东西低。这种对生产劳动的厌恶感渗透于异化的社会价值观念中,同时也在竞技体育的发展过程中变形为种种与体育精神相违背的异化行为。

(三）竞技体育异化的哲学根源——自我意识与对象意识的分裂

存在本体论认为，人是生物界中的一员，其逃避不了生物本能的主宰。但另一方面，人又有自我意识。人对世界具有超越性和反思性，世界同时也是人的对象，世界也会成为其存在的一部分。这就使得人的存在摆脱了与世界的自在同一性，摆脱了被规定的命运。即人摆脱了与世界的自在同一性，却也根本没有达到与世界的和谐统一。这种存在状态最明显的特征就是人的自我意识与对象意识的分裂。

体育人的这种以自我意识与对象意识分裂为特征的存在状态，决定了其在对"自我"确认时，离不开外在的对象（奖牌与锦标）。这种确认即使不是通过与外界的对比也是通过外界所提供的诸多材料、信息、符号的参照进行。这种存在状态使得体育人的存在具有鲜明的"主客二元结构"特征，即体育人的存在依赖于对自身的确认，并指向外界。这正是弗洛姆所说的"方向性结构"。当体育人因其自我意识与对象意识的分裂被从"自在的世界"中剥离后，其存在也因此丧失了确定性和附着感。只有依赖于"主客二元结构"才能使体育人重新将自身与世界联系起来。这种"主客二元结构"迫使体育人做出类似于心理上的退行性"逃避自由"的行为。其方式是，尽力让自己融入群体之中，使自己化为世界的一部分从而摆脱威胁；或者是尽力用意识将世界吞没，使世界化为人自身的一部分。

自我意识与对象意识的分裂，使作为"社会人"的体育人不但要证明自己的存在，还要证明这种存在有价值，否则他在心理上还难以生存。而体育人对自己存在价值的论证，依然离不开"主客二元结构"。因此，体育人对其存在价值的论证，即维护心理生存的方式也常常带有人际联系和人际比较的色彩，即依赖于与他人发生的比较关系。而在对体育人存在价值的把握中，在社会价值排序所给予的认知模式中，在被异化的竞技思维方式中，只有通过对体育人存在属性的把握才能够实现。故此，体育人的存在分裂为一系列存在属性，分裂为性别、年龄、所获荣誉、能力、职务等一系列存在属性的总和。而在这些属性中，对于体育人存在属性的确认，最为重要的因素就是其所获得奖牌的成色与数量。

在这里，体育人的存在是否有价值，体现为其存在属性。体育人对其存在价值的论证，也就沦为对其是否拥有对应于其存在属性的价值资源（奖牌）的证明。体育人争夺存在价值也就表现为体育人之间的对奖牌的争夺，也就表现为实质上是一种心理竞争的对于荣誉、奖牌等标识体育人存在价值的外在物的追逐。这种以自我意识与对象意识分裂为体育人的存在困境，导致其很多行为都植根于存在性命运，而非生物本能的心理反应机制，即尽力证明自己的存在与存在价值构成了竞技体育种种异化现象，以及体育人种种异化行为的强大驱动力。

四、竞技体育异化现象的解决策略

（一）对商业化进行正确引导

犹如一把双刃剑，商业化对竞技体育的发展产生着正负两方面的作用。商业化在竞技体育的发展中必须得到正确的引导和利用。随着奥运会规模不断膨胀扩大，各单项体育比赛条件的要求日益提高，没有商业资本的介入是不行的。奥运会的发展史表明，正是有了商业的驱动才使它获得了巨大的生机与活力。但是商业只能支持体育,与体育互利互惠,而不能操控、有损于体育。因此,我们并不是反对商业化,而是要反对过度的商业化。那些以追求最大经济利益为目标的资本主义商业化会使体育运动背离其崇高的理想和目标,远离运动至上的精神内涵。

(二) 提高运动员和裁判员的道德素养

道德作为一种力量能够克服和抑制那些不公正行为的诱惑,通过舆论、教育来提高教练员和运动员的道德素养,而对于那些违反者应予以重罚,以维护法律和体育运动规则的严肃性和权威性。另外,"公平竞争"是竞技体育道德规范的核心内容,是体育比赛中运动员"平等"权利的最直接最实际的体现,这种平等抛弃了参赛者的政治、经济、文化背景,也不顾及参赛者自身条件,让每一个参赛者都有均等的夺冠机会是其唯一的宗旨,无论是运动员还是裁判员,都应维护这一崇高的宗旨,这也是体育比赛之所以风靡世界的根本所在。

(三) 加强人文体育精神理念

竞技体育的异化导致了人与体育关系的失调,而人文精神则以建立一种平等、和谐、互利、合作的关系为目标,强调缓和人与人之间的矛盾冲突。在竞技体育中注入人文精神和伦理的内容能够保证竞技体育的发展具有正确的价值取向。如果人文关怀精神和以人为本思想深入人心,那么奥运会将会实现其创始人"追求健康人生和美好世界"的夙愿。

主要参考文献:

[1] 郑杭生.社会学概论新修(第四版)[M].北京:中国人民大学出版社,2013.

[2] 仇军,刘波,张兵,等.体育强国建设:中国的实践与挑战[M].南京:江苏人民出版社,2016.

[3] 国家体育总局.拼搏历程 辉煌成就:新中国体育60年[M].北京:人民出版社,2009.

[4] 熊欢,张爱红.身体、社会与体育——西方学者视野下的体育[J].体育科学,2011,(6).

[5] 任海.论体育现象[J].天津体育学院学报,2008,(4).

[6] 吕树庭.北京奥运会后中国体育管理体制改革的思考[J].武汉体育学院学报,2010,(7).

[7] 雷震.中国体育社会化前瞻[J].体育文化导刊,2008,(2)

[8] 丁建生.体育社会化的内涵与外延[J].山东体育学院学报,2001,(2).

[9] 屈雯喆.竞技体育异化现象的社会学探析[J].河北体育学院学报,2010,(2).

[10] 苏贵斌,徐飞.竞技体育异化原因解析[J].体育学刊,2010,(1).

提升阅读推荐:

[1] 杨文轩,陈琦.体育原理[M].北京:高等教育出版社,2004.

[2] [美]阿伦·古特曼著,花勇民等译.从仪式到纪录:现代体育的本质[M].北京:北京体育大学出版社,2012.

[3] 仇军.西方体育社会学:理论、视点、方法[M].北京:清华大学出版社,2010.

思考题

1. 体育社会现象有什么样的特征?
2. 试述中国体育体制改革中政府与社会、市场关系是如何变迁的?
3. 竞技体育异化具有什么特征?又为何会产生?

第九章 体育的社会问题

> **本章内容提要**
>
> 社会运行中,利益冲突无所不在,在体育中亦是如此。从这个意义上讲,体育的社会问题作为一种社会现象是无从避免的。当然,体育社会问题不仅具有社会问题的一般特征,还具有体育社会现象的特殊性,伴随体育演化与发展。本章学习需掌握体育社会问题的概念、特征,把握体育社会问题的类型及其分析思路,并了解各色体育社会问题,学会分析体育社会问题。

【案例导入】

2016年3月16日,CBA总决赛第三战在四川赛区(成都)打响。而在赛后,当辽宁队球员走出大巴准备返回酒店的时候,和酒店门口的四川球迷发生了言语上的冲突,之后冲突进一步升级,多名球员和球迷厮打在了一起。职业运动员与球迷冲突震惊世界,而随后中国篮协的相关处理方式与意见同样引起全社会的广泛关注。(整理自人民网)

事实上,从世界范围来看,体育球场内外的暴力问题屡见不鲜。英国莱斯特大学的一项研究表明,从1996年6月到1999年10月,英国发生了3起与足球有关的谋杀案,而意大利5起,阿根廷39起。球场暴力在南美洲、非洲、亚洲以及整个欧洲都是一个严重的社会问题。是什么原因催生了这些暴力事件的由来?又该如何看待这些问题?

第一节 体育社会问题概述

一、社会问题概述

社会问题是一种普遍存在的社会现象,当社会矛盾冲突发展到一定程度,成为一种明显而又普遍的现象时,就会产生社会问题。社会问题,是社会学研究的重要领域之一,从某种意义上讲,没有社会问题的发生和解决,就没有人类社会的进步,人类社会发展的整个历程,是一个不断发现问题和解决问题的历程。研究社会问题,了解社会问题的机制及其解决途径,成为社会学经典的理论。

从语义学上分析,日常生活中的"社会"一词是指一种公共的、许多人共处一起的环境。理论上的"社会"是一种特殊的群体,是指相当数量的人们按照一定的规范发生交互行为与相互联系的生活共同体,也是指一定时期与范围内各种人际关系和群际关系的总和。"问题"是指不符合社会中的主导价值体系和规范体系的公共生活中的麻烦。然而，问题并非如此简单，由于不同的学者研究的侧重点或研究兴趣的不同，因此对社会问题所下的定义也不尽相同。社会学界公认的社会学意义上的社会问题一般具备四个要素：作为一种社会问题它们对个人或社会造成物质或精神损害；作为一种社会问题它们触犯了社会里一些权力集团的价值观或准则；作为一种社会问题它们持续了很长的时间；作为一种社会问题，由于处于不同社会地位的群体会做出不同的判断，对它们的解决方案也往往多种多样，因而在如何解决社会问题上难以达成一致。

根据这四个要素的规定，费孝通等将社会问题定义为：社会问题是社会关系或环境失调，致使社会全体成员或部分社会成员的正常生活乃至社会进步发生障碍，从而引起了人们关注，并需要采取社会的力量加以解决的问题。乔恩·谢泼德(Jon Shepard)和哈文·沃斯(Harwin Voss)在《美国社会问题》一书中认为："一个社会的大部分成员和社会一部分有影响的人物认为不理想、不可取，因而需要社会给予关注并设法加以改变的那些社会情况即为社会问题。"我国老一辈社会学者孙本文认为："社会问题就是社会全体或一部分人的共同生活或进步发生障碍的问题。"袁方主编的《社会学百科辞典》中对社会问题的定义是："社会中的一种综合现象，即社会环境失调，影响社会全体成员的共同生活，破坏社会正常运行，妨碍社会协调发展的社会现象。"王康主编的《社会学词典》中将社会问题定义为："指在社会变迁过程中，某些社会活动和社会关系发生了与现实的社会环境失调（即相异或发生矛盾），并引起人们普遍注意，需要以社会的力量来解决的现象。"北京大学编写的《社会学教程》中则把社会问题定义为："是社会中发生的被多数人认为是不合需要或不能容忍的事件或情况，这些事件或情况，影响到多数人的生活，而必须以社会群体的力量才能进行改革的问题。"陆学艺主编的《社会学》一书将社会问题定义为："凡是影响社会进步与发展，妨碍社会大部分成员的正常生活的公共问题就是社会问题。它是由社会结构本身的缺陷或社会变迁过程中社会结构内出现功能障碍、关系失调和整合错位等原因造成的；它为社会上相当多的人所共识，需要运用社会力量才能消除和解决。"

从上述定义中可以发现并不是任何与社会生活有关的问题都是社会学意义上的社会问题，只有引起公众注意，并对整个社会造成危害的公共问题才是社会问题。而那些产生于个体的性格之中，与个人所直接了解的有限的社会生活范围有关的，在个人的利益和价值观念与社会现实发生冲突时产生的个人困扰则不能称之为社会问题，所以社会问题除了社会学意义上公认的需要具备四个要素外，还必须具备公共性和危害性两个前提特性。公共性包括两个方面：一是数量众多的人群面临相似的问题，并且已经引起了公众的注意；二是这一问题产生的根源已经超出了个人的局部环境，并牵涉到整个社会的政治经济结构，解决这一问题需要依靠公共部门使用社会力量来解决。没有了公共性就不能称之为"社会问题"。危害性就是它会对陷入其中的个人和整个社会在物质上或者精神上造成负面的、有害的影响。所谓有害主要是指它违反了现存的社会规范和价值准则，特别是违背了主流社会的价值规范。这说明人们认识到的社会问题并不包括我们社会生活中所发生的所有阻碍社会进步的行为，而反映的是那些违反了社会主导阶层的价值观和行为规范的行为。

二、体育社会问题概念

体育作为一种社会现象,在社会实践中,难免会产生一系列利益纠葛、权责矛盾,并影响体育社会运行的有序化。那么,是否一切体育运行中的不良问题都可以看作是体育社会问题呢?又该如何界定体育社会问题的概念呢?

事实上,体育社会问题是一个人们既熟悉又陌生的概念。所谓熟悉,是指人们都能感受到它的存在,多多少少能对其发表一些议论,谈些见解。所谓陌生,是指许多人对体育社会问题的认识含糊不清。有人认为体育社会问题就是体育运动中的热点、焦点问题,即人们高度关注的或与利益相关的体育现象就是体育社会问题;还有人认为体育运动中的犯罪就是社会问题,即体育运动中某些严重越轨的社会现象就是体育社会问题;有人把体育运动中一时无法解释的矛盾、冲突归结为体育社会问题;也有人将体育运动中的阴暗面、不健康现象归结为体育社会问题。这些对体育社会问题的认识是不全面的,它们涉及了社会问题某一个方面的特征,还没有深入到对体育社会问题的本质认识。

对体育社会问题的界定实际上是一个科学的认识过程。一般而言,应当从以下三个方面去界定体育社会问题:其一,是否使体育运动的运行失调;其二,是否影响了与体育相关的多数社会成员的体育利益或体育生活;其三,是否违反了社会的主导价值标准和规范标准。综上所述,对体育社会问题的定义是:体育社会问题是影响社会成员健康的体育生活,妨碍体育运动良性发展,违反社会主导价值标准和规范标准,引起社会大众普遍关注的一种社会失调现象。

一般来说,体育社会问题的发生大约受几个方面的影响:① 与国家或地区的社会发展水平有关。体育作为人类社会共同的文化现象,只有在社会生产力水平发展到一定的时候,某些问题才成为体育的社会问题,当社会生产力水平较低,大多数人口还生活在较为贫困的状态时,体育不可能成为影响人们生活的问题。② 与国家的社会制度有关。由于各个国家的社会制度不同,所反映的文化背景、价值观念、规范体系和文化习俗也就有所不同,因此所反映的体育社会问题也就不同。③ 与社会观念的发展变化有关。随着社会不断的发展,思想观念不断的变化,人们对体育的认识和需求也发生了变化,有些问题越来越引起全社会大多数人的关注和认可而成为社会问题,有些问题只是被少数认同而不可能成为体育社会问题。

作为体育领域中所表现出来的各种社会问题,从其涉及主体角度看,主要包括体育的参与者(运动员、教练员)、体育的管理者(政府相关管理部门、俱乐部官员)、体育的欣赏者(现场观众、非现场观众)、体育设施、体育的利益相关部门(媒体、赞助商)等。相关主体在体育实践中的利益冲突往往以体育社会问题表现出来。根据社会问题发生领域,以将社会问题分为政治社会问题、经济社会问题、体育社会问题等。根据社会问题产生的根源,可以将社会问题分为由于社会结构整合失调产生的结构性问题和由于社会规范的缺失和有效制约而造成的社会行为失范问题,也即结构性体育社会问题和行为失范性体育社会问题。

三、体育社会问题特点

在广义的体育社会问题中,不管是因为体育行为而产生的社会问题,还是在体育行为中反映的其他社会问题,都是社会问题的一种表现形式,这种表现形式必然会体现出社会问题的一些基本特点,这些特点主要为以下几个方面。

(一)体育社会问题的普遍性

不同国家和民族体育运动中都存在着各种各样的社会问题。这种普遍性体现在两个方面:一是不同社会都拥有某些相同的问题。虽然在不同时期、不同国家在经济发展水平、社会结构、社会制度形式、历史文化传统等各个方面存在着显著的差别,但是在体育运动发展过程中仍然会发生一些相同的社会问题。比如,体育运动参与不平等、体育运动竞赛中的暴力侵犯等。二是不同社会面临着在具体内容、性质、表现形式等方面存在较大差异的社会问题。人类社会是一个复杂系统,在社会结构上,每个社会都无法避免出现结构功能障碍或者是各个功能结构之间的关系失调。反映在体育运动上,每个社会都存在带有自身结构色彩的体育社会问题,比如,中国体育运动中表现出体育人口结构失调,美国体育运动中的种族歧视等。

(二)体育社会问题的客观性

体育社会问题是现实体育运动中客观存在的,是不以人们的意志为转移,并能为人们的意识所反映的客观存在。这种客观存在的社会问题不是人们在头脑中凭空想象出来的,而是人们通过各种感观和认知从具体的体育运动现实中得以发现的。但是体育社会问题的客观性并不意味着人们对体育社会问题的认识是相同的,恰恰相反,不同的人对体育社会问题的反应存在很大的差异。这种差异是由于人们在知识结构、个人利益以及社会地位等方面的不同造成的,是人们主观意识反应的不同。当然,这种不同并不能抹杀其客观性,而仅仅是人们主观能动性的表现。虽然体育社会问题存在客观性,但是并不意味着体育社会问题能自然而然地为人们所认知。主要有两个方面的原因:一是有些体育社会问题的后果在短时间内没有得到充分的暴露和反映,这样人们就比较容易忽视这种问题的存在。这种隐藏性使得人们往往错失解决这种社会问题的最佳时机,其后果也就越来越严重。比如,我国的体育人口问题。二是由于某些利益集团为了其自身利益而故意隐瞒某些社会问题的存在。他们通过对信息的垄断和隐瞒,使得人们忽视了这些社会问题的存在或者低估这些社会问题的严重性,如体育竞赛中的假球黑哨问题。这种对体育社会问题的隐瞒并不能使问题自动消失,相反随着时间的推移,这种社会问题可能会越来越严重。

(三)体育社会问题的持久性

体育社会问题一旦出现就会在体育运动中持续出现,同时解决它往往需要很长的时间。体育社会问题持久性的根源就在于其问题的复杂性。这种复杂性主要体现在三个方面:一是体育社会问题出现原因的复杂性。体育社会问题的出现往往不是由单一社会因素造成,而是涉及到社会的多个因素之间的复杂关系。二是对体育社会问题认知的复杂性。现实中面对同一种体育社会问题各个社会群体的反应是不一样的。一些利益群体为了本集团的特殊利益,当某一事物被认为是体育社会问题同时又会损害其利益时,他们会通过各种手段否认掩盖这种社会问题的存在。同时在承认这种社会问题的群体中,也会在社会问题后果严重性方面表现出分歧。三是解决体育社会问题的复杂性。由于造成体育社会问题涉及到多种因素,从而使具体分析体育社会问题的发生过程和发生原因就变得异常困难,因而也使得我们希望通过分析体育社会问题的发生原因来对症下药,解决体育社会问题变得困难而复杂。同时,不同利益群体的存在,也会使得分析体育社会问题的客观性受到限制,并且各个利益群体在制定解决体育社会问题的政策上也很难达成一致,这样就使得体育社会问题的解决更加的复杂。

体育社会问题的持久性还反映在解决问题的持久性上,由于不同利益群体的作用,最后解决体育社会问题的公共政策只能是各利益群体之间妥协的结果,这种政策往往并不是解决某一体育社会问题的最优选择,从而使解决体育社会问题需要更长的时间。

(四)体育社会问题的时代性

体育社会问题的时代性是指不同社会所面临的具体体育社会问题会随着时间的改变而改变。这种改变体现在四个方面:① 有些发生在体育运动中的问题以前并不认为是体育社会问题,现在被认为是体育社会问题。这些问题在之前往往是那些被认为是个人困扰的事物,随着公众对这些个人困扰的关注和介入,个人困扰就转换为体育社会问题。如运动训练中的性干扰等。② 有的事物在以前被认为是体育社会问题,目前却不再是体育社会问题。这类社会问题往往是问题相关者通过各种手段使问题发生了改变,从而使其成为合法的社会行为,例如女性体育参与问题。当然体育运动中存在的性别不平等问题则是另一种社会问题,和女性体育参与问题并不是一个概念。③ 有的体育社会问题通过人们的努力得到了解决,从而这种体育社会问题在现实的体育运动中消失了。如西方国家白人和黑人同场比赛问题。④ 当今的一些体育社会问题是以前体育运动中所没有的,随着社会经济的发展和体育运动的发展变化,出现了新的体育社会问题,如体育商业化问题、体育运动的环境污染问题等。

(五)体育社会问题的体育性

体育社会问题除了具有上面所论述的社会问题的基本特点外,由于其涉及到体育这一特殊的社会现象和社会行为,因而还具有自己本身的一些特点。

其一,体育社会问题相对其他的社会问题,其公众的透明性更强。现代体育的发展趋势就是竞技体育的不断商业化,体育的巨大经济潜力使得各种传媒日益关注体育行为的各个方面。同时体育的发展也日益依靠各种传媒的力量以不断拓展其社会影响力。随着体育的社会影响力的增强,一切关于体育的行为都具有了新闻价值,这就使得体育的各个方面都处于媒体的关注之下。除了体育本身的比赛过程、比赛成绩、运动员表现等方面受到媒体的关注,体育中反映出来的社会问题也成为媒体的关注焦点。公众通过现代传媒可以很方便、快捷、全面地了解各种体育社会问题,其透明性比一般的社会问题要高。

其二，体育社会问题影响波及的范围相对于其他社会问题相对较小。由体育行为所引发的体育社会问题其影响的范围局限于从事这项运动的人，相对于那些影响范围波及全社会所有公民的社会问题，如人口问题、贫困问题、环境问题等，其波及的范围要小得多。所以其社会性的后果也要小得多，属于局部社会问题。

其三，体育社会问题的社会性后果更容易被放大化。由于各种体育社会问题处于公众的关注焦点上，所以这些体育社会问题所造成的社会性后果也很容易被媒体和公众放大。比如同样是青少年越轨行为，学生运动员的越轨行为就更容易为媒体和公众关注，通过媒体对这些行为的放大性处理，大众就会认为学生运动员的越轨行为比一般青少年的越轨行为的社会性后果要严重。

四、体育社会问题分析

在社会学研究范式中，以功能论、冲突论、互动论最为显性，也最为学界所共识。功能论将体育视为一种具有功能导向的社会机制，体育能将社会规范和文化内化到体育参与者之中，使其对价值和规范等社会子系统产生合法性的认同感，从而共享同一种社会系统，实现社会的均衡；冲突论认为体育中的冲突是体育发展的必需，体育发展过程中存在着多种利益的冲突；互动论则是从主观的立场来探讨体育现象，关注的是体育中的个体层面以及其他的亲密关系。比较发现，可能冲突论与体育社会问题的产生关系最为密切。

冲突论认为社会行为必须从竞争团体间冲突与紧张的角度来分析。这种冲突并不是指与社会的对抗，主要指不同的社会群体如何利用体育作为取得或保持权力、财富和声望的手段，实际上是一种不同利益之间的冲突。

体育作为人类为了自身的健康和完美而发明的一项伟大方式，表面上是通过竞技让人分出胜负并获取至高无上的荣誉，但其本质却是致力于人的身心健康。如体育帮助人们维持健康的心态和塑造健全的人格，引导年轻人社会化，培养其公开、公平、公正的社会竞争原则。再如体育具有"社会安全阀"功能，能把地区及国家团结起来，实现人民的社会认同，让人们分享国家荣耀，激扬民族情怀，有助于社会的和谐和人类的和平。事实上，这一体育判断都是建立在良性社会秩序及体育本体功能上的主观判断。而现实中，体育与其他社会现象一样，无法孤立存在，更无法跳出其赖以存在的社会环境。社会互动实践背景、过程，乃至其间某一要素的变迁，都可能引起体育发生偏转，出现社会问题。

近年，随着竞技体育全球化和商业化发展，体育逐渐变为一个庞大的利益体，利润或利益往往远比健康或安全更为重要。商业的引入和体育投资者对利益的追求淹没了对运动员保护的重视，这种情况下，追求利益的最大化成了体育投资者的目标。而且，以奥运会为代表的运动会如今已向着追求体育利益的最大化发展，运动会正逐渐失去为人类健康着想的实际意义，利益和运动员的健康发展成了竞技体育中的主要矛盾。竞技体育，作为体育领域中极其显性的部分，往往具有标杆作用，不断将其所展现的利益冲突向下传导，影响社会体育各个领域。于是，体育界的特殊规范、价值观与需求，也就发生了变迁，利益冲突正在塑造社会大众日常的体育行为。体育也就不再是顾拜旦宣称的，"体育，你就是正义"，体育社会问题伴生其中。

总体来说，冲突论比较客观地认识了体育现实，有助于我们认清体育社会问题的本质所在。冲突广泛存在,利益是冲突存在的根本原因,把体育看作是追求各自利益的不同群体,某些群体将比其他群体获得更多的利益;而冲突是体育发展的必需过程,是体育不断演化发展的动力所在。在此意义上,准确把握体育社会问题,有利于我们正确处理体育冲突问题的关系,促进其和谐发展。

第二节 结构性体育社会问题

一、结构性体育社会问题概述

结构性体育社会问题产生的根源是社会结构处于一种相对失衡的状态。社会结构的相对失衡主要表现为社会各群体之间的利益结构的失衡,利益结构的失衡必然会加剧社会矛盾,从而引发各种体育社会问题。社会各个群体之间的利益结构失衡在任何社会都存在,但是在社会转型时期表现得更加强烈和明显。社会转型是一种快速、全面、根本性的社会变迁,从社会结构来看就是原有社会结构的解体和新的社会结构建立的过程。这一时期由于社会结构中的各个组成部分的变迁速度不同,处于过渡阶段的社会结构就会处于一种十分不稳定的状态,各个利益部门缺少统一的社会规范和制度,所以整个社会结构就会相对失调。

转型时期的社会是结构性社会问题的多发时期。目前我国正处于社会转型时期,这个转型从经济角度看是从再分配经济向市场经济的转变,从社会结构来看就是从总体性社会向后总体性社会的转变。在转型过程中,各社会部门的转变速度不一致,比如在其他社会部门的转型不断深化的同时,我国的体育部门的转型的步伐就相对缓慢,总体上还是处于总体性社会时期的运作方式。当整体的社会结构已经发生了很大变化,而体育部门仍没有随之改变,这两者之间的结构性矛盾也就不可避免。

二、竞技体育与群众体育发展不均衡问题

新中国成立60多年来,我国体育事业取得了辉煌成就,竞技体育、群众体育、体育产业都取得了长足发展。但是,不可否认,在我国体育发展历程中,竞技体育与群众体育之间存在明显的发展失衡现象,并且引发一系列矛盾,有的甚至成为阻碍我国体育改革发展的关键力量,影响体育强国建设。

(一) 概述

长期以来,我国的体育事业被认为是一项纯公益性的福利事业,发展体育事业所需资金主要依靠国家调拨,特别是发展竞技体育的资金。从计划经济到市场经济的社会转型期,我国体育政策实行的是"双轨制",政府一边提出《奥运争光计划纲要》,一边提出《全民健身计划纲要》。在"双轨制"政策性条件下,竞技体育是主导,群众体育是附属。具体表现为:

1. 竞技体育的超前发展

1984年奥运会以来,我国运动员取得了骄人的成绩,金牌总数位于"第二集团"前列。

2000年的悉尼奥运会,我国获得金牌总数第三;2004年雅典奥运会,我国又取得历史性突破,以32枚金牌的成绩排列第二;2008年北京奥运会,我国体育代表团更是以51枚金牌的成绩居世界第一。竞技体育大国,乃至竞技体育强国已然成为现实。事实上,虽然我国竞技体育的水平已进入了世界前列,但是竞技体育优势项目不多,一些基础大项和群众喜爱的集体球类项目总体水平较低。可见,竞技体育是"超前发展"并不是"全面协调发展",能否进入可持续发展的轨道上来,取决于其发展"短板"拟合效果,根源在于竞技体育的基础——群众体育的发展水平。

2. 群众体育的相对滞后

公共体育场地是最主要、最基础、最有代表性的群众体育产品。《第六次全国体育场地普查数据公报》显示,截至2013年底,全国共有体育场地169.46万个,用地面积39.82亿平方米,建筑面积2.59亿平方米,场地面积19.92亿平方米。按照2013年底全国总人口13.61亿人(不含港澳台地区)计算,平均每万人拥有体育场地12.45个,人均体育场地面积1.46平方米。而同时期的美国、日本等发达国家平均每万人拥有200多个体育场地。与国外发达国家相比,我国体育场地设施严重不足,且我国现有体育场地质量普遍不高,多以篮球场等室外的低档次的体育场地为主。

第二大特点是公共体育场地开放率低,平均每万人拥有的开放体育场地2.59个,远不能满足广大人民群众开展健身活动的需要。我国公共体育场地设施不但总量不足,而且不均衡,区域的差异和城乡的差异都很大。普查结果显示,体育场地的数量受制于经济发展水平,广东省的体育场地数量最多,有77 589个,占全国体育场地总数的9.1%。西藏自治区最少,有1 057个,占全国体育场地总数的0.12%,其差异是不言而喻。我国的城乡经济的二元结构带来的公共体育设施的城乡差异同样明显。农村的公共体育设施和其他公共体育条件与城市相比极为可怜,全国乡(镇)、村的体育场地只占体育场地总数的8.18%。

(二)竞技体育与群众体育不均衡发展问题根源

当前我国群众体育与竞技体育发展是不平衡、不和谐的,存在着突出的矛盾。主要表现在:① 中央政府的决策、立法与地方政府执行严重失衡。国家体育总局隶属国务院直管,地方体育局归省、市管,其财政由地方划拨,经济上不是线性关系,国家体育总局是业务管理部门,国家出台《全民健身计划纲要》,提倡群众体育路线,谁出钱?谁投资?群众体育场地、设施等公共产品谁负责?这显示了中央立法决策容易,而地方财政执行难的问题。中央的政策之所以没有收到良好的效果是因为地方政府执行困难或执行不力。② 国家制定的群众体育发展政策具有较大的模糊性。国家大力发展群众体育,却没有细化的标准,如我国的居住小区应有多少健身场所、设施,又如地方政府年均应向群众体育投入资金占地方GDP的比例等没有量化标准,地方政府可操作性弱、无法落实或相互推诿。③ 体育发展的法规体系的不完整性。体育的发展需要中央政府与地方政府协调一致,建立二级、三级甚至四级政府的一整套的法规体系,竞技体育的发展国家是建立了一整套行之有效的法规体系,而群众体育的发展国家只管出政策、出文件,执行成本主要是地方承担。

竞技体育与群众体育利益问题的实质是体育社会资源的分配问题。当然，这与政府体育发展战略选择有关。新中国成立后，在经济、文化落后和体育基础较为薄弱的情况下，党和政府选择并贯彻落实"普及与提高相结合"战略，一方面广泛地开展群众性体育，另一方面又集中了必要的人力、物力和财力，优先保证竞技体育的发展，因而出现了我国体育事业全面发展的势头。这种局面被"文革"所打破。"文革时期"不仅把体育作为政治的工具发展到了极端，还导致我国体育事业的发展偏离了正常的发展轨道。改革开放后，中国奥委会在国际奥委会中的合法地位得到恢复，使得体育开始出现了新的局面。但总体上，我国体育事业走的是竞技体育优先发展的道路，形成了竞技体育蒸蒸日上，群众体育相对于竞技体育每况愈下的非对称发展局面。问题的有所改观，直到北京奥运会举办后，体育社会化、产业化的加速，为群众体育的发展提供了新的机遇。

北京奥运会后，随着我国社会政治体制、市场经济运作的进一步规范，在全面建设小康社会与创建和谐社会的条件下，广大人民群众对金牌意识将会逐渐淡化，对生命中的休闲、健康、娱乐的追求将会不断的增强，体育的人文精神和文化意识将会成为体育的主调，举国的群众体育热潮已经到来。但作为一个整体的体育事业，如果离开了竞技体育，就失去了先导和魅力，如果离开了群众体育，就失去了根基和支柱。两者既不是天平的两端，也不是机械的拼合，而是"相互依靠、相互渗透、相辅相成、相互促进的"。正是，在这个意义上，面向体育强国建设，需要强化竞技体育与群众体育的协调发展，创设双强局面，实现两者的融合互补。

（三）体育强国建设背景下推动我国竞技体育与群众体育协调发展策略

我国体育强国建设需要体育保持可持续发展趋向。当然，体育事业可持续发展离不开多元力量的参与，离不开相关利益主体各司其职、综合作用。但长期以来形成的以行政手段为主体的体育发展方式，在一定程度上压制了社会体育发展力量的型塑。在体育社会化、市场化运行背景下，各方利益博弈实践往往多受政府力量的牵制，影响我国体育的可持续发展，并最终干扰体育强国的有效进程。为此，协同竞技体育与群众体育发展关系，显得尤为重要，而策略上宜从以下几个方面入手。

首先，要推进我国体育从"精英体育"走向"大众体育"。与西方国家通过群众体育与竞技体育的互动发展，并有深厚的思想文化教育的历史渊源不同，我国体育是在学习借鉴苏联模式，采用"举国体制"方式的基础上发展起来的。"举国体制"下的中国体育，优势明显，但弊端也日见明显，其中尤以用精英体育统领我国体育发展的实践，不仅过多付出了经济成本、道德成本、政治成本，还无形中压制了社会体育的发展，阻碍了我国体育的可持续发展空间，影响了我国体育国际竞争力的提升。于是，吸取西方体育发展经验，同时基于自身体育发展的诉求，走经过"大众体育"推进"精英体育"，进而实现"大众体育"与"精英体育"的良性互动的道路势在必行。

其次，要推动我国从"事业体育"走向"社会体育"。长期以来，体育在我国是一种社会事业。体育的发展沿用计划经济思维，由国家财政投资支撑，强调和追求国家体育为了国家的价值实现。在特定的历史时期和历史阶段，这种思想理念以及在这种思想理念下形成的运行方式确实发挥了积极作用，推动了我国体育、特别是竞技体育的快速发展。然而其缺陷同样明显,这种缺陷不仅体现在体育发展方式和推进机制的单一性上,还表现为体育发展空间的狭隘性、体育发展后续动力机制的缺失上,无法适应我国体育长效可持续发展诉求。在我国经济体制、政治体制和社会体制改革的背景下,体育运行体制迫切需要做出顺应性改变,而这种顺应性改变首先要做的就是对体育性质的重新认识和界定。事实上,体育不仅仅具有公共性或准公共性,隶属于事业发展范畴,而且其更多的还具有社会性,是可以通过社会资本或社会力量,特别是产业化、市场化方式发展的。更为关键的是,我国原有的以国家财政供给的政府单一行政主导的体育事业型运行模式,不仅造成巨大的财政运行压力,而且还无法满足社会多元化体育诉求,造成供需矛盾和社会治理困境。为此,就要适应需求变化规律,适应变化了的政治经济社会环境,认识到体育强国建设不仅仅是实践层面的、操作层面的工作,而且还是一场深刻的观念变革,是一次一系列的制度创新,要勇于将自己的思想从各种不适应体育强国建设发展的观念中解放出来,观念先行,主动适应体育发展的新环境、新形势、新条件、新要求,主动设计和形成体育发展的新机制,根据体育发展规律,形成竞技体育国家主导机制交由政府主导,群众体育的发展其主导机制交由社会,以社会为本体,更多地依靠社会力量来推进我国群众体育的可持续发展。

再次,要推动我国从"人治体育"走向"法治体育"。从社会发展角度看,"所有进步社会的运动,到此处为止,都是一个从身份到契约的运动"。新中国成立,我国体育以单位体育为主要运行方式,竞技体育以运动队为竞赛训练组织单位,群众体育在建国初期到改革开放之前的这一历史时期,农村是以人民公社为主要组织单位,以间歇性运动化的形式开展。城市是以工厂、学校为单位,以类似的工间操、课间操仪式化的运动形式开展。体育被单位以标签化的设置进行运作。改革开放后,体育发展的内外环境发生明显变化,无论是竞技体育的专业水准和科学化要求,还是群众体育的社会多元化需求,以及多元化需求的满足与实现,抑或是体育产业市场化发展以及市场化运作,都和改革开放之前有很大的不同。体育的内涵外延进一步扩大,体育实施和运作的方式也愈加复杂。所有这些都需要我们把法治作为发展体育,建设体育强国的基本方式和有效载体,通过制度供给、制度导向、制度创新来解决体育发展中、体育强国建设中的问题,包括原来的制度空白、制度缺陷和制度冲突问题,把体育强国建设建立在制度化的基础上,纳入法治化的轨道内。从中国社会发展来说,也经历着从"身份"到"契约"的形式转变,实现着从"伦理"到"法理"的秩序重建,即实现韦伯所强调的"魅力型—传统型—法理型"转变,以此为出发点,法理型治理也就成为基本的制度运行逻辑。在此议题下,法治体育成为社会共识,依法治体已经势在必行。从根本大法《宪法》、到基本法律《体育法》、再到行政法规《全民健身条例》,形成较为完备的体育法律体系,并积极利用法治思维和法治方式处理体育问题,成为我国顺应社会发展,顺应体育强国建设发展的应然选择。

三、群众体育领域中的社会分层问题

当代中国正处在由传统社会向现代社会转变、由农业社会向工业社会过渡、由计划经济体制向市场经济体制转轨的第三次社会转型时期。社会转型对我国的政治、经济、文化、组织、观念等各方面都产生了深刻的影响。在这一宏观背景下,社会结构发生了巨大

变迁,社会阶层也产生了新的分化趋势。中国社会已由传统的"两个阶级一个阶层"逐渐演变为如今的十大社会阶层和五大社会经济等级。十大社会阶层分别是国家与社会管理者阶层、经理人员阶层、私营企业主阶层、专业技术人员阶层、办事人员阶层、个体工商户阶层、商业服务业员工阶层、产业工人阶层、农业劳动者阶层、城乡无业失业半失业者阶层;五大社会经济等级分别是社会上层、中上层、中中层、中下层、底层。体育领域里也存在着分层现象。正如社会分层,体育分层也意味着不平等,并衍生出社会问题。当然,这种社会问题尤以群众体育中最为明显。

(一)体育分层问题表现特征

(1)社会阶层体育人口数量的差异。有研究表明,广州市各阶层体育人口的分布呈现如下差异:社会上层(管理人员阶层)在总人口的比例很低(2.1%),但在广州市体育人口中的比例最高(22%);作为社会中下层的农民阶层在总人口中的比例最高(44%),但在广州市体育人口中的比例偏低(5%),仅从这一社会现象就足以折射出一定的体育社会问题。参与体育活动本应是每个公民都能够享有的基本权利,体育面前人人平等,但从广州市这个个案我们可以看出社会上确实存在着各社会阶层体育人口数量分布极不均衡的现象,经济社会发展水平居于全国前列的广州市,这种体育人口阶层分化现象应该具有一定的典型性。

(2)各社会阶层体育活动项目的差异。有学者对西蜀重镇雅安的调查显示,党政事业单位干部与业主阶层更多地选择较高档次的运动项目,像网球、高尔夫球、保龄球等,同时他们对健美操、体育旅游也是情有独钟;知识分子更喜爱运动强度中等、消费较为中等的体育项目,如有54%的人首选乒乓球、羽毛球、跑步、做早操等运动项目;对工人和农民阶层来说,他们更多的是选择篮球、排球、足球等一些比较容易参与,且投资不高的各种球类运动,同时跑步、游泳等对于场地、器材要求不高的运动项目也是他们的首选。还有学者研究表明,不同社会阶层在体育活动项目的选择上也存在明显差异。体育项目似乎成为了现代社会人们身份和阶层地位的象征,一些体育项目俨然成为了奢侈品,在体育面前人人并非是平等的。

(3)各社会阶层体育活动场所的差异。吕树庭教授对广州市各社会阶层体育活动空间环境的选择进行研究后发现:社会中中层以上(含中层)对收费体育场馆的平均选择水平为34.9%,而中层以下的平均选择水平为13.1%;社会中中层以下对公园、广场的平均选择水平为34.2%,而中层以下的平均选择水平为58.2%。胡春旺等的研究也表明,富裕阶层和小康阶层基本上都选择收费的经营性休闲体育场所,而温饱阶层、贫困阶层及绝对贫困阶层则更多地选择免费的公共健身场所进行锻炼。中层以上在参加体育活动时似乎更多的是为了追求一种享受,凸显一种身份,炫耀一种地位。

(4)各社会阶层体育消费水平的差异。以广州市为例,广州市社会各阶层体育人口中,有16.6%的人无体育消费,这部分人主要集中在社会中下层和底层。广州市以家庭为单位的年体育消费额最高的是社会中层(小业主、个体户)和社会上层(管理人员),最少的是社会中下层中的农民阶层。正因如此,国内有学者,曾感叹"占近70%的农村居民,由于收入增长缓慢,基本上没有体育消费能力"。由于各社会阶层所拥有的组织资源、经济资源和文化资源的差异性,导致了其体育消费水平的层级化现象。

(二)社会转型背景下体育分层问题的性质分析

当前,在社会转型期,群众体育内部存在参与体育活动或者不同的体育项目选择上的纵向差异。资源和要素,体育运动实践被区分为高低有序的不同等级和层次,体育面前并非人人平等,呈现了"正丁字型"结构特征。总人口中比例较小的社会上层占了体育人口的大多数,而总人口中比例较大的中下层却只占体育人口的极少数。

群众体育领域中,中上层可以玩尊贵的体育项目,进入高档的体育场所,而免费的体育项目和体育场所只能是下层人士的无奈选择。体育项目和场所选择的差异化,其实反映的就是体育消费水平的层级化。这种失调影响了许多人的体育生活:体育面前人人平等,参与体育活动本是每个公民都应该享有的基本权利。而占总人口比重绝大多数的中下层不仅体育人口极少,而且活动项目和场所皆受限制,他们不能自由选择自己喜爱的体育项目,不能自由出入自己中意的体育场所,只能选择简单的体育项目、免费的体育场所或者干脆放弃参加体育活动的权利。这显然与全民健身运动的发展相背离。

当然,需要注意的是,群众体育领域的社会分层问题,实质上是由社会因素所引起的,更准确地说是社会的贫富差距现象在体育领域的缩影,贫富差距在体育领域的直接反映就是体育消费和体育人口的层级化现象。对于发展中国家而言,贫富差距扩大化是转型时期最大的社会公平问题,在中国已然引起政府、学术界及广大社会成员的普遍关注。群众体育社会分层,特别是体育消费差距扩大化、体育人口比例严重失调等问题将会逐渐引起社会多数人的注意。

(三)群众体育领域社会分层问题调适

社会学理论中,社会分层是转型时期社会变迁的产物。在社会转型背景下,尤其是在计划经济体制向市场经济体制的转轨过程中,由于市场经济的不成熟以及政府在某些问题上的缺位,促使了贫富差距悬殊、教育领域的不公、社会保障权利的不公以及就业与劳动报酬的不公等一系列社会公平问题的产生。这些社会现象反映到体育领域势必也会产生体育公平问题。由此,体育分层问题仅仅依靠体育界自身是无法解决的,必须依赖于整个社会、经济、政治的和谐发展,但这并不表示体育界可以不为,听之任之。相反,我们必须守住底线,尽最大努力保障每个公民最基本的参与体育权利。

当前体育分层里最突出和尚待解决的问题是保障社会底层参与体育活动的权利,提高社会底层体育人口的数量。社会底层一般是由部分农民阶层、工人阶层以及失业、半失业者阶层组成。当代中国的社会结构是"倒丁字型",意思是社会底层巨大,中间层极小,特别是将近8亿农民的现实,以及流动人口中农民工数量激增的现象,都给我国社会体育的发展带来了许多困难。巨大的社会底层是中国社会体育发展的基础,可以说,没有中国社会底层的群众体育就没有中国的群众体育强国。因此,体育事业要健康发展,体育分层问题要得到有效的缓解,保障社会底层最基本的参与体育活动的权利和提高社会底层体育人口数量至关重要。

四、竞技体育发展非均衡性问题

我国体育在20世纪70年代末走上世界舞台,经过30余年的发展,不仅实现了奥运会上金牌零的突破,还一举站上了金牌榜首;不仅实现了国人举办奥运会的梦想,而且还办出了一届无与伦比的奥运会,在世界竞技体育舞台上创造了新的辉煌。我国的竞技体育水平在国际上具有领先水平或者强国水平,但是我们优势竞技项目的国际认可度、受欢迎程度相对是低的,而在世界上有广泛影响的诸如大球类、田径、网球等项目又恰恰是我国的非优势项目;而在对国际竞技运动技战术贡献方面,我国也乏善可陈。同时,由于我国在奥运争光理念指导下,长期采取优先发展优势项目、深度挖掘潜优势项目的非均衡发展策略,项目布局的非均衡突出;加上我国地域宽广,地区之间竞技体育发展不平衡也是常态。总体上,竞技体育的非均衡问题已是不争的事实,回避或者绕过都不行,要直接面对。

(一)我国竞技体育发展的非均衡性表现

(1)奥运项目与非奥运项目发展的非均衡性。我国的奥运项目比非奥运项目在发展速度、规模和经费来源方面都显著领先,这首先反映出国家对竞技体育的重视程度上。竞技体育在立足提升国家的国际影响力、提高民族认同感实践中,形成一批奥运优势项目群,培养了一批又一批优秀运动员,使我国的优势项目群在历届奥运会比赛中都能发挥出很好的竞技水平。这些项目历来受到重视。目前有二百多所高水平竞技体育后备人才培养基地,这些训练基地都是国家财政资助,从训练经费到运动员伙食补贴等各项开销主要靠国家拨款。而一些非奥运项目,乃至非优势项目就无法获得如此重视,也自然无法获得资源上的倾斜,特别是奥运项目和非奥运项目在资金投入方面相差悬殊。

(2)竞技体育项目分布的非均衡性。现阶段虽然我国竞技体育总体实力排在世界前列,但是不同地区、不同省份之间竞技体育发展仍然存在较大差距,地区间竞技实力差异明显,具体表现为奥运项目在东西部省份分布严重不均衡。国内呈现出奥运竞技实力东部>中部>西部的趋势,即我国奥运项目中的优势项目主要集中在东部地区。同时我国的优势奥运项目在纬度上也呈现出一定的特征,表现出中低纬度地区优势项群主要集中在广东、江苏、湖北、湖南;而高纬地区优势项群以北京和辽宁两个地区最突出。例如,表现难美性的项目(体操、跳水)主要分布在广东、湖南、湖北、四川、江苏等低纬度地区。

(3)奥运项目内部发展的非均衡性。有研究表明,我国奥运参赛项目中的6大优势项目分别为乒乓球、羽毛球、跳水、射击、举重、体操,优势项目所得金牌占奥运会金牌总数的82%。田径、游泳、水上项目作为奥运会参赛项目中的三个基础大项,占奥运会301个小项中的119个,比重占到39.53%。与欧美等西方国家相比,我国居于弱势地位。在第29届北京奥运会上,我国田径项目并没有取得金牌,游泳项目也仅仅取得1枚金牌。另外,深受群众喜爱的篮球、排球和足球和国外相比也发展滞后,与我国竞技体育地位极不相符。

(4)竞技体育与群众体育、体育产业发展的非均衡性。竞技体育、群众体育和体育产业作为我国体育系统的三大组成部分,存在着相互促进、相互制约和相互转化的关系,是一个和谐发展的统一体。近年来,我国竞技体育取得辉煌成就,占据国际竞技体育舞台的前列,成为名副其实的竞技体育强国。但是,与竞技体育迅猛发展不相称的是我国群众体育、体育产业发展仍然滞后。这不仅造成了以人民大众体育需求满足的体育发展目标无法有效达成,还引致了体育内部结构性矛盾的日益彰显,影响我国体育强国建设的推进。

(二)新形势下我国竞技体育健康发展的战略抉择

改革开放30年,我国竞技体育能够取得巨大成功,与国家地理和人口资源条件有密切关系。最重要的是,在具备了高层次可持续发展的基本物质条件后,我国实行了由国家投资竞技体育、发展竞技体育、控制竞技体育前进方向的举国体制策略。当前,我国竞技体育改革正处在将要迎来剧烈变化的转折期,转变发展方式,谋求科学、健康、可持续发展,是这一转折的实践取向,也是建设竞技体育强国的重要举措。

为此,战略宜围绕以下几个方面入手:① 充分利用我国的大国优势,搞好竞技体育项目布局。② 采用整体上延续渐进式发展模式,局部使用理性决策式发展模式的策略,即整体渐进,局部突进,以渐进带突进,以突进促渐进。③ 在充分发展传统优势项目的基础上,大力发展足、篮、网等运动项目。足、篮、排、网等球类项目需要投入大量的人力、物力、财力,但这些项目的发展水平和竞技水平能够更有力地彰显国家体育实力和经济发展水平,也能够更有力地提高国家凝聚力。④ 开发竞技体育资源,缓解竞群矛盾。从世界竞技体育优势转移的情况看,国家竞技体育比较优势的获取需要多方面的共同努力,理顺多方面的社会关系。从竞技体育发达国家来看,竞技体育的政治价值、产业价值、教育价值、娱乐价值等都得到了充分彰显,而其在产业开发上所获得的成功在反哺群众体育时能够起到积极的带动和推动作用。

第三节 行为失范性体育社会问题

一、行为失范性体育社会问题概述

行为失范性体育社会问题是指在体育领域由于其成员的行为缺乏明确的社会规范的指导和有效的制约,从而出现无序和混乱的情况。其包含两个方面的含义:一是当人们的行为缺乏统一的社会规范的指导时,人们的行为就会受自身利益的驱使,以满足自身利益为目的而不顾其他社会成员的利益,从而引起社会行为的混乱,造成体育社会问题。二是虽然有社会规范指导人们的社会行为,但是这些社会规范不能对人们的行为形成有效的制约,人们的行为便会偏离社会规范,出现越轨行为。由于社会规范的不同,所以一项行为是否可以成为越轨行为取决于发生的社会环境、时间和地点。行为失范性体育社会问题是一个国际性的问题,几乎任何国家都存在不同形式、不同内容、不同程度的行为失范性体育社会问题,但是在转型社会一般会表现得更加明显和激烈。

在转型社会中,新旧制度交替造成社会规范的混乱,其权威性也会受到人们的质疑。目前这一类被人们广泛注意的体育社会问题主要包括滥用兴奋剂问题、体育暴力问题、裁判的黑哨问题、种族歧视问题和性别歧视问题等。

二、兴奋剂问题

兴奋剂的英文为 Dope,一说原为南非黑人方言中一种有强壮功能的酒;一说起源于荷兰语 Dop。该词汇 1889 年首次被列入英语词典,释义为"供赛马使用的一种鸦片麻醉混合剂"。由于运动员为提高成绩而最早服用的药物大多属于兴奋剂药物——刺激剂类,所以尽管后来被禁用的其他类型药物并不都具有兴奋性(如利尿剂),甚至有的还具有抑制性(如 b-阻断剂),国际上对禁用药物仍习惯沿用兴奋剂的称谓,因此,如今通常所说的兴奋剂不再是单指那些起兴奋作用的药物,而实际上是对禁用药物和技术方法(如血液回输)的统称。

运动竞赛之所以反对使用兴奋剂的理由主要有两个方面因素。其一,使用兴奋剂有害身体健康。科学研究证明,使用兴奋剂会对人的身心健康产生许多直接的危害。其二,使用兴奋剂违背了体育固有的价值观。使用非法药物与方法使使用者在比赛中获得优势,这种行为不符合现代体育公平竞争的原则。公平竞争意味着"干净的比赛"、正当的方法和光明磊落的行为。使用兴奋剂使体育比赛变得不公平,运动员们不再处于平等的同一起点。

造成兴奋剂屡禁不绝的一个重要的原因就在于对兴奋剂的认定和检测上的困难。多年以来,在服用禁药者与检查者之间展开的一场无休止的"猫捉老鼠的游戏"中,欺骗者似乎总能寻找到一些新的药物和方法战胜检查系统,从而保持领先地位。

造成兴奋剂丑闻不断的另一个重要的原因就是不同国家和不同组织在反兴奋剂问题上没有达成共识。一直以来,国际奥委会、各个世界体育单项联合会、各个国家由于在利益上的争执,它们在兴奋剂的检测、认定以及是否处罚问题上没有形成一个共同的标准,这就造成了在某些国家、某些运动项目和体育组织中滥用兴奋剂的行为肆虐。

造成兴奋剂在全球范围内的滥用的根本原因在于现代体育的过度政治化和过度商业化。在所有的比赛场上,运动员使用兴奋剂都是出于本质上相同的原因,即希望靠兴奋剂来提高成绩,夺取比赛的胜利。如果比赛的胜利仅仅是赛场上的成功,那么运动员的收获只是一块象征性的金牌和冠军的称号。这时运动员努力拼搏以获得胜利的目的就只是为了证明自己的运动能力,那么要禁止他们使用对他们身体有害并违背运动精神的兴奋剂就会比较容易;但是一旦比赛的胜利受到某种神秘力量的控制,被畸形地与国家的政治利益和巨大的个人经济利益联系在一起时,就会产生使运动员、教练员甚至国家难以抗拒的政治动力和物质诱惑力,从而突破个人健康和体育精神的道德防线,这个时候禁止运动员服用兴奋剂的困难就大大增加了。

近年,在国际奥委会及相关国际体育组织的努力下,世界各国就反兴奋剂问题基本达成了共识,特别是《洛桑宣言》、《世界反兴奋剂条例》等法规条例的相继出台,反兴奋剂的全球合作治理体系正逐渐形成。但是,只要竞技成绩与政治利益、经济利益有着直接的密切关系,运动员使用兴奋剂的原动力就会存在。即使存在强大的外在制约力量(频繁的检查、严厉的处罚等),也只能是治标不治本。

三、体育暴力

体育暴力是指在体育领域中使用强制性的力量造成对方或双方的身心伤害的越轨行为。其中最为典型的是运动员的行为失范问题、观众的越轨问题。体育比赛中,特别是身体对抗性的比赛中,比赛双方运动员之间或者运动员与球迷之间经常会发生攻击对方身体的暴力事件。近年来这方面的新闻报道不断,在社会中产生了负面影响。如1985年震惊世界的"海瑟尔惨案",造成数十人死亡,数百人受伤,足球流氓一度成为社会热词。2004年11月19日,在美国底特律奥本山宫球馆爆发了NBA历史上规模最大的球场斗殴,多名底特律活塞队球迷和9名队员卷入了这次事件,影响极其恶劣。体育暴力产生大体上有与以下几个因素有关:

(1) 运动员亚文化的影响。弗洛伊德认为,暴力的倾向是人天生的、独立的、本能的倾向,暴力是人内部的、天生的能量宣泄方式。虽然人的社会性决定了人的行为受社会规范等制约,但这种侵犯和攻击行为没有给予释放的机会而积累太多后,失控行为的爆发是迟早的事。而在体育竞赛活动,这种需求往往被激发。事实上,运动员在比赛中的暴力行为并不总是由于运动员不遵守运动规范,有时反而是因为运动员过度地遵从了现代竞技运动的运动伦理,是一种正向偏离行为。有证据表明,在强调力量、对抗和身体接触的运动项目中,运动员群体所形成的亚文化希望运动员能在场上有意进行一定数量的犯规、欺骗和攻击。运动员的这种倾向会随着参加运动时间的增加而增加,同时男性运动员中要比在女性运动员更加激烈。运动员必须在比赛中显示自己的攻击性以表明自己是一名真正意义上的"好运动员",并把自己的这种行为看作是勇敢和献身的标志。这种不断扭曲的竞技体育伦理使运动员在比赛中的行为越来越偏离道德的规范。当有外部因素(裁判不公、球迷挑衅等)成为其导火线时,运动员在比赛中就可能使用暴力行为来发泄自己的不满。

(2) 社会整体风气影响。从本质上讲,攻击与暴力是一种习得的行为,是在个体长期与社会交互作用中形成的,暴力行为的发生往往是施暴于他处留下印象后,进行模仿性的释放的表现。在社会暴力严重泛滥的地区和群体中,体育暴力的发生率比其他地区和群体高出许多,说明社会暴力在体育中的影射。有资料显示,在巴西,足球运动员的暴力倾向明显胜于欧洲,甚至同一运动员,在南美是个"坏小子",而一旦登陆欧洲踢球以后则就变为"阳光青年"。

(3) 体育竞赛的不良异化影响。近年,在体育全球化推动下,体育与经济的关系日趋密切,同时与政治关系日趋复杂,在一定程度上,推动体育竞赛的异化,体育竞赛也不再单单是一场运动场上的竞技活动,各色利益集团的身影深嵌其中,催生体育异化。例如,巨大的商业利益刺激使体育运动的组织、运动员、裁判、教练员都从商业利益考虑,从而导致某些体育运动和体育的某些门面畸形化发展,增加了体育暴力的发生。俱乐部老板、赞助商为了各自利益,暗示和鼓励运动员的暴力倾向,用煽动广告刺激球迷心态,提高上座率,与地下赌博集团有染,影响比赛正常进行,这种商业化的不健康发展加剧了体育暴力的发生。同时,一些体育比赛的结果往往被看作是两个政治团体间的斗争。有时由于不同的文化背景,也会将一场比赛变成一场"战争",从而引发暴力冲突。

总体上,体育暴力是一种复杂的社会文化现象,也是当前世界各国共同面临的一个棘手的体育社会问题。体育暴力的蔓延受到体育界、社会学界和各国政府组织的重视,很多制止它的措施也相继出台。而在当前体育商业化以及传媒大发展时代,如何进一步加强社会管控,有效制止和应对发生的体育暴力事件,还有许多工作要做。

四、体育竞赛中的黑哨问题

体育竞赛的原初价值可能在于为社会提供了一个依赖身体能力的竞技平台,公平竞争是其本质所在。但是,自从体育竞赛作为一种社会现象出现后,"假""黑"问题就从来没有离开过。其中,尤以"黑哨"最为显性。所谓"黑哨"是指裁判非法收受他人财物、款待等而在体育比赛中违背裁判职业道德和体育精神,不公正履行裁判职守的行为。2001年发生了"龚建平受贿案"之后,职业足球联赛中裁判的黑哨问题成了全社会都十分关注的问题。其实不仅在我国的职业足球联赛中有裁判的黑哨问题,在国外的竞技比赛中也传出有类似问题。2005年德国就出现了足球裁判霍泽尔由于黑哨问题被逮捕的事件,但是裁判的黑哨问题在我国确实格外突出,特别是在职业足球联赛中,造成的危害巨大。

就"黑哨"为何会产生而言,学界往往从影响裁判行为的因素入手。一般认为,影响裁判受贿行为的因素分为主体外的社会环境因素和主体的生理心理因素。社会环境因素主要包括:俱乐部选择用重金贿赂裁判对"黑哨"犯罪心理的产生形成了很强的外在刺激因素;一定程度上不可避免地错判、漏判为"黑哨"故意错判、漏判提供了掩护;规则赋予裁判员"认为"的权力,判罚的主观性使裁判员做出偏袒某一方的判罚成为可能;比赛前后俱乐部向裁判赠送礼物的亚文化会弱化裁判员的道德醒悟和抵制能力,使"黑哨"的犯罪心理得以持续和加强;偏低的裁判津贴容易使一些足球裁判员产生不平衡的心理状态,萌生通过其他方式获得补偿的心理。裁判的生理心理因素则多从经济学角度入手,由于裁判规则中存在着许多的"灰色区域"可由裁判主观掌握,缺乏职业道德操守的裁判就会实施权力寻租,即设租。另一方面,在特定经济社会氛围中,社会规范上的缺失,特别是裁判员职业培养中对其职业素养要求的过度技能化、忽视职业道德的养成,在一定程度上,无法有效形成规制裁判员不良动机的出现。

现实中,"黑哨"问题往往产生多元危害。其一,"黑哨问题"很容易直接引发球场暴力行为,诱发球迷的骚乱行为,造成严重的社会破坏。其二,造成不公平的比赛,阻碍运动水平的提高,最终妨碍运动水平的提高。其三,在职业体育领域,"黑哨"还会造成各个职业俱乐部之间的恶性竞争,破坏联赛的秩序,从而毁掉整个职业联赛。正因如此,"黑哨"问题作为体育竞赛的"毒瘤",逐渐为社会所共识。而有关规制,正从制度法律、管理流程、培养环节等方面陆续展开。

主要参考文献:

[1] 郑杭生.社会学概论新修(第四版)[M].北京:中国人民大学出版社,2013.
[2] 仇军,刘波,张兵,等.体育强国建设:中国的实践与挑战[M].南京:江苏人民出版社,2016.
[3] 仇军,钟建伟.论体育社会问题[J].首都体育学院学报,2009,(6).

[4] 邹师.我国体育社会问题的理论研究[J].体育与科学,2016,(2).
[5] 张登峰,居向阳.功能、冲突与互动:论社会学视域中的体育[J].河北体育学院学报,2011,(1).
[6] 周进国,黄彦军.社会转型期体育分层现象研究[J].韩山师范学院学报,2008,(6).
[7] 张健,张建华,赵鑫.中国竞技体育发展非均衡性研究[J].河北体育学院学报,2012,(6).
[8] 董红刚,方新普.群众体育与竞技体育利益协调思考[J].体育文化导刊,2009,(8).

提升阅读推荐：

[1] 罗纳德B·伍兹.田慧译.体育运动中的社会学问题[M].北京:人民体育出版社,2011.
[2] 苏连勇.体育社会问题与控制[M].北京:北京体育大学出版社,2007.
[3] 科克利.体育社会学——问题与争议[M].管兵译.北京:清华大学出版社,2003.

思考题

1. 体育社会学问题具有什么特征？
2. 结构性体育社会问题与行为失范性体育社会问题之间有何异同？试举例分析。

第十章 体育社会变迁与体育现代化

> **本章内容提要**
>
> 本章探讨了社会变迁的类型及其影响因素,结合社会现代化和人的现代化的概述与分析,提出了体育现代化的概念,揭示了体育现代化的内涵、层面、内容、维度及其发展阶段,并结合江苏体育现代化建设个案,剖析了体育现代化建设的部分指标,期望能对我国的体育现代化建设提供借鉴与帮助。

【案例导入】

在全面建设小康社会的进程中,体育事业的健康发展也能起到积极的作用。2008年的北京奥运会作为中国体育乃至世界体育历史上的一件体育盛事,发挥了极其良好的凝聚人心、振奋精神的作用。所以,胡锦涛同志在十七大报告中提出要广泛开展全民健身运动,提高人民健康素质。作为体育人,我们非常振奋,又感到责任重大。在十七大精神的强力感召下,苏州市体育局全面统筹规划全市体育改革与发展的各项任务,促进体育事业全面、协调、可持续发展。大力实施"科教兴体、人才带动,依靠社会、民办体育,市县联动、共同发展"三大战略,认真实施苏州体育现代化规划,做大做优做强苏州体育,争取率先建成体育强市,实现体育现代化。

体育现代化的兴起是文明社会的重要标志。实现体育现代化,是一个历史过程,是中国现代体育的基本走向。中国传统体育与中国现代体育的糅合、并驾齐驱,是中国体育现代化的基本特点。在此社会背景下,有必要对体育现代化的内涵本质及其特征规律进行深入研究。

第一节 社会变迁与社会现代化

一、社会变迁的理论

在社会学领域,社会变迁这一概念比社会发展、社会进化具有更广泛的含义。所谓社会变迁,泛指一切社会现象发生变化的动态过程及其结果,包括人类社会在一切方面和各种意义上的变化。社会变迁既指社会变化的过程,又指社会变化的结果,它是一个表示一切社会运动变化现象、特别是社会结构发生变化的动态过程及其结果的范畴。社会学研究中一般更关注社会结构、社会制度的变化。

研究社会变迁的理论主要包括马克思主义社会变迁理论以及西方社会学有关社会变迁的理论。西方影响较大的社会变迁理论有：历史循环论，如汤恩比"社会和自然环境压力论"，索罗金的"文化类型"论，熊彼特的"经济周期"论，奥格本的"文化堕距"论；社会进化论，如孔德的人类社会发展阶段论、斯宾塞的社会进化论；社会均衡论、社会冲突论以及吉登斯的社会变迁理论等。

社会学家和社会心理家常常用"社会变迁"来指代非物质文化的变化，其中包括价值观、习俗、制度和社会行为。我们将一切社会文化现象的突发的、急剧的、演进的或缓慢的变迁，都称为社会文化变迁。社会文化的变迁因素包括环境和人口、经济与技术、文化创新与文化移入以及价值观念和行为模式等。

现代社会的骤然巨变对人类的生活产生强烈影响。这种影响甚至能够使人们在前所未遇的社会压力面前张皇失措、无所适从，产生心理上的麻痹与震颤。这种由于内在的文化积累或外在的文化移入引起的急剧的变迁对人的心理生活的冲击与震动称作"文化震荡"。文化震荡是急速的社会文化变迁引起的一种特定的社会心理反应，它充分体现了社会变迁对人的社会心理和社会行为的深刻影响。

托夫勒在名噪一时的著作《未来的震荡》中，提出了"未来的震荡"的概念。在他看来，"未来的震荡是一种时间现象，它是社会变动急剧加速的产物。它是发源于依附在旧文化基础上的一种新文化的附加物，是人们在自己所生活的社会里所遇到的文化震荡。"这种特殊的现代社会的文化震荡，描绘出"人们在一个极短的时间里承受过多的变化之后感到压力重重，晕头转向，不知所措的现象"。托夫勒认为变化已成为当今社会的特征，变化不仅改变着我们的物质、社会和组织，也改变着我们的社会心态和行为模式。社会变迁以及生活方式变化成了我们这个时代的一个主题。

二、社会变迁的类型

一般来说，社会变迁的类型可以分为如下三组对应的范畴：① 整体社会变迁和局部社会变迁；② 渐进的社会变迁和激进的社会变迁；③ 自发的社会变迁和有计划的社会变迁。

整体社会变迁是指整个社会结构体系的变化。它是社会结构体系的各个构成要素相互联系的有机变迁及合力演化。局部社会变迁是指社会各个构成要素以及它们之间部分关系的变化。局部社会变迁并不一定和整体社会变迁的方向、速度一致，有时会滞后于整体社会变迁，有时也可能超前于社会的整体变迁。

渐进的社会变迁是指社会结构的内部关系及其与外界环境的关系相对均衡时发生的变迁。在这种变迁形式下，社会发生有秩序的、缓慢而持续的变化和发展，或者由一种社会模式逐步过渡到另一种社会模式。此时的社会变迁是局部变迁的逐渐积累，整个变迁过程表现为渐进的量变或部分质变。激进的社会变迁是指飞跃式的社会变迁，常常表现为社会革命，它是社会的相对均衡结构遭到彻底破坏，社会系统和社会结构需要重新组合时所发生的重大社会变迁，是整个社会的质变过程。

自发的社会变迁与有计划的社会变迁，是依照人对社会变迁的参与和控制情况来划分的。由于社会变迁的主体是人，人类以什么样的形式参与社会变迁以及在多大程度上控制社会变迁,取决于人类对社会发展规律的认识程度和掌握的改造社会的工具。当人类社会发展程度较低、认识社会的能力以及改造社会的工具水平较低时,人类往往以盲目的方式参与社会变迁。而当现代科学技术飞速发展、人类对社会变迁可以进行有计划的控制和选择,这为人类有意识地参与和控制社会变迁提供了条件。因此,所谓有计划的社会变迁,即是指人类有意识、有目的地参与社会变迁和控制社会变迁的过程,这是现代社会变迁的主要形式。

三、社会变迁的影响因素

（一）自然环境变化引起的社会变迁

自然环境变化是人类社会变迁最基本的前提,也是最常见的社会变迁现象之一。社会变迁的过程总是在一定的自然环境中进行,自然环境为人类社会的生存和发展提供自然资源和物质条件。自然环境依其自身规律演变,影响社会的变迁。如果环境发生了变化,势必影响社会的运行和发展。人类作用于自然环境引起自然环境的变化,也会影响社会的变迁。

在不同的社会发展阶段,环境对社会变迁的作用方式有所不同。当社会发展水平较低时,环境的影响作用主要是依其自身变化规律自然而然地发生的。随着人类与环境相互作用关系的不断扩大和深入,"人化自然"环境对社会的影响越来越大。特别是人类活动对整个生态环境的破坏和污染,已经严重制约了社会的进步,给人类带来许多未曾有过的灾难。如何保证一个可使人类社会持续发展的生态环境,成为全球性发展的重大问题。

（二）人口变化对社会变迁的影响

人类社会是由众多的人口组成的群体,一定的人口状况是社会生存和发展的必要基础。因此,人口变化是社会变迁的基本前提,也是社会变迁的一种基本现象。人口变迁主要指人口数量、质量、结构(性别、年龄、社会)及人口流动(如移民、城市化进程)和分布的变化。人是社会生活和社会活动的主体。人口的变化给整个社会的变化以极大的影响。

人口状况主要指人口数量、质量、构成、分布及流动。人口状况与整个社会发展比例失调,会给社会的发展速度和水平带来直接影响。人口数量过多和增长过快,会降低经济发展水平和生活水平,给就业、保健、教育等造成很大负担;人口数量不足,会造成社会发展所必需的劳动力短缺;人口质量低,就无法适应现代化科学技术和现代化生产建设的要求,同时也影响精神文明建设的发展;人口分布不合理,会造成某些地区如大城市,人口过度集中,使城市人口拥挤、交通困难、住房短缺等;人口老龄化,会产生社会保险、医疗保健、经济负担等一系列社会问题。

（三）社会生产力与科学技术进步对社会变迁的影响

科学技术作为社会结构体系中独立存在的知识系统,对于现代社会的变迁有着越来越大的影响。随着生产力和科学技术的进步,社会变迁的步伐也在不断加快。科学技术发明创造的变化和研究规模、组织形式的变化,一方面直接影响到社会经济、政治、观念和生活方式的变化,另一方面促使现代社会变迁日益加速。科学技术和生产力的发展,正在对人类社会的变迁产生越来越大的影响,成为推动社会变迁的主要力量。科学技术和发明过快的增长,科学技术研究规模和组织形式的变化,不仅扩大了人类生活的范围,带动社会物质财富的增加,而且新的科学技术成果的应用,正在不断改变着人们的社会互动方式,甚至改变了人类的生存方式,正是由于现代科学技术的飞速发展、才使得现代的社会变迁呈现出不断加速的状况。

(四)经济发展对社会变迁的影响

社会经济的变化与发展是社会变迁最重要的因素和内容,对社会变迁具有决定性的作用。社会经济的变化与发展既包括社会物质财富量的增加,也包括质的提高,既包括不同社会形态生产方式的更替,也包括同一社会形态内经济结构、生产劳动方式的变化。从原始社会人类完全依采集打猎获取自然界的动植物而生活,到农业生产和畜牧业生产的出现,再到18世纪机器工业的产生,直到现代社会以信息技术和信息产业为先导的新技术群和新产业群的出现,人类社会经历了巨大的经济变迁发展,最终改变了人类的社会活动和社会生活,推动了现代社会的变迁。

(五)社会文化价值观念和生活方式对社会变迁的影响

社会文化价值观念以及生活方式的变化,包括制度文化的变迁与发展,深刻影响着社会变迁的进程和内容。因此,也是考察社会变迁内容的一种综合角度。社会价值观念主要是指人们的道德观念和社会评价的思想体系。社会文化是指文化内容或结构的变化,包括因文化的积累、传递、传播、融合与冲突而引起的新文化的增长和旧文化的改变。社会价值观念的变迁主要是通过人们的行为规范和思想体系的变化表现出来。人们的社会活动都是在一定的价值观念指导下发生的。社会制度的基本构成要素之一,即特定的文化价值观和意识形态体系。因而,社会价值观念的变化是整个社会变迁的重要方面,并且往往成为整个社会变迁的先导。生活方式常指人们在一定价值观念支配下,为满足需要而在各种生活领域中进行活动的行为习惯。生活方式对于社会变迁的重要意义,正如马克思、恩格斯所指出的"人们用以生产自己的生活资料的方式,首先取决于他们已有的和需要再生产的生活资料本身的特性。它在更大程度上是个人的一定的生活方式"。而对体育领域而言,对健康生活方式的追求,正在越来越多地影响着社会的变迁。

四、社会现代化概述及其特征

在社会变迁的历程中,社会现代化是一种特殊的社会转型过程,即社会在日益分化的基础上,进入一个能够自我维持增长和自我创新,以满足整个社会日益增长需要的全面发展过程。这是现代化社会和非现代化社会的本质区别。

许多西方社会学大师,例如涂尔干、韦伯、滕尼斯等人,也以"机械团结和有机团结"、"理性化"和"社区与社会"等概念,对这一历史性变革做出了反应,至20世纪50—60年代,在社会现代化成为遍及全世界的现象后,有关社会现代化的理论研究也逐渐在各个学科中发展起来,形成了一个现代化理论研究的高潮。英国著名社会学家吉登斯(Anthony Giddens)以"现代性"的概念探讨了现代化的本质。在吉登斯看来,所谓现代性,是指在17世纪以来出现于欧洲,并且其影响随之向世界各地蔓延的社会生活方式和组织方式。现代性是历史发展的非延续性或断裂的结果,现代社会的基本制度是前现代社会所没有和根本不同的。

社会现代化是一种具有世界意义的历史潮流。从16世纪起,在西欧逐渐发生了一系列政治、经济变革,开启了现代化的萌芽,使得现代化浪潮在18世纪左右席卷了整个西欧和北美,形成了世界现代化历史上的第一个高潮。19世纪末至20世纪中叶,随着西方强国的扩张,社会现代化浪潮向世界其他地区扩散,形成了以日本和苏联为代表的第二次高潮,第二次世界大战结束之后,在20世纪50年代到60年代,亚洲、非洲、拉丁美洲许多国家摆脱了帝国主义的殖民统治,建立起独立的民族国家,掀起了社会现代化的第三次高潮。

纵观社会现代化的历史过程和各国的实践经验,总结社会现代化理论研究的成果,可以看出社会现代化主要包括如下基本特征。

(一) 社会现代化是一个连续不断的历史进程

在近现代科学技术发展的带动下,以工业革命和信息革命为主要形式,社会现代化构成了一个连续不断的历史进程。现代化是一种过程而不是某些指标的累积,是一种与前现代社会发展相比独具特色的发展历程。对于世界任一国家或社会而言,没有一劳永逸的现代化,也就是习近平同志所说的"永远在路上"。

广大发展中国家,正在努力推进各自的现代化进程。尽管按照发达国家的发展标准来衡量,发展中国家还处于较低的发展水平,但它们不断在进步。不能用西方国家的现状作为固定标准去判断其他国家的发展状况。由于发达国家在社会政治、社会平等、社会价值观等方面还存在诸多缺陷,经济增长也还面临各种问题,因此,发达国家并没有达到社会现代化的顶点。随着科学技术的发展,世界各国仍将继续着自己国家的社会现代化进程。

(二) 社会现代化绝非"全盘西化"或"欧美化"

社会现代化作为世界发展的潮流,在不同地区、不同国家的发展中显示出共同特征,如工业化、信息化等。由于西方国家最早开始现代化进程并取得了相对高的成就,有些学者有意无意地将西方发达国家作为其他一切国家社会现代化追赶的目标,认为所有的社会,无论它们的历史、社会现状以及发展起点有多大的不同,都会延续西方社会的发展道路,经历大致相同的发展历程,其实这违背了历史发展的客观规律。由于不同社会结构的差别、现代化起点不同以及内外环境条件的制约,不同国家不可能按照某种普遍模式推进本国的现代化进程。因此,社会现代化并非"全盘西化",发展中国家在现代化进程中应该学习发达国家的宝贵经验,但并不能单纯模仿,更不能照抄照搬。各个国家必须立足本国实际,在借鉴西方发达国家经验的基础上,探索本国的现代化进程和社会发展道路,这才是社会现代化发展的理性选择。

(三) 经济持续而迅猛发展

从经济发展的观点来看,社会现代化就是利用新科技成果更快地促进经济的发展,推动社会物质财富增长超过人口增长的速度。用科学技术武装起来的现代经济同长期停滞或发展缓慢的前现代经济相比,一个显著的特点是经济或生产迅速地不断增长,经济不发达或普遍贫穷的状况逐渐消失。在社会现代化过程中,有可能出现"有增长而无发展"。但一般不可能出现"有发展而无增长"的情况。现代社会借助新科技力量,推动经济迅速而不断地增长。

此外,现代化意义上的经济增长,还表现为经济结构的改变。其首要的标志,就是经济增长的内容由以农业为主转变到以工业为主,即工业化进程加快,工业化的过程表现为农业在国民经济中的比重下降,工业的比重上升,直至占据主导地位,工业生产成为国民经济发展的主要依靠力量。

在现代化经济发展进程中,第三产业(服务业)在国民经济中占有越来越重要的地位。在已经实现工业化的国家里,服务业或第三产业的发展逐渐超过了工业的增长,在国民经济中占据了主要地位。随着第三产业的兴起,知识和智力成为国民经济发展的关键因素。发达国家经济结构的变化,表明了在社会现代化进程中,在实现了工业化以后,经济发展的重点会出现较为明显的变化,人类生产生活将向着更高的水平和更深的层次前进。在经济现代化进程中,这种结构性改变成为区分不同现代化水平的重要标志。

(四) 城市化进程加快

城市化,是指在一个国家或社会中,伴随着非农产业发展,城市人口增加、城市规模扩大、城市生活方式逐渐占主导地位的过程。城市化作为社会现代化过程中各种特征发展的综合反映,表明整个国家结构和经济关系、社会结构和社会关系发生了深刻变化,成为人们分析社会现代化过程的主要指标之一,现代社会的一些特征之所以首先在城市中发展起来,就是因为城市的聚集性质,并最终发展成为现代城市文明。具体表现在:第一,城市的发展,在经济上为生产发展提供了市场,促进企业生产专业化并有助于辅助工业的发展,提供了为生产和生活服务的基础设施的临界规模效益,同时也推动了金融和商业的发达。第二,人口的聚集,有助于发展现代社会所必需的科学研究、教育、卫生、文化娱乐等活动,而在分散的情况下,这是很困难的。第三,更为重要的是,城市生活的发展,日益复杂的经济和社会联系,改变了人们传统的地域观念、家族观念和生活方式,推动了新的组织制度的形成,扩大了人们的社会交往,有助于培养人们的竞争和进取精神,把人们从过去封闭式的地区性生活中解放出来。

(五) 社会现代化的重要特征是人的现代化

一个社会的现代化,不仅是结构、文化、经济、科学技术及城市化的发展,还必须包括人的发展与进步。社会是由无数社会成员构成的,在任何社会和社会变迁中,人都是一个基本的因素。因此,在一个社会迈向现代化的过程中,如果没有人的现代化,现代制度是不可能很好运行的,这个社会的现代化也是不完整的。只有一个社会的人民现代化了,只有那些在现代科学技术、经济和各种组织中工作的人,都获得了与整个社会现代化发展相一致的现代性,这样的社会才可以说是一个真正的现代社会。现代制度和现代人是一个社会现代化的两个基本方面。

美国社会心理学家英克尔斯曾较为系统地研究了人的现代性特征。20世纪60年代初,他在世界上不同地区的6个国家进行了一次有关人的现代性的大规模调查,对人的现代性做出了系统的阐述。在他看来,人的现代性主要体现在两个方面,即人的主观态度和客观行为,其内容主要包括:现代人应该具有与宿命论相对立的效能感、乐于接受社会变迁、愿意接受新的生活经历、具有开放性和包容性、尊重并愿意考虑各种不同的意见、积极获取并关心新的知识和信息、守时惜时并具有较强的时间观念,无论在公共生活还是在私人生活中都趋向于计划性,基于对理性的信赖而对周围的人给予信赖,重视专门技术和公正的分配,有较高的受教育和职业期望,具有普遍主义的取向,不因特殊的个人特征而给以不同的对待。对生活采取分析的态度,倾向于更积极的解决问题而不是回避问题等。

现代人的现代性特征不是凭空产生的,它们是由现代制度和现代组织的性质所决定的。换言之,人是在现代制度和现代组织,或者说是在现代社会结构条件下,通过逐步适应和学习的过程,随着整个社会现代化的发展,逐渐形成了现代化的特质。在这个意义上,人的现代性不是天生的,更不是哪个民族或社会独有的。人的早期训练会对人的现代性有重要影响,但这种影响不是决定性的,由于社会的历史文化传统不同,社会现代化的道路和程度不同,人的现代性也会有不同程度的差别。

第二节 体育现代化

现代化是二十世纪尤其是第二次世界大战以来人类经历的一场巨大的变革,是以工业化为根基,以改变经济落后面貌和追求社会持续发展为目标的席卷全球的一项社会运动。作为一个发展中国家,实现现代化是中国人一个半世纪以来梦寐以求的理想。当前,随着新世纪的到来,我国已经进入现代化建设的新时期。特别是我国长江三角洲和珠江三角洲的部分经济发达地区按照邓小平同志提出的现代化分"三步走"的战略构想,已经率先实现了由温饱向小康的历史跨越,提前走完了达到小康水平的历程,正向基本现代化迈进。在这一伟大的历史进程中,一些经济发达地区的农业、教育等与国民经济和社会发展休戚相关的基础领域现代化建设先后被提上议事日程,并取得了显著的成效。作为社会事业重要组成部分的体育领域,如何适应经济与社会领域现代化建设的步伐,逐步与经济和各项社会事业协调发展,为实现全面现代化作出应有的贡献,是摆在我们面前一个十分紧迫而重要的课题。

江泽民总书记在党的十五大报告中郑重宣告:"展望下世纪,我们的目标是,……到建国100年时,基本实现现代化,建成富强民主文明的社会主义国家。"因此,从现在到21世纪中叶,是中华民族再创辉煌的关键时期,可以预言,现代化建设作为一项波澜壮阔的伟大事业将在全国各地和各个领域全面展开。可以说,二十一世纪体育改革和发展领域的最鲜明的主题就是体育现代化。

一、体育现代化相关研究述评

现代化指工业革命以来人类社会所发生的深刻变化,包括传统社会向现代社会、传统经济向现代经济、传统政治向现代政治、传统文明向现代文明等各个方面的转变。现代化包含两种基本属性:其一是结果属性,指传统社会向现代社会发展所达到的水平和状态;其二是过程属性,指传统社会向现代社会转变的动态过程。体育现代化是在社会现代化的发展进程中,以改善人们体育生活方式、提高人们生活质量为目的,并指向体育未来发展目标的动态发展过程。体育现代化反映了体育发展的理想目标与未来趋势。体育现代化也包含两层基本含义,既指体育发展所达到的水平和状态,也指为实现体育发展目标所进行的能动的奋斗过程。

(一)现代化理论的由来

现代化理论兴起于 20 世纪 50 年代,历时 50 余年,形成了庞大的理论体系。总体上说,包括经典现代化理论、后现代化理论以及第二次现代化理论三大理论体系,代表人物包括帕森斯(Parsons)、英格尔斯(Inkeles)、列维(M. Levy)、麦克莱兰(McClelland)、艾森斯塔特(S. N. Eisenstadt)、殷格哈特(Inglehart)、罗荣渠、何传启、钱乘旦等。

在经典现代化理论中,现代化可以被概括为一句话:从农业经济向工业经济、农业社会向工业社会、农业文明向工业文明转变的历史过程。根据经典现代化理论,现代化不仅是一个历史过程,也是一种发展状态,可以指发展中国家赶上发达国家后所处的状态(完成现代化进程后的状态)。用经典现代化理论解释发达国家从 18 世纪工业革命到 20 世纪中叶的发展过程是合适的,用它来解释发展中国家追赶世界先进水平的过程也是合适的,但用它来解释发达工业国家未来的发展历程就不一定合适了。

后现代化理论是西方学者提出的关于发达国家未来社会发展的研究。在 20 世纪 50 年代末,美国社会学家丹尼尔·贝尔就产生了后工业社会的思想。在《后工业社会的来临》一书中,贝尔(Bell,1984)认为,人类社会的发展分为前工业社会、工业社会和后工业社会三个阶段,从 70 年代之后,发达工业国家步入后工业社会。

20 世纪 70 年代之后西方发达国家的发展出现了一些新变化,在经济发展上,工业化速度放慢;在社会发展上,出现了"逆城镇化"现象,人们开始考虑高速发展所带来的代价,生态与环境问题逐渐受到重视。美国密歇根大学教授殷格哈特(Inglehart,1997)把 1970 年以来先进工业国家发生的变化称为后现代化。他认为,后现代化的核心社会目标,不是加快经济增长,而是增加人类幸福,提高生活质量。

第二次现代化理论是我国学者提出来的。20 世纪末中国科学院何传启研究员出版的《第二次现代化——人类文明进程的启示》一书(何传启,1999),全面提出"第二次现代化理论",指出人类文明发展具有周期性和加速性;从农业文明向工业文明的转变过程可以看作是第一次现代化;从工业时代向知识时代、工业经济向知识经济、工业社会向知识社会、工业文明向知识文明的转变过程则是第二次现代化。

(二) 人的现代化与体育现代化

现代化理论在研究政治、经济、社会、文化、教育等领域现代化的同时，特别重视人的现代化。人的现代化，就是全面提高人的素质，使之具有现代化建设的能力。人的现代化程度决定社会的现代化水平。现代化问题研究权威、美国社会学家英格尔斯（Inkeles，1985）在《人的现代化》一书中指出："人的现代化是国家现代化不可缺少的因素。它并不是现代化过程结束后的副产品，而是现代化制度与经济赖以长期发展并取得成功的先决条件。"

人的现代化的实质和核心是指从传统农牧社会人们共享的知识体系、价值观念、思考方式、行为方式到工业社会、信息社会的人们共享的知识体系、价值观念、思考方式和行为方式的转换。

人的现代化分"内部精神现代化"和"外部现代化"两个方面。

内部精神现代化包括三项基本内容：一是知识现代化；二是价值观念的现代化，包括命运观、劳动观、财富观、人际观的现代化，当然还包括如自然观、知识观、学习观、时间观、消费观等；三是思考方式的现代化。

人的外部现代化，也包括三个基本方面。第一是生产方式的现代化，第二是交往方式现代化，第三是居住和生活方式的现代化。现代化的生活方式首先就是要城镇化的集中居住。一些地方建设农民社区，把居住分散的农民集中起来，这样就可以使他们享有更好的公共教育、公共文化、公共医疗、公共交通、公共环保等公共服务，高度集中的聚居方式正是消费方式现代化的起点。

英格尔斯研究指出，人的现代化具有 12 个特征（Inkeles，1985），包括：乐于接受新的生活经验、新的思想观念和新的行为方式；思路广阔，头脑开放，尊重并愿意考虑各方面的不同意见；注重现在与未来，守时惜时；重视有计划的生活和工作，等等。

江苏省政府参事室主任宋林飞教授认为，马克思主义的最高追求是人的全面发展，现代化归根结底还是人的现代化。强调以人为本、科学发展，得到的结论就是必须重视人的现代化（宋林飞，2011）。他说，目前联合国衡量一个国家的发达程度，采用的指标是人类发展指数，包括三个指标，即健康长寿、人均受教育年限与生活水平。从联合国使用的指标来看，预期寿命、教育获得、生活水平，都属于人的现代化范畴。

现代化理论就其领域看，包括经济现代化、政治现代化、文化现代化、社会现代化、人的现代化等。从区域上看，有国家现代化、地区现代化等。中国科学院中国现代化研究中心在《中国现代化报告 2004》中，以地区现代化为主题，重点探讨了地区现代化的事实、规律和道路，为我国部分地区率先实现现代化提供了理论依据。本课题在研究领域上属于体育现代化，在研究地域上着重探讨县（市、区）的体育现代化发展。

胡福明等（1996）在《苏南现代化》一书中论述了中国现代化的阶段性理论，指出中国现代化将是一个相当长的历史过程，包括初步现代化、基本现代化、全面现代化三个阶段。由于中国地区经济、社会发展的不平衡性，地区现代化是中国迈向社会主义现代化的必经阶段。这为江苏、浙江等东部发达地区率先实现现代化提供了坚实的理论基础。

体育现代化是人民群众在物质生活达到一定水平后的自觉需求，人民群众有平等地享有现代化成果的权利,发展与生产力水平相协调的群众体育是社会公平正义的重要体现。

我国较早提出"体育现代化"概念的是熊斗寅先生。他在《现代体育与体育现代化问题初探》(1980)指出,体育现代化是把现代最新的科技成就和理论知识在体育中广泛应用,从而使学校体育、竞技体育和群众体育几个方面都达到世界先进水平。孔庆鹏等(2001)分析了体育现代化与人的现代化的关系,指出体育现代化的关键是实现人的现代化,没有人的现代化,体育现代化就无从谈起。厉丽玉等(2003)认为,体育现代化是指体育价值观念、体育管理方式、体育运动过程、体育科学理论、体育方法手段和体育场馆设施应用于人类身心发展所能达到的一定水平,也可以理解为上述体育内容从传统向现代转变的动态过程。周登嵩等(2007)认为,体育现代化指社会现代化发展进程中,以改善人们体育生活方式、提高人们生活质量为目的,并指向未来体育发展目标的动态发展过程。厉丽玉等(2003)提出了浙江省体育现代化的指标体系,吕树庭等(2004)研究提出了广东省体育现代化的指标体系,周登嵩等(2007)研究了北京市体育现代化的指标体系。而江苏省体育现代化指标体系的研究,其实早在21世纪初就开始了。戴伟等(2001)提出了江苏省体育现代化的指标体系和量化标准,确定了由4个方面15个指标组成的体育现代化指标体系。以上研究者所提出的指标体系侧重于对省、市级体育现代化水平的评判,基本上延续的是政府大包大揽式发展体育的模式,奥运中心论的痕迹还较为明显。而对于县(市、区)级体育现代化发展水平及评估,某些指标却并不适合,也未考虑县、市体育特征性的内容,惠民体育以及"大众体育自觉"的思路没有得到充分体现。因此,考察县(市、区)级体育现代化发展状况并在此基础上研制江苏省基本实现体育现代化评判指标体系,推动基层体育现代化发展,满足广大人民群众日益增长的体育文化生活需求,在理论和实践层面都具有重要的现实意义。

二、体育现代化的理念探析

体育现代化如同政治、经济、文化、教育等领域的现代化一样,是社会事业中体育领域发展的理想目标与未来趋势,它是指体育制度、物质、人在某一特定阶段的发展水平与状态,包括体育价值观念、体育管理方式、体育运行过程、体育科学理论、体育方法手段和体育场馆设施应用于人类身心发展所能达到的一定水平,是一种为实现这一理想目标所进行的高度理性、自觉奋斗的过程,是一种能动地加速体育发展的现实历史进程。

(一)体育现代化的内涵

体育现代化有着极为丰富的内涵,是一项具有多重品质的综合体。体育现代化反映了体育发展的理想目标与未来趋势。总的来说,体育现代化是在社会现代化的发展进程中,以改善人们体育生活方式、提高人们生活质量为目的,并指向体育未来发展目标的动态发展过程。本课题研究认为:体育现代化的内涵包括体育保障条件的现代化、体育普及程度的现代化、体育管理服务的现代化、体育质量水平的现代化。因此,体育现代化也包含两层基本含义,既指体育发展所达到的水平和状态,也指为实现体育发展目标所进行的能动的奋斗过程。

（二）体育现代化的层面

体育现代化是世界现代化历史范畴不可分割的部分，如果将体育现代化看作是一个具有多重品质的综合体，那么这个综合体由外至内共包含三个层面：最外层是物质层面，指体育物质现代化（即包括竞技体育、大众体育和学校体育等各种体育硬件设施的现代化）；中间层是制度层面，指体育制度现代化（即调控体育事业社会关系主要手段的现代化）；核心层是人的层面，指体育人的现代化（即从事体育相关工作的各类人和参与体育活动的各类人的现代化）。

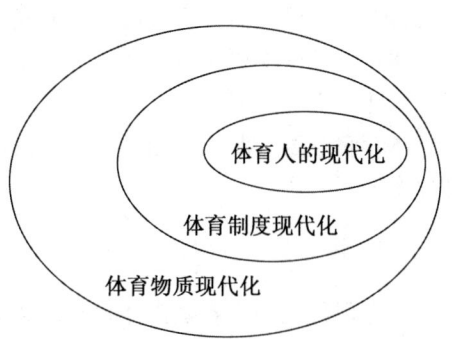

图 10-1　体育现代化层面示意图

在体育现代化的三个层面中，人的现代化是核心。体育现代化的最终目标是追求人的现代化，而体育现代化的实现，也取决于人的现代化。所以说体育人的现代化，既是体育现代化的结果，又是体育现代化的条件。人的现代化，就是全面提高人的素质，使之具有现代化建设的能力。人的现代化程度决定社会的现代化水平。现代化问题研究权威、美国社会学家英格尔斯（Inkeles，1985）在《人的现代化》一书中指出："人的现代化是国家现代化不可缺少的因素。它并不是现代化过程结束后的副产品，而是现代化制度与经济赖以长期发展并取得成功的先决条件。"

马克思主义的最高追求是人的全面发展，现代化归根结底还是人的现代化。强调以人为本、科学发展，得到的结论就是必须重视人的现代化（宋林飞，2011）。目前联合国衡量一个国家的发达程度，采用的指标是人类发展指数，包括三个指标，即健康长寿、人均受教育年限与生活水平。而这些指标，本质上都与体育现代化息息相关。

（三）体育现代化的维度

体育现代化的维度，是指划分体育现代化评价指标的角度，即评价者是从哪些方面来评价考核体育现代化的实现程度。以往的研究者对于体育现代化的研究，大多习惯从群众体育、竞技体育、体育产业等体育工作的条块来划分体育现代化指标。本研究借鉴教育现代化的评价指标，认为应该跳出体育工作条块划分的习惯性思维，从体育保障度、体育普及度、体育质量度、体育贡献度和体育满意度五个维度来设计体育现代化指标体系，这样的维度划分，不仅涉及到体育场地设施、体质合格率、体育活动参与率、体育财政投入、体育产业与消费等可量化的体育发展常规指标，而且包含了体育公共服务、体育法制建设、群众满意度等发展性的难以量化的指标，体现了江苏省体育现代化指标体系的全面性、先进性和引领性。

体育现代化的五个维度分别说明如下：

体育保障度主要从体育物质保障的层面，反映实现体育现代化的物质基础及制度保障。

体育普及度主要从群众性体育活动开展及群众参与等层面，反映体育生活方式的普及和群众体育参与状况。

体育质量度应该通过人的现代化程度来体现。所以体育质量度主要从国民体质、体育后备人才质量及品牌赛事质量等视角，反映体育现代化的质量状况。

体育贡献度主要从体育产业与消费、体育公共服务等视角，反映体育现代化对社会生产和生活的贡献程度。

体育满意度主要从群众是否满意的角度，反映广大人民群众对体育现代化建设的认可程度。

（四）体育现代化的内容

体育现代化的内容是指体育现代化各个维度所包含的各项具体内容。体育现代化全面实现的标志是体育内容的完全现代化，事实上，体育现代化所包含的内容在空间和时间上都是不可穷尽的，而且，体育现代化本身又是一个不断进行的动态发展过程。所以，在理论上，体育现代化是一个不断推进和不断完善的过程。其内容应该至少包括以下几个方面。

在体育保障度方面，体育现代化包括体育场地设施、体育财政投入、体育法制建设、体育信息化水平四个具体内容。

在体育普及度方面，体育现代化包括体育活动参与、群众性体育活动普及与开展两个具体内容。

在体育质量度方面，体育现代化包括国民体质、体育后备人才培养、品牌赛事工程、体育强市强县建设四个具体内容。

在体育贡献度方面，体育现代化包括体育产业与消费、体育公共服务、竞技体育成绩三个具体内容。

在体育满意度方面，体育现代化包括对体育场地设施供给的满意度和体育活动开展的满意度。

（五）体育现代化的阶段

胡福明等学者曾在《苏南现代化》一书中论述了中国现代化的阶段性理论，指出中国现代化将是一个相当长的历史过程，包括初步现代化、基本现代化、全面现代化三个阶段。此外，由于中国地区经济、社会发展的不平衡性，地区现代化是中国迈向社会主义现代化的必经阶段。基于该理论的观点，我们认为，中国的体育现代化历程也可以分为三个阶段，即：经济发达地区率先基本实现体育现代化、经济后发地区基本实现体育现代化、全国各地区全面实现体育现代化。对于江苏省的体育现代化而言，其历史过程也可以分为三个阶段：第一个阶段是到2015年，苏南经济发达地区率先基本实现体育现代化；第二个阶段是到2020年，苏中和苏北经济后发地区基本实现体育现代化；第三个阶段是到2049年即建国100周年时，全省范围内全面实现体育现代化。这将是一个长远的历史过程。目前苏南发达地区已经基本实现了体育现代化试点工作预期目标，逐步跨越江苏基本实现体育现代化的第一个历史阶段，在此基础上，江苏体育正稳步迈向基本实现现代化的第二个历史阶段。

三、体育现代化进程中的体育人口概念解构

(一)问题的提出

按照体育社会学的观点,体育人口是经济和社会发展到一定历史阶段的人口现象和体育现象。它反映了人们对体育的参与程度及亲和程度。它也是"经济和社会发展程度的一个标志",它是"制定社会发展规划与进行发展战略研究的一个重要依据"。在体育社会学者的眼里,体育人口是一个很有价值的社会统计指标,可以用来"直接反映一个群体、一座城市、一个地区、一个民族、一个国家的体育发展水平,特别是群众体育的发展水平"。最近,笔者在做体育现代化的评价指标体系研究时,也频繁地接触到了体育人口这一概念,主管这一课题研制的领导特别强调,体育人口是评价一个地区体育现代化、反映一个地区体育工作业绩必不可少的指标。然而在实际操作过程中,笔者发现,无论是从数据统计层面,还是从理论分析层面,现有的"体育人口"概念与统计标准都存在许多令人生疑的地方。

(二)建立体育人口概念的意图

由于笔者正在参与体育现代化指标体系的设计与研制工作,所以在解构"体育人口"概念之前,首先追问的是:为什么要设立"体育人口"这一指标?换句话说,前人提出"体育人口"概念,其主要意图是什么?再进一步明确,问题的焦点集中在:我们想通过"体育人口"这个指标,获取与反映体育工作的什么信息?是参与体育活动的人数呢?还是人们体育锻炼的时间或强度?要回答这些问题,我们首先要追溯"体育人口"的概念由来。

体育人口很显然是从人口学领域借鉴过来的一个概念,体育学领域的学者试图用它来反映体育活动的参与群体数量与结构,体育管理部门的官员则试图用它来表现某个地区群众体育工作的一个业绩。因为它恰好是一个类似于 GDP 或者经济增长率之类的数字,A 地区宣布本地区体育人口已达到 40%,B 地区则力争体育人口比例达到 45%,如此一来,很容易引起一种攀比风、浮夸风,而这个数据统计的背后,也就容易产生诸多的水分和可疑之处。卢元镇先生曾指出,将体育人口用来作为行政工作的业绩指标时,可能会出现很大的偏差。现在发现有些地方错误地以为"体育人口"越多越好,于是层层加码,年年加量,有的报表已经达到百分之五、六十,有的高达百分之六、七十。这既不符合社会生活的真实,也没有科学的依据。

我国对体育人口问题的研究,发轫于 20 世纪 80 年代中期。1985 年,熊斗寅先生在一次会议发言中提出:"世界上虽没有体育人口确切而通用的定义,但一般认为体育人口应该至少每周锻炼 3 次,每次不少于 30 分钟,且有一定强度。"同年,卢元镇先生在《2000 年的中国群众体育》一文中指出,"体育人口是群众体育发展的一项重要社会指标,指的是了解和初步掌握体育知识、技术,并经常从事各类体育活动的人口数。"1986 年山西太原体委科研所邀请胡晓风、卢元镇、项建初、韩丹等专家就"体育人口"课题进行立项咨询,一致认为:如何衡量和比较群众体育发展程度和水平,始终缺少一个评价指标,"体育人口"正好可以成为这样一个指标,对评价群众体育工作的发展很有好处。此后,体育人口逐渐

成为体育理论研究者关注的一个热点问题,仇军等学者还专门就体育人口问题撰写了专著。运用中国学术期刊网数据库检索一下可以发现,从1985年至今,以"体育人口"作为关键词的文献多达2 222条。体育学领域的学者们就体育人口的概念、结构、分类以及统计标准进行了饶有兴致的讨论,但这个指标自始至终,都是体育学领域的学者们在自说自话,正如韩丹先生所言:"都是由体育理论学者提出,并未经过运动医学专家、健康促进和卫生方面的专家认定,也没有经过相应的社会组织审核认定。"因此,这个所谓"体育人口"的指标,并没有被我国社会学或人口学的研究者所普遍采信,新中国成立之后的六次全国人口普查,也没有就这个指标作过任何的说明或解释。即便在群众体育领域内部,管理者对"体育人口"指标也是半信半疑。我国曾于1997年、2001年、2007年分别进行了三次大规模的全国群众体育现状调查,前两次群众体育调查采用了"体育人口"的指标,并规定体育人口的基本标准为每周参加体育活动不低于3次,每次活动时间30分钟以上,具有与自身体质和所从事的体育项目相适应的中等或中等以上负荷强度者。鉴于前两次调查的经验,2007年的第三次全国群众体育现状调查没有采用"体育人口"这个指标,而把它改为"经常参加体育锻炼的人"。最近,笔者在苏南以及苏中的体育现代化建设状况调研中也发现,基层体育行政部门的管理人员普遍认为"体育人口"指标统计存在很多不确定因素,与有形的体育场馆统计相比,体育人口的统计主要依靠被调查者的回忆或者主观感受来判断,更像是一种数字游戏,所以体育人口统计得到的数据中存在很多水分,令人难以相信。可见国家体育行政部门以及基层体育管理干部对"体育人口"指标,也经历了从采信到半信半疑的过程。

从"体育人口"概念的由来以及三次全国群众体育调查的实践来看,学者们以及体育行政部门的管理人员,对于"体育人口"这个指标,关注的重点无非是"经常参加体育锻炼的人"的数量或者比例,在此基础上对"体育锻炼"的时间与强度作了某些限定。因此,我们推定,建立"体育人口"概念的主要意图,或者说"体育人口"指标的主要价值指向,是"经常参加体育锻炼的人",通过这个指标来反映一定时间、一定地域内参与体育活动的人群比例,它关注的重点,并不是体育锻炼的时间或者强度。但在实际操作过程中,研究者或者统计者都在不知不觉间,假定存在着一个"体育人口"的实质性群体,为了确定某个个体是否属于这个群体,就有了关于体育锻炼时间或者锻炼强度的各种争论。

(三)体育人口概念剖析

体育人口概念是从人口的概念剥离而来,是人口的属概念,按照属概念加种差的定义方法,绝大多数研究者都是在人口概念的基础上加上限定词来定义体育人口的概念。人口学告诉我们,人口是居住在一定地域内或一个集体内的人的总数。在此基础上,体育学领域的学者们对"体育人口"概念很容易沿着"人的总数"的思路去下定义。

中国体育科学学会主编的《体育科学词典》中说,体育人口是"社会总人口中与体育保持某种特定亲和关系的人口总数"。卢元镇认为,"体育人口指在一定时期、一定地域里,经常从事身体锻炼、身体娱乐、接受体育教育、参加运动训练和竞赛,以及其他与体育事业有密切关系的、具有统计意义的一种社会群体"。黄俊伟认为"体育人口是依与体育这一社会文化理解之间是否存有相亲关系为划分特征,从社会人口中划分出来具有统计学意义的社会人群"。

在这几个关于体育人口的定义中,我们可以看出,学者们都把体育人口看成是一个特定的社会群体或者人群的总数。如何确定这个社会群体或者人群的总数?学者们都提到,与体育的"特定亲和关系"、"密切关系"或者"相亲关系"是划分体育人口的一个依据。可见"与体育的亲和关系"是体育人口概念的种差。那么什么是"特定亲和关系"?按照《体育科学词典》理解,凡是经常参与体育运动和体育娱乐,或者观看、欣赏体育比赛和表演,以某种形式表现出对体育持积极态度,都被认为是与体育保持某种亲和关系。据此,《词典》把体育人口又分为直接体育人口和间接体育人口两种。对直接体育人口的解释是:"直接体育人口指经常参加体育运动和体育娱乐的人(一般以每周锻炼不少于3次,每次不少于30分钟,并达到中等强度的运动负荷为标准)。"而关于间接体育人口的解释是:"间接体育人口指仅观看、欣赏体育比赛和表演,以某种形式表现出对体育持积极态度,但不亲身参加体育活动的人。"

这种划分其实存在问题。按照建立"体育人口"概念的初衷,是了解经常参与体育活动的人数比例,它反映了人们对体育的参与程度及亲和程度。而这种亲和程度,必然是以"体育参与"为重要特征的。体育与戏剧、电影等表演领域的观赏参与是有区别的,仅仅通过观看或欣赏并不能提高人的体育素质或者身体素质。即便是在戏剧表演领域,那些不会自己"唱练做打"的看客是不能被称为"票友"的,最多被归入"戏迷"或者"影迷",而这一类的追星族或者"体育迷"在体育领域也有许多,许多弱不禁风的少年谈起NBA球星或者欧美足球明星如数家珍,但如果他们自己从来不到篮球场上或者足球场去亲身实践或体验,即便把他们归入所谓的"间接体育人口",又有什么意义呢?

所以,与体育的"亲和关系",是以"体育参与"为主要特征的。而且这种"体育参与",不是观看或欣赏的那种"看客"式参与,而是身体力行、亲身参与体育活动。无论是国家层面的法律法规,还是体育学领域的学者,大多把"体育活动参与"作为发展大众体育的重要目标指向。《中华人民共和国体育法》首先把开展群众性体育活动、提倡公民参与体育活动放在重要位置。第一章"总则"第二条规定:国家发展体育事业,开展群众性的体育活动,提高全民族身体素质。体育工作坚持以开展全民健身活动为基础。第二章"社会体育"第一条规定:国家提倡公民参加社会体育活动,增进身心健康。在《全民健身计划纲要》中提到了"经常参加体育活动的人数"。在《纲要》的"目标和任务"中明确规定:到本世纪末,经济、社会和体育发展程度不同的各类地区,经常参加体育活动的人数都应有所增长,人民体质明显增强。2009年颁布的《全民健身条例》也强调"全民健身活动的开展"以及参与活动的人数。《条例》第一条就明确指出:为了促进全民健身活动的开展,保障公民在全民健身活动中的合法权益,提高公民身体素质,制定本条例。显然,"群众性体育活动蓬勃开展,参加体育活动的人数不断增加,人民体质与健康状况有很大改善","体育在提高人民整体素质,促进社会主义精神文明和物质文明建设方面发挥越来越显著的作用",这才是国家和政府所真正关心的。

与国家政策法规相呼应,体育学领域的大多数学者也认为人们与体育的所谓"亲和关系"主要表现为"体育参与"或"身体参与"。在日本学者菅原礼看来,所谓与体育的特定亲和关系,是"以任何形态参与运动"。仇军则认为,体育人口是"以身体活动为共同标志",

所以,菅原礼的体育人口定义是"以任何形态参与身体运动的人们的总称",而仇军对体育人口的定义是:体育人口是指生活在一定时间、一定地域,以增进身心健康或提高运动成绩为目标,以身体活动为共同标志的个人所组成的社会群体。徐隆瑞也认为,体育人口是指以增强体质为宗旨,而又经常、直接参与运动的人群的总称,具体是指参与身体锻炼,从事运动训练以及与体育事业有关的亲身参与运动的人。所以体育人口的核心是经常而又直接参与运动。张新萍先生也说,体育人口指标"是以体育参与为基本特征,用以衡量社会总人口中参与体育活动的比例"。

因此,"体育人口"概念本质上是衡量一定地域的社会总人口中参与体育活动的人群比例。无论是叫"体育人口",还是叫"经常参与体育活动的人",这个指标衡量的核心是体育活动参与人群,而体育活动的量或强度,并不是该指标的主要价值所在,而且,体育锻炼的量或强度是因人而异的,有的人锻炼 10 分钟就足够了,有的人根本不需要什么强度,只是散步或做气功,一样达到身心愉悦的效果。在社会体育领域,我们首先应关心的是:参与体育活动的人群比例是多少?然后再考虑,这些参与体育活动的人群中,其活动效果如何,活动强度是多大,而这些信息可以用另外的国民体质监测指标来描述,不必糅合在"体育人口"这一个指标里。以往判定体育人口的标准同时包含三个信息,即每周参与体育锻炼的次数、每次锻炼时间、每次锻炼强度,引起统计操作层面难以兼顾,很容易导致统计数据的虚假和失真。

有的学者认为"体育人口概念的关键一点是提高或保持体育水平,这完全可以运用体育测量手段而得出定量论断"。对这种观点笔者不敢苟同,体育人口的关键指向应该是参与体育锻炼的人群,而这些人群体育锻炼的水平或效果,则可以通过国民体质监测的指标与数据来反映。上述观点混淆了"体育人口"与"国民体质状况"这两个基本的概念,"体育人口"主要考量公众参与体育活动的人群比例,而"国民体质状况"主要检验体育参与的水平与效果。因此,我们不妨把"体育人口"概念修订为:在一定时期、一定地域内,经常参加体育活动的人群比例。也可以将这个概念直接称为"经常参加体育活动的人",在第三次全国群众体育现状调查报告中,就采用了"经常参加体育锻炼的人"这个指标,国际上也多采用这个概念,使用这个指标,便于与国际接轨,便于进行国际间的对比和交流。此外,笔者认为,用"体育锻炼"这个术语,不如用"体育活动"好,因为"锻炼"对应于西方语境中的 exercising 或者 training,侧重于生理上或身体上的锻造与锤炼,它总是与一定的量和强度相关的,而东方文化背景下的静养与修炼同样会起到健身健心的效果。人们参与体育活动的目的未必都是锻造锤炼,还有可能是休闲与养身。"体育活动"(sports activity)包括体育锻炼和体育休闲娱乐。基于此,在体育现代化评价指标体系中体育人口概念定义为"一定时间内经常参加体育活动的人群比例"更有现实价值与意义。

(四)体育人口统计标准剖析

关于体育人口的统计标准也是体育学领域的学者们争议较多的一个问题。从现有的资料来看,学者们大多是从参与体育活动的频度、活动时间以及运动强度三个方面来判断是否体育人口,然后根据这个判断标准去统计体育人口的总数。这样的统计标准存在两个方面的问题:

1. 统计数据的准确与可靠问题

1997年和2001年我国所进行的两次全国群众体育现状调查对于体育人口的统计标准规定为:每周参加体育活动不低于3次,每次活动时间30分钟以上,具有与自身体质和所从事的体育项目相适应的中等或中等以上负荷强度者。然而这样的统计在实际操作过程中存在诸多的不确定因素。因为要被调查者回答过去的一年里每周是否活动3次,每次锻炼时间是否30分钟以上、每次锻炼强度是否中等强度以上,绝大多数的被测者很难有一个准确的回忆,这样的统计结果不可能有多少信度。有的学者更是直言不讳:"事实上,使用说不清有多少误差的统计结论,只能是自欺欺人。参加体育活动的次数和时数,只能由被试人自己填报,每个人那不显眼的微小误差汇聚起来,就足以使整个统计工作完全失真。"

此外,关于每周锻炼的次数以及锻炼时间、锻炼强度的规定也是令人生疑的。按照现有的统计口径,每周锻炼3次及以上、每次锻炼30分钟及以上、每次锻炼强度中等及以上,这三个条件同时满足,才能称为一个体育人口。但是假如我们每周运动2次,每次运动40分钟,或者,每周运动4次,每次运动20分钟,同样达到健身效果而且自我感觉良好,为什么不能算是体育人口?按照张洪潭先生的说法,"所有那些方案均不过是在次数和分钟数的框架内团团打转,不仅毫无新意,反徒增新的认识紊乱。"而且关于锻炼强度的规定也缺乏可操作性。由于人的体质千差万别,同样强度的体育运动对不同的人所施加的影响是不一样的,对有些人来讲是中等强度的体育锻炼对于其他人而言可能已经无法承受。所以,所谓中等强度,只能靠被调查者的自我感觉和主观感受,而这种主观感受不可避免会带来统计工作中的误差和不确定性。

2. 体育人口统计中的成本与效益问题

一般认为体育人口可通过社会普查或抽样调查的方法进行统计,我们知道,人口普查,是在国家统一规定的时间内,按照统一的方法、统一的项目、统一的调查表和统一的标准时点,对全国人口普遍地、逐户逐人地进行的一次性调查登记。笔者曾参加过第五次全国人口普查工作,是第五次全国人口普查盐城地区的入户调查员。这个工作非常烦琐,前后需要将近半年的时间做好各项准备和预查工作,最后在国家规定的时点逐户逐人地入户登记普查。但是体育人口指标只是整个体育工作评价的一个方面,花费如此庞大的人力与物力代价,去获取一个凭借被调查者的主观感受和回忆所得来的一个未必可靠的数据,是否值得? 所以,笔者在参与研制体育现代化指标体系时,主管领导也提出,能否找到一种既经济又简便的方法来统计这个"体育人口",或者找到一个相近的替代性指标?

有鉴于此,2007年第三次全国群众体育现状调查没有采用"体育人口"指标,而是用"经常参加体育锻炼的人"来替代。但为了与以往的群众体育调查保持可比性,将"经常参加体育锻炼的人"统计标准仍然规定为:每周参加体育锻炼频度3次及以上,每次体育锻炼持续时间30分钟及以上,每次体育锻炼的运动强度达到中等及以上的人。按照这个统计口径,全国16周岁及以上的城乡居民中达到"经常锻炼"标准的人数,占全国16周岁及以上总人口的8.3%。作为国家权威体育行政部门发布的数据,这个数值还是相对准确的,但我们留意到,比起上两次全国群众体育现状调查,达到"体育人口"统计标准的人数,有了较大程度的下降,比起 2000 年统计的体育人口比例,下降达 10 个百分点。对照我们周围的健身人群,恐怕这个统计数值还是基本接近现实状况的。所以当前不必过分奢求广大群众每周都能锻炼 3 次以上、每次锻炼持续时间 30 分钟以上、每次锻炼强度达到中等程度以上,能做到让公众养成每周参与体育活动的习惯就已经很不容易了。

因此,对于这个"体育人口"指标,统计口径应该直接指向"经常参加体育活动的人群比例",具体调查时不必采用普查的形式,而采用分区域抽样调查。在同一调查时点对不同区域内每周参加不同次数体育活动的人数分别予以登记,平均每周参加 3 次及以上体育活动的人数则归入该地区"经常参加体育活动的人"数据。最后用抽样调查得来的"经常参加体育活动的人群比例"作为该地区这一时间段内"体育人口"的估计值。当然这个统计操作方案目前还处于一种理论假设状态,难免存在不严谨和不完善之处,有待于实践过程中不断完善和改进。但是这个指标仅仅要求被调查者从"参与体育活动的次数"一个维度来回答,相比较原先一个指标糅合三个维度的调查,显得相对准确与可靠,而且操作起来也更为简便可行。

为什么原先"看起来很美很清晰"的体育人口统计标准在实际操作过程中依然会产生大量的水分和误差呢?这是因为,所谓体育人口的绝对总数是不存在的。因而,"体育人口的绝对总数"是不可统计的,任何试图统计体育人口绝对总数的做法都是虚妄和不切实际的。体育人口仅仅反映一定时间内经常参加体育活动的人群的相对比例关系,它具有动态性和变化性。例如,本周 A 参加体育活动 3 次以上、每次活动 30 分钟以上、每次活动达到中等强度以上,则可以把 A 看作是一个体育人口,但下一周 A 由于工作忙,一次体育活动也没参加,所以此时他又不能算为体育人口。由此看来,某个地区"体育人口的绝对总数"是不可统计的,但某个特定时间段内经常参加体育活动的人群相对比例却可以通过抽样调查来采集获取。

(五)现代社会健身人群的合理统计

体育人口,严格来说,可以称为"体育人口指数"或者"经常参与体育活动的人数比例"。它并非指确定的一个实质性社会群体,而是一个动态变化的比例关系,但在统计学意义上,这个比例关系在一定时间、一定区域范围内又是相对稳定的。因为体育人口并非是一个确定的社会群体,所以体育人口的绝对数值是无法统计的,任何试图用全面普查的方法去获得体育人口绝对数值的做法都是虚妄的和不切实际的。

国家体育行政部门的管理者以及体育学领域的学者普遍认为,体育人口是衡量一个国家大众健身的重要指标。但原有的体育人口概念及统计标准缺乏严谨性和可操作性。在这一个指标中糅合了锻炼频度、时间、强度等多种要素,在判定是否体育人口时往往纠缠于每周是否锻炼 3 次、每次是否锻炼 30 分钟的追问,既缺乏科学依据,也使被调查者陷入对过去一年或一月的回忆而不能精确回答。至于锻炼强度是否达到中等及以上,更是要依靠被调查者的主观感受和自我感觉去判断,从而使调查得来的数据缺乏可靠性。

既缺乏可操作性,也缺乏可靠性。因此,有必要对原先的"体育人口"概念进行修正。由于"体育人口"的核心价值指向是参与体育活动的人群比例,所以,我们可以把这个概念修订为"在一定时间内经常参加体育活动的人群比例",考虑到与以往的群众体育调查相衔接,可以在实际调查操作时把这个指标统计标准确定为:每周参加3次及以上体育活动的人。由于人们体质的差异以及参与体育活动的形式不同,所以在这个指标中不作强度和时间的规定,公众参与体育活动的效果指标可以另外通过国民体质监测体系一并进行调查与采集。另外,由于人们参与体育活动的目的不同,有锻炼身体的,有休闲娱乐的,绝非"体育锻炼"一项目的。所以在"经常参加体育活动的人群比例"这个指标中,不用"体育锻炼",而用"体育活动",以涵盖多种目的、多种形式的体育活动。

四、案例分析:2011—2013 江苏体育现代化建设指标变化情况

(一)江苏体育现代化建设状况概述

2009年1月7日,江苏省体育局印发了《关于推进体育基本现代化试点工作的指导意见》,确定在苏州、无锡两个省辖市,江阴、昆山、张家港三个县级市进行体育基本现代化建设试点。到2011年初,体育现代化试点工作取得了阶段性成效,上述地区都出台了相应的体育基本现代化评价指标体系。然而这些指标体系大都试图涵盖各地区或各部门体育工作的全部内容,因此在这一类体育现代化指标体系中部分指标在实践层面显得烦琐或无法操作。

2011年5月31日,江苏省体育局印发了《江苏体育发展"十二五"规划》并下发各市、县体育局及相关单位,开启了江苏省体育发展新的征程。在"十二五"发展的总体目标中,江苏省体育主管部门明确提出到2015年建成体育强省,80%以上的省辖市达到体育强市标准,90%以上的县(市、区)达到体育强县标准;到2020年基本实现体育现代化,苏南有条件的地区到2015年率先基本实现体育现代化。因此,《江苏体育发展"十二五"规划》是新时期江苏体育现代化建设的重要依据和纲领性文件,其中许多指标都涉及江苏基本实现体育现代化的内容。本文结合《江苏体育发展"十二五"规划》执行情况对2011—2013年江苏省体育现代化建设部分指标变化情况作深入分析。在此基础上对江苏省体育事业发展的工作指标进行筛选,选择与体育现代化建设相适合的指标项目并对其预期值提出建议。

(二)江苏体育"十二五"规划指标总体达成情况

"十二五"以来,江苏省体育局采取了一系列政策措施,强力推进规划实施,基本公共体育服务体系不断健全,竞技体育实力保持全国前列,后备人才培养得到加强,体育产业加快发展,体育竞赛提档升级,体育科教成果显著,基层基础体育工作有序推进,多数指标达到或超过序时进度要求,基本实现时间过半、任务过半的阶段性目标。其中提前完成10项指标,占35.7%。

在基本公共体育服务体系建设方面,初步形成了省、市、县、乡镇(街道)、行政村(社区)五级公共体育设施网络,公共体育设施明显改善,全省人均拥有公共体育设施面积达2.32平方米,位居全国前列。11个省辖市建成功能齐全的体育中心和全民健身中心,90%以上的县(市、区)建成"新四个一"工程,70%以上的城市社区建成"10分钟体育健身圈",群众可就近接受场地、指导、活动等服务。全民健身活动广泛开展,全省全民健身运动会、青少年阳光体育联赛、老年人体育节定期举办,乡镇(街道)运动会、业余体育联赛蓬

勃开展,调动了群众参加健身活动的积极性,2012年全省经常参加体育锻炼的人数比例达35.48%。第三次全国国民体质监测公报显示,江苏省国民体质综合指数达104.2,位居全国第二,达到国民体质测定标准合格以上的人数比例为93.8%,名列全国第六。

在竞技体育方面,江苏省竞技运动水平保持全国第一集团位置,2011—2012年两次荣获国家体育总局"突出贡献奖",在伦敦奥运会上,金牌贡献位居全国第四,取得境外参加奥运会的最好成绩。第十二届全运会上,江苏省以45枚金牌并列第四名,综合排位第五名,获得体育道德风尚奖。

体育竞赛方面,2011年和2012年,江苏省共承办全国以上体育竞赛591项次,赛事级别、水平、影响、效益全面提升。环太湖国际公路自行车赛升级为UCI2.1级,扬州马拉松比赛升级为国际田联锦标赛事,被中国田协授予"金牌赛事"称号,世界斯诺克无锡精英赛正式升格为积分赛,成为顶级品牌赛事。品牌赛事工程稳步推进,省辖市基本实现"一市一品",部分县(市、区)实现"一县(市、区)一品",体育竞赛在满足广大人民群众日益增长的体育文化需求、促进经济社会发展、展示城市魅力形象方面作出了积极贡献。

在后备人才培养方面,江苏省共创建37所国家级后备人才基地,总数并列全国第一,建成国家青少年体育俱乐部250个、省青少年奥林匹克俱乐部268个,创建19所国家级体育传统项目学校,认定210所省级体育传统项目学校。目前江苏省青少年体育俱乐部数位居全国第一,国家体育传统校总数位居全国前四。业余体校体教结合覆盖率达87%。2013年启动普通高等院校面向运动学校毕业生对口单招工作,运动员文化教育工作取得新进展。

体育产业发展方面,2012年全省体育产业实现增加值535.73亿元,占全省GDP的比重达0.99%,基本实现"十二五"规划的年度目标。2011年起设立体育产业发展引导资金,2011—2013三年共有309个项目获得资助,带动社会投资100多亿元。昆山、江阴、溧阳三地成功申报国家体育产业基地,命名28家省级体育产业基地,徐州、淮安、扬州、张家港、南通、南京等市涌现出一批年销售额在5 000万以上的大中型体育用品企业。到2013年江苏省体育彩票销量荣获全国"八连冠"。

(三) 2011—2013江苏体育现代化建设部分指标描述

1. 江苏体育现代化建设2011年部分指标描述

(1) 全民健身

该年度是"十二五"规划开局之年,本年度江苏省公共体育事业加快发展,省政府颁布了《江苏省全民健身实施计划(2011—2015)》,全民健身设施逐步完善,城市社区"10分钟体育健身圈"建设启动,苏北2 800个行政村农民体育健身工程提档升级,90%的县(市、区)基本完成"新四个一"建设任务。2个市、5个县(市、区)达到体育强市强县标准。全省共有7个体育强市,44个体育强县。当年全省体育强市强县比例分别为54%和69%。全省2 000多所中小学体育场馆对社会开放。

2011年度江苏省各市、县举办的全民健身重要比赛有:全省第四届全民健身新优项目展示,全省青少年阳光体育联赛和未来奥运之星活动,老年人体育节,"沿江体育带"全民健身大联动等。

本年度江苏省新增国家级社会体育指导员185名(居全国首位),一级社会体育指导员2 236名。

2011年公布的第三次国民体质监测公报显示,江苏省国民体质综合指数104.5,列全国第二位,国民体质达标率93.8%,列全国第六位。

(2) 竞技体育

2011年江苏省在年度全国最高水平比赛中获得金牌、奖牌和总分均居第四位,竞技体育实力保持在全国前列。南京和连云港两市组团参加了全国第七届城市运动会,均超额完成预定目标,其中南京市获得金牌、奖牌和总分第二名。

2011年江苏省举办或承办全国以上竞赛240项次,其中承办国际体育竞赛78项次,全国体育竞赛162项次。获得全国最佳赛区4个,全国优秀赛区12个。首届环太湖国际自行车赛、扬州鉴真国际半程马拉松赛等重大赛事取得良好社会反响。

(3) 青少年体育工作

2011年江苏省发展了26所"江苏省培养足球后备人才重点学校",命名了30个省级高水平单项训练基地和30个省青少年奥林匹克俱乐部,创建了18个国家级青少年体育俱乐部。68%的业余运动员在普通中小学接受文化教育。

(4) 体育产业

2011年江苏全省体育产业实现增加值448.18亿元,占全省GDP比重0.92%。2011年江苏省开始首次省级体育产业引导资金资助工作,资助89个体育产业项目,受资助项目总投入80亿元。本年度江苏省发行体育彩票141.73亿元,成为全国首个体彩销售过百亿的省份,取得全国体育彩票销量六连冠。

2. 江苏体育现代化建设2012年部分指标描述

(1) 全民健身

2012年度江苏省城市社区10分钟体育健身圈顺利推进,苏北2 800个行政村农民体育健身工程提档升级全面完成。本年度江苏省体育局获得国家体育总局"2012年度在全民健身工作中做出突出成绩单位"荣誉称号。新增4个县成为体育强县,全省共有7个体育强市,48个体育强县。

本年度江苏省举办的全民健身主要比赛有:第六届全省全民健身运动会、老年人体育节等。

在体育社团建设方面,2012年江苏省20%以上乡镇街道建有单项体育协会,95%以上乡镇街道建有老年人体育协会。

2012年江苏省首次开展覆盖全省城乡的经常参加体育锻炼人口调查,调查结果显示,江苏省经常参加体育锻炼人口达35.48%。

(2) 竞技体育

2012年伦敦奥运会上,江苏省有6人次获得3.5枚金牌,金牌贡献居全国第四位,获得国家体育总局"2012年伦敦第三十届夏季奥运会重大贡献奖"。

2012年江苏省举办或承办全国以上竞赛351项次,其中承办国际体育竞赛58项次,全国体育竞赛293项次。荣获国家体育总局表彰最佳赛区5个,优秀赛区16个,名列全国第一。

(3) 青少年体育工作

本年度江苏省的国家高水平后备人才基地建设位列全国第一集团。进行了新周期省体育传统项目学校评估，重新命名210个省级传统校。命名2所五星级、1所四星级、2所三星级业余体校和45个省级青少年体育俱乐部。87%的业余体校通过体教结合解决运动员文化教育问题。

(4) 体育产业

2012年全省体育产业实现增加值537.73亿元，占全省GDP的0.99%。此外运用体育产业引导资金资助97个体育产业项目，命名28个体育产业基地。

本年度江苏省发行体育彩票161.81亿元，同比增长14.17%，销量依然高居全国第一；筹集公益金44.71亿元，上交中央公益金22.09亿元，地方留存22.62亿元，上缴所得税2.36亿元。体育产业发展延续强劲势头。

3. 江苏体育现代化建设2013年部分指标描述

(1) 全民健身

2013年度江苏省有70%的城市社区建成"10分钟体育健身圈"，全省各市、县继续完善基层公共体育设施，建设了400千米健身步道。五台山体育场等一大批大型场馆向晨练群众免费开放。学校体育场馆向社会开放率达40%。徐州、盐城获得江苏省体育强市称号，睢宁、建湖、滨海、盐都、泗阳等5个县(区)跨入体育强县行列。到2013年底全省共有9个体育强市，53个体育强县。

本年度江苏共有省、市、县三级体育社团2 096个，乡镇(街道)体育社团近4 000个，团体会员14 122个，个人会员达到156.17万人。

2013年底江苏省有各级社会体育指导员206 921名，其中国家级992名，一级8 996名，均居全国首位。

(2) 竞技体育

2013年度江苏竞技体育实力继续保持全国前列。在十二届全运会上，共获得金牌45枚，与上海并列第四名，综合排位第五名，获得"体育道德风尚奖"代表团称号。全年共有7人次5项次获得世界冠军，新增世界冠军4人。

本年度在举办体育赛事方面，按照"一市一品、一县一品"的品牌赛事战略，省和各地共举办单项比赛484项次，其中国际比赛66项次，获全国最佳赛区5个，优秀赛区12个，获得全国优秀赛区数量连续十年居全国第一。

(3) 青少年体育工作

2013年度江苏省在青少年体育人才培养方面，体教结合机制进一步完善。业余运动员报考本科和高职院校录取率43.3%。本年度江苏省青少年足球网点校达306所，创建37个国家级高水平后备人才基地(位居全国第一)，命名7所四星级体校，2所三星级体校。

(4) 体育产业

2013年度江苏省体育产业呈现速度加快、结构优化、主体壮大、投入多元、集聚发展的良好态势。昆山、江阴、溧阳三市成为国家体育产业基地。21个单位创建为省级体育产业基地。体育产业引导资金增长到8 000万元，共资助123个项目。

本年度江苏省发行体育彩票 155.81 亿元,实现体育彩票销量全国八连冠,筹集公益金 42.36 亿元,其中上缴中央财政 20.86 亿元,地方留存 21.50 亿元,上缴偶得税 2.08 亿元。

(四)江苏体育现代化建设部分指标变化情况分析

1. 全民健身相关指标变化情况

(1)人均体育设施面积变化情况

体育场地设施建设是体育现代化发展的物质基础和保障条件,拥有了体育场地设施,就为全民健身以及竞技体育活动的开展提供了可能,也为实现体育现代化提供了可能。自 2008 年北京奥运会成功举办之后,特别是《江苏体育发展"十二五"规划》颁布实施以来,江苏省依托雄厚的经济实力,在公共体育场地设施建设方面,取得了飞速进展,初步形成了省、市、县、乡镇(街道)、行政村(社区)五级公共体育设施网络,全省人均拥有公共体育设施面积达 2.32 平方米,位居全国前列。90%以上的县(市、区)建成"新四个一"工程,70%以上的城市社区建成"10 分钟体育健身圈",群众可就近到居住地附近的体育场所参与体育健身活动,为全民健身以及体育现代化建设奠定了良好的物质基础。

表 10-1 江苏省人均拥有公共体育设施面积变化情况(平方米)

年份	人均公共体育场地设施面积	年份	人均公共体育场地设施面积
2008	1.53	2011	2.06
2009	1.65	2012	2.32
2010	1.867		

从江苏省人均体育场地设施面积变化情况来看,其实到 2011 年末,江苏省的人均公共体育设施面积已经实现了"十二五"规划所设定的预期目标,根据江苏的经济发展状况以及人均体育场地设施面积的年增长率来看,到 2015 年底,江苏省的人均体育场地设施面积可以达到 2.5 平方米。参考国外体育现代化的相关数据,可以认为,人均体育场地设施面积 2.5 平方米,完全能够满足基本实现体育现代化的各项活动要求,人均体育场地设施达到 2.5 平方米之后,应该从追求体育场地设施量的扩张,转向内涵的提升,即提高体育场地设施的利用率。据此,在江苏基本实现体育现代化的指标体系中,"人均体育场地设施面积"这个指标的预期值可以设定为 2.5 平方米。

(2)国民体质测试达标率变化情况

我国自 2000 年开始了首次全国性的国民体质测试,并确定每 5 年进行一次国民体质监测工作。这项工作对于系统掌握我国国民体质现状和变化规律,推动全民健身活动的开展,提高国民身体素质和健康水平,促进国家经济建设和社会发展,都具有极其重要的作用。由于这项工作是由国家体育总局、教育部、民政部、国家统计局、全国总工会等 10 余个部门联合在全国 31 个省(区、市)开展,涉及面广、样本量大,所以其数据具有较强的普遍性和权威性,能够较为客观而真实地反映我国国民的体质健康状况,因此采用其作为体育现代化评估体系的一个指标是比较适合的。

为全面了解和准确掌握江苏省各地区国民体质健康总体现状、基本特征及变化规律,提升国民体质健康基本水平,有针对性地促进大众科学健身活动的开展,加强公共体育服务体系建设,促进江苏经济建设和社会发展,江苏省决定从 2010 年起,全省各地区的国民体质监测工作改为每年一次。表 10-2 选取了苏南苏北各两所地级市的国民体质达标率变化情况进行对比。

表 10-2　江苏省国民体质测试达标率变化情况

年份	南京	无锡	徐州	盐城
2011	93.8%	92.86%	94.6%	91.1%
2012	94.4%	93.4%	96.6%	91.5%
2013	95.7%	暂无	96.25%	93.4%

从表 10-2 数据可以看出,首先,各地区国民体质达标率逐年都在提升,可见随着社会的发展和生活水平的提高,人们的体质健康状况也在不断改善;其次,经济发达地区的国民体质达标率未必就比经济发展相对落后地区的国民体质达标率高,可见国民体质达标率与经济发展水平有一定关联,但未必成正比关系。

根据表 10-2 中数据的年增长率分析,到 2015 年,江苏省各地级市的国民体质测试达标率稳定在 95% 是有可能的,因此可以把江苏省地级市体育现代化指标体系中的国民体质达标率预期值设定为 95%。参考 2010 年第三次国民体质监测公报中各省的国民体质达标率,结合江苏省各地区体质监测工作近几年的数据,可以把江苏省体育现代化指标体系中的国民体质达标率预期值设定为 95%。这也与江苏体育发展"十二五"规划的预期指标相吻合。

(3) 经常参加体育活动的人数比例

我们曾经很中意体育人口这个概念,体育社会学领域的学者试图借鉴社会学中的人口概念,来说明从事或参与体育活动的人数比例。按照学者们的解释,所谓体育人口,是指在一定时期、一定地域,经常从事体育锻炼、健身娱乐,接受体育教育、参加运动训练和竞赛,以及其他与体育事业有密切关系的、具有统计意义的一种社会群体。但是,与体育事业有密切关系的群体,其实是飘忽不定、无法统计的。正如与商业有关的群体,哪些人与商业有密切关系?哪些人与商业又没有密切关系?所以统计商业人口是没有意义的,但统计商业工作者或者从事商业活动的人,是有意义而且可统计。

同理,统计与体育事业有密切关系的群体是没有意义的,但统计经常参加体育活动的人数比例,是有意义而且在一定时间范围内是可统计的。所以有关部门对体育人口的统计,其实是对经常参加体育活动的人数比例进行统计,当前的统计判定标准规定为:每周参加 3 次体育活动、每次活动持续 30 分钟以上且每次活动负荷强度在中等以上。

1996 年国家体育总局在部分省市进行了国民体质监测工作,并对体育人口进行了初步统计。当时统计我国 16 岁以上的人口中,达到体育人口判定标准的人口比例是 15.46%,约为 1.40 亿人。对照我们日常生活中参加体育活动的人数比例来看,这个数据还是比较可信的。在此之后,由于这个指标自身的缺陷以及人群抽样所带来的严重误差,这个数据所掺杂的水分越来越多,有的地区高达百分之六、七十。这既不符合社会生活的真实,也没有科学的依据。

自2010年之后,江苏省各地级市体育主管部门每年都进行国民体质监测工作,同时对经常参加体育锻炼的人数比例进行问卷调查。下面列出苏南苏北各一个地级市的经常参加体育锻炼人数统计数据进行分析。这两组数据是我们从两个市的体育科学研究所获得。无锡市的数据显然偏高,通过我们在无锡的实地走访以及抽样调查,这组数据其实与无锡地区人群体育活动的现实状况也不相符。盐城市的数据看起来比较低调,但其实也是含有水分的。负责这个数据统计的市科研所工作人员与笔者是多年好友,他告诉笔者,以前有体育人口统计,只是随机发放一些问卷。现在改叫"经常参加体育锻炼的人数比例",同样是做一些问卷调查,而且在人群抽样时,经常到体育场馆或健身房去发问卷,这样数据值就会高一些。如此看来,这个指标的确存在问题,但一个地区经常参加体育活动的人群状况,仍然是该地区体育现代化程度的重要表征之一。2012年江苏省体育局组织统计力量对经常参加体育锻炼的人数比例进行了一次调查,结果表明,江苏省经常参加体育锻炼的人数比例达到35.48%。参考国外发达国家的数据,我们认为,如果一个地区经常参加体育锻炼的人数比例达到40%,就基本适应体育现代化的要求了。但这个评估指标如何统计操作,我们将另外撰文探讨。

表10-3 盐城、无锡经常参加体育锻炼的人数比例

年份	盐城市	无锡市
2011	32%	53.46%
2012	33%	54.2%

(4) 体育社团数量变化情况

体育社团是引领体育活动的重要组织和机构,在未来政府机构改革、简政放权的形势下,体育活动更多的要交给社会团体来办,实现体育社会化的目标,真正做到社会体育社会办,并借此提高社会公众的主人翁意识和主动参与意识。

根据江苏省体育局体育总会提供的资料,截至2013年底,江苏省共有省、市、县三级体育社团2 096个(比2011年新增570个),其中市级436个、县级1 588个;有体育类民办非企业单位926个。

目前,全省南京、苏州、常州、无锡、徐州、连云港、扬州、淮安等8市基本实现乡镇、街道3+2体育社团90%覆盖;盐城、泰州、宿迁、镇江、南通等5市实现70%以上覆盖,全省备案或直接登记成立乡镇(街道)体育社团近4 000个,个人会员156.17万人。[①]

所谓3+2体育社团,指2013年6月,省体育局、省民政厅联合印发《关于培育发展基层体育社会组织的指导意见》中明确要求,到2015年,全省每个乡镇、街道都建有体总、老年人体协、社会体育指导员协会3个指定社团和2个以上单项体育协会。

---

① 资料来源:《江苏省体育总会秘书处2013年度总结及计划》。

表 10-4　江苏省 A 级体育社团数量变化情况

年份	5A	4A	3A	2A	1A
2012	4	37	93	18	4
2013	4	50	131	26	14

表 10-5　江苏省各地级市 3A 级以上体育社团数量变化情况

地区	2012 年	2013 年	地区	2012 年	2013 年
无锡	10	17	淮安	2	8
徐州	6	10	盐城	1	4
常州	29	29	扬州	7	10
苏州	41	48	镇江	3	8
南通	8	12	泰州	7	12
连云港	11	14			

上表是近两年江苏省 A 级体育社团数量变化情况。可以看出，2012 年到 2013 年江苏省 5A 级体育社团数量没有变化，4A 级体育社团新增 13 个，3A 级体育社团新增 38 个，增幅最大。

按照江苏省体育局、省民政厅文件《江苏省体育类社会团体评估办法（试行）》的规定，获得 3A 级以上（含 3A 级）的省属体育社团，将由省民政厅颁发统一制作的社会组织等级评定等级证书和牌匾。3A 级以上（含 3A 级）的省属体育社团可以优先获得政府职能转移、政府购买服务资格；可以优先获得奖励，并向社会公布和宣传推介。因此，我们可以把 3A 级以上体育社团建设作为体育现代化评估的一个指标。

（5）社会体育指导员数量变化情况

到 2013 年底，江苏省拥有注册社会体育指导员数量已经达到 206 921 人，平均每万人拥有社会体育指导员 23 名，社会体育指导员总量和国家级社会体育指导员人数均居全国第一。然而，如此庞大的社会体育指导员队伍，在全民健身中发挥的作用却并没有产生相应的影响力。这是由当前社会体育指导员管理体制以及身份待遇等多方面因素造成的。在整个社会体育指导员队伍中，能够到一线健身场所进行健身指导的指导员比例对体育现代化建设而言，具有更为重要的意义。因此我们建议在江苏体育现代化指标体系中，将每万人拥有的一线社会体育指导员数量作为一个评估指标，显得更有针对性。

表 10-6　江苏省社会体育指导员数量变化情况

年份	社会体育指导员总数	万人拥有社会体育指导员数	国家级社会体育指导员	一级社会体育指导员
2011	145 164	18	405	3 039
2012	—			
2013	206 921	23	1 183	8 996

(6) 体育强市强县数量变化情况

"十二五"时期是江苏加快建设体育强省、率先基本实现体育现代化的攻坚阶段。江苏所要建设的体育强省,是以增强全省人民体质、形成文明健康的生活方式为根本目标,实现体育的生活化、社会化,群众体育与竞技体育、体育事业与体育产业以及城乡、区域体育协调发展。江苏体育发展"十二五"规划的总体目标是到2015年建成体育强省,在此基础上苏南有条件的地区率先基本实现体育现代化。体育强省要求80%以上的省辖市达到体育强市标准,90%以上的县(市、区)达到体育强县标准。目前江苏省的体育强市已达9个,占13个省辖市69.23%,体育强县有53个,超过全省县(市、区)数量的50%,离2015年实现体育强省目标还有一定差距,但到2020年时这个目标是有望实现的。因此可以将体育强市或强县的数量纳入到2020年江苏率先基本实现体育现代化的指标体系中。

表10-7 江苏省体育强市强县数量变化情况

年份	体育强市	体育强县
2010	5	39
2011	7	44
2012	7	48
2013	9	53

2. 竞技体育相关指标变化情况

(1) 竞技体育贡献情况

2011—2013年,江苏省共有26人获得40人次世界冠军,连续两年荣获国家体育总局颁发的"突出贡献奖"。2012年伦敦奥运会上,有6人次获得3.5枚金牌,金牌贡献位居全国第四。在广州亚运会上,36人次获得19枚金牌,多项指标超历史。在第十二届全运会上,江苏省以45枚金牌并列全国第四名,综合排位第五名,并获得体育道德风尚奖。

在省级体育现代化指标体系中,可以将竞技体育贡献率作为评判江苏省在全国率先实现现代化的一个依据,但获得世界冠军或奥运会冠军是国家体育总局对省级体育行政部门的考评指标,它具有一定的偶然性和非连续性,因此不宜再套用到省辖市的体育现代化评估指标体系中。

(2) 举办体育竞赛情况

表10-8 江苏省举办或承办体育竞赛情况

年份	承办国际体育竞赛	承办全国体育竞赛	全国最佳赛区	全国优秀赛区
2011	78	162	4	12
2012	58	293	5	16
2013	66	418	5	12

上表是2011—2013年江苏省举办或承办的国内外体育竞赛情况。从表中可以看出,江苏省所承办的国际体育竞赛以及获得全国最佳赛区或优秀赛区的数量是相对稳定的,因为全国的体育竞赛及最佳赛区评选数量是相对稳定的,不可能全部交给江苏一个省,所

以上述指标数值不会有太大的上升空间。此外,一个地区或城市所承办的大型体育竞赛,尤其是国际大赛,比如南京青奥会或苏州世乒赛,也具有很强的偶然性和非连续性,不宜列入体育现代化的考评指标。再者,按照我国目前的竞赛运作体制,大型体育竞赛往往需要倾举国之力或整个地区的力量来运作,比如北京奥运会或南京十运会,它是一项综合性工作,并非某个城市或某个部门独立承担。因此,举办体育竞赛的指标也不宜列入省辖市的体育现代化评估指标体系。

但是,体育竞赛是体育运动的魅力所在,尤其是基层体育竞赛,是广大群众展现自我风采的舞台,能够满足广大人民群众日益增长的体育文化需求,促进经济社会发展。因此,能否提供日常体育竞赛活动,打造地方特色或品牌体育赛事,是体育行政部门公共体育服务能力的重要体现。所以,应当将举办常规体育竞赛活动以及特色或品牌体育赛事纳入省辖市体育现代化评估指标体系。参照江苏体育发展"十二五"规划的要求,结合江苏各市、县举办体育竞赛的现状,建议预期目标值设定为:常规体育竞赛常年举办(全民健身运动会、青少年阳光体育联赛、老年人体育节定期举办,乡镇(街道)运动会、业余体育联赛覆盖率100%),县(市、区)特色或品牌体育赛事为1—2项,达到一市一品、一县(区)一品。

3. 青少年体育工作相关指标变化情况

(1) 青少年体育后备人才基地数量变化情况

目前江苏省青少年体育阵地建设位居全国前列,已创建37所国家级后备人才基地,总数并列全国第一,建成国家级青少年体育俱乐部250个,省青少年奥林匹克俱乐部268个,创建19所国家级体育传统项目学校,认定210所省级体育传统项目学校。全省青少年体育俱乐部总数位居全国第一,国家级传统校总数居全国前四,已经提前完成了江苏体育发展"十二五"规划的预定目标。

如果从省级层面来说,将青少年体育后备人才基地数量列入全省体育现代化评估指标体系,以体现江苏省在体育后备人才基地建设方面处于全国率先的地位,这种设想是可行的。然而,由于这种高水平的体育后备人才基地都采取省地共建的形式,事实上是由省体育行政部门直管的,而且大多设立在竞技基础条件比较好的地区,全省各地级市体育后备人才基地建设并不均衡。因此,将其列入全省各地级市的体育现代化评估指标体系,并不适合。所以建议在地级市和县一级的体育现代化指标体系中不设青少年体育后备人才基地数量这一指标。

表10-9 江苏省青少年体育后备人才基地数量变化情况

项目	2011年	2013年
国家级后备人才基地	25	37
省级高水平单项训练基地	30	37
国家级青少年体育俱乐部	18	250
省青少年奥林匹克俱乐部	30	268
国家级体育传统项目学校	13	19
省级体育传统项目学校	192	210
江苏省培养足球后备人才重点学校	26	306

(2) 注册运动员义务教育覆盖率变化情况

注册运动员义务教育覆盖率反映了通过体教结合接受文化教育的注册运动员比例。表 10-10 是近 3 年来江苏省注册的业余运动员通过教体结合接受文化教育的比例状况。到 2013 年底,已经实现了江苏体育发展"十二五"规划的预定指标,到 2015 年,江苏省部分地区的注册运动员义务教育覆盖率达到 100%。因此,在江苏基本实现体育现代化的指标体系中,可以将注册运动员义务教育覆盖率的目标值设定为 100%。

表 10-10　通过体教结合接受文化教育的业余运动员比例

年份	比例
2011	68%
2012	87%
2013	90%

4. 体育产业相关指标变化情况

(1) 省级体育产业引导资金变化情况

江苏省依托雄厚的地方经济实力和巨额的体育彩票公益金,从 2011 年起设立了体育产业发展引导资金,3 年来共有 309 个项目获得资助,带动社会投资 100 多亿元。但这个指标只适用于经济发达地区,不便于在全国推广,因此,不建议将这个指标纳入江苏基本实现体育现代化评估指标体系。

表 10-11　省级体育产业引导资金资助项目数量及资助投入

年份	资助项目数量	受资助项目总投入(万元)
2011	89	80
2012	97	3 000
2013	123	8 000

(2) 体育彩票发行总量变化情况

自 2005 年以来,江苏省的体育彩票发行状况一直占据全国体彩业界第一的位置,迄今为止已经荣获全国体育彩票销售"八连冠"。近两年来体育彩票年销售量都在 150 亿元以上,这个数据是惊人的,反映了江苏民间资本的强势购买力。但是,当一个地区对体育彩票的购买力达到饱和以后,体育彩票发行总量往往很难再有较大幅度增加。2013 年江苏省体育彩票发行总量比 2012 年有所下滑,就反映了这个规律。因此,可以测算体育彩票发行量的饱和值,将其作为江苏基本实现体育现代化指标体系中的一个目标值。

表 10-12　江苏省体育彩票发行总量与筹集公益金总额(亿元)

年份	体育彩票发行量	筹集公益金	上缴所得税
2011	141.73	39.46	
2012	161.81	44.71	2.36
2013	155.81	42.36	2.08

(3) 体育产业增加值变化情况

表10-13 江苏省体育产业增加值及占全省GDP比重

年份	体育产业增加值（亿元）	占全省GDP比重
2008	257.39	0.83
2009	292.79	0.85
2010	364.51	0.88%
2011	448.18	0.92%
2012	537.73	0.99%

表10-13显示，江苏省的体育产业增加值及其占全省GDP的比重呈逐年上升的趋势，截至2012年底，全省体育产业实现增加值537.73亿元，占全省当年GDP的比重达到0.99%。目前江苏着力加强体育产业基地建设，昆山、江阴、溧阳三地成功申报国家体育产业基地，成为首家以县域集群为主体的国家体育产业基地，命名了28家省级体育产业基地，培育了一批体育健身器材聚集区，涌现出徐州军霞、淮安共创、扬州阿珂姆等一批年销售额在5亿元以上的大型企业以及张家港金陵、南通铁人、南京边城等一批年销售额在5千万以上的中型企业。当前，江苏的体育培训、中介服务、体育康复、体育旅游等新兴业态也在快速发展，产业结构进一步优化。预计江苏省的体育产业增加值还有一定的上升空间，但考虑到江苏的GDP也在增长。因此，在江苏体育现代化指标体系中，建议将体育产业增加值占全省GDP比重的预期目标值设立为1.5%。按照目前该项指标的年增长率，到2020年，这个目标值是可以实现的。

主要参考文献：

[1] 李克强.协调推进城镇化是实现现代化的重大战略选择[J].行政管理改革，2012，(11).
[2] 中国科学院中国现代化研究中心.现代化的新机遇与新挑战[M].北京：科学出版社，2011.
[3] (美)英格尔斯，殷陆君译.人的现代化[M].成都：四川人民出版社，1985.
[4] 罗荣渠.现代化新论——世界与中国的现代化进程[M].北京：商务印书馆，2004.
[5] 江苏省体育局.关于推进体育基本现代化试点工作的指导意见[S].2009-1-7.

提升阅读推荐：

[1] (美)塞缪尔·亨廷顿.王冠华，刘为等译.变化社会中的政治秩序[M].上海：上海人民出版社，2008.
[2] 叶南客.中国人的现代化[M].南京：南京出版社，1998.
[3] (英)尼格尔·多德，陶传进译.社会理论与现代化[M].北京：社会科学文献出版社，2003.
[4] 郑永廷.人的现代化理论与实践[M].北京：人民出版社，2006.
[5] 钱乘旦.世界现代化进程[M].南京：南京大学出版社，1997.
[6] 中国科学院中国现代化研究中心编.中国现代化报告2004[M].北京：北京大学出版社，2004.

思考题

1. 什么是体育现代化？体育现代化包含哪些内容？
2. 体育现代化的维度及层次分别包括哪些方面？请简述并加以分析。
3. 请简要叙述江苏省体育现代化建设的主要指标体系。

第十一章 体育社会学的研究方法

> **本章内容提要**
>
> 体育社会学的研究方法论分为三个层次,即哲学方法论、逻辑学方法论和社会学方法论。体育社会学的研究程序包括:选题阶段、计划阶段、实施阶段、总结阶段。体育社会学主要研究方法包括:问卷调查法、田野调查法、实验法、历史比较法等。

【案例导入】

苗族人口近千万,近半数居住在贵州,其余约 1/3 生活于湖南和云南,少部分分布于重庆、广西、湖北、四川及海南等地及泰国、老挝、越南等国。然而,独木龙舟这项举世罕见的传统竞技活动,开展范围仅存于黔东南苗族侗族自治州台江县和施秉县交界的清水江以及其支流巴拉河交界处,活动人群仅限于苗族的一个支系。清水江是贵州省第二大江,是长江上游的重要支流;清水江的支流巴拉河,起源于黔东南雷山县,于台江县巴拉河村融入清水江。

独木龙舟原始古朴,与其他地方龙舟有许多不同之处。就人类学研究而言,独木龙舟最宝贵之处是保存了相当浓郁而完整的传统仪式。从制作龙舟,到龙舟下水、出发比赛前及赛后"吃龙肉",都有一系列祭祀性巫术活动;停放龙舟的龙舟棚旁边,常见到小土地庙;颇为独特的还有划着龙舟到各村寨通知亲戚们送鸭鹅猪牛等的"接龙"仪式。比赛前一艘艘的龙舟在鞭炮声中划到沿途码头,接受本艘龙舟所代表的姓氏或村寨联姻的亲家送礼和敬酒。此时,健儿们会表演"花式划船",并向岸上围观的群众撩拨水花,休闲娱乐味道十足。

黔东南苗族独木龙舟具有与现代体育活动类似的竞技形式,长期以来被人们视为民族体育。然而,它到底属于什么性质的身体活动,是否具有体育的目的和功效,它在人类发展的历程中具有怎样的地位和作用,这些都需要研究。黔东南苗族独木龙舟在古代典籍中屡有记载,半个世纪以前就被国外影视机构拍摄,近年来发表的相关文章成百上千,但有价值的研究成果却凤毛麟角。我们认为,独木龙舟是我国丰富多彩的民族传统体育活动中非常典型的例证,通过体育人类学的实证研究,可以为身体文化的探索开拓新的空间。

上述案例引至胡小明等撰写的《黔东南独木龙舟的田野调查——体育人类学的实证研究》一文,体育社会学研究方法很多,本章将着重学习体育社会学的一般研究方法。

第一节 体育社会学学科方法论

体育社会学是社会学分支学科,社会学研究方法是研究体育社会学的主导性方法。因此,体育社会学研究方法是把体育作为一类重要的社会现象,在一定社会学理论的关照下,使用社会学的方法论,以及具体的收集、处理资料的研究方法对体育现象进行详细深入地阐释,以期获得进一步指导体育实践的理论和经验。体育社会学方法论是指主要从哲学角度探讨与体育社会学学科体系和基本假设有关的一般原理问题,即指导体育社会研究的原则、逻辑基础以及学科的研究程序和研究方法等问题。方法论在体育社会学研究中有着重要的指导作用,任何一个完成体育社会学研究课题的研究者都应该首先搞懂方法论问题,以避免在研究过程中走弯路。

一、哲学方法论

从方法论的角度来看,马克思的辩证唯物主义和历史唯物主义具有哲学方法论两层含义。在哲学层次上,强调知识来源于实践,强调经验事实先于理论存在,主张以人的活动作为哲学思考的重心;强调发展的观点,反对静态的分析。还认为社会历史的发展是人类生产力及其决定的社会关系的辩证发展过程,所以只有通过对历史过程的认识才能解释人们的社会活动。

在研究方法的层面上,马克思的辩证法强调研究过程的实践性和经验性,重视以客观历史事实与社会事实来说明普遍的社会规律。它把社会作为一个整体来加以研究,侧重分析社会结构及各个分系统之间的相互关系,以便对社会变化的原因做出解释。

我国的体育社会学研究必须以马克思主义的哲学理论为指导。这是由于马克思主义哲学的无比准确性和广泛的指导意义决定的。为此,对体育社会现象的研究应该坚持以下几点原则:

(一)坚持实事求是的观点

在体育社会学的研究中,要坚持实事求是的观点,也就是要注重研究的客观性和科学性。所谓客观性就是要从实际出发,即从体育的实际、中国的实际出发来讨论问题,要尊重事实,崇尚实践。现在有些体育社会学调查人员满足于发放、回收调查问卷,缺少深入社会进行实际调查的第一手材料,这是不可取的。

在社会调查中还需要有科学的精神和态度,要对所得的事实和数据进行科学的解释,特别是当与一般经验相悖的事实出现时,一定要做实事求是地分析和讨论。要说明的是,在社会学的研究中,定量的分析不一定都是科学的,定性的分析也不一定都不是科学的。

(二)运用辩证法的观点

在体育社会调查的过程中必须始终自觉地运用辩证法的观点,即事物或现象之间相互联系的观点、发展的观点、对立统一的观点。要着重揭示体育现象的内在的、本质的、必然的联系,要弄清各种体育现象发展的历史,研究体育这种社会现象矛盾的普遍发展趋势;要坚持具体问题具体分析,既要研究体育这种社会现象矛盾的普遍性,又要研究其矛盾的特殊性。要认识到普遍性总是寓于特殊性之中,而特殊性又不是脱离普遍性而孤立存在的。

（三）运用系统论的观点

在进行体育社会学研究时,要充分意识到社会是一个大系统,体育不过是这个大系统的一个组成部分。在体育这个子系统中,存在着各种构成要素和内在结构。要通过对体育这个系统的总体联系、总体协调、总体控制的探索来研究体育这个系统的整体特征和整体功能。此外,还要研究体育系统的外部环境,从而科学地、全面地认识体育。系统分析的方法,是现代思维方式中的一种重要的思维方法,在体育社会调查中具有广泛的指导意义。

（四）社会基本矛盾的观点

任何体育社会现象的研究,都不能脱离社会这个现实。要充分认识体育是一种上层建筑,要与一定的经济基础相适应。同时也要看到体育对改善生产关系、推动生产力发展所起的作用。还要认识到科技是第一生产力,体育科技对体育和社会发展具有至关重要的作用。要尊重社会的一些基本原理,如生命至尊、公平至上、诚信优先等,在研究中不能得出违背这些原理的结论。

（五）为人民服务的观点

体育社会研究要坚持为人民服务的基本观点,任何研究都要坚持为人民服务的宗旨,要敢于反映现实,敢于揭露矛盾,任何研究结论都要符合人民的利益。在进行社会调查的过程中要深入群众,虚心向群众学习,要有谦虚的作风和艰苦奋斗的精神。还要有勇于坚持真理和有错必纠的治学态度。

二、逻辑学方法论

逻辑科学是关于思维的规律、形式和方法的科学。由于现代逻辑学的发展,使得逻辑学逐步脱离哲学体系而形成一门相对独立的科学。现代自然科学和社会科学都必须采用逻辑学的方法,只有正确使用逻辑学的方法才能使研究工作严密准确。体育社会学的研究也必须做到逻辑紧密,每一步的推导符合逻辑的原则和要求。体育社会学的研究由于研究目的的不同,所采用的逻辑方法和过程是不同的。

（一）理论应用过程的逻辑方法

理论应用过程的研究是指应用体育社会学的某一理论,对某一体育现象开展调查研究或实验研究的过程。例如,运用体育社会化的理论研究某校中学生体育社会化程度和采取的体育手段的调查过程,运用体育的安全阀理论调查某市球迷闹事的研究,均属于这一类。

在这类研究过程中所采用的是逻辑演绎的方法,即通过逻辑演绎,设定假说,然后经过实验、调查,验证假说,经过逻辑判断证明假说正确与否,最终完成研究过程。

(二)理论构成过程的逻辑方法

理论构成过程的研究是指应用多种社会调查或实验结果,形成某一概念的过程。例如,对各地社区体育的实际调查,形成"社区体育"概念的过程;对各年级学生人际关系的调查,形成"学生互动"的理论。

在这类过程研究中所采用的是逻辑归纳的方法。它以社会调查或实验结果为起点,测定确认参数,进行分析综合,形成命题,得出概念,最终丰富体育社会学的理论体系。

上述两个研究过程不是割裂的,是缺一不可的。它们组成了体育社会学研究相互对立又相互统一的整体,它们之间的循环往复,不断推动了体育的社会调查和实验的开展,又丰富了体育社会学的理论。

在实际的研究过程中,这两个方法也是交替使用的。有时所设定的假说得到了验证,可以经过判断上升为理论。也有时可以通过前人的调查结果总结出理论,然后再用这个理论来指导自己的另一项社会调查。

总之,"实践—理论—实践"是体育社会学循环往复的研究过程,它的背后就有一个"演绎—归纳—演绎"的逻辑过程,在这一过程中,将根据需要,使用分析综合、推理判断、形成概念等逻辑方法。

三、社会学方法论

以社会学方法论看体育,我们应该学会如何理解与体育有关的社会现象或社会问题,如商业体育、体育明星、体育赌博、球迷骚乱等;我们要超出用"金牌与得分"衡量一场体育比赛的看法,即关注比赛背后蕴含的社会文化意义;我们要把体育看作是一种重要的生活方式,正确理解政府如何提供体育公共服务;观众又是如何选择体育参与的类型、地点、项目等问题的;我们还必须用发展变化的观点理解体育,面对体育的社会变迁,体育行动者如何做出选择、如何积极建构体育世界话语等。不同流派社会学中以下观点可以成为体育社会学的方法论。

(一)结构主义

结构主义方法论认为人是不自由的,人类行为必定受制于家庭、社会、经济、文化的影响。

有学者认为用马克思主义和结构主义观点理解体育,主要有两个向度:一是政治经济观点,体育服务于高度发达与垄断资本积累的程度;二是文化观点,体育解决合法性的方式,体育有助于形成"孤立自我与社会"的认知。

结构主义方法论独立于思辨的哲学科学体系,通常沿着实证的路线,以迪尔凯姆为主要代表,以"社会事实"为研究对象,确立社会事实或现象的因果关系,再辅以大量的数学与统计分析技术,使因果机制解释看起来更加科学合理。

因此,用结构主义方法论研究体育,强调任何体育现象产生与发展都是在宏观社会结构变迁的情景下发生的。研究者关注体育与其他社会制度的关系,诸如体育与政治、体育与经济、体育与文化、体育与大众传媒、体育与宗教等。

但是,方法论也一度遭到批评和质疑,过分强调人类被动接受一切,如果能寻找到影响一类行为的结构性因素,那么人类行为是可以预测的,而事实并非如此。体育比赛的结果的不可确定性就是例证。即使如此,结构主义方法论仍然能给我们洞察体育的宏观视野,使很多复杂的体育现象能够被认识并获得现实的经验指导。

（二）行动理论

相对于结构主义方法论,行动理论认为人类行为具有积极性、主动性。因此,社会结构是被人类行为建构的,它随着人类行为的变化而发生变革。以马克斯·韦伯为主要代表的理解社会学,强调社会科学的研究对象是有意义并可以理解的人类行为。它由参与行动者主观的意志所决定,它之所以可以成为社会事实,是因为它对我们有象征的意义。行动理论强调人与自然、人与人互动时都有自己的目的,当我们理解这些社会现象时,除了在一定的社会文化背景下"其他人"的理解,还与行动者自身有关,因此研究者要尽量做到"价值中立",因为行动者自身的认识会被纳入分析的框架。

因此,我们理解体育时,置身于体育事件的所有行动者都是研究者所要理解的对象,他们对体育现象的诠释将更加客观。因果关系的事先假定将不再那么重要,理论发现通常来自实践体验以及所有参与者对事件的解读。

举个例子,中国的女性举重运动员经常被电视台记者问及有关"体型"的问题,一些记者或研究者事先对体型有一个"假定",即女性运动员为了荣誉、经济地位或社会地位而放弃女性"应有的"实型追求,这种假定前提是"举重项目不利于女性身体"。这是一种源于"常识性"的社会认知,而这类认知往往具有片面性或者不可理解性。如果教练员和运动员把举重当作一种人生的志趣和理想,并认为"举重运动员体型"是一种美,一种健康的美。那么,事先假定的研究就不能完整地理解女性举重运动员"体型"的真正意义。

当然,行动理论也遭到指责,社会现象有其特殊性和复杂性:一方面,如果每一类行为都要理解,无数个独立的社会现象将会失去研究的普遍性;另一方面,有些社会现象卷入大量的行动者,将会使社会现象变得非常复杂,每一个行动者都要被理解,整体的社会现象将难以把握。

（三）社会网络

"结构与行动"是社会学方法论之争的长期话题,二者之间如何建立沟通机制将是解决争议的最佳方案,那就是社会网络。以吉登斯的"结构二重性"为标志,即社会结构影响人类行为,人类行为主动积极地建构社会结构,最后二者在互动中达到平衡,这种平衡状态被结构化固定下来,并对今后的行为有动态的影响,由此形成了下一轮平衡状态或新的结构。

那么结构与行动的互动机制是在一定社会网络下完成的,社会网络成为联结结构与行动的桥梁,并被广泛应用于大量社会现象的研究,尤其是对经济行为的研究。以马克·格兰诺维特的新经济社会学流派为主要代表,他认为人类有目的的行动是嵌入在具体的、不断变化的社会关系之中的。这种社会关系就是社会网络,一方面,社会网络嵌入到宏观的社会结构当中;另一方面,社会关系网络为信任和信任行为提供一个前提条件。这样,诸多的人类集体行为才能达成,社会结构才得以形成。

举例说明,2008年北京奥运会的顺利举行,得益于社会网络的支持。第一,中国的经济发展以及国际交往地位的确立为其提供了基本前提,这是宏观的社会结构;第二,政府作为现存结构的维护者,必然寻求通过社会现象强化其价值观,使北京奥运会成为民族主义、爱国主义教育的最佳手段;第三,其他支持结构与民众构成不同的微观网络机制,把个人的热情通过社会网络传递出去。

目前,社会网络已经作为一种方法论被多门学科广为接受,并发展成为一种实用的测量方法,形成专门的社会网络分析方法和技术。这样,社会网络研究往往陷入定量研究的数学模型之中,被批评为"远离社会现实"的研究。

第二节 体育社会学的研究程序

体育社会学的研究既然是一种科学研究,就必然要符合科学研究的哲学方法论和逻辑方法论,除此之外,还必须遵循一定的研究程序。按照这一程序以及每一环节所要求的规则行事,就能使研究得以顺利进行,取得较好效果,任何社会调查研究都是针对社会领域中的实际问题,有目的、有计划、有步骤地进行的。

一、选题阶段

此阶段主要任务是提出研究课题。确定一个研究题目看来是很容易的事,有人并不认为它是一个研究阶段。其实,选题是否恰当,对研究者来说是至关重要的,很多专家认为,"选题是成功的一半",可见选题的重要性。选题过程中常常会受到许多因素的影响。但是,决定选题关键的因素,取决于研究课题的必要性和可行性。

二、计划阶段

在课题确定之后,便进入计划阶段。一般计划阶段,要分成若干步骤进行:

(1) 初步探索:初步探索的目的是为了增进对课题的了解,吸取前人的经验,以提高研究者对完成课题的把握程度。

(2) 建立研究假设:所谓假设又称假说,是指以已有的事实材料和科学原理为依据,经过科学抽象和逻辑推理,对未知事实及其规律或研究目标作出一种带有理论色彩的猜测和假定性的理论阐释,为此称假设。建立假设是科学研究活动的重要程序之一。

(3) 理论解释:理论解释是指对提出的研究假设进行理论上的说明和解释。理论解释就是要明确概念,讲清其内涵和外延,把假设中的抽象概念操作成可以测量的具体概念。

(4) 拟定调查提纲:拟定调查提纲一是要确定调查项目,二是要设立一套社会指标作为测量调查项目的尺度。

(5) 设计调查表(问卷)：要围绕调查目的去设计，问卷设计要使用清晰、明确、简洁的语言，问题不要过多，尽量做到客观，以减少偏误。

(6) 确定研究方法：这要由研究目的、研究对象的范围、人力、物力等客观条件和研究者本身的条件来决定。

三、实施阶段

实施阶段主要由收集资料和整理资料两项工作组成。收集资料是一项十分艰苦、复杂的工作，同时要在搜集资料中发现新问题，为进一步深入调查作准备。整理资料则是一种细致的工作，首先要校正资料，遗漏的要补充，错误的要改正，需掌握对资料的评估技术；其次是将资料汇总分类，并加以条理化，需要掌握检录技术和列表技术。

四、总结阶段

总结阶段首先要对初步整理的资料进行分析。分析一方面是应用统计手段进行数据处理，显示推论总体的各种数量特征。另一方面则运用比较、归纳、推理等手段，发现数量特征以及各变量之间的内在联系，发现问题的解释途径和办法，并提出新的问题。总结阶段的第二步便是验证原先的研究假设，将经验资料上升为理论，最后撰写研究报告，提出新的理论。研究报告或论文是整个研究过程的总结，研究者通过论文形式向社会展示自己的研究成果。

第三节 体育社会学主要研究方法

在社会科学研究中，通常运用的具体方法基本上分为两大类：定量研究方法和定性研究方法。

定量研究方法是指通过对变量的数量特征和数量变化的测量，以及对数量关系的分析，来解释社会现象或过程的方法；定性研究方法是指注重于描述、剖析和揭示现象或过程的特征和本质的研究方法。定量研究和定性研究所收集材料以及所运用的方法有着鲜明的差别，且各有自己的优势和局限。通常情况下，研究者可以根据研究目标和研究对象的特征，选择合适的方法。对于要从样本推论出总体的研究，定量研究较为合适；对于要揭示研究对象全貌和整体特征的研究，选择定性方法更合适。有些情况下，一项具体研究也可能要把两种方法结合起来。

一、问卷调查法

问卷调查法是社会学研究中用于收集资料的最常用的方法之一。调查研究法是向研究对象系统询问社会背景、态度和行为，以发现社会现象和过程的原因或影响因素。调查研究法包括全面调查和抽样调查，全面调查就是所要研究的对象每一个个体都进行调查。抽样调查是根据一定的抽样原则，从所要研究的对象中选取一些个体作为样本，然后对这些样本进行调查。

调查研究法的基本步骤包括：确定调查总体、选择抽样方案、设计调查问卷、实施调查、汇总和录入数据、分析数据等。

调查研究的第一步就是要识别和确定调查总体，所谓调查总体，就是所要研究的对象的全体或所有个体。明确调查总体一是为了掌握研究对象的总体情况，二是为抽样提供框架。第二步是根据抽样总体的特征以及具体研究的需要选择和确定抽样方案。

确定选取样本的方案之后，就需要着手设计调查问卷。问卷就是由各种问题组成的、用来向被调查者提问的卷子。问卷是收集资料的工具，问卷设计得好与不好，直接关系到所收集的资料能否有效地服务于所研究的问题。所以，社会调查研究中的问卷设计通常都需要在一定的理论指导下进行，所设计的问题带有检验理论假设的目的，能够测量出被访者的社会经济状况、态度和行为等。问卷中的问题根据问答形式的不同，大致分为封闭式问题和开放式问题。封闭式问题是向被访者提供了选择答案的问题，如"您是否看电视新闻节目？"选择答案有：① 经常看；② 偶尔看；③ 几乎不看。

开放式的问题是让被访者自己给出答案的问题，例如"您对目前本地的小学教育有何看法？"根据问题内容的不同，问卷中的问题一般包括三大类，一是事实性问题，如性别、年龄和家庭成员等；二是行为性问题，如收入以及其他行为经历等；三是态度性问题，如意识、评价方面的问题。

问卷作为一种测量工具，在设计过程中，需要考虑其信度和效度。所谓信度，是指同一测量工具重复测量，所得结果的一致性程度；效度是指测量工具能否适合于所要测量的对象。

问卷在定稿之前，通常需要进行一些调查，即用问卷初稿去做访谈。以便发现问卷中是否还存在不准确、模糊和不切合现实的问题。

实施调查是调查研究的关键步骤，大型的问卷调查都需招募调查员来执行入户访谈任务。因此，在调查实施前，还需要对调查员进行培训，以便调查员了解抽样的原则、问卷设计的意图和进行访问的技巧，从而使得调查员能够在调查中顺利地获得可靠的资料。

有些调查问卷是邮寄或通过人员发放到被调查者手中，然后由被调查者自己填写问卷。这种调查实施方式虽然能节省人力和财力，但是，在问卷回收率、样本的偏差、缺损值和作答准确性等方面，都存在较大的局限性。

调查问卷回收之后，需要将其汇总，并将结果录入数据库以便进行分析，数据录入就是将问卷中被访者的作答内容，按照一定的编码，录入编制好的数据库结构之中。目前，数据录入一般是运用数据录入软件来进行的。

全部问卷数据录入完之后，一般还需要对数据进行逻辑检验和查错，数据检验和查错是为了查出被访者、调查员或录入员在回答、记录和录入时出现的明显逻辑错误或偏差。检验和清理数据可以提高数据的质量，为资料分析打下基础。数据库整理完毕后，就要根据研究目标，运用合适的数据分析统计方法，对资料进行分析，以此来验证或证明自己的研究假设，并根据资料分析的结果，来对所研究的问题加以解释。

二、田野调查法

田野调查法，也叫田野工作，是人类学、考古学研究中常用的方法。田野调查是指研究者深入研究对象所生活的场域,在与研究对象一起生活的过程中,进行细致观察和深度访谈,以求达到对研究对象及其文化的全貌性研究和深刻理解。田野调查对于研究一些小型社区、特定群体的文化特征及其变迁来说,具有非常重要的意义。

田野调查的主要任务是要解答这样一些问题:谁(who)、什么(what)、何时(when)、何地(where)、为什么(why)。要回答是"谁"这个问题,就需要注意田野调查中的人物的生平背景、特征,包括年龄、性别、社会地位、性格特征等。

在田野调查中,研究者还要经常提醒自己:当地人说了些什么、做了些什么,是在何时何地说的、何时何地做的。最后,需要思考当地人为什么那样说、那样做。

在田野调查中,为获得重要信息、材料,进行参与观察和深度访谈常常是必要的。参与观察法是指观察者进入观察对象的生活或工作场所,参与他们的生活和工作活动,在参与过程中观察研究对象的各种行为及其变化情况。参与观察法常常在探寻研究对象的深层思想意识和内部相互关系方面具有较大的优势,它能让研究者在理解被研究者的社会情境的基础上,认识他们的思想意识发展的轨迹。

此外,参与观察法也常常应用于对小群体及其行为的研究之中。一项运用参与观察法进行研究的经典案例是:列波曾在高犯罪率的美国黑人社区进行了参与观察,最后写成了《套利的街角》。列波深入华盛顿的套利这个黑人集中聚居的社区,与那里的黑人共同生活、聊天、赌博、喝酒。在此过程中,他细致观察社区成员的内心世界以及他们的人际关系。通过观察,他发现黑人社区之所以有较多的非法行为,是因为这些黑人在合法的世界里很难获得自己的位置,所以,选择非法行为成了他们习以为常的事。

在运用参与观察法来获取研究材料时,需要注意这样几个问题:首先,要明确观察的理论目标,做到参与而不深陷其中。科学研究中的观察,不同于日常生活中的一般观察,研究者在观察之前,需要进行研究设计,明白观察所要检验的理论问题,计划要观察对象及如何进行观察。同时在参与过程中,需要清醒地明确自己的理论目标,围绕理论目标而观察。为了使观察资料具有更高的准确性和可信度,观察者在观察过程中,还需要在控制观察环境和变量的同时,尽量避免影响被观察者的常规反应,否则,观察的结果极有可能出现偏差。

深度访谈也是田野调查中获得信息和资料的重要途径,只有与当地人进行交流和沟通,才能了解当地人的内心世界,才能真正理解当地文化的内在意义。交流与沟通的必要方式就是深度访谈,也就是与调查对象交朋友、深入谈心。深度访谈一般要有选择地进行,要根据研究的主题选择有典型意义的对象来与之交流、建立感情,以达到深度交谈。有时选择当地的信息灵通人士或所谓的"明白人"作为深度访谈的对象,对研究可能有较大帮助。

在田野调查中,研究者在对待从田野中所获资料时,需要注意主位取向和客位取向的关系问题。所谓主位取向,是指研究对象所倾向于认为的观念或态度;所谓客位取向,是指研究者或局外人所倾向于认为的原因或动机。研究者在田野中一方面要细致观察,认真体会,弄懂并要理解当地人的主位观念;另一方面,研究者还要站在局外人的角度分析这些主位观念的意义和形成原因。也就是说,研究者应把主位取向与客位取向结合起来,全面看待从田野中获得的信息。

完成田野调查之后,研究者需要撰写田野调查报告,田野报告的写作方式主要是民族志的写作方式。所谓民族志,是指详细、全面描述研究对象各个方面形态和特征的田野报告。民族志的特点是以描述、记事的手法为支持,以展示研究对象的整体特征和活动全过程为目的,向人们勾勒特定社区和人群的文化图像。

三、实验法

实验法是科学研究的典型方法,特别是在自然科学研究中,实验法具有举足轻重的作用。目前,实验法也较多地被引入社会科学研究中。所谓实验法,就是在控制某些条件的情况下研究变量之间因果关系的方法。为了控制某些自变量可能对因变量产生的影响,实验法常常在实验中将被试或实验对象分为两个组,一组是实验组,另一组是控制组。通过对两组实验结果的比较,即可检验某些变量之间是否存在因果关系。

实验组和控制组的划分和建立通常有两种方法:一是随机分组法,即将实验对象随机地分配到实验组和控制组中;二是配对法,即根据变量相对应的原则,如教育投入量、收入水平、教育水平、性别、年龄、民族等,分别将实验对象分配在实验组和控制组。

实验法分为自然实验法和实验室实验法。自然实验法是利用社会情境的自然状态,将其中的一种情境作为实验组,将另一种自然情境作为控制组,然后观察和比较它们的异同,以解释变量之间的关系。实验室实验法是科学研究典型的实验法,即通过设置实验室环境,将想要控制的变量加以控制,以便观察和发现某些变量之间的关系。在社会科学研究中,由于研究对象是人,实验室实验法会存在伦理问题及其他局限性,所以,通常采用自然实验法。

在小范围的研究中,常常可以运用实验法。例如,汉斯曾运用实验法研究过影响陪审员认真态度的因素。此外,在一些大规模研究中,也有学者运用自然实验法。例如,乔伊曾在加拿大三个镇做过实验,研究电视频道的数量与儿童暴力倾向之间的关系。这三个镇的特征分别是有多个电视频道、只有一个电视频道和没有电视节目。实验结果表明,电视频道多的镇,其儿童的暴力攻击性要强于其他两个镇,只有一个电视频道的镇次之,没有电视节目的镇的儿童暴力倾向性最弱。由此他们认为,电视节目中的暴力行为会诱发儿童的暴力攻击倾向。实验法常常与观察法结合起来运用,例如,在实验中,一般都需要在实验室对实验对象进行细致观察,以发现变量的变动情况。在自然实验中,同样也离不开观察法,通常在这种实验法中,研究者可以运用实地观察法,也就是在现象或过程发生的具体场所和实际情景中,去观察对象的行为和态度。

四、历史比较法

社会学所研究的社会现象是一般意义上的当时现象或现在时现象。为了探讨社会现象的历史发展轨迹和变迁规律,社会学研究也常常借用历史方法和跨文化的比较方法。

支撑历史比较法的方法论原理是:社会现象的出现,并非是偶然的、自发的,而是连续的、受某种力量影响或支配的。因此,从历史发展的轨迹或因果链上或者通过不同背景的比较,就能够发现现在的事件或现象的真正原因。

历史比较法的资料来源主要有两种:一是政府文献资料,包括政府和机构文件档案材料、统计资料和保存下来的其他历史资料;二是民间历史资料,包括民间流传下来的地方史志材料,以及民间口述史资料。

收集政府或官方文献资料,最常见的也是最便捷的方法就是去相关档案馆、博物馆和图书馆,去查阅和摘录与研究问题相关的历史文献资料。

民间历史资料的收集,通常需要到当地去,向当地居民问询和查阅个人保留下来的村志、家谱等有形的、物质的历史材料。与此同时,也可以通过访谈的方法,向当地居民收集一些历史记忆材料,如口述史资料。

在历史比较法中,较为常用的分析历史资料的方法主要有:类比分析法和理想类型分析法。类比分析法是指在分类的基础上对某类现象或事件在不同阶段的表现和特征进行对比,并由此类推出现象产生的原因和变化规律。理想类型分析法是韦伯创立并运用的研究方法,理想类型是一种分析概念或逻辑工具,是高度抽象出来的、反映事物本质特征的分类概念。如"资本主义精神"、"新教伦理"、"天职观"、"科层制"等。对理想类型的分析,主要包括比较不同理想类型的本质特征,分析不同类型之间的结构关系,并根据结构一致性的原则,来理解和解释事物或现象的原因。历史比较法的局限在于,历史资料或历史事实的不可证实性。由于资料的不可证实性,所以历史比较和推理常常是建立在想象和类比的基础上,从而使得其结论可能带有主观性和选择性。

主要参考文献:

[1] 郑杭生.社会学概论新修精编本[M].北京:中国人民大学出版社,2014.
[2] 卢元镇.周志俊著.社会体育学基础.北京:高等教育出版社,2005.
[3] 刘德佩著.体育社会学.北京:人民教育出版社,1990.
[4] 吕树庭,卢元镇著.体育社会学教程.北京:人民教育出版社,1995.
[5] 毛秀珠著.体育社会学.北京:人民教育出版社,1997.
[6] 卢元镇著.中国体育社会学评说.北京:北京体育大学出版社,2003.

提升阅读推荐:

[1] 风笑天.社会学研究方法(第二版).北京:中国人民大学出版社,2005.
[2] 布朗.社会人类学方法.夏建中译.北京:华夏出版社,2002.
[3] 陈向明.质的研究方法与社会科学研究.北京:教育科学出版社,2016.

思考题

1. 体育社会学的研究程序是什么?
2. 体育社会学的主要研究方法是什么?